MENINO SEM PASSADO

SILVIANO SANTIAGO

Menino sem passado
(1936-1948)

Copyright © 2021 by Silviano Santiago

Grafia atualizada segundo o Acordo Ortográfico da Língua Portuguesa de 1990, que entrou em vigor no Brasil em 2009.

Capa
Alceu Chiesorin Nunes

Imagem de capa
Jean Cocteau © Adagp/ Comité Cocteau, Paris/ AUTVIS, Brasil, 2020.

Preparação
Márcia Copola

Revisão
Thaís Totino Richter
Carmen T. S. Costa

Dados Internacionais de Catalogação na Publicação (CIP)
(Câmara Brasileira do Livro, SP, Brasil)

Santiago, Silviano
  Menino sem passado : (1936-1948) / Silviano Santiago. — 1ª ed. — São Paulo : Companhia das Letras, 2021.

  ISBN 978-85-359-3436-6

  1. Ficção brasileira I. Título.

20-49522   CDD-B869.3

Índice para catálogo sistemático:
1. Ficção : Literatura brasileira   B869.3

Cibele Maria Dias – Bibliotecária – CRB-8/9427

[2021]
Todos os direitos desta edição reservados à
EDITORA SCHWARCZ S.A.
Rua Bandeira Paulista, 702, cj. 32
04532-002 — São Paulo — SP
Telefone: (11) 3707-3500
www.companhiadasletras.com.br
www.blogdacompanhia.com.br
facebook.com/companhiadasletras
instagram.com/companhiadasletras
twitter.com/cialetras

Vitral na catedral de Chartres, França.

Fiquei sem tradição sem costumes nem lendas
Estou diante do mundo
Deitado na rede mole
Que todos os países embalançam.
Murilo Mendes, "Menino sem passado", *Poesias*

Notre héritage n'est précédé d'aucun testament.
[Nossa herança não é precedida de testamento algum.]
René Char, *Feuillets d'Hypnos*, aforismo
citado por Hannah Arendt

Sumário

PRIMEIRA PARTE

1. Menino sonâmbulo, 13
2. Machucado, 75
3. Sobre genealogia e formigas, 120
4. O gosto da rapina, 150
5. Sangue materno, 185
6. O tio Mário, 219
7. Fotos, 243

Entreato: A morada do saber, 269

SEGUNDA PARTE

8. Sabor de chocolate, 277
9. A professora Jurandy, o viúvo e eu, 312
10. A Fazenda do Paredão, 351
11. Outra perspectiva: a falência, 378

12. Só o Sombra sabe, 412

13. Três amigos, 427

Notas, 461
Crédito das imagens, 467

PRIMEIRA PARTE

1.
Menino sonâmbulo

Nos anos em que as tropas aliadas combatem as forças nazi-fascistas no mundo e os indignados cidadãos e cidadãs brasileiros sabotam a ditadura Vargas, moro na casa mandada construir por meu pai — ou pelo vovô Amarante — no número 31 da rua Barão de Pium-i, em Formiga, na região oeste do estado de Minas Gerais.

Devido a perturbações hipertensivas na gravidez, mamãe morre de parto no dia 6 de abril de 1938.

Dias depois, o viúvo se recusa a confiar o recém-nascido e a mim, com ano e meio de idade, aos cuidados do casal José Maria e Diogina Palhares, padrinhos dos dois meninos. Comerciante em tecidos, Juca Palhares pertence à família de prestígio na região. Nos anos 1940, transfere a família e os negócios para Belo Horizonte, a capital do estado, onde se torna um dos maiores atacadistas na rua dos Caetés, então dominada pelos comerciantes a varejo, de origem sírio-libanesa.

Não nos tendo confiado aos padrinhos, o papai emprega uma

bela e jovem senhora nascida na Itália — a Sofia — como nossa guardiã.

Até fins de 1942, quando completo os seis anos de idade, meu irmão mais novo, o Haroldo, e eu dormimos no quarto da Sofia. Ele, no berço gradeado. Eu, em cama estreita de solteiro. De cabelos ruivos e pele aquecida pelo fogo, a Sofia sobrevive na guarda dos filhos alheios e, tendo à flor da pele a sensibilidade de imigrante, se resguarda de fortes emoções sentimentais. Embora não as espere, não chegaram enquanto morou lá em casa. Como se fosse dublê de esponja empoada de talco Johnson, a Sofia polvilha com destreza e carinho os dois corpinhos rosados e nus, saídos do banho vesperal. Sempre estamos limpos e bem-vestidos, e cheiramos bem.

Em casa, os dois filhos órfãos adoçam os olhos entristecidos das visitas à família enlutada. Na sala de espera do consultório dentário, nossa presença enfeitiça os clientes adultos do viúvo.

Em tais circunstâncias, por que a perda prematura da mãe não me parecia tão dramática e terrível?

Serei despertado para a tristeza decorrente da perda trágica e irreparável pela interlocução artificial com os familiares e pelas orientações carinhosas dos clientes do dentista. Com coerência sentimental e lógica, compete-me assumir o meio ambiente doméstico com os valores emotivos que me são propostos e impostos.

O Haroldo e eu logo perderemos a companhia da Sofia d'Alessandro, mas seu quarto não nos deixará de abrigar. Com ela ausente da casa, descarta-se por desnecessário o berço gradeado e os dois meninos passam a dormir nas duas camas de solteiro. Na fala diária, o quarto continua a ser referendado pelo nome dela.

Sinto até o dia de hoje a presença saliente da Sofia em nossa casa — será que o viúvo não a teria sentido? Ou será que a teria sentido profundamente?

* * *

Europeia a viver solitária em residência de viúvo pequeno-burguês, por que se deixa tomar facilmente pelo desalento cabisbaixo de empregada doméstica? Por que aceita que sua circulação pela casa seja medida em poucos metros quadrados e exista em dependência estreita da condição de guardiã dos órfãos? Sua dedicação é a de enfermeira em tempo integral. Não a vejo se vestir com elegância para sair a passeio sozinha, ou com amigas. Por que só desfruta do ar livre da cidade quando sai com os dois órfãos? O Haroldo e eu somos infectados com coqueluche e, na busca de cura, caminhamos em grupo de três até o alto do Cruzeiro. Não me lembro de nos ter conduzido até os bancos da praça da matriz ou da praça Ferreira Pires, onde, durante a manhã ensolarada, as crianças brincavam juntas e se divertiam sob o cuidado das mães ou das babás.

Espécie de cárcere privado, nosso quarto de dormir preserva a Sofia da curiosidade doentia dos familiares e da clientela fofoqueira.

As perguntas sucessivas traduzem minhas dúvidas, algumas antigas e muitas recentes. Tenho de me cuidar para não lhes dar respostas esclarecedoras e falsas.

De repente, a Sofia desaparecerá do mapa formiguense. São poucos e felizes os nossos anos de convivência diária. Se fossem joias, eu os preservaria hoje numa caixa de música japonesa onde, no topo, dança uma bailarina. Nunca mais a verei em carne e osso. Às vezes, deparo com o sobrenome D'Alessandro em página de jornal ou de revista. Afasto os olhos do papel. Respiro fundo e suspiro. Pergunto-me se ela teria se casado e se ainda teria parente vivo. Pergunto-me se a pessoa nomeada na matéria seria irmão, irmã, filho ou filha. A curiosidade coça que coça que nem pulga atrás da orelha. Perde a ardência quando os olhos se liberam para as páginas seguintes do jornal ou da revista e libertam a imaginação de qualquer incumbência sentimental.

Em janeiro de 1943, o viúvo, pai de sete filhos e filhas, se casa com a Jurandy. A jovem senhora solteira vem do sul de Minas Gerais e chega a Formiga para ser professora na Escola Normal. Por desejo da noiva e de sua família e por consentimento do noivo, a cerimônia matrimonial se realizará em território neutro. Se fosse cá no oeste ou lá no sul do estado de Minas Gerais, o inusitado da condição particular dos cônjuges excitaria e poderia exaltar os ânimos dos convidados ao ritual católico. Nenhum familiar do noivo viúvo e pai, nenhum cidadão formiguense comparecerá à cerimônia de casamento.

O papai viaja sozinho até Aparecida, no interior do estado de São Paulo. Na famosa catedral daquela cidade, apresenta-se contraditoriamente sem família à família da noiva, ao vigário local e aos padrinhos e madrinhas, que chegam de Santa Rita do Sapucaí e dos arredores.

Jurandy — Jura, assim seus familiares a chamam e passam a chamá-la os sete enteados formiguenses — viajou a Formiga para ser a professora lotada na Escola Normal Oficial pela Secretaria de Educação do Estado. Seu pai, o coronel e barão do café Erasmo Cabral, tinha sido chefe político em São Sebastião da Bela Vista, freguesia de Santa Rita do Sapucaí, e fora proprietário entre outras da Fazenda do Paredão, moradia da família Cabral.

Ele vem a falecer em 1942 na cidade natal, Itajubá. Milionário, morre em condições de pobreza.

A crise financeira mundial, que explode no final dos anos 1920, leva à falência em 1929 o barão mineiro do café. Vinha nutrindo a diabetes fatal com guloseimas compensatórias e açucaradas. Ela o fulmina poucos meses depois do casamento da filha Jurandy em janeiro de 1942. Deixa esposa, Judith Cleto Duarte, e onze filhos e filhas órfãos. No ano de sua morte, todas e todos os descendentes diretos, à exceção do filho caçula, Airton, já estão bem encaminhados na vida profissional.

Pouco antes do segundo casamento do papai, a Sofia desocupa seu quarto e deixa nossa casa. Os dois meninos são abandonados à própria sorte. Aguardam a anunciada entrada da madrasta em casa. "Já podem dormir sozinhos, estão bem crescidinhos", é o que o papai nos diz, justificando o súbito desaparecimento da guardiã.

Nosso quarto conserva o nome da Sofia. Mantê-lo como do Haroldo e meu e apelidá-lo com o nome da guardiã, cujo paradeiro nos é desconhecido, teria sido forma discreta de rebeldia contra a professora que passaria a ocupar o lugar havia muito vazio na cama de casal?

Ou o batismo do quarto com o nome da Sofia teria sido simples e inesperado, mero apêndice inconsciente à saudade que os dois órfãos sentíamos dos seus cuidados e agrados?

Antigamente, o Cine Glória ficava distante do portão de entrada de nossa casa. Situado ao lado da Prefeitura Municipal e do Grupo Escolar Rodolfo Almeida, estava a caminho tanto da charqueada, com sua ponte de ferro por onde passa o trem que liga Formiga à vizinha cidade de Arcos, como da longínqua lagoa, aonde meninos e jovens costumávamos ir nadar em grupo. Quando começo a ir quase que diariamente ao Cine Glória, ele já tinha mudado para um prédio novo, ao lado esquerdo do portão de entrada da nossa casa.

Se fico parado na esquina onde se instala o novo cinema, vejo, bem ao fundo do quadro, um pouco além da praça Getúlio Vargas, a ponte em concreto armado que transpõe o rio Formiga. Do lado de cá da ponte, fica a parte antiga da cidade. Nesta, estão instalados o poder religioso e os poderes públicos federal, estadual e municipal, e é aqui, ao redor de casa, que se efetuam as principais atividades comerciais e bancárias.

No lado de lá da ponte, fica a parte nova da cidade. Nesta, está o prédio da Escola Normal (onde cursarei a escola primária), os hotéis (de um deles a titia Odete, irmã caçula da mamãe, será proprietária) e pensões. E ainda o morrinho, onde está localizada a estação da estrada de ferro.

À margem do rio e no lado esquerdo da ponte, ficam a estação rodoviária, que abriga as jardineiras que fazem o transporte intermunicipal, e a primeira bomba de gasolina da cidade.

Perdida a companhia da Sofia, distraio-me à tarde subindo pela rua íngreme e curva até a porta de entrada da estação da estrada de ferro. Subo os quatro degraus e me adentro pelo prédio pintado de branco com nesgas de azul-celeste. Uma das placas sempre intriga. "Altitude: 820.00."

Em companhia das moscas e dos pernilongos zumbidores, eu, de pé na longa plataforma ferroviária, contemplo sozinho a então assustadora e possante locomotiva da Rede Mineira de Viação, seguida da fila infinita de vagões a se perder na curva. Vagões de passageiros, vagões-leitos e vagões de carga. O trem de ferro me espicha os olhos até o horizonte da cidade. A máquina toma de assalto meu desvario com o ímpeto dos aviões de caça, dos gigantescos bombardeiros e dos majestosos e intrépidos navios de guerra, cujo percurso libertário e mecânico pelo planeta Terra eu acompanho nos quadrinhos dos gibis e nas imagens em preto e branco projetadas na tela do cinema. Colossal, a locomotiva solta nuvens espessas de fumaça pela chaminé e expele esguichos de vapor pelas rodas que se movimentam. Não é por acaso que a apelidam de Maria-Fumaça.

Ouço o longo sinal de apito antes de o trem chegar à plataforma. Estrila e me desperta da vida sonâmbula, a que me incita o som silencioso tanto dos tiros que saem em disparada das metralhadoras contra os soldados nazistas camuflados, como das bombas que são atiradas do bombardeiro aliado contra o alvo inimigo. À saída do trem, o altivo e desdenhoso maquinista volta a estrilar o apito. Em controle da pujança da caldeira e da reação dos freios, ele quer espantar dos trilhos assassinos os caipiras incautos e os animais extraviados.

Não me sinto acuado pela grandiosidade do espetáculo.

Admiro-o como admiro o progresso da humanidade a fim de esquecer a inevitável destruição do mundo pela guerra. As nuvens de fumaça que saem da chaminé tornam pálidas as nuvens de algodão e me acaloram a alma, então instruída pelos bons sentimentos ditados nas aulas de catecismo para a primeira comunhão. Meu corpo é tomado pela nuvem de fumaça que vejo reproduzida em imagem de santinho católico. Meus olhos são contemplados com a densa e envolvente nuvem cristã que, ao baixar à terra, se deixa entreabrir pelo corpanzil da locomotiva. Abre uma brecha na nuvem. Por ela, vislumbro novos e distantes horizontes. Sou guiado a outros mundos. Passo a imaginar o futuro em sintonia com a força motriz da caldeira, que alimenta as engrenagens barulhentas da locomotiva. Postas em movimento, as rodas giram e cadenciam com som o silêncio do entorno e reproduzem o maravilhoso universo mecânico a que os filmes sobre a guerra acostumam olhos e ouvidos.

No Cine Glória, sou espectador de filmes de guerra. Em casa, leitor de gibis. Mas, no ano de 1961, vejo-me retrospectivamente posto na plataforma da estação da estrada de ferro.

De repente, estou no porto do Rio de Janeiro, na praça Mauá. Meu pai e minha irmã Hilda viajam ao Rio de Janeiro para o bota-fora. Viro passageiro do navio *Provence* que, em setembro de 1961, me leva a cruzar o Atlântico para chegar ao porto de Marselha, onde tomo o trem Mistral que corre em malha eletrificada até a gare de Lyon, em Paris. Sentado na confortável poltrona do trem que rouba o nome do famoso vento europeu, meu corpo devaneia a experiência da primeira viagem transcontinental. O arrebatamento da solidão humana em polvorosa é insolente e muitas vezes ritmado por benfazeja ou conflituosa recordação das gravações de composições musicais de Heitor Villa-Lobos e de Arthur Honegger. Villa-Lobos e Honegger são meus companheiros prediletos de viagem. Os instrumentos de corda que reproduzem a viagem do trenzinho caipira do primeiro compositor embalam meu delírio contemplativo e ameno. A possante e colossal locomotiva *Pacific 231*, conduzida pelo segundo compositor, desnorteia e anarquiza o ideal de vida vivida em simplicidade.

Rodas de locomotiva são pernas humanas que partem dos testículos suados e sovados, e não se apegam ao chão que pisam. Locomovem-se pela estrada do além. Em forma de sinal circunflexo, caminham ao ritmo do tique-taque do coração e da ânsia do desejo. Somados, coração e desejo se corporificam numa espécie de caldeira hipertensa que insufla e esquenta as veias e as artérias de todo o corpo até a explosão dos sentidos e da inteligência.

Minha imaginação se vê subitamente instruída pela imagem na tela do cinema. Sem animais de criação, um vaqueiro solitário administra as crises e vagueia nômade, faminto, sedento e acalorado pelo deserto de Chihuahua, no sudoeste dos Estados Unidos da América. Sou o ator Harry Dean Stanton, personagem de *Paris, Texas*, ou o diretor de filmes Wim Wenders, ou, ainda, o Espectador.

A sala do Cine Glória se instala no andar térreo do novo edifício de pequeno porte, construído na esquina da nossa rua com a pracinha acanhada, onde reinam, à direita, a confeitaria Ponto Chic e, à esquerda, o único carro de praça de Formiga. Ele pertence à família do Henrique Frade, futuro centroavante titular do Flamengo e na Seleção Brasileira de Futebol e, então, meu contemporâneo nas classes anexas à Escola Normal. O carro de praça do pai serve os caixeiros-viajantes e os moradores em apuros, ou tomados por doença súbita. O novo auditório é mais amplo e confortável que o do prédio antigo.

Entro na sala do cinema sem entregar a entrada ao porteiro, como entro em casa sem bater à porta. Mal digo a ele *Boa noite* ou *Boa tarde*. É irreal a fala de criança com empregado que não seja o doméstico. Se a fala fosse real, o diálogo teria crescido cercado de suspeita pelos familiares.

Não conversar com estranhos — desde sempre foi um dos mandamentos do decálogo não escrito da camaradagem infantil mineira.

Deve-se temer o voo desavisado de ave de rapina, acautela-nos o pai letrado, apoiando-se nos relatos da mitologia grega. A águia baixa dos céus e, sedutora, arrebata a inocência das crianças. Os profetas toscos da cidade alertam para a passagem imprevista de algum bando de ciganos. Eles raptam criança branca desgarrada da família e roubam os grandes tachos de cobre adormecidos no quintal pequeno-burguês. As aulas de catequese ministradas pelo padre Remaclo Fóxius são omissas em causa própria. Calam o manuseio secreto e atrevido dos sacerdotes fogosos com os coroinhas púberes.

Hoje, a consequência do conivente silêncio religioso explode nos jornais.

Não há como o pai viúvo saber por onde anda o filho ou a filha quando se responsabiliza sozinho — durante o longo e cansativo dia de trabalho no consultório dentário — por cinco deles e duas delas. Mais tarde — depois de ter feito os quatro filhos do segundo casamento — não poderá saber por onde anda cada um dos onze. Soltos pela cidade, todos e um somos alguém e ninguém. Tendo perdido cedo o leme da mãe, a canoa coletiva e superpopulada dos moradores da rua Barão de Pium-i se reproduz em sete canoinhas, todas com banco individual e remo. À deriva nas ondas do cotidiano, navegam soltas e solitárias pelas ruas da cidade. As duas filhas e os cinco filhos do primeiro casamento somos todos *bichos do mato* — para usar a antiga expressão familiar.

Somos todos autossuficientes.

Teria sido eu o único a ser impulsionado e guiado pelo sonambulismo?

Participamos de maneira cronometrada e ocasional da família nuclear, cuja organização interna será dada e julgada como excêntrica pelos vizinhos. Não lhes tiro a razão. O acaso e sua força centrífuga traçam caminho único e intransferível para um e que serve de parâmetro para todos. Todos e cada um sobrevivemos à fatalidade que nos desconstrói sob a forma de figurinhas humanas soltas, independentes e plenas. Odiamos o desejo de conduzir a própria vida como se fruto dependurado em cacho de bananas ou de uvas.

À hora do jantar, ocasião do dia em que tomamos respeito na comprida mesa retangular da copa e nos acomodamos nas cadeiras com assento trançado de palhinha e de recosto de madeira, somos todos congregados pelo sobrenome comum de Santiago e, na fala do pai, voltamos a ser individualizados pelo nome de batismo. O pai toma assento e se entroniza à cabeceira da mesa. É o feitor e único responsável pelo agrupamento familiar que, em duas linhas paralelas, se perfila a seus olhos. Não há pompa nem circunstância a nos reunir. Há a sede e a fome, e a indispensável, farta e boa comida diária, cozinhada pela Etelvina e, posteriormente, pela Alvina. Somos e seremos corpos saudáveis. Gota alguma de bebida alcoólica. A água do filtro de barro é servida em copos. Cafezinho só para os adultos.

Obrigatória é a catilinária paterna sobre os males que o tabaco faz à saúde.

Por ter aprendido por conta própria a conversar com o padrasto Juca Amarante, nosso avô, o papai sabe como receber e encaminhar em silêncio a conversa dos filhos órfãos de mãe e como atiçar com proveito os conflitos entre eles. Ele aplica com rigor os ensinamentos de filho adotado a uma idade avançada. O bom ou o mau comportamento na rua de cada um dos seus descendentes recebe inesperadas e precisas avaliações. No julgamento, também lhe servem de referência a assiduidade às aulas e o bom desempenho escolar.

De posse dos dados variados, entrega-se ao objetivo declarado: o juízo construtivo de cada um e de todos através da crítica paterna mordaz.

Sendo viúvo e incansável trabalhador, como consegue estar tão bem informado sobre cada um e todos os filhos? Pouco sai à rua, nada acompanha de perto, nada vê com os próprios olhos. No consultório, dedica-se de corpo e alma aos dentes alheios.

Desconfiamos. Tem informantes. Invisíveis aos nossos olhos,

jantam conosco alguns ou muitos espiões. Não nos dávamos conta — eu não me dava conta? — da triste vivência comunitária que cerca e ameaça o convívio saudável dos irmãos e irmãs na família Santiago.

Hoje consigo destrinchar o misterioso modus operandi educacional do papai. E posso enxergar a eficiente rede de espionagem que se imiscui silenciosa e perniciosamente na conversa familiar para dar trela às críticas aos filhos e às filhas. Os mil olhos espiões são os da vasta e variada clientela masculina e feminina no consultório dentário, informantes, por sua vez, dos mil e um olhos do Dr. Mabuse provinciano.

Retrospectivamente, visualizo os quintas-colunas medrosos e ansiosos que, sentados na cadeira do dentista, se intrometem como fofoqueiros na vida cotidiana de nossa família. A cidade é a responsável pelos sete órfãos. O ardiloso cerco comportamental que padecemos, armado em surdina pelos espiões, ensimesma cada filho e cada filha que, por fatalidade, nasce e cresce inseguro e paranoico, embora esteja sendo bem instruído pela autoridade paterna.

Cada um de nós se torna dono da própria sorte.

Sim, alimentar a família passa a significar reuni-la. Reuni-la, sim, com o fim de avivar, por comparação, o desequilíbrio qualitativo nas performances individuais dos filhos. Tão logo exposto, o conflito ganha a condição de ameaça. Ao ser retomado pela fala do pai, recobre-se pela razão absoluta que leva o filho ou a filha que tinha aberto a polêmica a se esforçar para tornar seu desempenho mais ajuizado e mais competente. A avaliação da performance individual, se fermentada pelas elucubrações paternas, se metamorfoseará em necessária e indispensável força subjetiva, garantia para o sucesso social e profissional de um e de todos.

Assim age, pensa e julga nosso educador.

Em território interiorano e conservador, medido em milímetros quadrados pela fala e pelos valores sociais da comunidade, nosso pai nos educa pelas artimanhas que inventou ao se descobrir filho de mãe casada com o imigrante italiano Santiago, e dele separada para se amasiar com o coronel Juca Amarante, fazendeiro e prefeito da cidade. Entende-se por gente sendo o enteado do nosso avô. No núcleo familiar a que termina por se encaixar em Formiga, nosso pai, nascido em Passos, é o único filho legítimo.

Na casa paterna, o papai se contrapõe aos filhos do padrasto por ter pai e mãe legítimos. No boletim escolar, traz registrados os nomes do pai e da mãe biológicos. É enteado do prefeito da cidade, mas não é bastardo. No documento escolar, as duas irmãs e o irmão por parte de mãe do papai — a Amélia, a Zezeca e o Neném, nossos tios — são dados como de pai desconhecido.

Bastardos.

Os nomes das tias Amélia e Zezeca e do titio Neném, filhos do prefeito Juca Amarante, não constam dos oito grossos volumes do impecável e preconceituoso *Estudo da criação do Arraial de São Vicente de Férrer da Formiga: Sua história e sua gente* (2007). Aliás, o correto e poderoso coronel Amarante, pai de minhas duas tias e de meu tio, é dado ali, no correr das muitas páginas dedicadas ao clã Gonçalves Amarante, como um senhor morto solteiro e sem filhos, no ano de 1945.

No final dos oito volumes, o genealogista formiguense torna-se generoso. Grafa o nome de Santiago, Sebastião, o enteado de Gonçalves Amarante, nascido em Passos, tendo o cuidado de anotar em seguida sua filiação legítima. Em folha inédita e solta nos grossos volumes, os Santiago somos uma família única, sem ascendentes em Formiga. Ali, não se alude ao padrasto do pai e nosso avô de criação. Citam-se ainda os nomes de seus onze filhos e filhas com as duas esposas, Noêmia Farnese e Jurandy Cabral. Meu pai é habilitado a comparecer na história de Formiga por sua ascendência e descendência legítimas, embora comunitariamente duvidosas.

Nossa ascendência Santiago/Amarante é, pois, carapaça duplamente artificial. No trato oficial, tanto o comunitário como o social, ela não resguarda e não protege o corpo dos descendentes. Não lhes alivia o fardo pesado da vida.

Agrava-o por preconceito.

A figura humana de cada Santiago/Amarante — desprovida do nome de família do avô biológico, abandonado pela nossa avó, e associado ao do avô de criação, de quem ela se torna companheira — significa sinal de alerta, ruído tão estridente e vivo quanto o estrilo do apito da locomotiva ao se aproximar da plataforma da estação da estrada de ferro. Em lugar público, enunciar o nome próprio augura sucessivas armadilhas armadas pela intolerância, em que sempre se cai. Vida afora.

Em 1948, ao trocar Formiga por Belo Horizonte, os onze filhos seremos única e exclusivamente onze vagões de passageiros puxados pela intransigente e ranheta locomotiva patriarcal. Avançamos em obediência à máquina de fazer filhos e ao caminho que nos é ditado a priori pelos trilhos comportamentais. Uma coisa é certa: por tanto escutar os longos e prescientes conselhos dados pelo pai à mesa de jantar e por obedecer a eles às cegas, nenhum dos onze pôs o carro à frente dos bois. Nenhum de nós se transformou em incauto caipira ou animal extraviado, a ter de escapulir de atropelamento fatal. Aqui e ali, deve ter ocorrido algum descarrilhamento de vagão. Mas acidente é acidente, material inevitável e, na verdade, insubstituível na formação do caráter humano.

A Etelvina, cozinheira na casa regida pela mamãe, continuou a trabalhar sob o comando do viúvo e de seus sete filhos.

Durante os quatro anos e poucos meses que se seguem à morte da patroa, ela alterna algumas das funções domésticas com a Sofia. Por muitos anos nos servirá sozinha o café da manhã, o almoço e o jantar. Só ao Haroldo e a mim é que ela traz da cozinha o prato da janta já feito. Os demais irmãos se servem seguindo a ordem da idade. A Etelvina vem a falecer logo depois que a família do viúvo se complementa pelo segundo casamento.

Será substituída passageiramente pela Maria e definitivamente pela Alvina.

Não posso imaginar quem tenha escolhido a Etelvina para ser a cozinheira da casa na rua Barão de Pium-i. Nem imagino quem tenha sido a senhora que a confiou à guarda da minha mãe Noêmia. Teria sido sua própria mãe, a Piacedina, dona de pensão em Pains? Ou teria sido a mãe do papai, a Maricota, casada com o vovô Amarante? Sei que, confiada à guarda da família, a Etelvina deu certo com a primeira patroa, com o patrão viúvo e com a segunda patroa. De mocinha até a morte, ela mora sozinha em puxado bem modesto, construído entre a residência da família e o quintal. Quando escrevo o capítulo final de *Uma história de família*, romance publicado em 1992, vou recorrer ao nome próprio dela e me valho da lembrança que guardo de seu corpo escuro, de pé e apoiado na mesa de cozinha à frente, a catar feijão e, à beira do fogão à lenha, a fazer angu. Desentranho da meticulosa e generosa atividade diária de cozinheira em casa de família, a arte poética que ciceroneia minha escrita literária.

Quero escrever, gosto de escrever como a Etelvina cata feijão e cozinha angu.

Terminada a última das refeições servidas diariamente à família e antes de lavar as panelas e as louças, a Etelvina toma assento num banquinho ao lado do espaçoso fogão à lenha. Cozinheira trabalha sozinha e sozinha janta. Alimenta-se sem a ajuda de colher, garfo ou faca. Com a mão esquerda sustenta o prato branco esmaltado e, com os dedos ágeis da mão direita, amassa bolinhos redondos à maneira dos ancestrais africanos. Amassa-os com a ajuda da farinha de milho de biju que serve de liga na mistura de arroz, feijão-enxofre e fiapos de carne de vaca ou de pedaço de frango. Em seguida, leva-os um a um à boca.

Engole-os, dispensando a ajuda dos dentes.

Não me lembro de vê-la mastigar carne de porco. Na descendência africana asfixiada pela escravidão, teria permanecido algum resquício inconsciente ou consciente da religião muçulmana?

Nada sei sobre a vida familiar da Etelvina. Nada sei sobre ela. Lembro o simples e revelador turbante branco que, lavado e clareado com a ajuda do sabão de bola fabricado por ela no tacho de cobre, recobre e amansa seus cabelos em desalinho e espetados como fios de aço. Estão sempre espetados. É ela quem os corta. Não os corta com tesoura. É com a lâmina bem afiada do facão da cozinha. Diante dos chiliques das clientes, a que me acostumo na sala de espera do dentista, assusto-me com um detalhe da sua personalidade. Parece insensível ao próprio sistema nervoso e ao nervosismo. Nada é feito apressadamente. Seus gestos são medidos, precisos e repetidos. As múltiplas e diferentes tarefas, de responsabilidade dela na cozinha, se fazem mecanicamente, sem intervenção do temperamento ou do contexto familiar. A resignação seria o melhor remédio contra a angústia? Ou seria a paciência? Não consigo imaginar um inglês fleumático angustiado.

Dentro de casa, é a única peça desarmônica.

Sempre me apaixonou o mistério da intimidade solitária do serviçal, e nada posso dizer sobre os sentimentos e as emoções da Etelvina do momento em que ela, terminada a função imutável, deixa a cozinha limpa e se recolhe à sua casinha, à beira do quintal. Nada posso dizer do que se passa antes do instante em que ela, no fim da madrugada, se adentra pela cozinha, acende a luz e põe fogo na lenha que aquece as trempes do fogão.

Na verdade, sou um observador de merda. Ou do umbigo. Observo resignação, paciência e fleuma no outro porque observam em mim a impaciência.

Abrem-se dúvidas nos buracos da memória, que nunca serão respondidas.

Doente e à beira da morte, será que a Etelvina sabe que tinha passado toda a vida em casa de família numerosa, no fundo atenciosa e gentil mas que não a reconhece como parceira insubstituível? Que na verdade a desconhece?

Tão indispensável no dia a dia da casa, e anônima; tão presente na cozinha, e solitariamente silenciosa na sua casinha.

Fale, por favor. Fale, Etelvina.

Se tivesse sido possível tê-la obrigado a falar em vida, será que teria dito duas ou três palavras a mais ao menino que ela dizia ser da Sofia?

"Você é da Sofia. Não é meu", ela me disse várias vezes.

Eu não sou, nunca serei dela.

Sentia ciúmes da Sofia ou queria ter-me como filho?

Um dia, a família se complementa com a entrada da madrasta e a chegada dos três primeiros filhos do segundo casamento. A Etelvina morre e é substituída passageiramente pela Maria. Logo depois de ter sido contratada, ela se suicida por amor, ou por estar grávida e não ter coragem para dizer à família. A Alvina se torna a última e definitiva cozinheira da família. Em 1948, transfere-se conosco para Belo Horizonte e permanece em casa até a morte do papai em 1968, quando regressa à terra natal, no interior de Minas Gerais.

A Alvina convive com os jovens da casa de maneira oposta à da Etelvina. É mulata alta e forte, resplende vida e sensualidade. Tem o peso das formas generosas plantado na terra, como as mulatas de Di Cavalcanti. Rapazes de boa família são espaçosos e egoístas. Gostam de trepar no corpo feminino como se fosse criança que, a subir num tronco de mangueira, libera a mão para apanhar a manga num galho, ou o seio farto no sutiã. São tão desinibidos na cozinha quanto a juventude cristã na hora da missa, ou o jovem espectador gaiato no escurinho do cinema. São selvagens em causa própria. A Alvina se deixa tocar por um e por todos os rapazes da casa. E toca também a um e a todos com a graça desinibida das mocinhas que, no portão da casa dos pais, beijam os namorados, mas lhes recusam o afeto mais dolorido e sentido. Nos encontros desencontrados entre os jovens patrões e a doméstica, a promiscuidade sensual é herança do mando branco sobre as criadas de origem africana. Substantivos ("mando" e "promiscuidade") e adjetivos ("obediente" e "sensual") qualificam a intimidade do corpo adulto que Alvina libera às mãos dos ardilosos patrões safados. Às mãos do patrãozinho — apodo a que ela recorre de maneira a salvar convenientemente a aparência arriscada no jogo secreto da sexualidade juvenil.

O rapaz está a perigo; não tem onde e como afogar o ganso — como se dizia.

Menino, comecei a frequentar sozinho o cinema do seu Franklin. No aquém e no além da mesa da copa, onde o jantar nos é servido, não vinga o companheirismo fraterno. Não me lembro de ter de comprar ingresso na bilheteria para ter acesso à soirée ou à matinê. Tampouco me lembro de ter de mostrar permanente ao porteiro ou de lhe entregar o cupom de gratuidade distribuído como brinde pela ZYB-6, Rádio Voz de Formiga. A garotada ainda não recebia mesada semanal ou mensal. Nas cidades interioranas, as notas de mil-réis não circulam pelas confeitarias e sorveterias que servem às famílias pequeno-burguesas. Nas carrocinhas de ambulante, vendem-se a tostão saquinhos de pipoca e picolés. Depois de 1942, as notas de cruzeiro enterram o padrão mil-réis, vigente desde os tempos coloniais. Depois do fim da ditadura e da guerra na Europa, as moedas desaparecem e as notas de baixo valor passam a ter trânsito livre no comércio.

Durante a sessão noturna de cinema e, no fim de semana, no horário da matinê, sou achado sentado sozinho e anônimo numa das duras e sujas poltronas envernizadas de madeira. A ferrugem corrói de tal modo as dobradiças da cadeira que o peso do corpo magro não é suficiente para fazer o assento baixar. Tenho de recorrer à força dos braços franzinos. A poltrona range, esperneia e esganiça. Durante a exibição do filme, a chiadeira da ferragem se casa com a tosse convulsiva de espectador. Se os ruídos disparatados são coincidentes, viram contraponto inesperado e irônico à música sentimental do filme e à fala açucarada dos atores. Servem de comentário frívolo à cena dramática projetada na tela e despertam, na plateia, a fala de algum piadista enrustido e o riso de todos.

No escurinho do cinema, os provincianos se desinibem e desovam malícia e bom humor.

O riso malandro que aflora durante a exibição do filme vira profecia de diabo no corpo adolescente antes da missa dominical e durante ela. Já acomodados nos últimos bancos da nave, ou esparramados pelo adro da igreja São Vicente Férrer, à espera da hora de a missa começar, os rapazes e as moças flertam e, aos grupinhos de dois ou três, se entretêm em movimentos furtivos dos braços e em gestual ousado da mão-boba, logo rechaçado. Os acordes luminosos do órgão da igreja matriz, tangidos pelo professor Franz Stangelberger, austríaco de nascimento e sobrinho de Franz Schubert, deveriam elevar as almas inocentes aos céus e levá-las a enxergar as nuvens que — pintadas em variados tons de azul e em promessa de bonança e de felicidade eterna — se abrem no belo teto que recobre a nave a fim de que os devotos enxerguem as Figuras que não se veem no cotidiano. Jesus Cristo e seu séquito de santas e de santos. Os acordes musicais não elevam as almas inocentes. A intensa luz da manhã de domingo age autoritariamente. Atravessa os largos e esplêndidos janelões da parte superior da igreja e nos leva a optar por sentir e cultivar na carne as cócegas despertadas pelos cinco sentidos. Sempre alertas.

A comichão baixa à terra e transforma os rapazes e as moças em leõezinhos e panterazinhas carentes em jardim zoológico, entusiasmados pela curiosidade sobre o sexo oposto ou o mesmo sexo. As cócegas infantis e pré-adolescentes se excitam ainda mais pelo inesperado atrevimento da mão-boba de crente adulto.

A missa matinal dos domingos, apesar de ter sido votada ao sublime pelo professor e organista Franz Stangelberger, é festa tão mundana quanto o filme oferecido às escuras na sala de cinema.

"Bota na caderneta." As dívidas domésticas debitadas em cartão de crédito não são invenção bancária recente. "Bota na caderneta." O gerente ou o balconista anota a despesa da família em caderno mal-ajambrado e, devido ao manuseio cotidiano, engordurado e ensanguentado. Balconista de secos e molhados e de açougue não lava as mãos. Se muito sujas, e como o são as mãos tomadas por sangue animal!, ele as limpa no avental. Na alvura do tecido lavado com sabão de cinzas pela esposa, sobressaem as manchas vermelhas de carniceiro.

A caderneta do seu Sebastião funciona no armazém do João Branco, no açougue do nhô Campeiro e no Cine Glória. As facilidades do débito em caderneta são estendidas à cozinheira

Etelvina que se abastece todas as manhãs (a geladeira General Electric ainda não tinha chegado à província) dos mantimentos necessários para a manutenção da casa paterna, povoada por multidão. Os familiares são sempre bem servidos pelos negociantes da vizinhança e, no final de cada mês, o patriarca lhes faz o pagamento. O sistema de troca fomenta o grupo de amigos e correligionários.

Na banca de jornal se passa o mesmo que à entrada da sala de cinema. Voluntarioso e com as mãos vazias, caminho até a praça do Ponto Chic e, como por feitiço, apanho o novo gibi na banca de jornal. Carrego-o comigo para o quarto da Sofia. Sofregamente, despetalo as páginas sucessivas e, só depois, me detenho na leitura de cada quadrinho e na releitura do gibi. Na infância, curtir (o gibi ou o filme) é a forma mais adorável e perversa de reconstruir e amar a vida sem experimentá-la no corpo. A curtição se avança a passos rápidos para a imaginação e, de lá, qualifica tanto a disponibilidade e o potencial do corpo como a indolência receptiva da carne e do coração. Pela intervenção amistosa da fantasia, a vivência do real perde o equilíbrio, escorrega e cai. Qualificados na infância do leitor, corpo, carne e coração reacendem com fogo, na adolescência, a imaginação vivaz, alegre e transgressora dos cinco sentidos.

O desequilíbrio e a queda sofridos por corpo, carne e coração na infância profetizam a ojeriza que tenho até os dias de hoje aos exercícios de *sinceridade* em matéria de escrita literária e de arte.

A partir de 1962, tendo já assumido a carreira de professor universitário, quando algum imbróglio no trabalho me coloca à beira do desemprego ou da tragédia financeira, ou quando a prolongada temporada profissional no estrangeiro se apresenta como inapelavelmente solitária, o diálogo traumático de mim para comigo, que quer conter e exibir ao outro meu desespero ou tristeza, não ganha a palavra escrita nem se aproxima dela. Especulações, elucubrações, reflexões e meditação.

Sem recorrer à arma da caneta, das teclas da máquina de escrever ou do computador, o diálogo de mim para comigo se esgota — com a mão e os dedos indolentes e as páginas em branco — na coragem de continuar a viver o pesadelo motivado pelas asperezas sociais, profissionais e financeiras, que atordoam o cotidiano solitário. Meu diálogo comigo se dissipa em cores goradas e em silêncio, no insuportavelmente suportável dia a dia, ou se ameniza pela intervenção oportuna de lembranças que jogam água fria na fervura do corpo, da carne e do coração.

Volto aos tempos infantis. Sobrevivo graças ao monólogo com os quadrinhos dos super-heróis e a imagem virtual de atores e atrizes nos filmes de guerra. Remédio caseiro por remédio caseiro, válvula de escape por válvula de escape, o mais eficiente deles é o exercício em tenra idade da imaginação desinibida e fantasiosa.

Apesar de discípulo de André Gide, nunca fui capaz de manter um diário.

De útil, o aprendizado literário.

Escrevi, sim, um diário íntimo *falso*, o romance *Em liberdade*, publicado em 1981. Trata-se de narrativa na primeira pessoa com o estilo pessoal de Graciliano Ramos, escrita e assinada, no entanto, por mim. Aprisionado pelo estilo inimitável do romancista alagoano, eu prolongo pelos primeiros meses de 1937 a experiência de vida por que o antigo prefeito de Palmeira dos Índios passa, no ano de 1936, na cadeia da capital federal. Alongo as memórias da prisão pelos meses que se lhe seguem, já em casa do amigo José Lins do Rego e, logo em seguida, numa pensão do bairro do Catete. Sob a forma de diário, *Em liberdade* suplementa, por assim dizer, as *Memórias do cárcere*, lembranças publicadas postumamente pelo escritor.

Se durante quase um ano Graciliano sofre na carne a prisão no Estado Novo, eu, durante a ditadura militar de 1964, vivencio por alguns anos mais as agruras de escrever como se fosse minha a experiência de vida alheia, de a imitar e a assumir como se fosse uma forma de prisão real para o exercício da minha imaginação criadora. Biografia, estilo, sintaxe e vocabulário do outro, Graciliano, redundam, na pesquisa e redação por mim duma autobiografia apócrifa, encarcerada na *forma-prisão* em que meu corpo participante, salvaguardado do cárcere na ditadura militar de 1964, se exercita a fim de performar uma escrita literária de resistência política.

Em que mato se esconde a *sinceridade* do autor do romance *Em liberdade?*

Lembro-me de Jorge Luis Borges e de conto criptografado dele, o famoso "Pierre Menard, autor do *Quixote*". Pierre Menard não é o autor do *Dom Quixote*, eu não sou o autor das *Memórias do cárcere*. O personagem do conto de Borges quer ser o autor da obra-prima de Miguel de Cervantes, já eu desejo dar continuidade ao relato dolorido das *Memórias do cárcere*, no ano seguinte ao passado na cadeia.

Do conto deliciosamente incompreensível de Borges e do anacronismo autoral que ele expõe, extraio a frase definitiva sobre o modo de compor em forma-prisão, a arte poética dele e minha: "Meu jogo solitário é regido por duas leis diametralmente opostas. A primeira me permite ensaiar variantes de tipo formal ou psicológico; a segunda me obriga a sacrificá-las ao texto 'original'...". Na pedra de sacrifício da vida e da participação política em momento grave da nacionalidade, o autor se deixa matar para assumir vicariamente a dor que na verdade sente. Dando-se como prisioneira no próprio ato de criar, de fazer literatura, minha imaginação elabora sentimental e artisticamente a obsessão de querer ser outro para poder articular em sinceridade abusiva e absoluta o desejo e a vontade de enfrentar e combater as forças reacionárias em tempos ditatoriais.

Friso: a seu tempo e lugar, os gibis e os filmes foram a forma-prisão por onde circulou a imaginação criativa anárquica do menino — tido como sonâmbulo — em Formiga.

Julguei e julgo a sinceridade como faca de muitos gumes, todos cegos em matéria de autoconhecimento e de conhecimento do outro. Uma faca só cabo e de muitos gumes rombudos. Estes não servem para cortar e recortar a fatia *podre* (se permitem que o adjetivo jocoso se torne terrível) da individualidade injuriada e da vida ferida no trabalho e sofrida no bolso e na vida social. Na escrita confessional e sincera, sentencio, os muitos gumes rombudos deixam a fatia podre do autoconhecimento aflorar ao lado, numa folha de papel até então em branco que, todo-poderosa, passa a resplandecer como tábua de salvação, para logo ser considerada mero relato de experiência de vida, passageira por natureza.

A escrita confessional não exaure, em diário íntimo, as experiências recentes do sujeito, sobretudo se ameaçadoras da Vida. Ao afastar a pancada súbita da dor pela confissão e pela comiseração, o diário não exaure as experiências sofridas do sujeito, apenas as alivia. O rastro de vida que deixa é palavra em linha paralela. O dilaceramento íntimo do corpo e da mente não é apreendido pelo vocábulo que apenas o colore, descolorindo-o definitivamente do que é real, o golpe sofrido. A opção pela escrita confessional e diária impede a experiência de o corpo alcançar, por conta e risco próprios, os limites da liberação e da libertação. Especulações, elucubrações, reflexões e meditação sobre a experiência vivida permitem que o corpo do escritor atinja as margens extremas da individualidade golpeada. Só então seu corpo reencontra a firmeza perdida. Na ficção *Em liberdade*, eu subo pelos degraus das representações literárias de experiência semelhante e alheia que, graças aos efeitos alimentícios da leitura, servem de mediadoras no sustento do corpo combalido e faltoso pela sua reflexão no espelho do alter ego simbólico.

A escrita confessional e diária tem a sua função para outros, não para mim. Sem ela, o indivíduo pode não conseguir revigorar, ao cair da noite, a dor e o sofrimento pela sua transmutação em reforço da vontade de continuar a viver. Por ela e nela, morre a audácia de viver nos extremos, no limite, a audácia que pode movimentar a ação cotidiana dolorida, quase suicida, por caminho imprevisível e redentor.

Se examinados com rigor crítico, os cortes feitos pela faca de gumes rombudos, na fatia de carne podre da escrita sincera e confessional, apelam para o sentimentalismo e a empatia do leitor ou do ouvinte. Escrita e leitura de diário íntimo alimentam o relaxamento congratulatório entre as partes, o corpo e seu desafogo pela escrita imediata da experiência. Não se insurgem contra o império da dor. Antes de o corpo se exaurir pela dor, deixam-no se redimir por ela. Torna-se súdito do sofrimento.

Faca de gumes rombudos não serve para dilacerar ainda mais a carne viva do corpo que quer absorver a vida vivida e lhe dar curso, ainda que seja indispensável passar pela mediação da experiência do outro. Tampouco serve para despertar a imaginação, empalidecida por temperamento, para as aventuras alheias que a sacodem e lhe dão a indispensável vivacidade. Na verdade, não são as *Memórias do cárcere* que suplemento com o diário íntimo apócrifo que é *Em liberdade*. O diário mais me encarcera na forma-prisão da biografia/estilo/sintaxe/vocabulário de Graciliano Ramos. Seu romance *Angústia* (1936) é o livro que me permitiu sentir com acuidade e assumir com realismo os percalços do meu corpo durante os anos de chumbo no Brasil. Dele retiro a biografia, o estilo, a sintaxe e o vocabulário que me permitem elaborar uma forma-prisão literária, para nela sobreviver e aspirar à realização pessoal do que seja a passagem pelo cárcere.

A leitura da obra alheia comporta uma escrita dupla, escrita de Graciliano Ramos e reescrita minha. São elas que embalam, enriquecem e fortalecem um modelo ficcional bem particular de escrita da sinceridade. Trata-se da sinceridade de subjetividade carente e, na verdade, faltosa. Culpada e, no seu delírio criativo, isenta de ressentimento. Escrita e reescrita são pouco dadas à perda de freios diante da autorreflexão que avança para a busca das verdades absolutas. Sem freios, a autorreflexão que se alimenta da fatalidade inexorável da dor-em-vida enxota-a para a folha de papel em branco — definitivamente ou não — para que das tripas se faça o coração.

Teria sido por não querer cultivar a sinceridade na fala ou na escrita diária que eu menino fui tão apegado aos volumes fixos e concretos que são figurados, nas ruas de Formiga, pelos prédios e casas, pelas grades e muros? Teria sido pela falta de cultivo da sinceridade confessional que meu corpo foi perigosamente acuado contra os volumes fixos e concretos que o ladeiam ao caminhar pela cidade?

Odeio a sinceridade e ainda mais a paisagem e seus monumentos vegetais, a que damos o nome de árvores. Ao infinito do olhar, todas elas se reproduzem como um rebanho de ovelhas no campo. Todas elas iguais e verdes. Não chupam os olhos de quem as contempla para fora das órbitas. Não há árvore que, solitária, se destaque e atraia e sugue o olhar humano, transformando o tronco tomado por ranhuras e estrias em objeto cobiçado pelas mãos. Se houvesse árvore semelhante à ovelha negra, eu abandonaria as noventa e nove outras do rebanho e sairia atrás da perdida para entroná-la como única.

Para seu primeiro filme em cores, *Il deserto rosso* (1964), o cineasta italiano Michelangelo Antonioni julga tão enfadonho o verde das árvores enquadradas pela câmara cinematográfica de Carlo di Palma que manda pintá-las em tonalidade mais sensual aos olhos da lente e mais esfuziante à sensibilidade da película. Em 1967, ao ser indagado por que modificava o colorido de ruas e prédios, Antonioni responde: "Não teria sido ridículo se você tivesse feito essa mesma pergunta a um pintor? É falso dizer que as cores que utilizo não são as da realidade. São reais: o vermelho que eu uso é vermelho; o verde, verde; azul, azul; e amarelo, amarelo. É uma questão de arrumá-los diferentes de como os encontrei, mas são sempre cores reais. Então não é verdade que quando pinto uma rua ou uma parede elas se tornam irreais. Elas continuam reais, apenas de cor diferente [...]. Sou forçado a modificar ou eliminar cores que encontro, de forma a criar uma composição aceitável. [...] A cor te força a inventar".

Que a imagem da vegetação se pareça à de carne verde de animal, cortada por faca afiada de açougueiro. Uma imagem tão imprudente e lasciva quanto a dos rochedos à beira-mar, pintados em cor rosa amarelada pelas mãos sensuais do acaso. Em longa sequência de devaneio em *Il deserto rosso*, a protagonista nada, espremida entre esses rochedos na infância solitária.

A carne verde das árvores no campo e a carne rosa amarelada dos rochedos à beira-mar tornam-se tão apetitosas aos olhos do espectador quanto a sucessão ao infinito dos infindáveis close-ups da atriz Monica Vitti. Não se trata de filmar a vida, mas de tornar o filme vivo.

Volto aos volumes fixos e concretos que, como muralhas, ladeiam meu corpo nas ruas de Formiga. Tenho afeição pelo que, graças ao recorte chapado e à cor, atrai, chupa e seduz minhas mãos e as direciona para o contato estreito. Não apenas ver a árvore. Com os dedos, tocar primeiro as ranhuras e estrias do seu tronco. Tenho afeição pelo que só o tato sente, em esplendor e cores, ainda que o objeto seja o livro onde estão encerradas as belas obras de arte que se vão abrindo ao olhar pelo labor dos dedos curiosos que passam as páginas.

Tenho afeição secreta pela feição dessas paredes de cor forte e iminente, única e chapada, a recobrir o trabalho de alvenaria ou a parede em concreto. Tenho afeição secreta pela feição dessas volutas em ferro batido das grades e dos portões fechados. Coloridíssimos — paredes, grades e portões —, eles circunscrevem o caminhar do morador. Meu caminhar de criança por Formiga. Aproximam as margens opostas da rua como se fossem trilhos paralelos de bitola estreita, estendidos no campo para que a locomotiva não se engolfe na vastidão da paisagem. A sensualidade da cor nas paredes, grades e portões é o outdoor que, ao anunciar a ameaça do devaneio, desta me protege.

Minha afeição pela feição das cores, repito, tem razão bem clara e secreta. Na falta da fala ou da escrita sincera a funcionar como muleta de autossuficiência e autoconfiança, tenho necessidade de buscar no encanto e brilho da cor forte e chapada o equilíbrio físico do corpo e o sentimental da têmpera.

Consolo-me sem a muleta da escrita confessional e oportunista, mera andorinha que, tranquila, passa a vida protegida no fio de alta-tensão da experiência. Sobressaltado pela pedra que lhe atira o menino, o passarinho logo se desgarra da calma de viver e voa desmemoriado.

A caminhar sonâmbulo pelas ruas e praças da cidade, tropeço-me comigo, enrosco-me e o corpo beija inúmeras vezes o chão cimentado da calçada. Machuco os dois joelhos, o cotovelo e a mão sem outra causa além do despreparo do corpo para permanecer de pé. Ereto e medroso. Ganho necessidade de estabilizar a coluna vertebral em obediência ao fio a prumo da condição humana. Se tenho o porte fidalgo é por causa nobre: por ter levado o corpo a aderir e a se colar a algo que seja concreto, colorido e próximo às mãos, como as paredes e as volutas das grades, espécie de âncora que lanço ao profundo do oceano para estabilizar os sentidos aguçados do corpo, perturbado pelos movimentos desordenados da sensibilidade em sobrevivência.

Recuso os devaneios gratuitos, que espicham o pescoço até os céus, ou as emoções baixas e enganadoras, do medo e da fuga.

Estreito-me contra as paredes dos prédios e das residências, contra os muros da cidade, contra as grades e os portões fechados como se fossem corrimões paralelos de escada, que me dão força física e me ajudam a reganhar o equilíbrio indispensável para subir os degraus.

Prolongo a caminhada sem maiores acidentes.

À noite, sem o costumeiro avental branco, o dentista viúvo abandona o mocho do consultório e toma assento na poltrona da sala de visitas. Sua figura é tão imponente quanto a casa em que moramos, se vista da praça Getúlio Vargas. Lê jornal ou escuta rádio. Esquece a recente conversa familiar à mesa de jantar. Descura-se passageiramente da tarefa de conduzir o destino dos filhos e das filhas na vida. *Que não me incomodem*, não diz. Seria incapaz de dizer. O monumento consagrado por destino à solidão — e ele o é na viuvez — não tem voz. Tem a majestade de dignitário que, em momento de tristeza mortal, cai do trono e se esborracha no dia a dia sem futuro.

Com os olhos espevitados e cismarentos de cachorra no cio,

ele significa para mim a perda do sentir. Embota-se. A reanimá--lo, falta-lhe o *profumo di donna,* que lhe aguçaria as narinas. Faz-se de cão perdigueiro. Fareja silenciosamente tudo o que a casa não lhe oferece mais e que só as espeluncas pecaminosas da rua do Quintino abrigam às escondidas dos olhos religiosos.

Teria ousado pedir socorro à Sofia?

Contradiz os olhos cismarentos de cachorra no cio: empertiga o corpo na poltrona e concentra a atenção no jornal. Lê-o de cabo a rabo. Não lê o jornal de Belo Horizonte — *O Estado de Minas,* propriedade do Assis Chateaubriand. É assinante do *Correio da Manhã,* destemido matutino carioca que enfrenta o ditador Getúlio Vargas, ataca a censura imposta aos cidadãos pelo DIP (Departamento de Imprensa e Propaganda) e denuncia as perseguições e prisões indiscriminadas, levadas a cabo por Filinto Müller, chefe da polícia política.

O matutino carioca entra em casa pelas mãos do carteiro. Com dois dias de atraso. Em 1945, ao terminar o longo ciclo do Estado Novo, meu pai se indignará contra a candidatura de Venceslau Brás a governador de Minas Gerais, proposta pelo interventor Benedito Valadares. E se filiará à emergente UDN (União Democrática Nacional), assumida pelos dissidentes do PSD (Partido Social Democrático) mineiro, partido a que pertencia em razão do vovô Amarante, que lhe é dado — e sonegado — como seu pai e como avô dos sete filhos que ele teve com dona Noêmia, sua primeira esposa.

Jurandy, a madrasta dos sete filhos do viúvo e mãe dos outros quatro, vem a ser a irmã mais nova do advogado trabalhista José Cabral, figura de destaque na política udenista mineira da segunda metade do século XX, orientada desde o sul de Minas Gerais pelos poderosos produtores de café, apaniguados de dois presidentes da República (Venceslau Brás e Delfim Moreira), e pelos banqueiros regionais. Todos se opõem, então, aos desmandos financeiros do Estado Novo. Os padrinhos de José Cabral, em nível estadual, são Bilac Pinto, seu conterrâneo e diplomata, e Américo René Giannetti, capitão de indústria e homem político de sucesso no estado. Depois da democratização em 1945, os mineiros reganharão peso na educação nacional e retomarão as rédeas do poder político no Rio de Janeiro e nos respectivos estados.

O fato de o afilhado político ser filho do coronel Erasmo Cabral, o plantador e exportador de café cuja falência foi solicitada pelos bancos regionais em 1929, não deixa de levantar certa suspeita sobre as boas intenções de seus padrinhos udenistas e, por isso, à boca pequena, o abrigo político tardio que lhe oferecem acaba por guardar tonalidade irônica. Sempre escamoteada nas relações sociais pelo jovem e todo prosa político apadrinhado, a ironia da vida irá se revelando mais e mais evidente com o correr das décadas e com o destrinchar dos detalhes financeiros, relativos ao desmoronar repentino do coronel Erasmo Cabral, programado por forças políticas inimigas que apressam o fim da hegemonia café com leite. Entra em cena o gaúcho Getúlio Vargas.

José Cabral, advogado trabalhista, ensaia seus passos na política como chefe de gabinete do secretário da Agricultura Américo Giannetti e ganha notoriedade popular quando é eleito presidente do Clube Atlético Mineiro, celeiro de grandes craques do futebol brasileiro. Como profissional, passa a vida de advogado trabalhista sem defender um único portador de caderneta do trabalho. Entrega a solução das questões sindicalistas ao irmão mais novo Heitor, também advogado de profissão.

Soam as sete pancadas no intrometido relógio de pêndulo da sala de visitas, onde meu pai lê o jornal *Correio da Manhã*. Ele o joga no chão e liga o rádio Philco de ondas curtas, comprado das mãos do seu irmão, o titio Neném, já então casado com a tia Helena e comerciante em Belo Horizonte.

Empertigado, o colosso de carne como que se desmilíngue.

Retira a atenção dos olhos e a transfere para os ouvidos. Cerra os olhos de perdigueiro cismarento. É todo ouvido. Recosta-se no espaldar da poltrona. Meu pai escuta o programa em português da BBC, narrado por Aimberê, e se informa sobre as últimas notícias vindas da guerra na Europa. Raramente escuta a *Hora do Brasil*, precedida dos acordes iniciais da ópera *O Guarani*, de Carlos Gomes, e narrada por Luís Jatobá.

Sem me importar com as notícias que nos chegam ou com a voz do locutor, sou então o único filho a me sentar sorrateiramente ao lado da poltrona em que o papai toma assento. Sento-me no chão de tábuas corridas, recobertas de fina camada de cera Parquetina vermelha e lustradas com o pesado escovão. A força dos braços da arrumadeira ou de um dos irmãos mais velhos o move em vaivém pelo assoalho até a madeira atingir a luminosidade desejada. Esparramo o corpo pelas folhas do jornal já lido e escuto sem entender o que se diz no alto-falante do rádio.

Às vezes, pego no sono e o papai me carrega até a cama no antigo quarto da Sofia.

Não há biblioteca pública na cidade e, na da casa paterna, à exceção dos dezoito volumes do *Tesouro da juventude*, há os dois volumes do dicionário de Cândido de Figueiredo e mais tratados de medicina, manuais de farmácia e de odontologia e alguns livros para a leitura dos adultos. Em 1950 o *Dicionário de sinônimos e antônimos*, de Francisco Fernandes, será acrescentado à biblioteca paterna. Traz dedicatória do autor ao conterrâneo e amigo formiguense. O volume será motivo de orgulho para mim. Pelo que os volumes na estante me dizem em silêncio, só dois dos títulos expostos na lombada me atraem, e os memorizo. *O homem medíocre*, do filósofo argentino José Ingenieros, e *O livro de San Michele*, de Axel Munthe. Meu pai deve tê-los comprado ainda em Alfenas, onde fez o curso superior de farmácia e de odontologia, e tê-los conservado como bíblia leiga da juventude estudiosa. Volta e meia se dedica a relê-los à noite, folheando-os.

Cresço, e apreendo por osmose a presença do pai, a falta da mãe e os cuidados da Sofia.

À diferença do alfaiate que, só depois de tomadas as medidas do corpo, vai costurar o terno do cliente, é pelo lado de fora de Formiga que o mundo, de maneira atrevida e anárquica, veste o corpo nu e desconhecido do menino introspectivo e tímido em que me transformo. Veste-me sem ter tomado as medidas do corpo, já que a roupa que recobre a ignorância assemelha-se a bata muçulmana ou a toldo de circo. Em obediência à quilométrica fita métrica, o tecido longo e infindável foi marcado por giz e recortado com tesoura de lâminas de aço universal. Fita métrica e tesoura são, contraditoriamente, os liliputianos gibis, que me chegam às mãos, e os filmes estrangeiros recheados de batalhas militares e de bailarinos uniformizados, a que assisto no Cine Glória. Na hora do recreio na escola, sento-me em algum canto do pátio retangular. De boca fechada, passo a meia hora de descanso a conversar com as figuras desenhadas nos quadrinhos e com as palavras escritas nos balões das revistinhas infantis que, despachadas da capital federal pelos trens de ferro da Rede Mineira de Viação, chegam empacotadas e amarradas por embira até a banca de jornal do Ponto Chic. Soa a campainha e voltamos à sala de aula.

Os colegas de escola primária se divertem de outra forma durante o recreio. Colecionam as figurinhas que reproduzem como se em retrato três por quatro o rosto dos jogadores de futebol que se destacam no campeonato do ano. Cada time de futebol tem sua página no álbum. Nela estão dispostas as onze figuras dos titulares, vestidos de camiseta com as cores do clube. São os craques que estão em luta pelos títulos de campeão do Distrito Federal e dos principais estados. Destaque para o goleiro. O retângulo virtual de cada figurinha fica à espera no álbum guardado em casa, a sete chaves.

A moeda nacional não tem valor de troca entre os colecionadores de figurinhas. O craque Leônidas, do Flamengo, apelidado Diamante Negro, é a figurinha mais rara de conseguir pela sorte e, por isso, é a mais cobiçada e disputada no leilão matinal. Na mão do menino vendedor, uma única do inventor do gol de bicicleta vale dez duplicatas de jogadores de menor fama. O Zizinho, também do Flamengo, e o Ademir, do Vasco, vêm logo em seguida ao Leônidas. Na troca, cada figurinha de um dos dois vale cinco duplicatas.

De volta a casa, os meninos colam as novas imagens nas páginas do *Álbum dos ases*.

O Henrique Frade e eu não colecionamos figurinhas. Ele quer ser jogador de futebol. É filho do motorista mulato que dirige o carro de praça estacionado na praça do Ponto Chic. Nos anos 1950, ele será um famoso centroavante do Flamengo e por alguns poucos anos terá o lugar garantido na Seleção Brasileira. Nasce em 1934 e morrerá no dia 15 de maio de 2004.

O escritor Edilberto Coutinho, autor dos contos de *Maracanã, adeus* e da biografia do Flamengo intitulada *Nação rubro-negra*, foi bom amigo e meu vizinho de rua em Ipanema nos anos posteriores a 1970. Ele escreve nos jornais sobre o esporte. De vez em quando cruza com o Henrique Frade no estádio do time, no bairro da Gávea. Dependuradas as chuteiras, o antigo centroavante sempre está por lá, meio que de bobeira — ele me informa. Não é técnico do clube. É uma espécie de conselheiro pessoal dos jovens jogadores que admira e de olheiro dos cartolas. Certa vez, Edilberto conversou longamente com o velho craque do Flamengo sobre o conterrâneo e seu vizinho em Ipanema.

O Henrique só se lembra do pai dentista e da família numerosa.

Em seguida, o Edilberto me descreve o atual estado físico do craque da Seleção Brasileira que, em fotos de velhos jornais, aparece abraçado a Didi e a Pelé. Hoje, ele tem grande dificuldade em se locomover. Há muitos anos está aposentado. Virou um ser humano incapacitado fisicamente. Problemas constantes e graves nos joelhos e nos quadris. Estouraram-lhe os músculos das pernas e os ligamentos.

As muitas e sucessivas contusões nas pernas de menino magricela e as rasteiras que levam o corpo adulto a quedas e trambolhões lesivos obrigam o centroavante atrevido e combativo do Flamengo a sucessivos e danosos tratamentos e intervenções cirúrgicas. O Edilberto me explica que a contusão, mesmo a das pouco graves, leva em torno de quarenta e oito horas de cuidados médicos. Com gelo, anti-inflamatório, analgésico, repouso e fisioterapia. Calcula o desastre que representa uma rotura do menisco medial! Os joelhos do Henrique Frade estão em petição de miséria, agigantados hoje pelas inflamações rebeldes aos antibióticos. Cirurgia após cirurgia.

"Num dia destes, terá de se locomover com muleta ou em cadeira de rodas", ele profetiza.

Pergunta-me em seguida se quero reencontrá-lo. Bater um papo com ele. É boa gente, me assegura.

Respondo-lhe que não.

O *não* dado por mim, direcionado diretamente ao Henrique, é comentado por ele de modo agressivo. Porra, que curiosidade malsã, a sua! Só quer saber dele.

Retruco o puxão de orelha dado pelo Edilberto, constatando que o correr dos anos não deveria facilitar o envelhecimento do corpo.

O Edilberto entende meu esclarecimento indireto e maldoso

sobre o correr dos anos e a decadência física. Muda de assunto pelo silêncio. O escritor tinha acabado de mandar um calígrafo arredondar o número 3, final do ano em que vem ao mundo, em todos os documentos de identidade. Transforma 1933 em 1938. Nascido em 1938. Cinco anos de vida e de rugas a menos. Como a escritora Clarice Lispector, o Edilberto leva um rabicho de tinta nanquim a rejuvenescer o corpo nos papéis de identidade.

Criança decidida e imperiosa, o Henrique, na hora do recreio no pátio da Escola Normal, não perde o tempo com o troca-troca de figurinhas dos jogadores de futebol ou com a conversa fiada de meninos mimados.

Quer ser uma das figurinhas no *Álbum dos ases*.

Admiro a maneira desenvolta como o menino Henrique, com músculos já salientes no corpo espigado, se destaca entre os branquelos de pernas e braços flácidos e ganha fala e plateia ao descrever os lances dramáticos do último jogo entre o Formiga e o Vila.

Sua imaginação alerta e em polvorosa ganha voz e narra o último jogo entre os dois times da cidade. Transmite o desenrolar da partida como se desdobrado em dois — o locutor de rádio e o centroavante do time vencedor. Ao imitar a fala altissonante do Rui Peirão, speaker da Rádio Voz de Formiga, a voz ganha o ritmo ascendente, a cadência e a autoridade do radialista e do craque. Como se fosse uma câmara cinematográfica, ela seleciona o jogador em campo e só corre atrás dele. Esquece os demais, companheiros do mesmo time ou do time inimigo. Alonga-se na descrição retórica dos dribles, que nos detalhes apreende os meneios do corpo do centroavante e o balanço dos braços e das pernas. Alça a voz do momento em que o jogador entra na área inimiga. Chama a bola, recebe-a nos pés. Com ginga, passa pelo lateral inimigo. Afasta a perna direita da bola. Chuta-a em gol.

Um petardo indefensável. Goool!

Monomaníaco, só lhe interessa o relato da jogada que conduz à vitória. Em entrevista intitulada "Gosto não se discute", o já então centroavante famoso é convidado por repórter de revista de esporte a enumerar o que gosta e o que não gosta na vida. Destaco três itens: *Gosto de jogar futebol. De vencer sempre. De fazer gols.* E dois outros mais, de sentido negativo: *Não gosto de concentração. De perder gols "feitos".* É simples o objetivo na vida do jogador; é complexa sua realização em campo.

O aprendizado do futebol é solitário. O Henrique é autodidata confiante no conhecimento que, ao se interiorizar pela observação de um craque em campo, se aprimora no próprio corpo por efeito do espírito de imitação. Ao observar o craque durante o jogo, ele se exercita imaginariamente e se desenvolve concretamente como jogador. Estar com os olhos acesos do lado de fora do campo é sempre estar dentro do campo com o corpo em alerta. Primeiro, o futuro jogador testa a força da imaginação lúdica com o endosso e o reforço da força e da habilidade alheias. Em avaliação posterior da sua performance amadora, confia mais no erro que comete durante o treino, ou durante o jogo, do que no acerto que o corrige na memória. A razão não é madrinha da habilidade técnica do jogador de futebol. É professora. Tampouco são bons conselheiros o sucesso e a fama com que o craque é presenteado pela galera. Não lhe trazem a segurança necessária em campo e a boa performance. Sucesso e fama são os principais responsáveis pela falsa estabilidade do atleta — o anúncio do fracasso na carreira. A falsa estabilidade reduz a zero a necessidade imperiosa e inesgotável do aprendizado.

O corpo autodidata do Henrique busca a segurança que se alcança com o amor e o sacrifício nas incertezas e nos erros. Foi a duras penas que o centroavante chegou à condição de dono da posição no time e na Seleção Brasileira.

Na verdade, o titular do Flamengo e na Seleção Canarinho

nunca se profissionalizou. Ele ama o esporte que pratica desde a infância formiguense. Comporta-se e se apresenta ao público como *amador*, como jogador de futebol amador, cuja carreira dita profissional se inicia na juventude, no time que ganha — ou rouba — o nome da cidade natal.

Roland Barthes diz que o artista amador procura produzir apenas o seu próprio gozo (mas nada proíbe que este, sem que ele se dê conta, venha a ser — por acréscimo — o nosso, o de todos os espectadores).

Ao contrário do Pelé ou do Didi, o Henrique não se deixou envolver emocionalmente com a galera. Nas profundezas da formação autodidata, ele aguardava a obscuridade que o espera no calendário desportivo, e a guardará. A cidade onde nasceu não lhe deu nome de rua, avenida ou praça. Guarda a obscuridade na alma de jogador amador que se basta como atleta e se contenta com o próprio gozo. Seu amor à bola de futebol não se deixa revelar pelo flash das máquinas fotográficas, pelo estrépito dos foguetes a espocarem nos céus e pelos gritos histéricos e ritmados de incentivo, lançados por torcedores fanáticos aos pés dos jogadores no gramado. Não se deixa revelar por efeito do flash, do espocar de foguete e do grito histérico, embora os tenha motivado involuntariamente.

O centroavante me leva de volta à companhia dos super-heróis e dos protagonistas dos filmes e das séries. Sem saber, eu o imitava. Em conversa com os heróis que admirava, eu movimentava o corpo e a imaginação sem fim, preenchendo e reorganizando minha vida diária em monólogos-a-dois. Durante os anos de infância que me tocaram viver, a conversa de mim para comigo era renovada a cada dia. Para revigorá-la, eu dependia menos do script da minha vida a ser desenrolada que do script das leituras que se desenrolavam na minha imaginação.

Às vezes me assusto com o vasto repertório de gibis e de filmes que levanto em tão curta experiência de vida. Carrego às costas uma tralha de pessoas, de objetos e de acontecimentos históricos que, na verdade, me embaraçam o crescimento e estão sempre a assustar o dia de amanhã, reinventando-o.

Na conversa íntima, vivo a abrir espaço para os novos e desconhecidos companheiros de aventura. Habito o espaço entreaberto pelos olhos, habitado pelo que é visto ou lido. Da brecha entreaberta contemplo e absorvo a mescla de tempos históricos que me chegam de supetão e que, depois de deixar o lastro na saudade aprisionada na memória, se vão no dia seguinte. Cresço solitário e sonambulamente. Não amplio o horizonte das expectativas paternas.

Minha curiosidade caminha por entre os apêndices e as dobras do que será lembrança e, como o corcunda interpretado por Charles Laughton em filme, se locomove aleijada e deformada pelos subterfúgios escuros da famosa catedral de Notre-Dame, em Paris. Em ambiente indiferente à qualidade da vida que se constrói, minha curiosidade funciona à base de afeto por desconhecidos e se alvoroça com destemor. Estou sempre a puxar com os cabelos um caminhão de transporte superlotado de imagens que esmaga a província que teima em me sugar para dentro. No quarto de dormir ou no salão do cinema, a curiosidade intelectual sempre sai como se ao ar livre do ambiente que não existe de concreto. Sai em busca do fato histórico mais recente, que é dádiva da sucessão dos dias e das noites na Europa em guerra contra os nazifascistas.

Durante os poucos anos que me tocam viver como menino interiorano, aperfeiçoo o monólogo-a-dois com desconhecidos até transformá-lo em monólogo de minha autoria. Sou eu a escrever. É a razão da minha vida que finalmente se explicita no monólogo autoral? Ou é ali que, na personalidade em construção do artista, se esgota e se renova a ausência da exteriorização em palavra dos sentimentos mais autênticos? Performado por mim, o monólogo-a-dois com desconhecidos não comporta a réplica dos interlocutores em carne e osso, ou seja, dos familiares, dos vizinhos e dos colegas de escola. São meras sombras a habitar o dia a dia consumido pelas leituras e pelas ruminações de boi no campo. O monólogo-a-dois tampouco comporta a réplica dos verdadeiros interlocutores. Eles vivem indiferentes à minha vida na província mineira. Chegam-me reproduzidos em letra, desenho e papel ou são interpretados por imagens e palavras em película de celuloide.

Estão perdidos no espaço e no tempo da História universal.

Desde meados dos anos 1970, venho me prometendo dedicar-me à trama infantil formiguense. Naquela década, escrevo na biblioteca do Latin-American Institute, da Universidade do Texas, e publico na Editora Francisco Alves, os poemas do livro *Crescendo durante a guerra numa província ultramarina*. O título em português da coleção de poemas é tradução da língua inglesa que, então, me guiava pela fala incompreensível que se tornava compreensível ao ser descodificada nas legendas dos filmes de guerra: *Growing up during the War in an Overseas Province*. A grafia-de-vida da criança formiguense ganha aqui, neste volume, novo nome, *Menino sem passado*. Roubo-o do poeta Murilo Mendes, autor do clássico *A idade do serrote*.

Por que a cabecinha interiorana do menino se abriu necessitada e desocupada a fim de ser enxertada pelas novas e modernas mídias?

Não se recebe herança cultural por testamento da História, mas ela é ganha de cambulhada com mil outras experiências. É ganha pelo hábito da convivência cultural (imposta ou não) com uma descendência inesperada e singular de heróis contemporâneos.

O GI dos anos 1940 gera nos anos 1980 o Rambo que, no novo milênio, gera o capitão Nascimento do filme *Tropa de elite*. O GI e ator Audie Murphy gera Sylvester Stallone que gera a Wagner Moura, cujo ideal de vida heroica verdadeira se resgata tardiamente, na cinebiografia de Carlos Marighella, dirigido por ele e interpretado pelo cantor Seu Jorge. O mulato Marighella terá a cor de pele aprofundada na opção para interpretá-lo por ator preto retinto.

Meus super-heróis são musculosos e de pele branca ou rosada. Têm inimigos pela frente e são providos de armas fatais. Não têm nome facilmente pronunciável. Não são moldados em carne, à espera do toque das mãos criadoras. Seus ossos e dentes não são constituídos por noventa e nove por cento de cálcio. Vestidos com roupas coloridas, com fantasias chamejantes e escandalosas, ou com meras fardas verde-oliva, são meras cópias de seres humanos. O corpo dos super-heróis é o veículo de transporte dos fatos concretos que transcorrem no mundo. Viaja do norte ao sul do planeta Terra, como se navio transatlântico ou avião supersônico. Destemido por natureza, o corpo é guerreiro por generosidade humanitária.

Não há fato histórico privilegiado ou acidente geográfico saliente a alimentar o devaneio diurno ou a fantasia noturna do menino sem passado, a não ser os referentes à chegada dos navegadores portugueses ao Brasil e aos eventos históricos transcorridos nas grandes cidades da nação, onde estão plantadas as cidades-sede do governo federal ou estadual. Míopes de nascença, os olhos de ver da criança não enxergam heróis de carne e osso pela vizinhança ou pelos arredores.

Cidade, escola e família não me oferecem a figura do roceiro de pés descalços e malnutrido, com a camisa aberta ao peito, de enxada ao ombro e facão à cintura; não me levam a enxergá--lo, frente a frente com o fazendeiro latifundiário, como chefe rebelde em demanda de melhores condições de vida.

Enxergo carroceiros de chicote em punho, dando lambadas no cavalo de trote menos esperto.

Olhos meus não enxergam a cambada de jagunços do sertão mineiro, tampouco cidade, família e escola me oferecem a jagunçada sem causa própria, montada em cavalos valentes e munidos de armas de fogo enferrujadas pelo tempo e pelo uso, e assassinas a soldo.

A mais, me oferecem Ali Babá e os quarenta ladrões, acompanhado da expressão mágica, *Abre-te, Sésamo*.

Cidade, escola e família não me oferecem as aventuras dos cangaceiros no Nordeste árido, liderados por Lampião e Maria Bonita. Trazem os peitos de ombros largos, bem guarnecidos por três cartucheiras, tendo às mãos o rifle ou o mosquetão e, à cinta, o facão embainhado.

Oferecem-me Robin Hood, fora da lei europeu que rouba da nobreza para dar aos pobres.

Prefiro crer hoje e ontem que tanto o corpo do menino, sua experiência ambivalente de vida, como a mente infantil, sua imaginação ostensiva e seu saber desmesurado para a idade crescem uníssonos — como se sonâmbulos.

Vivo a cochilar acordado. Vivo a dormir em vigília. Ando pelas ruas de Formiga e luto nos campos de batalha da Europa. Rastejo pelas tábuas do assoalho lustradas com a cera Parquetina e pela terra fria italiana, recoberta pela neve.

Terei uma única certeza? Tenho. Por três vezes carente do amor materno.

Minha imaginação virgem e solitária se oferece à codificação sentimental do comportamento infantil por misteriosa e sedutora força ficcional estrangeira.

Não é por inadvertência que o menino de Formiga se reconhece retrospectivamente[1] na figura do poeta Carlos Drummond.

O menino Carlos, desencantado com o dia a dia doméstico em Itabira, cidade do sudeste de Minas Gerais, escapa das quatro paredes da casa paterna com a revista O *Tico-Tico*, de histórias em quadrinhos, nas mãos. Começa-a a ler e a se encantar com a história de Robinson Crusoé, o marinheiro naufragado nas costas da América do Sul. Embora a vida de leitor/escritor seja obrigatoriamente fatal, o destino do ser humano é domínio do acaso. Mal adivinha Carlos Drummond que a escrita poética sua — de menino leitor de história em quadrinhos na cidade de Itabira — se escreve na futura escrita literária do menino Silviano noutra cidade mineira.

Ao se reconhecer por se conhecer Outro, você, nós dois ganhamos assento no jogo de damas conhecido como o de perde-ganha. Ofereço minhas peças ao adversário. Quanto mais rápida a perda das minhas peças, mais próxima a vitória sobre ele.

Paro. Releio com meu leitor a primeira estrofe do poema "Infância", escrito e publicado por Drummond em 1930. Parei a vida para lê-lo e analisá-lo nos anos 1970. Quarenta anos tinham se passado. Li e reli "Infância" quando estava a ler e a escrever a minha própria infância de leitor de gibis durante a Segunda Grande Guerra e a ditadura Vargas:

> *Meu pai montava a cavalo, ia para o campo.*
> *Minha mãe ficava sentada cosendo.*
> *Meu irmão pequeno dormia.*
> *Eu sozinho menino entre mangueiras*
> *lia a história de Robinson Crusoé,*
> *comprida história que não acaba mais.*

Graças à tarefa de quadrinização da história do marinheiro Robinson Crusoé em O *Tico-Tico*, revista do Rio de Janeiro destinada ao público infantil, o menino e futuro poeta de Itabira descobre, reinventando-a noutro e diferente cenário, sua vida ilhada em família. Ao engatar esta na história do marinheiro Robinson Crusoé, compromete-a com uma visão ampla e liberal da colonização do Novo Mundo pelo Ocidente.

No quintal de casa, uma ilha. Espaço solitário sombreado por mangueira frondosa. Ali, se dá a metamorfose do marinheiro britânico em criança provinciana. Tornam-se heróis estranhos aos respectivos concidadãos. O menino leitor se identifica a tal ponto com a aventura alheia que a espicha como pele sobre o corpo — já predisposto a novas moldagens como o Homem-Borracha dos gibis dos anos 1940 — e a sobrepõe ao coração e à mente, alimentando de vida substantiva a própria imaginação. No quintal, longe dos seus, o leitor esquece o farol do sol tropical, que ilumina a província mineira. Vale-se do guarda-sol proporcionado pela sombra da mangueira frondosa para ativar um segundo sol, o de seus olhos magnetizados pela ficção. Farol solar, sombra tropical e olhos humanos nutrem a imaginação infantil.

O menino passa a conviver diariamente com o marinheiro Robinson e o indígena Sexta-Feira, assim como eu conviverei, sob a cabeleira ruiva da Sofia, nossa guardiã italiana, com os super-heróis empenhados na Segunda Grande Guerra.

De repente, o menino itabirano, nascido em 1902, retira os olhos de O *Tico-Tico* e enxerga seu Sexta-Feira sob o sol tropical. Tem nacionalidade brasileira e formas femininas. A siá Maria, que o acarinha nos momentos de solidão e de leitura, é o habitante nativo da ilha itabirana de Robinson e cozinheira na sua casa. A imaginação do menino leitor reencena a vida doméstica mineira pela presença da sempre presente ex-escravizada e então preta velha que, de longe, sob a luz do sol americano, espreita o menino e cuida dele como se fosse sua mãe. Leiamos a estrofe seguinte do poema "Infância":

No meio-dia branco de luz uma voz que aprendeu
a ninar nos longes da senzala — e nunca se esqueceu
chamava para o café.
Café preto que nem a preta velha
café gostoso
café bom.

Retomo uma frase de Drummond: "Como foi que a infância passou e nós não vimos?".

Com cegueira e alegria semelhantes às do menino itabirano, a imaginação do escritor formiguense também abriga uma fantasiosa, desconhecida e rica segunda vida que, na infância, foi mordida diariamente com o apetite que só é despertado no faminto por uma maçã no escuro. Meu apetite pela segunda experiência de vida subjuga minha vida imediata e concreta e, com maior rigor, se explicita no desejo de ressuscitar o passado formiguense pela memória das leituras infantis. O apetite da imaginação adulta e o desejo da lembrança são ambos alimentados pela sustância de aventura vivida por seres de papel ou de celuloide.

Transcorrida em terras distantes, estranhas e exóticas, as experiências reduplicadas de infância albergam e cicatrizam o corpo fragilizado pelas perdas. Ao aleitá-lo de sangue estrangeiro, a segunda infância do menino o acarinha e o nutre de experiências não vividas à flor da pele. Nutre-o de quimeras interiorizadas com o espanto das emoções violentas e fortes, que já conhece sob outra e diferente forma. O espanto libera o leitor para ações paralelas e fascinantes, desmedidas e inimagináveis.

Sob os cuidados e as ordens da Sofia, convivo sozinho com outras e muitas pessoas desencarnadas e adultas, destemidas e valentes. Monologo horas a fio com adultos, homens e mulheres. A palavra "estrangeiro" não faz parte do meu vocabulário infantil. Pouco me importa o aspecto físico, a cor da pele e dos cabelos das pessoas ou a forma do nariz. O olhar não inventa diferenças. Apático às classificações dos estrangeiros geradas e difundidas pelos adultos, viro uma imensa orelha a perceber o detalhe insignificante que não faz sentido algum quando tento passá-lo adiante. Monologo dialogando com soldados e marinheiros, inimigos e espiões, enfermeiras e mulheres do povo.

Na tela, as figuras humanas se assemelham ao orador grego Demóstenes, que é dado como exemplo de boa dicção pela dona Luluta, minha professora na escola primária. Não é fácil falar alto em público, ser orador, ela acrescenta. É preciso pronunciar cuidadosamente cada sílaba da palavra. Os atores e as atrizes, quando abrem a boca no filme, escandem as sílabas. Como na infância tiveram a boca entupida de seixos do rio, falam uma língua desconhecida mais apropriadamente do que eu, a língua conhecida.

Pergunto-me se é por não terem se acostumado a falar com seixos entupindo a boca que o esguio italiano Pascoalino Natale, dono da fábrica de pregos, e o velho turco Khouri, sentado à porta da loja de armarinhos e pai do trio feminino Nair, Nájla e Bernadete, malbaratam a língua portuguesa. Entusiasmo-me pela charada que os sons, guturais e duros, inventados e articulados por eles segregam de maneira escancarada. Também admiro a maneira extravagante como os super-heróis do gibi e os protagonistas dos filmes se vestem, e os invejo. Assemelham-se a imagens de rótulo de produto comercial, coladas em frasco de vidro, em caixinha de papelão ou em lata.

Durante as matinês carnavalescas no cinema do seu Franklin, animadas pelos alto-falantes a explodir as últimas marchinhas de sucesso, sou devolvido ao mundo dos mortais de carne e osso. Usados pelos super-heróis dos gibis, as fantasias e apetrechos se tornam palpáveis e verdadeiros. Máscaras negras se tornam imprescindíveis. Capas coloridas esvoaçam pelo salão. Botinhas e botas viram moda. Calçam meninos e meninas, rapazes e moças. O Rei Momo e seu séquito de xeiques e odaliscas baixam à terra e endossam a realidade da imaginação estrangeira interiorizada pela criança.

Caem no samba e, vestidos como heróis das histórias em quadrinhos e atores e atrizes de cinema, cantam as marchinhas da moda. Aromatizado pelo spray do rodo de lança-perfume Rhodia, o lenço branco, se cheirado e passado adiante, aquece e embrutece o grupo dos rapazes foliões. A prise é o sonho veraz da imaginação carnavalesca.

Sou mero comparsa — silencioso e distante — na narrativa da História universal que transcorre e é escrita no hemisfério Norte.

Encarapitada no morro que se avista das areias brancas do rio, a magnífica Fazenda Bela Vista, do coronel José Justino Nunes, serve de referência visual para os moradores da cidade. É exibida aos olhos do visitante ilustre como prova da prosperidade municipal. Por ocasião da Exposição Agropecuária anual, a cidade recebe a visita do interventor federal Benedito Valadares. Ele corta a fita simbólica e dá início às festividades. O coronel José Justino inicia os aplausos ao interventor federal e, na qualidade de chefe político local, os incentiva. Ao som do dobrado sinfônico executado pela banda de música da cidade, o ilustre homem político marca a ferro em brasa um animal da raça zebu, importado da Índia e aclimatado ao Brasil. Com o gesto significa o fim da criação do boi de extração europeia nas Minas Gerais. Dias e noites provincianos se robustecem mais pelos olhos con-

fiantes e curiosos de menino leitor do que pelos ouvidos atentos e pensativos do aluno da dona Luluta.

Formiga se sustenta nas fazendas e nos sítios esparramados pelos arredores da cidade. A produção agrícola é medíocre. Mais rentável é a criação de bois de corte, gado leiteiro e suíno. As fábricas são recentes. Produzem utensílios agrícolas, derivados do ferro, e de construção civil. Fabricam-se móveis residenciais, manteiga e banha. Geny é a marca da banha que é entregue às cozinheiras da cidade.

A realidade provinciana de Formiga é planetária.

Em 1960, em companhia do bom amigo e cineclubista José Haroldo Pereira, assisto várias vezes ao filme *Hiroshima mon amour*, do francês Alain Resnais. À saída do cinema e a caminho do restaurante Alpino, o José Haroldo, dotado de ouvido musical apuradíssimo, assovia pelas ruas de Belo Horizonte a trilha sonora do filme, composta por Georges Delerue e Giovanni Fusco.

Ontem e hoje, compartilho a sensibilidade da protagonista francesa do filme (interpretada pela atriz Emmanuelle Riva), em sua primeira visita ao Japão. Viaja até o Oriente a fim de protagonizar, no papel duma enfermeira da Cruz Vermelha, um filme sobre a destruição de Hiroshima por uma bomba atômica, lançada dum avião bombardeiro.

Na companhia do amado japonês, ela lembra como sobreviveu ao trágico evento numa cidade provinciana da França. Ela lhe diz: *"C'est à Nevers que j'ai été le plus jeune de ma vie. Jeune à Nevers et aussi une fois folle à Nevers".* * *"Nevers"*, continua ela,

---

* Em toda minha vida, foi em Nevers que fui mais jovem. Jovem em Nevers, mas também louca em Nevers.

"é a *cidade do mundo, talvez a coisa do mundo, que mais aparece nos meus sonhos.*"

"*O que é ser louca em Nevers?*", pergunta-lhe o japonês.

"*A loucura é como a inteligência*", responde ela. "*Não se pode explicá-la. Ela chega, te preenche e então você a compreende.*"

A escutar o assovio afinado do Zé Haroldo e a caminhar ao lado de Emmanuelle Riva, revivo o sonambulismo formiguense durante a Segunda Grande Guerra e me espanto com tudo o que, sem eu me dar conta, já sei, sempre soube e saberei, de cor e salteado.

Diz o japonês: "*Tu n'as rien vu à Hiroshima. Rien*".

Responde-lhe a francesa: "*J'ai tout vu. Tout*".*

Emmanuelle garante ao amado que ela, francesa, presencia tudo o que acontece no momento em que a bomba atômica é lançada em Hiroshima.

O Enola Gay, bombardeiro B-29, a lança às 8h16 do dia 6 de agosto de 1945. O mundo torna-se o alvo do olho, dos olhos do piloto Paul Tibbets.

$E = mc^2$ — a sofisticada fórmula matemática se populariza com a imagem do monstruoso cogumelo que vira nuvem e despeja a morte pelas redondezas. Cria-se outra fórmula histórica, que nos persegue desde então: Menos uma cidade japonesa = um avião + uma bomba atômica.

Emmanuelle Riva e eu — em 1960, no escuro do cinema Metrópole — presenciamos o terrível e instantâneo massacre dos habitantes de Hiroshima. Nossos corpos e vozes se irmanam como sonâmbulos e garantem que nós, por termos visto as fotos da destruição e assistido aos jornais cinematográficos nos arquivos do Museu de Hiroshima, presenciamos tudo. In loco. Lá

---

* Você não viu nada em Hiroshima. Nada.
Vi tudo. Tudo.

estávamos. Lá continuamos. Ao vivo e nas reproduções em branco e preto que me chegam aos olhos. Nada nos escapou, nada nos escapa, nada nos escapará.

Enxergamos tudo, tudo memorizamos e nada esquecemos. Emmanuelle Riva diz ao companheiro: *"Comme toi, moi aussi, j'ai essayé de lutter de toutes mes forces contre l'oubli".* Continua: *"Comme toi, j'ai oublié. Comme toi, j'ai désiré avoir une inconsolable mémoire, une mémoire d'ombres et de pierre".**

Com todas as minhas forças, luto contra o esquecimento. Memória inconsolável, alicerçada em pedras que rolam pelas areias brancas banhadas pelo rio Formiga, construída em sombras mineiras.

Palmilhada e respirada, a cidade interiorana de Minas Gerais não coincide, mas se superpõe — ou se subpõe — maravilhosamente às imagens estrangeiras tal como representadas nos gibis, nos filmes e nas séries de cinema. Os universos disparatados não coincidem na cartografia do mundo ocidental e não são conflitantes nem rivais. São *memoriosos.* Retomo o adjetivo de que se vale Jorge Luis Borges para qualificar o personagem Funes, criado por ele. Nada é passível de ser apagado na memória. Até aquilo — aquele detalhe mínimo — que é pensado uma só vez por Funes.

O interior provinciano da vivência-memória do menino se confunde com o exterior cosmopolita da leitura das imagens que se lhe oferecem. Em sobreposição — ou na posição inferior — vivência e imagem, memória e leitura, provincianismo e cosmopolitismo permanecem sobrecarregados de vida e de significado.

---

* Eu também, como você, tentei lutar com todas as minhas forças contra o esquecimento. [...] Como você, esqueci. Como você, desejei ter uma memória inconsolável, uma memória de sombras e de pedra.

Os traços permanecem tão nítidos quanto as águas plácidas do rio Formiga que, no centro da cidade, se cruzam em Z com as águas tormentosas do rio Mata Cavalo.

A escuridão da noite na sala de cinema e no campo de batalha é semelhante à imagem luminosa e retumbante da bomba atômica em Hiroshima e à imagem irascível da interjeição *POW!* desenhada na imagem do gibi e pintada sobre papel-jornal, na tela *Sweet dreams baby!*, pelo artista pop norte-americano Roy Lichtenstein em 1965.

Interjeição e violência engrandecem tanto a vida besta da família formiguense como a ação do combatente no exército aliado. Ambas são motivo para a sobrevivência da humanidade ameaçada pelos nazistas numa cidade perdida no mapa-múndi, cujos moradores não conseguem imaginar as barbaridades cometidas nos campos de concentração na Alemanha e, posteriormente, em terras japonesas.

Ao se repercutirem de volta à minha imaginação adulta, eu entendo tanto a interjeição como a violência no momento em que ambas se transformam em palavras familiares que ganham sentido na conversa do meu pai com seus amigos e nossos vizinhos sobre os valorosos expedicionários da FEB (Força Expedicionária Brasileira), entre eles o primo Donaldo, filho do tio Vespúcio com Dolores Farnese.[2] E amplificam o sentido no hino que os alunos das classes anexas à Escola Normal cantamos em marcha militar pelo pátio central do estabelecimento de ensino. "Por mais terras que eu percorra/ não permita Deus que eu morra/ sem que volte para lá;/ sem que leve por divisa/ esse V que simboliza/ a vitória que virá."

Na primeira página do *Correio da Manhã* — com o dedo indicador meu pai me mostra a foto no jornal —, um grupo de pracinhas brasileiros uniformizados para enfrentar o clima frio e bem apetrechados para lutar contra o inimigo invasor. Fala do nosso primo Donaldo, o jovem funcionário concursado do Banco do Brasil convocado pela FEB. Na terra italiana recoberta pela neve, distante de casa, ele luta. Ele e seus companheiros de uniforme enfrentam as forças do Eixo sob o comando do marechal Mascarenhas de Morais que recebe de presente do general Mark Clark um caminhão GMC, que lhe servirá de dormitório e gabinete de comando.

Página de gibi. Sequência de filme. Manchete e foto de jornal.

Meu primo, o pracinha Donaldo Vespúcio.

Sentado na poltrona, meu pai diz que leio muito gibi e não saio do cinema. Prefere que eu passe o tempo lendo o *Correio da Manhã*. Finjo que obedeço; na verdade, fui desobediente durante toda a vida.

No Natal de 1967, poucos meses antes de defender a tese de doutorado sobre André Gide na Sorbonne, saio de Paris para uma curta viagem pelo norte da Itália. Somos cinco estudantes brasileiros, hospedados na Cité Universitaire, a viajar num Renault alugado por quinze dias. Acrescento ao nosso itinerário — para espanto dos quatro companheiros de automóvel — uma visita ao Cemitério de Pistoia. Ao nos deslocarmos de Gênova para Florença e Siena, fazemos um curto desvio e rendemos homenagem aos quatrocentos e sessenta e dois pracinhas brasileiros mortos em guerra e lá enterrados. Tirei uma foto do recém-inaugurado monumento em forma de arco, à entrada do cemitério.

O desvio por Pistoia tem sentido. Guardo a foto para o resto da vida.

* * *

Ininterruptamente, uma camada viscosa de certo tipo de experiência se sobrepõe — ou se subpõe — e se casa a outro tipo de experiência, como duas rodelas achatadas de massa, assadas ao forno pela Etelvina, espremem a goiabada num casadinho. A memória — doce de goiaba — se apega ao experimentado e ao visto. Não é triste, não é feliz. Não é mesquinha, não é generosa. Não é doce, não é amarga. Não é digna de dó, não é digna de piedade. É.

É sonâmbula.

É ladra sorrateira.

Ou melhor: o visto é sentido com o encanto que ele rouba do experimentado; o experimentado é sentido com o encanto que ele rouba do visto.

Durante a Segunda Grande Guerra, entendo as fantásticas coreografias de Busby Berkeley para os filmes musicais *made in Hollywood*. Se vista e apreciada pelos olhos sensíveis de menino espectador, a destruição das cidades pelo olho do piloto de avião bombardeiro — de que o mundo é alvo — encontra sua representação mais acurada na disciplina militar na guerra e na vitória final dos Aliados. Nos imensos palcos giratórios, montados nos estúdios da ensolarada Califórnia, são militares os passos coreografados, ritmados e caleidoscópicos das dançarinas enfermeiras e dos bailarinos soldadinhos de chumbo. O ruído das sirenes que alertam para o iminente ataque aéreo ecoa na voz do crooner a entoar o estribilho da canção e com ela se confunde. Spots de luz, dependurados no alto das maquetes de estúdio, glorificam em cena aberta os cantores, dançarinos e dançarinas. Em cena paralela à do nightclub, fachos de luz iluminam os céus da metrópole europeia e focam os bombardeiros inimigos. Os passos do GI, calculados e executados milimetricamente no campo de batalha, e os *grands jetés* coreografados do bailarino — tão arriscados quanto os saltos de paraquedas dos fuzileiros com os olhos no solo, onde entrarão em corpo a corpo com o inimigo — são a razão para o abraço apertado e o sorriso final do par romântico. Recebem o aplauso da plateia de cinema, esquecida da guerra e embevecida com a felicidade no amor.

Happy ending.

Fred Astaire e Ginger Rogers se abraçam e se beijam depois de rodopiarem compenetrados pelo salão de festas.

Serei um otimista impertinente? Ou um eterno alienado?

Anos mais tarde, assisti aos filmes documentários de Leni Riefenstahl no Clube de Cinema de Belo Horizonte. No pré-guerra de Munique e na futura guerra mundial, a coreografia dos jovens atletas alemães e dos soldados nazistas assume descaradamente a mesma beleza fantasiosa dos musicais hollywoodianos coreografados por Busby Berkeley. Compreendi que minha metáfora para o filme musical não era tão incorreta assim, já que também é válida para as imagens em movimento que, na tela luminosa do cinema nazista, representam os jovens desportistas louros da Baviera.

Qualquer linguagem na tela branca do cinema é a linguagem dos corpos apetrechados de armas nos campos de batalha.

Todas as imagens explodem e ribombam pela abóbada do cinema do seu Franklin.

E assustam e encantam. E ensinam e alegram. E alienam.

A guerra fascina a imaginação dançarina dos coreógrafos e dos generais e, por acréscimo, a dos espectadores metropolitanos e provincianos. Todo e qualquer acontecimento militar serve de matéria para o desenho duma coreografia que se repete como mapas subjugados pelo traçado inequívoco da estratégia dos generais que conduzem à vitória final das tropas aliadas.

Não é por coincidência que Maurício Gomes Leite e eu estreamos na crítica cinematográfica com ensaio sobre o filme musical na neorrealista *Revista de Cinema*. Em 1954 e em Belo Horizonte, somos filhos interioranos da guerra que tem lugar tanto no campo de batalha europeu como nas manchetes dos jornais brasileiros, tanto nas páginas de gibi traduzido ao português como nos filmes norte-americanos e europeus exibidos.

Na margem de cá do Atlântico e bem ao sul, seríamos contemporâneos, na margem de lá do oceano e bem ao norte, de Alain Resnais em *Hiroshima mon amour*, de Jacques Demy em *Les Parapluies de Cherbourg*, e de Federico Fellini em *Ginger e Fred*.

Ele, sonâmbulo em Montes Claros; eu, em Formiga.

O desconcerto causado na província pelo nosso longo ensaio sobre o filme musical o encaminha para o cineclube do Porto, em Portugal, onde é reimpresso. Em 1961, quando chego a Paris para o doutorado em Literatura Francesa, serei reconhecido na redação da revista *Cahiers du Cinéma*. O rapaz francês que me atende ao balcão pede que o desculpe por um minuto. Sai da sala de recepção e volta trazendo alguns números arquivados da *Revista de Cinema*. Meu nome está lá, escrito em letra de fôrma. Reconhece-me pelo nome. Presenteia-me com um permanente que dá direito à entrada na Cinemateca Francesa, então dirigida por Henri Langlois. Na tarde seguinte, depois do almoço no restaurante da Cité Universitaire, tomo o metrô para a estação Luxemburgo e caminho até a Rue d'Ulm, onde se localiza a cinemateca. Consulto o programa do mês. Nada de novo a ver. Todos os clássicos do cinema a serem exibidos tinham sido vistos no Clube de Cinema de Belo Horizonte.

A curiosidade intelectual do menino sonâmbulo se expande em vão e só se sacia nos pequenos, abafados e malcheirosos studios do Quartier Latin, onde se exibem os filmes recentes de países estrangeiros desconhecidos das salas de cinema brasileiras. Minha curiosidade coça e atiça os olhos para os filmes asiáticos e africanos. É nosso tudo o que é europeu ou norte-americano durante a Segunda Grande Guerra. Entraram pelos olhos e pelos ouvidos e estão depositados na memória coletiva brasileira.

Tato, olfato e sabor da criança provinciana nunca são surpreendidos pela primeira viagem à Europa. Só são avivados, reavivados. Só no escurinho dos studios de Saint-Germain-des-Prés é que ganham novo e diferente alimento cinematográfico.

2.
Machucado

> *Tout ce que nous ne pouvons pas toucher nous désole;*
> *l'esprit saisit plus aisément la pensée*
> *que notre main ce que notre oeil convoite.*
> [Tudo o que não podemos tocar nos aflige;
> o espírito apanha mais facilmente o pensamento
> que nossa mão, o que o olhar ambiciona.]
>
> André Gide, *Os alimentos terrestres*

Venho reconstruindo a casa da rua Barão de Pium-i pelo aposento que nela me toca desde o dia em que completo ano e meio de vida e sou levado a deixar o berço, no quarto dos pais. Venho reconstruindo-a da perspectiva do quarto da Sofia, onde meu irmão recém-nascido e eu dormimos sob sua guarda. No cômodo, sobressai o gradeado retangular do berço, que me pertenceu quando estava no quarto dos pais. Levado para o quarto da Sofia, tornou-se propriedade exclusiva do recém-nascido.

Guarnecido por varetas roliças de madeira, o gradeado retangular protege o bebê do tombo.

O Haroldo, todo enrolado em cueiro de lãzinha, passa o dia e a noite ali deitado. A não ser que, para o afago, a alimentação ou a higiene do corpo, seja surpreendido pela pinça dos braços da Sofia e confiscado. Ao mínimo berro de choro, o corpo da guardiã se aproxima do berço como um lampadário e, ereto, se dobra sobre o gradeado. Os braços se alongam e as mãos retiram o recém-nascido lá de dentro e o sustentam. Aninham-no no colo e o mantêm.

Elas manuseiam o corpo do recém-nascido à procura da necessidade ou do incômodo ou para o carinho de mãe.

Meu primeiro ano e meio de vida passou em silêncio.

Vivi-o sozinho no quarto dos pais, aprisionado naquele berço. Pelo lado de dentro, conheci as varetas roliças de madeira e o aposento paterno. Familiarizei-me com elas e ele até o dia em que o papai me obrigou a abandonar o berço e ir dormir no quarto da Sofia. Numa cama estreita de solteiro.

Perdi o lugar no berço para o bebê chorão, recém-nascido. Compartilhamos os dois o mesmo quarto com a nossa guardiã. Somos três os donos do cômodo.

De dentro do berço, eu vejo lá fora a cama onde meus pais dormem. Os dois corpos fazem um pequeno monte, que se move na cama durante a noite.

O gradeado do berço serve de muralha. Ele me protege da queda. É constituído por varetas roliças de madeira envernizada, dispostas em vertical. Minhas mãozinhas são atiçadas pelo gradeado. Endiabradas, elas se precipitam para o espaço entreaberto e vazio como se estivessem para agarrar os guizos do chocalho dependurado na armação de madeira que sustenta o mosquiteiro. As varetas liberam o olhar e impedem os impulsos desorientados do meu corpo, que querem transpor o espaço delimitado por elas.

A música das varetas leva o Tempo a correr depressa.

Pouco choro na época em que vivi no quarto dos pais — é o que dizem. Eu escuto e guardo.

Divirto-me com um absurdo pandeiro de varetas roliças verticais que fica ao alcance das mãozinhas ou dos dedinhos. Sento-me ou me ajoelho no colchão para brincar com as varetas. Dispostas em linhas verticais, elas se sucedem umas às outras em paralelas. Enfio as mãozinhas por entre duas varetas e, com dedos abusados, tiro o som que compõe a melodia anárquica e interminável do desejo de fuga. Ou da fatalidade do tombo.

No quarto dos pais, abro caminho na vida com as mãos, assim como o menino nadador abrirá caminho nas águas da lagoa com braçadas ritmadas. Gosto de tocar com as mãos algo que não foi feito para ser tocado por elas. Aprendo e desenvolvo as graças prazerosas e íntimas do tato quando outros, pela sucção de leite no seio materno, progridem na vida com maior júbilo e rapidez.

Afora o lugar privilegiado no berço, pouco ou nada recebo de afago. Na falta da atenção alheia, estimulo as atividades autossuficientes que, aos olhos das visitas, me distinguem como menino solitário, introvertido e atrevido. À minha maneira e abrigado pelo teto paterno, contento-me com a pequenina porção de alvoroço que me toca no corre-corre diário da vida familiar e profissional.

Dizem que choro, choro pouco, e não sou choramingas. Não sou realmente.

Não incomodei a mamãe nos meses enfermiços que ela atravessa. Gravidez de risco — dizem e repetem. Eu escuto e guardo.

Grávida do sétimo filho, coitada — não sei se escutei essa frase ou se a invento agora, premido pela necessidade de intervenção explicativa no relato.

Sou inquieto por natureza. Atraio a atenção de quem entra no quarto. Dizem que vim ao mundo com temperamento nervoso e exibido. Dizem que, se deitado de bruços, eu regularizo os movimentos excitados das perninhas e descontrolados dos bracinhos com curtas explosões de riso. Insistem em dizer que, sentado ou de pé no berço, o bebê não para — um segundo que seja — quieto. Eu escuto e guardo.

Viriam daí as primeiras e inesperadas crises de hipertensão na idade adulta?

Ou virão da condição física da mãe à hora do parto?, pergunto ao cardiologista e fico sem a garantia da resposta médica.

"Eclampsia" — tenho certeza absoluta de que, desde a mais tenra idade, o som dessa palavra me é familiar, embora seu significado nunca tenha sido explicitado em conversa.

Quando a palavra "eclampsia" ganhou significado, juntos passaram a me perseguir como matilha de cães raivosos. As dentadas virtuais dos animais, eu as sinto no corpo como se reais. As feridas se foram.

Trago na pele as inúmeras cicatrizes da eclampsia materna.

Enquanto estive a dormir no quarto dos pais, não me lembro de sonho nem de pesadelo.

Ajoelho-me no colchão e apoio as mãos na barra superior do gradeado.

Do que ele está rindo? — se perguntam quando me exibo de pé e faceiro no berço.

Ri porque gosta de rir — as visitas se entendem no diagnóstico.

Por que eu não deveria ser digno de atenção?

Serei enigmático por natureza? Ou me torno enigmático por querer me redescobrir como exibido aos olhos alheios?

Os de casa ficam com medo de que eu seja um bobo alegre a mais na família de gente muito pirada. Sempre tiveram medo de o sexto filho não ter nascido bom da cabeça. Meio pancada, parece. "Que não me saia assim!", meu pai profetiza lá no alto e eu escuto cá embaixo. "Esse sorriso...", continua ele. Esses sorrisos descontrolados, sem motivo, sei não. "Leva o jeitão do tio...", meu pai e minha mãe se entreolham no momento em que ele não completa a frase. Tanta dor na história da família Farnese. Tantos fantasmas a assombrar as asperezas da avó Piacedina no gerenciamento cotidiano da pensão em Pains.

Veja o tio Mário, tadinho. Não põe mais os pés fora de casa. Só sai com a permissão da mãe.

Um homem bom, trabalhador, e de repente vítima da própria loucura.

O tio Mário.

Desvio os olhos e o corpo da rota da atenção alheia. Dizem que é de propósito que eu vivo como se ausente dos olhos que se voltam diretamente para mim. "Leva jeito de gota de mercúrio", diz o papai. Escorregadio aos dedos, que nem ele só. Não se deixa apanhar. Sempre escapa.

Não posso ser tão desligado se sou inquieto por natureza — apego-me à contradição paterna e a torno explícita.

O sossego prevalente no interior do berço gradeado não doma

os arroubos físicos do corpo que visam a me jogar para o espaço aberto do quarto. Pelo contrário. É para me provocar o desejo de fuga que existe o gradeado retangular do berço. Ou existe em previsão da fatalidade dos tombos.

"Esses olhos vivos e travessos...", a tia Dolores chega em visita e me observa sem tirar conclusão.

As visitas me desocupam e eu me ocupo por conta própria.

Repetem: ele é mais barulhento que choramingas. Não para quieto um minuto. Sempre tamborilando o gradeado. O bicho-carpinteiro veio no sangue da avó pelo lado paterno. Não foi a dona Maricota que abandonou o marido e viajou do sul de Minas até Formiga para se juntar com o coronel Amarante? Não é ela que tem filhos de um e do outro homem?

Os braços gordinhos e roliços da mamãe se dirigem para mim. Suas mãos avançam paralelas a fim de me pinçar do berço. Pinçam-me sem firmeza, mas seus braços me acolhem carinhosamente. Aproximam meu rosto dos seios. Não me dão de mamar. Meu corpo se espicha e se alonga pelo colo. A mamãe toma assento na poltrona. A mão esquerda me sustenta no colo e a direita me afaga e depois me dá a mamadeira que a Etelvina trouxe.

A mamãe me pinça cada vez menos aqui dentro do berço. A Etelvina me dá a mamadeira.

A mamãe diz a meu pai que já de pequenino fui ficando muito pesado. Pesado demais. Ela nem sabe mais como conseguiu me carregar na barriga até o dia do parto.

Preso ao bico da mamadeira e alongado pelo colo dela, levanto os olhos. Tento enxergar seu rosto.

Quero enxergar seu rosto.

Se cheguei a vê-lo, não consigo rever a imagem.

Com palavras, quero inventar a imagem do rosto da minha mãe. Desenhá-lo, nos detalhes.

Não consigo. Não devo.

Afogo-me no seu colo. Já alimentado, adormeço. Perco os sentidos. Acordo deitado de bruços no berço.

Quis mentir. Menti ao escrever que, aninhado em seu colo, vi o rosto da mamãe. Reprovo-me, mas não me penitencio.

Qualquer rosto focado pelos meus olhos sempre acaba por escapulir deles. Logo saem em busca de alguma coisa diferente e agradável ao tato do olhar.

Qualquer bobagem atrai as mãos alopradas dele. Ficam balançando no ar... como se quisessem pegar — dizem. Eu escuto e guardo.

Seu olhar — repetem — não é contemplativo nem cismarento. Puxou à avó paterna, aquela sirigaita de Passos.

Sou curioso por natureza ou por fatalidade?

Bebê, me retiram do berço. Ando pela casa com as perninhas encarapitadas nos quadris da babá, ou sendo carregado no colo da mamãe. Fico olhando para tudo o que me rodeia. Dizem. E me vejo a voar de um lado para outro. Meus olhos caminham como câmara cinematográfica pelos quatro cantos do quarto dos pais, mais apressadamente que os dois cambitos de menino sonâmbulo caminharão pelos vários cômodos da casa, pela vastidão do quintal e pelas muitas ruas da cidade.

Como os olhos dele caminham — as pessoas observam e eu escuto. Daí deduzi a cena cinematográfica, que descrevi.

Guardo os olhos abertos e passíveis de ser provocados pelo que aparecer à frente. Pelo que aparecer à frente por movimento brusco e inesperado do corpo da babá, tendo a mim encarapitado na cintura, ou do corpo da mamãe, a trazer-me no colo.

* * *

A mamãe passa o dia inteiro deitada na cama. A Etelvina lhe traz o prato de comida no quarto. Canja de galinha, a conselho do marido. Precisa de repouso — todos que a veem prostrada na cama dizem. Através do gradeado do berço, vejo-a a se alimentar. Colherada após colherada. Vejo-a lá longe do berço, distante das minhas mãos, que batucam mais apressadamente as varetas do berço. Não se levanta mais da cama. Só se auxiliada pela Etelvina.

A música das varetas leva o Tempo a correr depressa.

Ainda que não haja motivo, meus olhos permanecem vivazes. Não é por gosto que baixo a cortina das pálpebras. Por cansaço? Talvez. Por hábito? Sem dúvida. Tenho de dormir, embora não seja dorminhoco. Olhos passíveis de ser facilmente provocados são olhos espertos e volúveis. Tudo os atiça e nada lhes bota fogo. Só o silêncio da noite os engole; só a escuridão noturna os consome.

Tadinho dele. Fica aí preso, no berço, o dia inteiro. A mamãe chama a babá para ela dar uma volta comigo pela casa e pelo quintal. Está tão branquelo. Tem de tomar um pouco de sol.

As pernas do Vaninho não crescem fortes, não engrossam — é o que comentam.

Estão ficando cada vez mais finas e frágeis — dizem. Eu escuto e guardo. Canela Fina — eu ganho apelido. Ele cai à toa no chão. Pudera, só gosta de colo. Do da Sofia nem se fala.

Falta de cálcio, meu pai pensa diferente dos outros e age. Para que os dois filhos órfãos sejam bem alimentados pela manhã, compra duas cabras leiteiras dum cliente fazendeiro. No quintal de casa, engorda-as e as fortifica para que engordem e fortifiquem as duas crianças raquíticas.

Os olhos do Vaninho gostam é de olhar — dizem. Olham pelo prazer de olhar. Com o correr dos anos, já se nota; já se nota que não são os olhos de bobo alegre ou de maluco.

Eles gostam de ficar inspecionando o quarto e a casa, de alto a baixo. Catalogam pessoas, objetos, atividades, palavras, conversas. Agem como se estivessem a armazenar a pessoa, o objeto e a atividade vistos ou a palavra e a conversa ouvidas, numa despensa com espaço sempre disponível. Nela, vão se empilhando e se somando todas as pessoas e todas as coisas que estão sendo vistas e todas as palavras que, no quarto dos pais, estão sendo ouvidas pelo neném e, ainda, tudo o que o menininho, que sucede ao neném, observa no quarto da Sofia e na casa paterna.

Rodeio-me do que vi e vejo. Do que escutei e escuto. Reparo como outros bebês se rodeiam de chupetas, chocalhos e palhaços de pano. Não me lembro de chupetas, chocalhos e de palhaços de pano.

Lembro-me das varetas de madeira do berço onde vivi durante ano e meio de vida. Por entre elas, vejo a cama onde meus pais dormem.

Rodeio-me do que vejo e me alimenta, da mesma maneira como me rodearei de gibis e de filmes.

Não é falso dizer que tudo o que vi e vejo é brinquedo para os olhos.

É também divertimento para as mãos.

Não vejo as palavras, mas me agarro à curiosidade de escutá-las na sequência que, só no final, me mobiliza. Memorizo as frases quando elas entram ouvido adentro e me acariciam. Existo.

São elas que me garantem a atenção e o afago por parte de adulto, focado em mim.

Quando a mamãe e o papai estão deitados na cama e eu, no berço, ela diz a ele: "Não se incomode. O Vaninho dorme que nem anjo". Não compreendo o barulho que os dois fazem deitados na cama e o que dizem depois que cada um se joga para o seu canto.

Sei — sem na verdade saber — que as palavras da mamãe sobre o sono do filho se espicham até meus ouvidos a fim de encurtar o caminho das passadas do papai até o berço. O papai quer se certificar de que estou dormindo.

"Não precisa ir lá ver se ele está dormindo. O Vaninho dorme que nem anjo", mamãe repete.

Não estou dormindo.

Pareço que estou dormindo.

Pareço anjo.

Não sou anjo.

De manhã cedo, não vejo a mamãe deitada na cama. Só vejo o papai. Ele acorda sozinho. Para onde é que ela foi? Não se preocupe, Vaninho, sua mãe viajou. Foi visitar a mãe, em Pains. Está tudo bem. Ela passa bem. No domingo ela já volta pra casa.

As coisas são como não são. São como não queremos que sejam.

A mamãe e o papai não acordaram na mesma cama.

Sua avó está doente. Sua mãe vai ficar mais uns dias em Pains.

Seu pai traz a casa sob controle. A Etelvina toma conta da cozinha. Nada mudou. Tudo continua como antes.

Tranquilizo-me, embora já não durma no berço de gradeado retangular nem no quarto dos pais. Passo a dormir numa cama de solteiro, no quarto da Sofia. Um bebê chorão está dormindo no meu berço.

Não gosto.

* * *

Frases tocam mais frequentemente meu corpo do que o afeto concreto dos familiares e das pessoas adultas que querem brincar comigo. Dizem-me qualquer coisa, sempre em linguagem tatibitate. Eu escuto. Sempre me dizem alguma coisa engraçada. Eu rio.

Sorrio feliz, ajoelhado no colchão do berço.

É barulhento, mas não é falastrão — dizem. Demorei a falar no modo como as pessoas que me rodeiam falam.

As pessoas não me tocam mais. Ninguém me leva ao colo. A babá não me traz encarapitado na cintura.

Obrigam-me a andar. Não gosto de andar. Tenho de andar.

Passam-me a dizer que tenho pernas finas.

É com as pernas finas que me vejo nos relatos que escuto, a sair do quarto dos pais e ressuscitar no quarto da Sofia. Magrinho, fraquinho, coitado. Mal se sustenta nas pernas. Não está aguentando a perda. Se não aguenta nem o corpo, como é que vai suportar o luto? Entristeceu de vez.

Está sempre tropeçando e caindo no chão, se machucando. O Vaninho guardou o sorriso como a um pecado mortal. Padece que nem pintinho da galinha que vai ser servida assada na hora do almoço. Triste triste.

Será que ele já sabe o que aconteceu?

O Vaninho está dormindo no quarto da Sofia, com o irmãozinho recém-nascido. Sabe que o irmãozinho nasceu, mas não sabe... Ele faz muita festa no bebê. Durante o dia brinca com ele.

"Não pergunta mais pela mãe?" — "Não."

Fecha-se entre as quatro paredes do quarto da Sofia. Não quer saber de passear. Gosta de ficar encurralado. Virou boi.

Foi-se o menino barulhento e risonho, de olhos esbugalhados e vivos.

A Sofia é o único adulto que me acarinha de modo particular. Tão particular que não sou capaz de reproduzir o modo como ela me acarinha. Sinto na pele, nos braços, no rosto, o carinho de suas mãos.

Um beijo furtivo me chega à bochecha. Estala. Estrela. E logo foge para longe.

A Sofia conversa com o papai.

"Durante o dia, seu filho está sempre rindo, como se eu estivesse a lhe fazer cosquinha. O problema é à noite, ele vira bicho durante a noite", a Sofia conversa com o papai. "Dá um dó vê-lo deitado na cama, a lutar contra os pesadelos. Quando acorda, acorda ainda mais assustado do que a dormir", ela continua.

"Deixo-o dormir. Não o acordo. Assim, não sabe que sofre o que padece."

Será que não sei que sofro? Será que sei o que me faz padecer?

Como ninguém nunca me disse como a Sofia me acarinha não posso dizer como ela me acaricia. Posso dizer que, à tarde, ela tira minha roupa e me dá banho. Todos os dias. Banho de bacia, no quarto. Molha o sabonete na água morna e com ele espuma todo o meu corpo. Da cabeça aos pés.

Quando as mãos chegam aos pezinhos, passam logo à sola dos pés. Fazem cosquinha para me ver sorrir. Obediente ao estímulo, sorrio.

A Sofia não me vê nu. Olha-me como se estivesse vestido por roupa transparente. Só me vê nu quando me limpa a bundinha suja.

No quarto dos pais, fui dado à incontinência da bexiga e, no quarto da Sofia, dos intestinos. Deve ser do leite de cabra — pensa a Sofia e nada diz ao papai. Tem medo dele.

"Tenho medo do seu pai", ela me diz e eu escuto.

Depois de enxugar-me o corpo, a Sofia me enxuga carinhosamente os cabelos. Ela os enxerga como são. Já são longos e sedosos, em tenra idade. Sua diversão mais comprida é a de pentear-me o chuca-chuca. Ele serve para me distinguir do Haroldo, que nasceu calvo. Penteia-o como se o pincelasse na tela que será exibida à família e às visitas.

Ano e meio de vida e órfão de mãe.

Mudam-me de quarto e perco o berço. Ao mesmo tempo.

Quando entro no quarto que será o da Sofia, o papai aponta a cama estreita de solteiro e me diz que vou passar a dormir nela.

Não sei o dia em que a Sofia chegou em casa. Nem faço ideia. Até a chegada dela, não disseram quem ficou cuidando dos dois órfãos. Não sei se passamos uns dias ou semanas na casa do padrinho Juca Palhares. Ele e sua esposa queriam muito que fôssemos morar na casa deles.

Depois de atravessada a porta que se abre do corredor para o quarto, minha cama é a primeira, à direita. Ela fica de mãos dadas com o guarda-roupa, que serve aos três. A cama da Sofia, também de solteiro, fica ao fundo do aposento retangular. Fica ao lado do berço com o gradeado protetor, onde dorme o Lodo — como o Haroldo é carinhosamente apelidado.

A Sofia vigia o Lodo de perto, protege-o e, de tempos em tempos, troca-lhe as fraldas e lhe dá a mamadeira. Da minha cama, observo a ela e a ele entrelaçados pelo olhar cúmplice e amoroso.

A mãe e seu filho.

Ao escrever, penso que sinto hoje o que, adivinho, teria sentido ontem. Ciúmes. Baixa a paranoia. Adivinhar os ciúmes que sinto de irmão mais novo não é matéria que permanecerá inédita na vida familiar. Ao nascer o primeiro filho da nossa madrasta, o Rodrigo, voltam os ciúmes do Haroldo, voltam mais fortes. A paranoia baixa, baixa mais violenta. Tinha ganhado a Sofia e a perdido. Tinha ganhado a Jura, segunda esposa do papai, será que estaria a perdê-la para o primogênito do segundo casamento?

Quando uma ou as duas folhas da janela do quarto ficam abertas, a Sofia retira os olhos do bebê chorão deitado no berço e os lança para mim, sentado na cama de solteiro. Ela me olha lá de longe. Não me olha mais. Observo, seus olhos dão meia-volta e se espicham pelo vazio da janela. Observam a mancha negra na parede da casa adjacente, causada pela infiltração de água, e se perdem.

Tenho ciúmes da mancha negra causada pela infiltração de água.

A janela do quarto dá para uma passagem estreita e cimentada, lateral à casa. Vem lá do portão de entrada, ladeia o jardim florido de rosas e dá acesso primeiro aos degraus do alpendre e, mais adiante, à porta de entrada da casa, que bem cedo se abre para a sala de espera do consultório dentário do pai.

Ao dar acesso aos degraus do alpendre, a passagem cimentada se bifurca à direita. Passa a servir de entrada de serviço da casa. Ladeia toda a residência. Passa sob a janela do quarto da Sofia e desemboca, à direita, nos poucos degraus que sobem até a porta da cozinha. Aí, então, a passagem ganha toda a largura do terreno dos fundos. Alarga-se primeiro em imenso retângulo lajeado, com tanque de lavar roupa e varal. No varal de arame, a lavadeira estende as roupas dos moradores e, no lajeado, ela deita para corar a roupa de cama e as toalhas. E ainda os aventais e os guardanapos brancos, de uso no consultório dentário.

Ao perder a condição de caminho para as duas entradas na casa, a da porta da frente e a da porta da cozinha, a passagem perde o revestimento de cimento e se espicha selvagem e verde até o sem-fim do quintal. Vira chão arborizado e fértil, embora carunchado por todos os cantos pelas formigas-cortadeiras, que habitam os variados e vastos labirintos que foram e continuam sendo cavoucados na terra.

Duas cabras são compradas pelo viúvo. O menino mais velho tem pernas finas e frágeis e o caçula não foi aleitado pela mãe. As cabras se alimentam com ração apropriada e passeiam por entre mangueiras, jabuticabeiras, goiabeiras, bananeiras e pés de cana e de milho verde.

Pela manhã, a Etelvina ordenha as cabras. Adestrada pelo meu pai, lava previamente as tetas e as enxuga com um paninho limpo. De cócoras, envolve a base da teta com a mão direita. Prende primeiro o leite. Já preso na cisterna da teta, ela o espreme em seguida. O esguicho de leite salta espumoso para a vasilha de alumínio. A Etelvina relaxa os dedos. Uma e a outra teta são sucessivamente espremidas e liberadas pelas mãos já experientes.

As tetas das cabras, duas a duas, continuam dependuradas, mas flácidas e vazias.

Na copa, a Sofia recebe a vasilha das mãos da Etelvina e serve o leite ainda espumoso e quentinho aos dois órfãos de mãe. Um já o bebe no copo, com duas colheres de açúcar cristal; o outro, no colo da Sofia, o suga da mamadeira.

À noite, o sono bate. O corpo do menino mais velho se estira na cama estreita de solteiro e se agita.

Não é por natureza choramingas, ao contrário do recém--nascido.

Não acorda a Sofia.

O menino se agita na cama, sem soltar um pio. Com as mãos, amarrota a colcha que o cobre como se fosse uma folha de papel. Agita-se de modo estabanado, nervoso e inconsolável, qual marionete que, no palco, se mexe e caminha instruída pelos cordéis governados pelas mãos de artista anônimo e invisível. Sempre deitado, o corpo se contorce e logo gira duma borda para a outra da cama de solteiro. A cabeça esquece o travesseiro. Sem a proteção do gradeado do berço, o corpo rola pelo colchão como rola pela terra batida do campo de futebol a bola de borracha sob o controle dos pés do Henrique. A borda da cama ameaça. O corpo abraça o perigo iminente da queda. Estrebucha-se convulsivamente.

Desborda do colchão e, como folha seca, estatela-se no assoalho.

O susto não lhe abre os olhos nem o barulho, os olhos da Sofia.

A ansiedade que leva à convulsão do corpo não enrijece os músculos frouxos do dorminhoco. Tampouco chega a retesá-los. O menino apenas se desengonça. Milagre. Quebra-se em partes. Fragmenta-se em pedacinhos e fica ileso ao tombo, como se fosse a criança que cai lá do alto da sacada do prédio e, por intervenção divina, não morre.

Ao cair da cama, será que corpo de menino perde o peso da gravidade?

Será que os ferimentos só acontecem pelo lado de fora do corpo que se precipita desatentamente para o assoalho?

Como imaginar de que modo o corpo se safa das manchas enegrecidas, ocasionadas pelas sucessivas contusões noturnas?

Protegida pelo pijama de flanela, a pele branca de neto de italianos é sensível, mas se defende por conta própria. Nada do menino que a Sofia vestiu carinhosamente com o pijama de flanela chega a se machucar. Nem a cabeça.

Pena que o milagre da queda sem dor e sem sangue não aconteça vida afora.

O menino dorminhoco não grita nem chora. Não se contunde nem se lesiona. Não se desassossega nem abre os olhos.

Esparrama-se pelo piso. O corpo se inquieta ainda mais e se contorce nervosa e inconsolavelmente.

Seus braços dormidos e frouxos se estiram pelo colchão do assoalho.

De repente, eles se esticam, esticam-se tanto quanto os de zumbi.

Como antena, o braço direito parte em busca de sintonia com os seres do mundo extraterreno. Parte para o mundo sobre-humano que os pesadelos precoces e secretos inventam e tramam.

Em fins do ano de 1961, revejo na cidade de Paris o antigo menino desassossegado.

Ainda permanece estirado pelo assoalho do quarto da Sofia. Dorme e traz os braços esticados, com os dedos em busca de sintonia com as estrelas e os planetas em órbita que, à noite e luminosamente, rodeiam a pequena cidade natal.

Ao passar minha primeira temporada fora do Brasil, em Paris, quero examinar a atividade concreta a que se dedica o menino agora rapaz já feito. A que lugar do planeta o sonâmbulo formiguense alocou, na vida real adulta, seu desejo endiabrado de fuga da casa paterna e da cidade natal?

Quero saber a que cidade os sucessivos tombos o encaminham.

Setembro de 1961. Tomo o navio transatlântico no porto do Rio de Janeiro e viajo à Europa na condição de bolsista do governo francês. Já a bordo do *Provence*, descubro que meus companheiros de viagem são a atriz e bolsista Elizabeth Gallotti e o premiado ator de teatro Napoleão Muniz Freire. Inscrito como doutorando na Sorbonne, farei pesquisa em Literatura Francesa. Escreverei tese sobre o romance de André Gide. Quando estiver pronta e aprovada pelo meu orientador, o professor catedrático Pierre Moreau, irei defendê-la e receber o título de doutor em Literatura Francesa.

Na Cité Universitaire, em Paris, espera-me um quarto no Pavilhão do Brasil, um belo e ousado prédio projetado por Le Corbusier.

Cansado do trabalho de leitura do material de pesquisa e das anotações que redijo em fichas, saio da biblioteca de Sainte-Geneviève e me adentro, com a pasta na mão, pelo Jardim de Luxemburgo. Movido pelo acaso, caminho para me distanciar da preocupação permanente com o trabalho acadêmico e com o prazo fixo — dois anos — para a entrega da tese e o término da bolsa concedida pelo governo francês. Tenho receio, tenho muito medo do fracasso. Regressar de mãos vazias a Belo Horizonte, à Faculdade de Letras, onde me graduei. Regressar sem o canudo de doutor que me habilitaria ao concurso e ser professor da Universidade Federal, onde ensinam meus professores. Caminho distraído pelas aleias do parque e, de repente, lá estou a admirar uma comédia bufa interpretada por marionetes.

Os bonecos atuam em palco liliputiano, montado no interior do teatro do Jardim de Luxemburgo.

Eu me detenho ao me ver refletido no espelho da quarta

parede da cena teatral. Cá fora, na plateia, sou espectador. Lá dentro, no palco, sou protagonista das birutices das marionetes.

Não quero ser mais a criança que perde o berço para o irmão caçula e se estrebucha convulsivamente pela cama de solteiro. Como ovo estalado na frigideira, caio no assoalho e por ele me esparramo. Viro zumbi. A alegria da criançada parisiense em férias escolares me envolve, me contagia, me entusiasma e traz novo alento.

Riem de mim? Não. Rio com eles.

*Tout le monde s'amuse.**

Estar em Paris, viver em Paris como se a esticar o corpo sob o sol em praia do Rio de Janeiro, e feliz.

As marionetes reagem com movimentos ritmados e bruscos às mãos do artista que, às escondidas, manipula os cordéis. Na plateia, as gargalhadas infantis são cúmplices na camaradagem. Julgo-me outro, de espírito renovado e resistente às agruras, ainda que o semblante esteja triste e o corpo, solitário.

Adulto, sobrevivo em outras terras e novos tempos.

Há um porém. Ainda me interessa compreender a sofreguidão nervosa que toma conta do menino da Sofia. No teatro do Jardim de Luxemburgo, mais perco de vista o pessimismo, mais me atraco à lembrança da infância formiguense. Está de volta. Abraça-me. Sem pedir licença, toma conta das pernas desembestadas do sôfrego andarilho. Decidimos caminhar juntos pelo paradisíaco Jardim de Luxemburgo.

Se não consigo controlar a satisfação do desejo que nunca se satisfaz, como controlar as pernas? Quanto mais desenraizado me considero, mais esfuziante acredito estar sendo, e não estou livre nem alegre. Quanto mais aguda a sensação de abandono e de vazio, mais me apego ao corpo do menino nervoso e os dois

---

* Todo mundo se diverte.

caminhamos sem rumo pelas ruas e bulevares do Quartier Latin, e não me apego mais a ele.

Serei marionete caipira a despertar o riso nas ruas de Paris? — como ser marionete a despertar o riso da plateia sem a cooperação do artista que, às escondidas, manipula os cordéis?

Seria possível lançar-me no espaço oco da liberdade parisiense?

As antigas lembranças pesam mais quando falta o dinheiro para as despesas que realmente trariam a independência no bem-estar cotidiano. Escamoteio a angústia nas longas, cansativas e, no fundo, pouco liberadoras caminhadas pela cidade. Cheguei a andar da basílica de Sacré Coeur, em Montmartre, até a Cité Universitaire, no sul de Paris. Preso às vicissitudes, contrariedades, apertos e amarguras da vida de bolsista, não vislumbro a liberdade que desde criança acreditei existir tão logo desse adeus ao que emperra o desejo de abrir a vida ao acaso das inquietações sentimentais e das circunstâncias. A rotina continua, apenas distante da antiga rotina, que não perde o comando. Estou longe dos familiares, longe dos amigos e colegas, longe das escapadas noturnas por Belo Horizonte e longe do trabalho diário como balconista da firma Dental Santiago.

O desejo furtivo.

O desejo furtivo comanda a maneira de eu continuar a ser o arisco-que-não-se-arrisca e que, por isso, não-petisca.

Arisco, não esposo espontânea e deliberadamente o desejo de fuga e de liberdade no oco do mundo. Não aprisiono o desejo em objeto concreto, passível de ser tocado pelas mãos que, ao seduzir, estão sendo seduzidas.

Jovem em Paris, eu não me sujeito a ser sujeito.

Pensei que agiria de acordo com os planos inconscientes da fuga que constrói imaginariamente a viagem. Que transformaria em vivência a experiência que me aguardava.

Não houve equívoco maior.

Na infância e no exílio, perda e recompensa são interfaces doloridas e ferinas. A memória pode ser tosca, sim, e só é manuseável se se tornar tão desvalorizada quanto moeda de tostão no balcão de comércio. Arrojo e depressão são sempre interfaces na vida de estudante bolsista em terra estranha. Conectam-se e se equilibram pela raiz comum da ambiguidade financeira e sentimental.

A inveja de querer ser outro se assemelha à base de mármore branco que suporta o bronze da estátua de herói equestre. Só ele atrai os olhos do turista.

Realimentados pelo esplendor passageiro de estar na Cidade-Luz, meus olhos viajam de volta ao quarto em Formiga, regido pela ruiva Sofia. Escapam em seguida para a cidade de Belo Horizonte. Estou vivendo em meados da década de 1950, talvez no ano de 1954. Meus olhos viageiros se alegram e se aquietam momentaneamente. Nada acontece para durar. Nada dura. Acontecimento algum se congela no tempo presente da cidade natal ou no tempo enquanto vivido em Belo Horizonte, no Rio de Janeiro ou em Paris. O acontecimento se volta para trás, ou é visto da perspectiva que se lhe sucede. Ele é inquieto. Sobrevive em trânsito para um lugar de destino compensatório no passado ou no futuro. Compensatório? Apenas aparentemente.

No ano de 1954, em trânsito entre Formiga e Paris, estou em Belo Horizonte, numa residência da rua Brás Cubas, no bairro do Cruzeiro. Caiu a noite. Estou na garagem da casa materna (ele é órfão de pai) do amigo Zeca, transformada por ele em quarto de dormir. Sabemos sem saber que é o nosso futuro maltrapilho e glorioso que se arquiteta em Belo Horizonte.

Ele quer ser ator no Rio de Janeiro, ou em São Paulo.

Eu quero estudar literatura francesa em Paris.

Gérard Philipe é uma grande estrela do cinema e do teatro e se exprime em francês. Ouvimos sua voz adolescente e meiga, tal como registrada em long-playing. Escutamos o texto O *pequeno príncipe*, de Saint-Exupéry.

Monsieur Vaneau, professor na Aliança Francesa, diz que minha pronúncia de muitas palavras em francês deixa a desejar. Por exemplo, é preciso que o aparelho fonético de matuto mineiro se familiarize com os quatro diferentes sons do "r" francês.

Trois gros rats gris, manda-me repetir o trava-língua, n vezes.

Repeti-o naquele momento e virou tradição no meu ensino futuro da língua francesa a alunos norte-americanos.

"Para melhorar a pronúncia, aconselho escutar as gravações das grandes obras da literatura francesa", Monsieur Vaneau se dirige a toda a classe de belo-horizontinos que se preparam para o cobiçado Diploma de Nancy — "lidas por atrizes e atores conhecidos." Por sugestão dele, tomo de empréstimo da biblioteca da Aliança Francesa o long-playing *Le Petit Prince*. Não faz sentido escutá-lo na casa paterna populosa. Entre as quatro paredes do quarto-garagem na rua Brás Cubas, ecoa a voz de Gérard Philipe. Declama a história escrita e desenhada por Antoine de Saint-Exupéry.

Palavra por palavra, sigo-a no livro que tomei também emprestado da biblioteca da Aliança Francesa. Minha pronúncia do francês melhora a olhos vistos.

Cabisbaixo, repito no ano de 1961, em Paris, a frase que eu repito no quarto de dormir do Zeca em 1954. Agora, as palavras ecoam correta e apropriadamente pelo salão de leitura da biblioteca de Sainte-Geneviève e pelas aleias do Jardim de Luxemburgo:

J'ai ainsi vécu seul, sans personne avec qui parler véritablement, jusqu'à une panne dans le désert du Sahara... *

Infatigável, Monsieur Vaneau insiste na correção: "Em francês, o deserto se diz *Sá-há-rá*, três sílabas ligeiramente separadas, todas as três acentuadas. Isso não acontece no português. Só uma das sílabas é acentuada. Prestem atenção para não fazer feio".

Vivo só em Paris, sem ninguém com quem conversar pra valer, até o dia em que enguiça o motor do avião correio aéreo e o aparelho cai no deserto do Saara.

Lembro ainda.

No outono de 1961, sentado à ampla mesa retangular do vasto salão de leitura da biblioteca Sainte-Geneviève, consulto livros de crítica literária, cartas de escritores e recortes de jornais velhos. Desconheço os muitos vizinhos e as vizinhas de mesa de trabalho. Nenhum de nós coincide em nacionalidade e em língua materna. Estranhos uns aos outros e anônimos, guardamos o silêncio exigido pela condição e pelas tabuletas de aviso dispersas pela biblioteca. Se e quando preciso e permitido, nos comunicamos em francês.

Alors vous imaginer ma surprise, au lever du jour, quand une drôle de petite voix m'a réveillé. Elle disait: "S'il vous plaît... dessine-moi un mouton!". **

Cansado da leitura do material de pesquisa e das anotações

---

* Vivi, portanto, só, sem amigo com quem pudesse realmente conversar, até o dia em que o avião sofreu uma pane no deserto do Saara.

** Imaginem então a minha surpresa quando, ao despertar do dia, uma vozinha estranha me acordou. Dizia: "Por favor... desenhe um carneiro para mim!".

tomadas em fichas, levanto-me e devolvo o material consultado ao bibliotecário responsável pelo Fundo Jacques Doucet, que abriga o grosso das obras, dos manuscritos e dos recortes de jornal que me servem na pesquisa para a tese sobre André Gide. Caminho de volta à mesa coletiva. Torno a sentar-me e guardo na pasta as fichas com as anotações. Levanto-me apressadamente. Não há que se despedir dos vizinhos e das vizinhas. Cada um por si e o saber especializado para consumo próprio. As relações humanas no trabalho de pesquisa não se assemelham ao companheirismo que nasce espontaneamente na sala de aula.

Desço os dois lances da escada, atravesso o amplo saguão e deixo a biblioteca. Tomo a Rue Soufflot em direção ao Boulevard Saint-Michel. Logo à frente fica a porta de entrada para a estação Luxemburgo do metrô. Em vagão de segunda classe, teria embarcado para a Cité Universitaire. Hospedo-me no Pavilhão do Brasil, servido pela estação Gentilly.

Não me adentro pela porta de entrada da estação do metrô. Desvio-me dela. Paro à beira da calçada do bulevar.

Por favor... desenhe um carneiro para mim!

O sinal de pedestre está fechado. Abre. Atravesso o bulevar e caminho em direção ao belo e atraente portão de ferro do Jardim de Luxemburgo. Transponho-o.

Fico aquém do imenso e bucólico lago que se descortina desde a entrada do parque.

Ajoelhadas e com os cotovelos apoiados na borda de cimento, as crianças parisienses se divertem com os frágeis barquinhos a vela, como no quarto dos pais eu tamborilava as varetas roliças de madeira e sorria aprisionado no berço. Os adultos tomam assento nas cadeiras de ferro batido, alugadas do atendente. Tomam sol. Aproveitam a claridade baça do dia cinzento para ler jornal, revista ou livro. Ou jogar damas ou xadrez com o vizinho.

Quero ir além.

Desvio-me das crianças, dos adultos, do lago e do magnífico edifício do Palácio do Luxemburgo, sede do Senado da França. Dou meia-volta e embico por aleia à esquerda do lago. No Jardim de Luxemburgo, tenho destino certo e já visitado. Sigo em linha paralela ao Boulevard Saint-Michel.

Caminho apressadamente e muito. A proximidade do inverno controla a temperatura do corpo e o impede de transpirar. Ainda não visto o sobretudo de lã que comprarei nas Galeries Lafayette com os minguados traveler's checks que trouxe do Brasil. Protejo-me com uma das três blusas de lã que foram tricotadas em Belo Horizonte por encomenda da minha irmã mais velha.

Continuo a caminhar na aleia do Jardim, paralela ao Boulevard Saint-Michel. Sempre em linha reta, ganho e atravesso o jardim dos Grandes Exploradores. Sigo até o pequeno lago, próximo à estação Port-Royal do metrô.

Descortino a fonte do Observatório ao centro da clareira.

Como farol marítimo, a fonte está plantada na fronteira do parque com a cidade. Jaz ereta no meio do lago. Bela, colossal e esperançosa. Simbolicamente, ilumina as viagens marítimas da civilização europeia e encanta os parisienses de nascimento e de adoção. Compreendo a fonte como a chave que tenho e perco, e de que me vali no Rio de Janeiro para entreabrir a porta do mistério da vida cultural parisiense. Nos momentos de maior incerteza e profundo desespero, a fonte do Observatório sempre me magnetiza.

Como me magnetizam agora três versos de Elizabeth Bishop: "Perca um pouco a cada dia. Aceite perturbado/ a chave perdida, a hora gasta bestamente./ A arte de perder não é nenhum mistério".*

Dispostas em circunferência e a povoar e a enriquecer a margem do imenso tanque, tartarugas gigantes vomitam corpulentos jatos d'água que "soupirent vers l'Azur" (como escreve o poeta Stéphane Mallarmé). Despejam golfadas e mais golfadas d'água lá no alto do monumento. Saúdam e abençoam o conjunto das mulheres nuas e alegóricas que, com os braços erguidos, sustentam o globo terrestre, ornado dos signos do zodíaco.

São quatro as minhas irmãs de aventura e de desventura: a negra, a indígena, a chinesa e a branca. Elas simbolizam respectivamente a África, a América, a Ásia e a Europa.

Os portugueses dilatam a Fé, o Império e as terras viciosas — escreve Luís de Camões. Os portugueses e os franceses nunca tiveram respeito pelos obstáculos impostos ao homem pela natureza selvagem e pelo desconhecido. São marinheiros, colonos e padres. Como num portulano renascentista, os povos dos polos glaciais ainda ficam do lado de fora da alegoria do mundo civilizado pelos navegantes e sacerdotes europeus na época das grandes descobertas.

Ao contemplar a fonte do Observatório em Paris, tranquilizo-me como me tranquilizava ao escutar Gérard Philipe a dizer *O pequeno príncipe* em Belo Horizonte. Sinto-me ensinado e recompensado das múltiplas perdas que levam meu corpo a Paris e ali o depositam. Com a mente apaziguada, dou-me conta de que, aventureiro de primeira viagem, piso o chão da capital do mundo no século XIX na condição de descendente às avessas

---

* *Lose something every day. Accept the fluster/ of lost door keys, the hour badly spent./ The art of losing isn't hard to master.*

do italiano ou do francês que arribou às costas da América Latina para ganhar a vida.

Vado da me ne fare Parigi, eu teria dito, eu digo como meus antepassados disseram: *Vado da me ne fare l'America.*

Para que eu seja eu, tenho de sentir o peso do outro que sou eu também.

A fonte que admiro no Parque de Luxemburgo não é sonho. É pão, pão, queijo, queijo dos trópicos colonizados.

Mas logo padeço da vertigem de meteco, mero bolsista rastaquera em meio à vida cosmopolita, requintada e luxuosa de Paris. Se o bolsista brasileiro inscrever o próprio nome no consulado localizado na Avenue Montaigne — em frente à Maison Dior e pouco abaixo do hotel Plaza Athénée —, passa a ter direito a cheque mensal de cem dólares. Cortesia do Itamaraty. Por outro lado, o sistema francês de bolsas mantém um generoso *"service de remboursement aux dépenses du boursier".* A bolsa tem valor de quatrocentos francos. Não vale nada. Só a mensalidade a ser paga pelo quarto no Pavilhão do Brasil custa duzentos e cinquenta francos mensais. Na Cité Universitaire, não se pode cobrar mais de cem francos de aluguel ao bolsista, reza o estatuto do serviço de reembolso. No começo do mês, passo pelo escritório dos bolsistas com o recibo do Pavilhão em punho, assinado pelo professor Leônidas Sobrinho. Cento e cinquenta francos é o valor do reembolso.

Não me envergonho. Conto os *centimes* do franco, como qualquer clochard às margens do rio Sena.

A imagem dos animais de grande porte da fonte do Observatório frequenta minha memória. Belos e esplêndidos cavalos, esculpidos em bronze. Cauda e crina longas, cabeça relativamente pequena e orelhas curtas, belos e esplêndidos cavalos que

---

* Serviço de reembolso das despesas do bolsista.

voltarei a admirar nas praças públicas das metrópoles europeias e americanas por que passo em viagem. Animais agradáveis de montar, de músculos flexíveis, tensos e atentos à ordem iminente do cavalheiro.

Muitas vezes me perdi pelo mar e, ignorante das águas encapeladas, fui buscando com os olhos uma morte de luz que não me consumia.

No quarto da Sofia, o menino passou a dormir na cama estreita de solteiro. Agora, revejo-o de Paris. Tenho olhos outros e novos. Decido compreender os movimentos e as ações inconscientes do corpo inquieto e ansioso, a dormir. Durmo sobressaltado e a padecer pesadelos.

Há doutrinas e conhecimentos que desvendam esses movimentos e ações inconscientes. Há explicações, e muitas, que os tornam banais na primeira idade da vida. As explicações podem ser levantadas com o amparo de teorias que estão ao alcance de qualquer mente culta. Não me interessam interpretações nem explicações. A coragem de enfrentá-las pela perda, ao rever o que é tido como esquecido, é também decisão.

Quero chegar até o deus ex machina que, não previsto pela trama terrena da vida humana, baixa dos céus a ordem que desgoverna o corpo do menino. Que deus ex machina comanda os movimentos e as ações do corpo órfão e que este obedece às cegas? Pergunto-lhe se sente prazer em manipular os cordéis que levam o menino adormecido a ter o corpo desorientado, desconjuntado e desmembrado no momento em que cai da cama e se estatela no assoalho.

Com que direito — pergunto-lhe — você controla os movimentos e as ações do corpinho franzino e nervoso da criança?

Com que direito perturba, entristece e consome a criança adormecida?

Por sua causa, durante anos, eu dormi aflito e ansioso.

Por que você não ordena ao menino sonâmbulo — dirijo-me ainda ao deus ex machina — imitar as patas dos cavalos que, ao se aquecerem para o galope pelas ruas e praças formiguenses, se agigantam no momento em que empinam as pernas musculosas?

Não estarei a interpelar o deus ex machina errado? Não é o caso de interpelar algum deus pé no chão, próximo de mim, bem próximo e, no entanto, ainda misterioso? Um deus pé no chão.

Não seria o seio materno que, no alvorecer e no lusco-fusco do anoitecer, se deixa recobrir pela imagem do deus pé no chão? Não é essa imagem divina que, por vias duvidosas, estanca de repente a energia que estaria sendo transmitida ao menino pelo leite materno? A perda súbita do seio e a falta do leite materno.

Não seria a perda que leva corpo, braços, mente e coração da criança a se sentirem para sempre em débito com a vida?

As mãozinhas debilitadas de criança órfã frustram-se no intento de trazer até a boca o vinho reconstituinte do seio materno.

Os lábios não sugam. A boca fica à mercê da perda. Fica em débito com o restante ativo do corpo. Os lábios não sugam o leite que saciaria a sede, mataria a fome e traria o sono tranquilo e a alegria de viver.

Um deus pé no chão. Não seria ele íntimo, tão íntimo quanto o órgão sexual ainda em botão?

Seria ele tão íntimo e obscuro quanto o indevassável coração selvagem da vida?

Perguntei-me em Paris, e me pergunto agora.

Por que essa força divina e íntima, tão pé no chão, não intervém na tenra infância para ordenar ao metalúrgico divino a soldagem dos elos partidos da maternidade?

A distribuição de nutrientes, de gás oxigênio e de hormônios pelo meu corpo ocorreu, felizmente, sem maiores incidentes.

O menino vive. Eu sobrevivo. Sobrevivemos, apesar da perda. Sobreviveremos incompletos, na coluna de débito.

O menino se habitua a viver e não se escandaliza mais por ser obrigado a tomar derivas imprevistas para se locomover. Caminha agitadamente, sem a ajuda de nenhum ponto fixo, de referência alguma. Queria ele então, quis eu anos mais tarde, quero eu ainda hoje trafegar como piloto pelas estradas invisíveis e seguras por onde os aviões transatlânticos navegam monitorados por transponder. Às cegas, trafeguei, trafego e trafegarei pelos céus cinzentos de tormenta ou azuis de brigadeiro. Quero recobrir o planeta Terra por entre as nuvens, como sombra solar ou lunar, intrépida e fugaz.

Meu pai repreende a Sofia. "Tome conta do Vaninho como se fosse seu filho." Ele é um menino franzino e delicado, não pode continuar caindo da cama e se esborrachando no chão. Você tem-porque-tem de impedir que ele caia da cama à noite. "Dia destes você vai ver, ele ainda quebra o braço ou a perna. Nessa idade, pode até ficar aleijado para o resto da vida. Só o leite de cabra não é suficiente para suprir o corpo de cálcio."

Meu pai — dirijo-me eu a ele —, o tombo não é acidente qualquer. É tramado no segredo e no mistério da arte de perder.

Sei hoje que não é por adivinha que se chega a verdade tão simples e tão óbvia. O corpo fraturado e fragmentado, a despencar da cama, não será passível de ser recomposto, afagado e alimentado pelas mãos maternas da Sofia.

A queda da cama é a primeira desobediência de órfão à ordem única dada em exclusividade pelo sangue patriarcal. Aos olhos do pai e aos olhos da Sofia, a desonra é a reafirmação na vida da morte prematura da mãe.

"Honra teu pai para que se prolonguem os teus dias na terra que o Senhor, teu Deus, te dá", são as palavras que escuto do vigário Remaclo Fóxius nas aulas de catecismo que nos preparam para a primeira comunhão. A desobediência voluntariosa à ordem do sangue paterno é a legitimação da responsabilidade soberana assumida pelos músculos dóceis e pelos nervos tensos e intensos do filho diante do poder da força de gravidade. Da força de gravidade que conserva também a mãe falecida no túmulo cavado pelo coveiro em abril de 1938, no recém-inaugurado Cemitério do Santíssimo Sacramento, em Formiga.

Uma vez mais, a Sofia acorda com o baque surdo do meu corpo contra o chão.

Na rua Barão de Pium-i, as noites são frescas e, pela madrugada, o orvalho desce em abundância sobre as roseiras cultivadas pelo meu pai no jardim fronteiriço à casa. Ao relento, as belas rosas são cheirosas e, por efeito de enxerto, inesperadas e multicoloridas. Furtam-se à bênção noturna do orvalho. Fecham-se em copas e se reabrem ao brilho do sol no horizonte.

O quintal da residência se espraia até as margens do rio. Está plantado com as muitas e diversas árvores frutíferas que alimentam as bocas vorazes dos filhos e das filhas. E também as da Etelvina, da arrumadeira e da lavadeira. À noite, o vento sopra forte e de modo intermitente. Agita a copa alta e frondosa do pé de manga-rosa e leva os frutos a dançar como balangandãs presos ao colar de baiana dengosa. As mangas-rosa maduras caem e atapetam de amarelo e vermelho o chão escuro.

O vento se perfuma com o desperdício da árvore frutífera e,

ao varrer o quintal pela madrugada, se adentra pela veneziana e adocica o quarto da Sofia.

Ela esquece a infância infeliz na áspera, escarpada e vulcânica Sicília. Dorme sozinha, acariciada pelo perfume de manga-rosa.

As duas cabras, tendo saciado a fome dos dois órfãos, também dormem tranquilas.

Tão logo baixa a noite, as aves se aninham nos poleiros ou se esparramam pelos ninhos. Cerceados pela tela de arame que cerca o galinheiro, os galos capões e o peru de Natal engordarão durante o dia e as galinhas, ao amanhecer, botarão seus ovos. Os galos cantarão cocoricó.

Nada transluz no quintal da casa, a não ser o sustento futuro da família, que pode, ou não, ser arruinado pela gulodice dos insetos e larvas daninhas e pelo trabalho diuturno das formigas-cortadeiras.

Uma vez mais, a Sofia acorda com o baque surdo do meu corpo contra o chão.

Levanta-se amedrontada. Mora há poucos anos no Brasil. Veste-se ainda com a camisola de camponesa europeia, que trouxe na mala de cartão. Dá alguns passos pelo quarto de dormir. O luar atravessa a vidraça da janela e, ao tomar conta do quarto, ilumina os cabelos ruivos e a madrugada. A noite amanhece o dia. Sofia apanha o menino no assoalho, sem acordá-lo. Acarinha-o por minutos e o leva de volta ao leito. Não lhe faltam apenas as mãos da mãe.

Falta-lhe também. Falta a ela. O seio.

Sofia não acende a luz. Não quer perturbar o sono dos dois órfãos. Ela esquece o recém-nascido no berço e permanece sentada ao lado do menino sonâmbulo, a escutar sua respiração ansiosa.

Não sou e nunca serei sua mãe.

— Serei sua irmã mais velha?

Ela não sabe como obedecer ao pai dos meninos. Todos obedecem à voz paterna, a irmã mais velha e seus irmãos. Ela não consegue, não pode obedecer.

O menino é nervoso e rebelde e é também de imaginação sôfrega, seu pai acaba por ceder ao pedido de perdão da Sofia.

"Não há muito que fazer", ele se conforma, e lhe diz: "a não ser serrar pela metade as quatro pernas de apoio da cama".

Manda chamar o carpinteiro em casa para executar o serviço.

À noite, a cama estreita de solteiro quase se confunde com as tábuas corridas enceradas de vermelho. Só se diferencia delas pelo retângulo claro e nítido da colcha que a recobre.

O corpo agitado do menino rola pela borda da cama, cai, e continua a rolar pelo piso encerado. Não para de se agitar e de se estrebuchar. Só sossega quando bate de chofre contra a porta que separa o quarto de dormir do corredor. Num último arranco, quer derrubar o obstáculo à frente com a picareta do braço direito agitado. Quer furar caminho como trator. Ir além do quarto da Sofia, rolar que nem seixo pelo corredor até chegar à porta do quarto dos pais, onde dormia no berço de gradeado protetor.

Minha mãe.

A mamãe não tem rosto nem figura. Vista através das barras de varetas, ela é sombra deitada ao lado do meu pai. Os cordéis manipulados pelo deus pé no chão, próximos e, no entanto, misteriosos — ainda que metamorfoseados em nervos vivos que tensionam músculos —, não têm o poder de abrir portas, derrubar paredes e reorganizar a geografia da casa paterna, restaurando o amor materno.

Pela manhã, a Sofia abre a janela do quarto. No seu novo e

amplo berço de tábuas corridas, o menino vive o faz de conta do sono tranquilo. Sofia me acorda — eu me assusto — e me levanta do chão.

Troca meu pijama por calça e blusa. Calça-me os sapatos e me obriga a fazer a higiene matinal no banheiro comum à família. Já na copa, serve-me no pratinho o pãozinho com manteiga e no copo, o leite de cabra. As irmãs e os irmãos mais velhos já estão na escola.

A lata com bolachas Maria, a Sofia a esconde no guarda-roupa do quarto. As bolachas não são alimento, são recompensa.

Sentado na cama, o menino cobiça a lata escondida na prateleira superior do móvel. A guloseima segregada do resto da família é para o menino e, poucos anos mais tarde, para o irmão mais novo, isso quando os três saem a caminhar — e muitas vezes saem tão logo o sol brilha com intensidade no horizonte. Os dois meninos se agitam com ansiedade para respirar o ar que lhes falta.

Coqueluche. Rostos e pescoços ficam inchados e roxos. Os olhos esbugalham e se enchem de lágrimas. Às vezes, o sangue sai pelas narinas.

Por recomendação expressa do pai, saem os três a caminhar pelos arredores da cidade. Caminham até o alto do Cruzeiro, onde o corpo do Cristo crucificado se expôs em tempos imemoriais e hoje abençoa os formiguenses. A Sofia como que se ajoelha e faz, em seguida, o pelo-sinal-da-santa-cruz.

Ela leva na sacola de pano uma garrafa térmica com água da talha e um saquinho do armazém com as bolachas Maria. A tampa da garrafa, se desenroscada, serve de copo. As duas crianças com coqueluche respiram o ar puro da manhã enquanto fazem o exercício necessário com as pernas. Sem fôlego e exaustos, os três se sentam nalguma pedra saliente da vereda aberta e pisada pelos fiéis durante a Semana Santa. Estamos no inverno.

Bebem água e comem bolachas.

O morno despertar do sol cega a vista e eterniza o momento em que os três corpos exploram a vida saudável. Nada acentua mais a cabeleira ruiva da Sofia que a luz intensa que, desabrigada das nuvens, cai no alto do morro e ilumina o Cruzeiro.

A coqueluche dos órfãos é mal de família e motivo para as caminhadas diárias pelas cercanias da cidade.

É mal de família. Ou obsessão do pai.

De tão magro ele se julga predisposto à tuberculose. O viúvo é cliente infalível do dr. Washington Ferreira Pires, filho do dr. José Carlos, natural de Paracatu, que, em 1897, encomendou um aparelho de raios X na Alemanha e o pôs em funcionamento na capital federal. Será o responsável pelas primeiras radiografias com finalidade diagnóstica da América do Sul. Foi vítima da própria medicina. Os últimos anos de sua vida foram marcados por lesão destrutiva do nariz, vindo a falecer em decorrência das contínuas exposições a que se submetia durante os exames radiológicos. No início do século XX, seu filho Washington trouxe para Formiga — em lombo de burro e em carro de boi — um dos aparelhos de raios X importados. Médico que se dedica também à política, o dr. Washington instala seu primeiro consultório em Formiga. Transfere-o em seguida para a capital do estado e o carrega finalmente para a capital do país.

Para onde viaje seu consultório, onde quer que o médico more e clinique, pouco importa, o papai o visita duas vezes por ano.

O menino é solitário e sonâmbulo e tem os olhos voltados para dentro da imaginação fantasmagórica. Só a ela obedece durante o transcorrer do dia. Só ela tem o direito de lhe dar ordens. É ainda ela que impede que o que é desprovido-de-força-própria — o corpinho magro de órfão de mãe — se encaixe de modo submisso às cercaduras naturais em que age, come, cresce, vive, dorme e sobrevive.

Seus bracinhos e perninhas estão sempre a querer extrapolar a muralha das varetas verticais de madeira do berço. Seus braços e pernas magros estão sempre a querer ir além do espaço sem fronteira definida da cama de solteiro. Do quarto de dormir. Da casa. Da cidade. De todo e qualquer ambiente fechado ou aberto.

Seus braços e pernas não são capazes de sentir e de captar limites impostos pelo entorno à sua figura humana concreta. Tampouco eles e elas são capazes de sentir e de captar os limites impostos pelas margens concretas que se desenham ao redor de seu corpo enquanto ele caminha pelos itinerários predeterminados pelo hábito e pelas obrigações.

Quando cai no assoalho, quando tropeça ou bate nalguma coisa e vai ao chão, o menino ganha asas. Quando a perna, o braço ou a cabeça se machucam, ele grita e chora. Quando não se machucam, ele voa. Sobrevoa a cidade. Assenhoreia-se do espaço aéreo como objeto voador não identificado.

Ao se desprender e se liberar do chão, o corpo do menino vira vulto humano pincelado por desenhista em pintura de cavalete. Ou vira imagem de ator filmada por diretor de cinema gringo.

Liberado e livre dos tombos e dos ferimentos, eu caminho no claro e insondável espaço do dia a dia provinciano. Sou desenho num quadrinho de gibi ou imagem projetada em tela branca do cinema, sem a moldura que me circunscreve à condição de combatente das forças aliadas, embora a carregue às costas como refém da realidade mineira.

As beiradas do corpo de menino sonâmbulo se confundem com as linhas que demarcam minha compleição física, a de vulto à deriva, pintado ou filmado na cidade de Formiga.

Que circunstâncias fazem de mim o eleito para esta narrativa? Desconheço-as e nunca as decifrarei por completo?

O MENINO SONÂMBULO SE TORNA CAMARADA DAS TÁBUAS CORRIDAS DO PISO, ENCERADAS COM PARQUETINA VERMELHA.

SEU BERÇO DEFINITIVO, SEM A GRADE PROTETORA, SUA FUGA INFINITA, SEM O OBSTÁCULO DAS MONTANHAS. AS BOMBAS DESPENCAM DOS AVIÕES E FAZEM O ASSOALHO ESTREMECER, COMO SE PERTURBADO POR TERREMOTO.

O MENINO SOLDADO PERSCRUTA O HORIZONTE, E ENGATILHA O FUZIL. OUVE-SE O PIPOCAR DA SUBMETRALHADORA DAS TROPAS NAZISTAS.

O MENINO BUSCA ESCONDERIJO. TEM MEDO DE QUE O SÚBITO ACESSO DE TOSSE O TRAIA.

Ao tropeçar em pedra solta, ou ao deixar o sapato Tank colegial se encalacrar nalgum buraco e cair no chão ferindo a palma das mãos ou a ponta dos dedos, o menino sonâmbulo ganha identidade, cidade natal e cidadania universal.

E eu me reconheço como duplo: ele-e-eu. Nós dois, um de nós com a pele sangrando.

A Sofia molha o chumaço de algodão em água oxigenada e o aplica ao ferimento. Molha-o em seguida em tintura de iodo e volta a aplicá-lo. Resolve o que o band-aid teria resolvido nos dias de hoje. O ar livre e ventoso da cidade e a limpeza diária da ferida com água oxigenada e tintura de iodo a cicatrizam rapidamente.

Os olhos e a atenção do menino sonâmbulo são insensíveis tanto à casquinha negra, que recobre o ferimento, como aos obstáculos que continuam a tramar a sequência infinita de machucados. A coroa do herói nas histórias em quadrinhos não é de espinhos, é de feridas que ressecam à medida que outras e mais outras são abertas e ganham ar livre, água oxigenada, iodo e casquinha negra.

Ao sair de casa apressadamente, o menino bate com a cabeça na lingueta que serve para trancar o portão de ferro que fica à entrada do jardim, onde são cultivadas as roseiras. Como que por encanto, a moldura agressiva do acaso se transforma numa lingueta de ferro. Pela dor súbita, o ferido se torna refém da dor. Solta um grito. Chora. Ia sair de casa, dá meia-volta. Sobe os degraus e ganha o alpendre. Exibe o sangue a escorrer do couro cabeludo a todos os que o acodem. Corre-corre dentro de casa.

O pai é chamado no consultório dentário onde atende um cliente.

No instante em que a mão do sonâmbulo se mancha de sangue, as partes extremas que limitam o corpo infantil passam a existir de maneira concreta e uma vez mais o menino é julgado destrambelhado.

"Parece tantã", diz a Zélia.

Parece o avião apetrechado de metralhadoras mortais, a perder o controle no momento em que mergulha sobre as tropas inimigas. O piloto mira e quer metralhar o invasor alemão. Não importa como, não importa quem. E o caça é abatido pelos oportunistas canhões nazistas. No meio do caminho, o acaso da lingueta de ferro do portão pune o piloto desatento em virtude da pressa ou da desobediência às ordens transmitidas pela Sofia em consonância com os conselhos paternos. *Mais cuidado ao caminhar! Vê se enxerga onde pisa!* A dor é tão insana e radiante quanto a sensação de vitória. A mão do piloto está manchada de sangue. O piloto suicida tem a glória de herói morto em plena batalha.

O piano da irmã mais velha. Ele fica na sala de visitas.

Os soldados alemães se entrincheiram no sobrado do nhô Campeiro, que fica em frente ao alpendre da sua casa. No sobrado moram o pai e a filha, Lucila, a melhor amiga da sua irmã mais velha. Fuzil às costas, capacete a proteger a cabeça, bota negra de campanha a calçar os pés, e luvas, as mãos, o GI mirim, escondido detrás das colunas do alpendre, quer dar cabo do inimigo de surpresa. Na sala de visitas e em algum lugar no campo de batalha, um piano começa a tocar "La cumparsita" e Hilda, sua irmã, começa a cantar o conhecido tango argentino. O GI não imagina a quem ela dedica a canção. *Desde el día que te fuiste/ siento angustias en mi pecho.* Continuo a engatinhar pelo alpendre de frente da casa. Sem me levantar, tento esconder-me. Abro e empurro a porta de entrada, as dobradiças cedem. Engatinhando, com o fuzil sustentado pelos braços dobrados, atravesso a sala de espera do gabinete dentário e engatinho até a sala de visitas.

Aproximo-me do piano.

A irmã mais velha não toca "La cumparsita". Tinha saído para as aulas na Escola Normal. O piano me espera ansioso como a um camarada no front de batalha. Largo o fuzil no assoalho. Aproximo-me mais do companheiro de batalhão. A pouco e pouco já estou com as mãos pressionando os dois pedais do instrumento que ficam rente ao chão.

Tomo assento debaixo da aba do teclado.

Com as mãos, pressiono e solto os pedais, como a Hilda fica pressionando as teclas brancas do teclado. A monotonia do gesto e a melodia esganiçada e descompassada dos ruídos não me cansam, como não me cansava o barulho que as mãozinhas faziam ao tamborilar as varetas do gradeado protetor do berço.

Permaneço horas e horas sentado ou deitado por ali.

A Hilda não gosta daquele tipo de travessura. "Desafina o instrumento", ela me diz.

O fuzileiro vigia. Vê se o soldado inimigo está à vista. Um olho nos pedais, o outro, na porta de entrada.

Quando a irmã entra sala adentro e me vê com as mãos pressionando e soltando os pedais, lá de longe ela já me promete palmada com a mão direita aberta. Dá uma pancada no ar como se na minha bunda.

Quero levantar depressa para não ser pego com a mão na botija.

Levanto bruscamente a cabeça e a machuco contra a parte inferior e saliente do teclado.

À beira da fonte do Observatório, no Jardim de Luxemburgo, persigo o menino de cinco anos, com um corte no couro cabeludo e o sangue a escorrer pelo rosto. Uma das mulheres nuas que sustentam o globo terrestre, a indígena, tinha saltado lá de cima da coluna para o lombo de um dos cavalos e levado o maior tombo.

Alvoroço e confusão dentro de casa. A irmã mais velha grita em socorro pelo pai. Sente-se culpada pelo susto que lhe passa. Os familiares se aproximam num vozerio desconexo. O menino chora de cabeça baixa. Está ferido de morte. Perde a batalha na guerra contra as tropas do Eixo. Passa a mão pelo machucado, traz os dedos manchados de sangue até a frente dos olhos. Limpa a mão suja na camisa. Leva-a de volta até a ferida. Através da neblina de lágrimas, vê os dedos sujos de sangue.

Foi atingido mortalmente. O uniforme de fuzileiro já é uma só mancha vermelha.

O pai abandona o cliente e vem correndo do consultório ao lado. "Para que essa gritaria toda? Pensei que alguém estivesse morrendo." Abaixa-se e agarra o filho com os braços. Levanta-o até o colo e ganha o corredor da casa. Dirige-se para o banheiro, acompanhado pela sua auxiliar no consultório, a Zélia, e pelo séquito composto pelos filhos e Etelvina.

"Tira aí do armarinho o algodão e a água oxigenada", ele ordena à Zélia.

O pai lava o lugar ferido com água morna, ao mesmo tempo que repete baixinho, só para ele:

"Não é nada, não foi nada, passa logo. Vai ver."

Com o rosto virado para a pia, o menino vê a água escorrer sobre o vidro opalino, levando porções escuras de sangue coagulado. Levanta a vista e vê, refletidas no espelho, as borbulhas da água oxigenada no couro cabeludo acarinhado pela Sofia.

A tintura de iodo arde sempre. "Vai arder um pouco, um pouquinho só."

Apoiado contra a pia, o menino torce o corpo, se volta para trás e se enrosca no torso do pai. Refreia as lágrimas e os gritos. Chega a ambulância que serve às forças armadas. O fuzileiro é socorrido pelos enfermeiros aliados.

"Vá buscar a tesoura de costura, a grande", o dentista ordena à Zélia. "Vamos cortar um pouquinho" (vira-se para mim), "só um pouquinho do seu cabelo. Só em volta do machucado. É melhor assim, facilita a limpeza diária e evita infecção."

Vejo cair na pia os cabelos cortados. Não sinto dor alguma.

O pai tem de cortar o cabelo em volta do machucado e o aluno das classes anexas à Escola Normal fica com uma pelada na cabeça. Os coleguinhas o chamam de Mané-padre. De todos os cantos vem o mesmo grito: Mané-padre! Mané-padre! Um dia eu consigo agarrar um dos meninos e, não tendo fuzil nem baioneta com que o ferir, saio a mordidas, como antropófago. O braço do colega fica todo marcado com manchas semicirculares vermelhas. São marcas feitas pelos meus dentes.

Sobressaem as marcas dos dois caninos.

3.
Sobre genealogia e formigas

Como representar a genealogia familiar por *árvore* frondosa, se as raízes, que dão origem à seiva que alimenta e sustenta tronco e galhos e os compelem a se reproduzir em folhas, flores e frutos, não sugam mais a suculenta terra natal e estão sendo replantadas numa folha de papel em branco e estéril, que se deixa recobrir de letras impressas?

Como representar com letras impressas a seiva a alimentar o impávido tronco, que se bifurca em galho após galho, que se ramificam e reproduzem a árvore no ovário milagroso de cada flor?

Como representar a flor que se desdobra em caroço germinante a emprenhar a polpa da fruta que, maturada pelo correr do tempo e pelo sol, se torna plena e suculenta, já pronta para se abrir para a geração de semelhante e único pé de árvore? Prenhe, a fruta devassada pela fome dos passarinhos vorazes ou pela podridão natural, espatifada no solo fértil do quintal, libera intacto o caroço fecundo que irá se reproduzir em nova e semelhante mangueira em solo fértil.

Na arriscada e gigantesca tarefa de representar de maneira genuína a árvore genealógica, a força criativa da imaginação sonâmbula será corajosa o bastante e o suficiente?

A representação da minha família na folha de papel é complicada.

Ao contrário da árvore genealógica, cuja seiva parte de solo e de raízes patriarcais únicas e encaminha-se pelo tronco para, por capilaridade, se espraiar pelas partes superiores do vegetal, a história de família que narro cresce por efeito de lances inesperados, zigue-zagues súbitos, entroncamentos rebeldes e suplementos definitivos.

Ela não abriga e representa a vida-em-família como lugar aceito como comum e consensual pela comunidade provinciana.

Se vier a ganhar a imagem de árvore na folha de papel, a ascendência e descendência familiar o será sob a forma de enxertos. Por desvios de rota e por enxertos inesperados e contraditórios.

Por enxertos inesperados e certeiros, feitos nos galhos adultos da árvore genealógica. No processo sequencial da série de descendentes, a força natural da seiva se submete à força do acaso introduzida na abertura e no avanço do enxerto. O acaso afeta radicalmente o progresso do galho e, ao conformar a flor diferente, anuncia o fruto híbrido.

O enxerto interrompe, abre atalho e desvia o patriarcado de sua rota primitiva.

Breca o desenvolvimento espontâneo e natural da árvore em galhos gerados e alimentados pela poderosa seiva patriarcal. Ao interromper a evolução do galho, o enxerto inaugura um momento de distração no percurso orgânico da seiva patriarcal. Encaminha o galho para semelhante e diferente floração.

Cada novo fruto não é alimentado exclusivamente pelas raízes e pela seiva originadas no solo patriarcal. Na arte das origens patriarcais mineiras, proponho uma árvore genealógica que é mero arremedo do espécimen único da tradição mitológica grega.

Sucessivos enxertos foram feitos em alguns dos galhos da nossa árvore patriarcal e trazem para a configuração atual da família Santiago pequenas e suplementares arvorezinhas não consanguíneas, apêndices criados por enxertos em galhos carentes, rebeldes ou indisciplinados que, reunidos posteriormente ao tronco, recompõem por acréscimo de múltiplos bonsais a forma original da árvore. O conjunto final extrapola a imagem natural do vegetal para se constituir como árvore frondosa surpreendida nas partes extremas pelo desdobramento de arvorezinhas miniaturizadas.

Minha árvore genealógica é colagem de múltiplos bonsais de árvores que se afirmam como árvore única no vaso da folha de papel em branco.

Ao nascer e crescer, ao ganhar presença física e se expandir em negaças, seduções, traições, entregas, martírios, estratagemas, teimosias e volúpias afetuosas, amorosas e sonâmbulas, meu corpo não consegue imaginar que seus ascendentes sem descendente meu direto, minha família ampliada, possam receber como metáfora genealógica a alta e gigantesca mangueira, encimada por copa verde, frondosa e aberta, admirável na produção de flores e de frutos e mais frutos.

Concretamente, refiro-me àquele pé de manga-rosa de Pernambuco, cuja muda foi plantada no quintal da rua Barão de Pium-i, número 31, por ordem do vovô Amarante, ou do meu pai.

Uma árvore assombrosa e magnífica que, na idade ingênua em que a saúdo pela primeira vez, ostenta deliciosas e coloridas mangas-rosa e recobre de sombra as duas cabras que pela manhã fornecem leite para alimentar os dois meninos que, devidamente fortalecidos, sobrevivem sob as ordens da Sofia.

Genealogicamente, refiro-me à fortuita e misteriosa muda original do pé de manga-rosa que, trazida séculos atrás das Índias Orientais por marinheiros europeus, portugueses ou holandeses, foi aclimatada à terra brasileira.

Essa semelhante e nova mangueira formiguense seria assim tão idêntica ao caroço ou à muda que veio das Índias Orientais e viajou até o estado de Pernambuco?

Minha árvore genealógica, insisto, é duplo arremedo de árvore única e singular. É feita de multidão de galhos que, por enxerto, se multiplicam em inesperadas arvorezinhas suplementares que se reproduzem sob a forma de bonsais.

Meu corpo físico acolheu a vários e diferentes núcleos familiares que, por obra do milagre do enxerto, podem ganhar vulto graças à intervenção intempestiva de matriarcas ousadas.

Retomo a vida-em-família por outra metáfora.

Nesta folha de papel em branco e estéril, minha árvore genealógica é na verdade um jardim de roseiras a desabrochar flores em rebeldia à lógica da descendência patriarcal.

Concretamente, refiro-me ao conjunto das mais imponentes e das mais invejadas das roseiras vindas de floricultura paulista e plantadas pelo meu pai no jardim da nossa casa na rua Barão de Pium-i, jardim botado abaixo no início dos anos 1940 pelas picaretas municipais para que a principal rua do centro da cidade, a nossa, se alargasse na euforia de cidade interiorana que se moderniza durante a ditadura Vargas e a guerra contra os nazifascistas na Europa.

Pelo enxerto feito pelo meu pai em galhos de roseira, virei galho de roseira a crescer forra do patriarcado ítalo-mineiro. A crescer alimentada pela terra que me deu à luz, sim, e por experiências imprevistas. Uma roseira forra a florir nos jardins da casa, da cidade e do mundo. Produto do torrão de terra natal e liberada do seu poder. Liberada da seiva única por enxertos, sou roseira mais artificial que natural, ainda que repleta de rosas cheirosas, coloridas e soltas que esparramo pelos ares e pelos tempos.

Depois de ter sido podado, o galho dito equivocamente feminino da roseira se deixa fertilizar pelo enxerto dito masculino de roseira vizinha e diferente, a fim de que o frágil caule, que vinha se alimentando desde o solo pela seiva única, se distancie do gene primordial da planta e como que sustente — no espaço que lhe é vizinho — um pé de rosas com floração diferente e autêntica, mas em variante de cores diferentes e com perfume imprevisto.

Como deixar meu corpo ser apropriado pela cidade natal e pelos vários sobrenomes de família, se dela e deles me distancio a cada ano, a cada mês, a cada minuto, sem lhes dar as costas de mal-agradecido?

Não posso reintegrar meu corpo ao clã que deseja me assumir e que perpetuo nesta narrativa, se a ele só pertenço por ser flor produto de sucessivos enxertos físicos e sentimentais.

Não, não venho exclusivamente da seiva originária que alimentou o tronco do pé de manga-rosa que, por sucessivas gerações, emprenhou os frutos cujos caroços dariam origem às árvores futuras do nosso quintal.

Não há como levar meu corpo a existir em série ininterrupta de ancestrais e descendentes sanguíneos, fundamento e garantia de perpetuidade da infindável construção da família patriarcal mineira.

Socorre-me uma terceira imagem. Tardia, tomei-a — e a retomo — de empréstimo ao vitral de suntuosa e famosa igreja gótica francesa. Enxergo-o iluminado pelo sol da tarde em que desço do trem de ferro que, vindo de Illiers-Combray, me leva de volta a Paris.

Visito a catedral de Chartres.

No vitral, os perfis salientes de chumbo intervêm na composição da cena e dos corpos dos personagens, que se deixam enquadrar por duas circunferências. Desprovidos da transparência pura do vidro, são os perfis de chumbo, escuros e opacos, que compõem a imagem plena da Santa Ceia que se representa por frações e em cores variadas, brilhantes e solares. De longe, cada fração significa mais pela cor que pelo fragmento de figura humana por ela representada.

Perfis de chumbo são suportes negros e sombrios a sustentar as muitas e diferenciadas placas de vidro desenhadas, pintadas e coloridas que ganham semi-independência e autonomia, apesar de contíguas no espaço.

Os perfis de chumbo não permitem que, aos olhos do observador, a figuração da imagem da Santa Ceia se recomponha só pela totalidade colorida, luminosa e translúcida. Eles desagregam o todo aparentemente uniforme e colorido da representação artística.

O rosto de Cristo é recortado. Decepados, seu braço, sua mão e seus dedos. Os demais corpos são recortados e fragmentados. Alguns dos doze apóstolos foram expulsos da dupla circunferência e outros, presentes, têm o corpo guilhotinado pelo artista. Nem mesmo as cores reluzem de forma inteiriça e chapada. Ninguém é feito de uma peça só e nada é inteiro. Tudo é fração incomunicável. Obediente à intervenção imprevista dos perfis de chumbo, cada peça se comunica consigo ou com outra pelo alto das muralhas de metal. No vitral, nada é ostensivamente íntegro.

Nem o gestual nem a fala.

Um de vós há de me trair? — sentado num dos bancos destinados aos fiéis, esforço-me por escutar a pergunta avivada pela lembrança do Novo Testamento.

Sou eu, Senhor?, respondo-a, repetindo-a em voz alta aos meus botões, enquanto os olhos buscam a imagem da bolsa pesada de moedas de prata, em mãos de Judas Iscariotes.

A ceia familiar se me oferece aos cacos e em esplendor no vitral. Graças à luz do sol da tarde, os perfis de chumbo quebram em frações significantes a imagem bíblica — paixão dos artistas plásticos renascentistas, inventores da perspectiva.

Tomai, comei; isto é o meu corpo — com uma das mãos, ele aponta para o pão.

Bebei dele todos; porque este é o meu sangue — com a outra, para o cálice de vinho.

Comeríamos a mesa, se no-lo ordenassem as Escrituras.[3]

Estou em 1983.

Na condição de professor visitante na Sorbonne, passo dois anos seguidos em Paris. Em dia e mês de que não me lembro, tomo pela manhã o trem de ferro na gare de Montparnasse. Vou visitar a casa da tia Léonie, em Illiers-Combray. Foi nela que o sobrinho e futuro romancista Marcel Proust passou os dias da infância. No primeiro volume de *Em busca do tempo perdido* rememora os velhos tempos. Na casa, se desenrola a famosa cena em que o narrador do livro leva à boca uma colherada da xícara de chá, onde deixara amolecer um pedaço de madeleine, pequeno e aromatizado bolinho moldado sob a forma de concha.

Depois da ingestão, seu corpo envelhecido — todo paladar — é tomado por uma poderosa alegria infantil. Toda a vida passada está de volta e rediviva: *Aquele gosto era o do pedacinho de madeleine que, depois de mergulhá-lo em sua infusão de chá ou de tília, minha tia Léonie me dava aos domingos pela manhã em Combray, quando ia lhe dar bom-dia no seu quarto.*

A visita à casa da tia de Proust, em Illiers-Combray, pode ser feita em viagem de um só dia. Na viagem de volta a Paris, movido por nostalgia de Formiga e da sua igreja matriz, aproveito a parada prevista do trem na cidade vizinha de Chartres para lá desembarcar e poder aproveitar as poucas horas da tarde primaveril. Visito a catedral da cidade.

De posse do Guia Michelin, traço meu trajeto. Caminho pelas ruas quase inabitadas da cidade interiorana e logo me deparo com a imponente construção medieval.

A lembrança me faz uma confidência. Atenção! A verdadeira motivação para a parada inesperada na viagem de volta não foi a nostalgia da antiga e modesta igreja São Vicente Férrer, tão recatada quanto a casa da tia de Marcel Proust. A verdadeira motivação é nostalgia menos antiga e vem dos bancos escolares na universidade, em Belo Horizonte. Durante a viagem de trem, ocorre-me de modo tirânico a recordação de leitura do poema "A mesa", de Carlos Drummond de Andrade, feita ainda nos tempos de aluno de graduação em Letras.

O poema se encontra no livro *Claro enigma*. O poeta representa os membros duma família tradicional, de cidade do interior mineiro, pela descrição do farto jantar de congraçamento de irmãs e irmãos em casa do patriarca, no dia do seu aniversário. A ceia familiar é situação imemorial. Obedecem-se aos preceitos da "tábua da lei mineira de família" — para retomar verso de outro poema de Drummond.

Sob o austero e intimidante olhar do pai, o alimento compartilhado pelos descendentes famintos sacia o apetite dos corpos, mas não sacia a fome de saber. Outros e menos concretos alimentos terrestres reabrem a curiosidade sentimental de cada um dos comensais e a atiça. Indiscriminadamente, as mentes se abrem à especulação. Lembram fatos e aventuras, especulam sobre detalhes e divagam sobre peripécias. Apoiam-se na observação e no conhecimento que cada um e todos têm de cada um e de todos. São os elos estabelecidos desde a infância e ocasionalmente rompidos que significam a corrente do sangue e dão trela à conversa informal. Nesgas de pensamento encontram repouso em palavras fortuitas, que curam ou reabrem as feridas causadas pelas individualidades em formação coletiva. Algo se deixa sangrar sobre o linho branco da toalha de mesa, como as gotas de vinho tinto. Acesa e incontrolável, a individualidade se sustenta por negaças, mentiras inocentes e pequenas traições, ou por traços quase imperceptíveis a olho nu. A pauta musical da conversa está sendo escrita pelo poeta e sobressai no temperamento já formado do pai e nos temperamentos em formação das filhas e dos filhos.

Do poema extraio estes versos:

Ai, grande jantar mineiro
que seria esse... Comíamos,
e comer abria fome,
e comida era pretexto.

E mais estes, sobre a complexa relação entre o filho poeta e o pai:

Não importa: sou teu filho
com ser uma negativa
maneira de te afirmar.
Lá que brigamos, brigamos,
opa!

O menino aparentemente ajuizado, que diariamente toma assento à mesa em companhia dos familiares, descobre-se homem já feito e engasgado de recordações conflituosas. Sentimentos agressivos tropeçam na sua garganta e perturbam o fluxo natural das palavras em família. O filho adulto não se acanha. Tosse, limpa a garganta e se entrega à liberdade e ao arroubo das lembranças. Dedica-se à reflexão sobre a família patriarcal. Suas experiências, conscienciosamente guardadas, escrevem o poema em que os sentimentos vividos sob o teto patriarcal e as emoções sentidas num infinito de ambientes caseiros e profissionais são, ao mesmo tempo, atemporais e desprovidos de geografia evidente e nacional. Toda vida é particular e, imprevisivelmente, tão universal. Ao espernear na imaginação sem limites do poeta, o trançado de vivências pessoais do corpo adulto e rebelde do filho soletra — diante da figura mítica do pai — sua condição de ser humano precário e ajuizado, em vias de desvendar um segredo guardado a sete chaves que explicaria o inexplicável grupo de pessoas sentadas à mesa de jantar, no dia em que se comemora o aniversário do pai.

Não mais importa que o filho poeta, à semelhança de Judas Iscariotes, tenha afirmado a própria vida pela negação dos conselhos paternos. Na madureza, o filho pródigo ganha coragem e saber para se reafirmar bem-sucedido graças ao amor que se avança como paternal.

À semelhança da arvorezinha bonsai que se agrega à frondosa árvore genealógica da família, por que não suplementar o poema "A mesa" com outro, "Comunhão", onde o filho poeta se situa primeiramente em atitude de distanciamento do pai, fora do grupo familiar. De fora, contempla o círculo familiar, lê a cena como se estampada na tela de cinema panorâmico e a recaptura pela escrita poética. Entrego minha palavra ao próprio poema:

Todos os meus mortos estavam de pé, em círculo,
eu no centro.
Nenhum tinha rosto. Eram reconhecíveis
pela expressão corporal e pelo que diziam
no silêncio de suas roupas além da moda
e de tecidos; roupas não anunciadas
nem vendidas.
Nenhum tinha rosto. O que diziam
escusava resposta,
ficava, parado, suspenso no salão, objeto
denso, tranquilo.
Notei um lugar vazio na roda.
Lentamente fui ocupá-lo.
Surgiram todos os rostos, iluminados.

Se "A mesa" reafirma o amor ao pai, o poema "Comunhão" se constrói pelo desejo de o filho ocupar o lugar do pai. Não foi o centro no passado. Quer ser o centro no presente. Quer apresentar-se ao grupo como falocêntrico. As relações familiares tinham se estabelecido menos pelo poder patriarcal e mais pelo desejo do filho de negar ao pai, interrompendo pela rebeldia a corrente do sangue.

A ruptura do filho com o pai instaura no menino uma forma de saber alternativo que se alimentou — e isso é evidente na poesia de Carlos Drummond de Andrade — de histórias não familiares, como a do marinheiro Robinson Crusoé. Em atitude de desapego à família, o poeta viaja a paragens distantes e desconhecidas e, face ao desastre marítimo, aprende a reconstruir por conta própria o habitat patriarcal numa ilha deserta. Enxerga, então, a reunião dos seus familiares como já mortos. Enxerga-os pelo lado de fora da vida — "nenhum tinha rosto", e só eram reconhecidos "pelo que diziam no silêncio". Não distingue as irmãs e os irmãos; vê rostos decapitados.

Não escuta o burburinho das vozes; ouve a fala do silêncio. Sua fala individual se faz no silêncio alheio.

Do momento em que o filho poeta deixa que a imaginação vitoriosa da individualidade rebelde se deixe quebrar por dentro, quebra-se também a distância instaurada por ele entre o dentro--e-o-fora da família. Tudo é família. Nota "um lugar vazio" no círculo. A cadeira está à sua espera na roda familiar. Ilumina-se por completo a cena patriarcal.

Todos os rostos decapitados e silenciosos ganham luz. Acendem-se.

Na maturidade, o poeta perde a possibilidade da leitura irônica e crítica da família. O filho rebelde perde sua singularidade. É um mero anexo. Um-a-mais entre os irmãos e irmãs decapitados e silenciosos.

A mesa é comunhão.

A representar a família patriarcal, a ceia familiar não é apenas o passado imemorial que se representa pela arte no vitral da catedral de Chartres. Ela é, em última instância, a busca de harmonia nas contradições internas que se refletem na Santa Ceia. O corpo do filho poeta perde o perfil de chumbo que o fragmenta, o isola e o individualiza, distanciando-o de si mesmo e dos demais. Não é mais o autoexilado do círculo da representação familiar. É uma parte a mais e inexpressiva do patriarcado mineiro.

Não é certamente uma relação vivida e a ser repetida que se transmite do pai para o filho; tampouco é uma palavra escutada do pai e ecoada na boca do filho que dá voz ao filho. É antes o silêncio que, ao ser apropriada ou inapropriadamente preenchido pela fala do filho, perpetua a corrente do rio do sangue. O filho vai adquirir — ou não — a autoridade para que ele próprio deixe falar a si no outro que o sucederá — se o outro algum dia vier — ao inaugurar sua fala no espaço aberto pelo silêncio do pai e proposto por ele como segredo a ser desvendado pela experiência de vida.

Anárquicos e conflitantes, os perfis de chumbo me dão de presente o significado plural da *roseira* como metáfora da minha própria genealogia familiar. Fecho com eles, e não abro, pois são eles que ainda me apreendem no dia de hoje.

Volto os olhos para meus antepassados.

Um de vós há de me trair?

Sou eu, Senhor?

Sim, sou eu.

Sou teu filho *com* ser uma negativa maneira de te afirmar.

A Barão de Pium-i é das ruas mais antigas do velho arraial das Formigas. No mapa bandeirante do oeste mineiro, era mero caminho de terra, assentada pelos pés dos escravos, pelas patas dos cavalos e das mulas que transportavam alimentos, mercadorias diversas, armas e munições e pelas rodas das carroças atochadas de sacos e mais sacos de alimentos. Todo caminho era caminho de terra batida que, a cada vinte e quatro horas que se iam, se aprontava e se embelezava para o desfile subsequente das tropas de desbravadores e de comerciantes em direção à província de Goiás. Aqui e ali, um córrego era tomado de imprevisto e domado pelos escravos, pelos animais e pelas rodas da carroça. Rara a corrente de água que requeria a ponte de toros de madeira para a travessia. Com o correr das décadas, a terra batida ganha calçamento em pé de moleque, delimitado nas laterais por calçadas estreitas e casinhas modestas e despretensiosas. O arraial ganha também famílias desbravadoras e trabalhadoras e estabelecimentos comerciais de uma só porta aberta para a rua. Ganhará residências mais confortáveis e, finalmente, estatuto de município. Será parte empreendedora da província mineira.

"Minas Gerais, fruta paulista.../ Fruta que apodreceu.// Frutificou mineira!", versejou Mário de Andrade no poema "Noturno de Belo Horizonte".

Nos anos 1930, quando a casa paterna é construída e habitada, e no começo dos anos 1940, quando os sete primeiros filhos e filhas lá moram, a rua Barão de Pium-i se alonga desajeitadamente até a ponte sobre o rio. A parte comercial da cidade fica aquém da ponte, como se ainda dentro das fronteiras acanhadas de antigo arraial. Dentro do enclave primitivo. Ali se instala a vida cotidiana da comunidade e o comércio pequeno-burguês provinciano. Armarinhos, lojas de roupas, de tecidos e de miudezas. Sapataria, alfaiataria e a confeitaria Ponto Chic. O armazém e o açougue de nome Modelo. O Cine Glória. Abaixo da praça da matriz, na rua Silviano Brandão, está a Prefeitura Municipal e o Fórum. Quase às margens do rio, em rua paralela aos fundos do nosso quintal, a sede do Formiga Esporte Clube.

O primeiro grupo escolar da cidade, o Rodolfo Almeida, também se localiza na rua Barão de Pium-i. Na rua Teixeira Soares, um tanto acima da praça da matriz, funda-se o primeiro colégio, o São José (futuro Ginásio Antônio Vieira).

Grupo escolar e ginásio são mandados construir pelo vovô Amarante, quando prefeito da cidade, entre 1913 e 1918.[4]

O trânsito das carroças, dos muares, das bicicletas e dos poucos carros e motocicletas nunca para. A rua Barão de Pium-i tem de ser alargada.

No início dos anos 1940, baixa-se um decreto na Câmara Municipal. Graças a gesto magnânimo do vovô Amarante ou do meu pai, a rua pode se alargar. Cede-se à comunidade o belo jardim fronteiriço à residência, repleto de esplêndidas roseiras compradas em floricultura paulista.

Ao perder para sempre o jardim e o roseiral, o dentista viúvo, pai de sete filhos, dá por terminado o já longo celibato e volta a se casar. Constitui nova família, que suplementa a família nuclear. Do segundo casamento nascerão três filhos e uma filha.

Seremos onze no total.

Ao deixar a calçada fronteiriça à casa do cirurgião-dentista e antes de subir a escada que leva ao alpendre de colunas em concreto e depois à sala de espera e finalmente ao consultório, o cliente do meu pai tinha de margear um jardim de rosas à direita, com canteiros protegidos por cercas vivas de podocarpo. Os pés de podocarpo são dispostos em fileiras que se congraçam em torno de seis canteiros retangulares, bem adubados e contíguos, todos plantados com mil e uma roseiras perfumosas. As cercas vivas, aparadas com destreza pela tesoura de podar do patriarca, se exibem como pelotões de bem-comportados soldadinhos varonis.

À noite, protegidas da cobiça dos passantes pela grade de ferro batido e pelo portão trancado a cadeado, as muitas rosas como que se fecham e se humilham aos pés da soberana dama-da-noite solitária, cujas florezinhas — em azul das asas de borboleta *Plebejinae* — inebriam o olhar e entorpecem o olfato dos casais enamorados que deixam o Cine Glória.

O ritmo das passadas dos casais mais jovens desacelera e os afagos se multiplicam.

Meu pai perde a esposa Noêmia, minha mãe, em 1938.

A solidão do viúvo reganha alento e alguma esperança ao se tornar motivo para a compra de novas e muitas mudas de roseira para o jardim fronteiriço à casa, e para o replantio delas em solo adubado. Ao inseminar com enxertos os galhos das roseiras, a vida marital, brutalmente interrompida, se complementa por atividade compensatória.

Nas horas de folga da manhã domingueira, o viúvo enxerta com carinho e prazer os galhos das mais belas roseiras floridas.

O artifício humano forja rebentos viçosos e coloridos, espécies de rosa nunca vistas nas redondezas.

De mês em mês, o carteiro entrega em casa o novo catálogo da floricultura paulista.

À noite, depois de ler o jornal e escutar o noticiário radiofônico, meu pai examina com o devido cuidado cada uma das páginas ilustradas do catálogo. Detém-se em cada espécime oferecido e o examina. Antes de se recolher ao quarto de dormir, seleciona as mudas de roseira desejadas.

Na manhã seguinte, preenche o formulário que vem no final do catálogo e envia o pedido pelo correio. A fatura chega antes da mercadoria. O pagamento é feito por remessa pelo Banco Hipotecário.

As mudas de roseira são transportadas em vagão de carga da Rede Mineira de Viação. Cada uma delas chega acomodada em cesta de taquara entrançada, forrada de terra estrumada e, para que não se desperdice nos deslocamentos súbitos do trem, endurecida. A parte viva e superior da planta é protegida por uma espécie de capa, feita de saco de linhagem usado. Ela evita que os encontrões e choques inesperados danifiquem os galhos já feridos pela poda premonitória da muda.

Entregue em casa, a cesta de taquara vai direto para o quintal. A muda logo perde a proteção da capa feita com saco de linhagem. Toma sol, vento e chuva e, mesmo assim, será aguada depois das roseiras do jardim, no final da tarde. A muda estagia por semanas no quintal. Aclimata-se à nova morada em convivência com as árvores frutíferas. Imita sua exuberância. Os brotos pipocam ao lado dos espinhos. Alongam-se os galhos. Recobrem-se de folhas. A muda está amadurecida, pronta para ser transferida para o jardim fronteiriço da casa. Entrega-se ao carinho do coveiro amoroso, que lhe destina o lugar definitivo e lhe augura o futuro esplendor.

Formado pela Escola de Farmácia e Odontologia fundada na cidade de Alfenas, no sul de Minas, meu pai se torna mestre na arte cosmética dos pivôs, das pontes fixas e das dentaduras postiças e no uso do boticão limpa-trilhos, que extrai os cacos podres de dente que são sustentados por raiz doentia. Ganha também destreza no manejo da lâmina de bisturi, que lanceta e explode as gengivas inflamadas, cheias de pus, responsáveis pela face inchada.

Não havia ainda a semana inglesa, que passa a liberar o profissional para o lazer nos sábados. Descanso só aos domingos.

Na manhã de domingo, o dentista ausculta o desespero do viúvo. Deixa o jaleco branco dependurado no cabide atrás da porta do consultório. Veste-se como ao acordar e na hora do jantar em família. Com camisa social branca, sem paletó e sem gravata, traz calça de tropical escura e calça sapatos e meias pretas. Obriga os filhos e as filhas a ir — nunca a si — à missa das oito na igreja matriz. Liberado do consultório e da família, sozinho em casa, se encaminha para o jardim. Protege-se e à roupa que veste por avental longo e sem costas, atado à cintura, semelhante ao de açougueiro.

O dentista viúvo aproveita a folga dominical para se dedicar a enxertar uma e outra roseira do seu jardim.

Tendo se aprimorado no manejo de várias armas que dependem da habilidade manual, o dentista viúvo aproveita a folga dominical para se entregar ao prazer que lhe é negado pela rotina profissional. Quer enxertar uma e outra roseira para que as rosas — suas pétalas abertas e suas cores originárias — escapem ao código genético previsto pela espécie a que pertencem e atestado pela reprodução fotográfica no catálogo da floricultura. O jardineiro amador quer desafiar o poder natural do pólen e do transporte gratuito de uma rosa para outra, responsabilidade dos insetos voadores.

O viúvo fecunda o galho de roseira com a habilidade das mãos adestradas no manejo da lâmina de bisturi que lanceta e explode as gengivas inflamadas.

Aos domingos, capacita-se como inventor de rosas.

Torna-se móvel de reprodução vegetal por enxerto.

Para poder manter as mãos sem calos — a boa apresentação se impõe ao olhar mexeriqueiro das clientes —, calça luvas rústicas de couro, cortadas e costuradas por um dos artesãos do José Higino.

Numa cesta, que é guardada no quarto adjacente à cozinha, a despensa, o jardineiro amador deposita as ferramentas e apetrechos necessários ao bom cuidado das plantas. A tesoura curta para a jardinagem. A tesoura com cabo longo, que deixa certinhas as cercas vivas de podocarpo. As lâminas das tesouras são afiadas pelo amolador ambulante que, ao passar pela rua, se anuncia por faíscas de metal contra o rebolo, seguidas de assovio. Na cozinha, Etelvina mantém os ouvidos atentos ao assovio do ambulante. Ela se responsabiliza pela afiação de todos os instrumentos e talheres cortantes da casa. Também na cesta está a pequena e reluzente faca de metal inoxidável. E ainda a estopa e o vidro de álcool, necessários para a assepsia da lâmina inoxidável da faca que trabalha a enxertia, e a latinha de óleo Singer, usada para a lubrificação das tesouras. Da borda da cesta, caem trapos brancos ou coloridos de lençol já puído pelo uso. Contrastam com o marrom forte das tiras e mais tiras de embira que servem para fixar e reter o enxerto no lugar certo.

Passada a floração, o jardineiro escolhe duas roseiras frondosas e de galhos viçosos. Quer mesclar as duas e, no meio do caminho da vida, confundi-las, combinando seivas contrastantes. Busca rosas com cores e perfumes distintos e inéditos, pétalas de formato dessemelhante ao das irmãs.

Elege um broto recente, de folhas já bem desenvolvidas. Seleciona e corta um pedaço de uns quinze centímetros do seu caule. Com a faca desenha uma cunha num dos extremos e a recorta em seguida. Deposita a cunha na cesta.

Dá alguns passos, aproxima-se da segunda roseira. Elege um belo e feminino galho, que servirá de cavalo ao enxerto. Dá-lhe um ponto-final com a tesoura de podar. Com a faca libera rapidamente o galho já podado dos brotinhos e espinhos. Ainda de posse da faca, desenha uma espécie de garfo e o abre.

Força a cunha da primeira roseira a se enxertar no garfo aberto no galho da segunda roseira. Cunha inserida e garfo acolhedor têm de se entrosar e se confundir como unha e carne.

Enrola o caule enxertado com uma tira de pano, comprimindo o enxerto com delicadeza. Com a tira de embira mantém o curativo preso ao galho, preservando dos pulgões e dos excessos do sol e da chuva a intervenção cirúrgica.

O jardineiro fica à espera de outra manhã de domingo, quando o enxerto talvez já tenha começado a se desenvolver.

No galho enxertado nascem os primeiros brotos. A embira cai por conta própria, como umbigo, ao mesmo tempo que apodrece definitivamente o pano puído de lençol velho.

Papai conhece de cor e salteados os nomes das rosas que importa da floricultura paulista. Segue ao pé da letra a denominação dada pelo catálogo. Guarda-os como os nomes dos sete filhos e filhas e, às vezes, ao vê-lo mover os lábios silenciosamente, à semelhança do padre Remaclo Fóxius na pia batismal, eu percebo que saúda pelo nome próprio a cada pé de roseira a ser tratado ou trabalhado.

Meu pai inventa nome para cada uma das rosas oriundas de enxertia.

Não recorre ao repertório da Bíblia Sagrada ou dos livros de santos. Dona Luluta, minha professora nas classes anexas à Escola Normal, me fornece a chave que abre a matriz verdadeira para a escolha dos novos nomes de batismo. O jardineiro vaidoso recorre aos modos e tempos verbais.

Imperativa — a rosa que, ao desabrochar plena e bela e em novo e abusivo colorido, seduz e cativa o olhar e a curiosidade.

Mais-que-perfeita — a que floresce mais bonita e cheirosa do que a encomenda.

Pretérita perfeita — a que, rebelde ao hibridismo, permanece semelhante às da antiga roseira.

Pretérita imperfeita — a que desandou pelos descaminhos da enxertia e faz feio no conjunto.

Infinita — a que alcança a plenitude de deusa no seu jardim.

Nas mãos dos trabalhadores da Prefeitura, picaretas, enxadas e pás botam abaixo o jardim do meu pai. A administração municipal ganha espaço suficiente para ampliar a antiga rua Barão de Pium-i. Alargam-se a rua e o passeio. Aquela perde o calçamento em pé de moleque e ganha paralelepípedos. Aquele se deixa recobrir por nova camada de cimento. Meu pai não indaga para onde a carroça da Prefeitura leva as roseiras, se para a casa do prefeito ou para o depósito de lixo. É tão destrutiva a força do esquecimento que ele nunca mais voltará a falar do seu jardim.

As três janelas da casa paterna davam para o roseiral. Dão diretamente para a rua. O sobrado do nhô Campeiro, o armazém e o açougue Modelo ficam como a um passo do alpendre. Basta cruzar a rua.

Se aberta a janela do consultório, se veem em vertical o teto e os globos de luz que iluminam a ampla sala onde meu pai atende. O corre-corre no alpendre e o senta-levanta na sala de espera podem ser tumultuados e infernais. Depende da dor causada pelo nervo exposto, do inchaço que leva à extração de dente, da distância a que mora o cliente ou da histeria dos acompanhantes. Quando a porta se abre é por segundos. Um cliente sai, o seguinte é admitido. Alguma coisa e tudo se passa a portas e janelas fechadas. Ouço choro, grito de dor, berro de criança. Os ouvidos dos moradores da casa não adivinham a motivação, levantam hipóteses e se acostumam. A fedentina transpõe facilmente a barreira imposta pela porta fechada e incendeia a casa. No quarto da Sofia, chega o cheiro do óleo de cravo, que serve de antisséptico.

Meu pai é de pouca conversa. Não diz o que faz nem explica o que não faz.

Distingo no consultório a cadeira moderna do dentista, semelhante à do barbeiro, e a escarradeira nojenta. A Zélia não a limpa. É trabalho da arrumadeira. Admiro a haste caída do motor com a caneta, sem a broca escavadora a ameaçar. Ao lado da cadeira, o armário de madeira envernizada. Suas gavetinhas guardam os instrumentos e os produtos escandalosamente cheirosos.

No tampo de mármore do armário, reinam a seringa à espera do cartucho de anestesia, os instrumentos de limpeza e de preparo da cavidade e o temível boticão. E também a impecável placa de vidro, que serve de apoio para a mistura com a espátula do cimento ou da porcelana.

Ao lado da janela que dá para a rua, brilha um móvel laqueado de branco. Encimando-o, ligado à tomada, o aparelho niquelado que serve para esterilizar os instrumentos cirúrgicos. À sua direita, meio que escondido pelo motor, está o pesado e negro laminador de folhas de ouro de dezoito quilates, com a enorme manivela. Ele domina a seção de prótese do consultório.

O laminador é exigência de roceiro enriquecido ou de fazendeiro coronel. Adoram coroa de ouro a recobrir com faceirice o lateral direito.

Filho de dentista, eu acabo por ser cliente do dr. Parreira.

À frente da casa, o jardim se impõe: um retângulo largo e verde, atraente e belo, bem policiado pelo jardineiro. Pulgões, besouros, larvas, moscas, lagartas e vermes têm vida e morte controladas por bomba de flit usada com inseticida importado, o Detefon, que no campo de batalha italiano protege dos piolhos a pele sanguínea dos pracinhas brasileiros. O policial só acoberta as joaninhas zombeteiras. Na verdade, são parceiras de trabalho, gulosas dos pulgões que deixam as rosas murchas e deformadas.

Tínhamos um jardim florido e ainda temos um imenso quintal sem horta.

Meu pai não aprecia o cultivo de hortaliças. O bacilo de Koch o leva a viajar bianualmente ao consultório do radiologista. A bactéria *Bordetella pertussis* obriga Sofia e os dois filhos órfãos a caminharem diariamente até o alto do Cruzeiro. Por mais que as folhas das hortaliças que se comem em estado natural sejam lavadas pela Etelvina, sempre pesa a desconfiança de que o intestino dos filhos não esteja livre do poder das *Ascaris lumbricoides*, *Enterobius vermicularis*, *Necator americanus*, *Ancylostoma duodenale*, *Trichuris trichiura*, *Strongyloides stercoralis*... Só são servidos à mesa os legumes passíveis de cozimento. Tubérculos cozidos ou fritos, os mais variados. Da mandioca à batata-inglesa, do inhame ao cará. Couve picada, folhas de chicória e jiló, salteados na frigideira e temperados com cebola e alho.

Alface, tomate, pepino, nunca.

O dentista transfere para um roceiro das redondezas e dono duma fumigadora à base de enxofre, seu Carlim, os cuidados para com o quintal tomado anualmente pelas saúvas. A solução de enxofre é previamente manipulada pelo dentista na despensa e fornecida ao caboclo. Meu pai segue ao pé da letra a dosagem recomendada pelo catálogo da floricultura. Sete partes de enxofre, duas partes de folhas de fumo e uma parte de alcatrão. A poção destilada tem de ser e nunca é completamente letal.

Tão logo estiam as chuvas de verão e domina o sol abrasador de março, seu Carlim estaciona a fumigadora no retângulo lajeado que dá acesso à porta da cozinha e chama a Etelvina. Ela está a par do serviço. Entrega-lhe a vasilha com o veneno que o patrão fabricou e dá a ordem de comando. Enquanto seu Carlim caminha de volta à máquina para prepará-la, olho para a Etelvina em interrogação. Ela se abaixa, quase ajoelha nos ladrilhos da cozinha e me diz que a mangueira da fumigadora vomita veneno em cada olho de formigueiro que chama a atenção do seu Carlim.

Desço os degraus até o lajeado para acompanhar o serviço.

É no fundo do olho do formigueiro, me diz o seu Carlim enquanto a fumigadora fica ronronando à espera do primeiro sinal de refluxo, que a formiga rainha está localizada, e é para lá que as corredeiras carregam todos os pedacinhos de folha que levam às costas. Até chegar à formiga das asinhas, tenho de acabar com a vida das cortadoras e das corredeiras. Sem dó nem piedade. De uma vez para sempre. Estiam as chuvas de verão, elas estão todas de volta e cá estou a recarregar a fumigadora com o preparado de enxofre que seu pai fabrica.

Organizado, comunicativo e eficiente, o exército das carregadoras vai expandindo os túneis subterrâneos. Estão interligados num raio que já ocupa grande parte do quintal. Com a pesada carga às costas, as carregadoras percorrem longas distâncias. Alienígenas de muitas e velozes patas, elas transitam pelo intricado sistema de subterrâneos misteriosos e chegam aos respectivos ninhos. Nele depositam a comida verde que entrou pelo olho do formigueiro e, em seguida, a armazena. São magrinhas e consomem grande quantidade de comida.

Digo ao meu pai que sou contra a matança dos bichinhos. À semelhança do que acontece no campo de batalha europeu, as saúvas são assassinadas com gás à base de enxofre.

Ele me escuta sem escutar. Me dá o motivo para chamar seu Carlim e sua máquina fumigadora. As saúvas sabotam o solo fértil como quintas-colunas. Não deixariam de pé um só pé de milho, um único pé de cana. Sabotam o desenvolvimento e o bom crescimento das árvores frutíferas. Num dia destes não teremos mais nem manga nem jabuticaba nem goiaba para comer. E as duas cabras não terão o capim-rasteiro que lhes serve de alimentação.

O Vaninho, comenta ele com a Sofia e eu escuto, está desenvolvendo um carinho confuso pelo exército operário das formigas. Me disse que a união faz a força.

Meu pai tem razão. Carrego a imaginação — e como ela pesa antes de o sono chegar — tomada pelas formigas assassinadas à luz do dia.

O quintal é meu mar particular e nas profundezas desse oceano terroso, com bocas abertas aqui e ali para o sol, a chuva e os seres humanos, existe uma civilização mais adiantada que a nossa, que desvendo ao seguir os passos do seu Carlim e observar o trabalho da fumigadora.

No império submarino, na cidade oculta e subterrânea vive e reina Namor, filho da princesa Fen com o capitão de navio Leonard McKenzie, e suas súditas, as incansáveis formigas. O Príncipe Submarino.

Como destróier detona cargas explosivas no fundo do oceano, a mangueira sanfonada da fumigadora empurra a fumaça tóxica do enxofre para dentro dos formigueiros no fundo do quintal. Meu pai mente quando me diz que a fumigação abre espaço para o bom e saudável crescimento das raízes das árvores frutíferas e dos pés de milho e de cana-de-açúcar.

Tora, tora, tora.

Uma destemida e temida e imensa cidade subterrânea, onde vivem as saúvas, uma espécie laboriosa de alienígenas semelhantes aos peixes do fundo do mar, está sendo destruída.

Ao ler o *Gibi Mensal*, torço por Namor (o "filho vingador", na língua atlante), como torço pelas saúvas ao conversar com meu pai. E, no quintal, procuro entre as formigas a de asinhas e de porte mais avantajado, que nunca aparece. Procuro a formiga rainha. Só ela pode ocupar o lugar de Namor e será capaz de liderar o combate contra a fumigadora de gás à base de enxofre, que ela, sim, é o verdadeiro demônio a destruir o império submarino.

A fivela do cinto de Namor traz inscrita a letra S, em maiúscula.

Associo peixes, formigas e humanos, ao mesmo tempo que os incorporo aos movimentos e deslocamentos subterrâneos que municiam a imaginação tomada por imagens da guerra na Europa e maquinam meios de evitar a morte das saúvas.

Formigamento.

Não é essa a palavra que o papai usa para descrever para a Sofia minha imaginação em polvorosa?

"A imaginação do seu irmão Vaninho", meu pai desvia os olhos do rosto da Sofia e se dirige a todos que estão sentados à mesa de jantar, "virou um lugar de formigamento que me preocupa. Esse menino está com a cabeça sempre formigando."

Meu pai se silencia por minutos e depois continua como se tivesse descoberto o segredo dos sentimentos pessoais que impedem os irmãos de se comunicarem com afeto. "Não é por acaso que nasceu em Formiga", acrescenta em tom de blague. "Vive como se morasse num formigueiro."

Os canais subterrâneos da imaginação, por onde meus formigamentos caminham e maquinam meios de salvar as saúvas da morte decretada pelo inimigo número um, são semelhantes aos túneis submarinos, onde mora Namor e o povo atlante, e terrenos, onde as formigas do nosso quintal vivem, se alimentam e convivem de maneira aberta e franca. Eles, elas e eu nos entendemos num piscar de olhos. No dia a dia, somos mais fraternos que irmãos de sangue à mesa de jantar. Sentado no quintal, a comer goiaba ou a chupar jabuticaba, coexisto com as cortadeiras e as corredoras como coexisto com os personagens que saltam das páginas do gibi e temperam a vida na pacata cidade interiorana. Acompanho e leio as formigas no seu trabalho insano. São super-heróis. Observo seu modo de ser e as invejo.

Volto a atenção para uma pequena formiga que carrega às costas uma folha enorme. A folha deve ter umas vinte vezes o seu tamanho. Quando o vento bate, a folha tomba pro lado, como vela de barco, e desequilibra o inseto. Pode até derrubá-lo. O navegar em terra firme se torna mais difícil para a carregadora. Quase naufraga no meio do caminho. Não desanima. Com as patinhas ágeis, leva a folha de volta às costas. Carrega-a até o olho do formigueiro. Deposita-a na abertura do buraco. A folha fica do lado de fora, é maior do que a passagem. Lá de dentro sai um exército de formiguinhas-cortadeiras. Diligentemente, começam a picar a folha em pedacinhos e cada pedacinho é carregado, um a um, para dentro do formigueiro.

Quero imitá-las, assim como se fosse possível gritar *Shazam!* e de repente me desnudar, vestir rapidamente roupa vermelha e capa, e alçar voo para outros mundos. Como se fosse fácil imitar o pracinha que, com sua metralhadora Browning M2, combate na guerra deflagrada por Hitler, Mussolini, o imperador Hirohito e todos os seus asseclas. Preservo o trabalho e a disciplina das formigas como única salvação da humanidade, segredo íntimo que meu pai descobre e divulga à mesa de jantar. Mas não o divulga tal como o descubro e o sinto na realidade.

Meu apelido na escola — Cabeçudo — ganha presença verbal, assim como "formigamento". Ganha forma e sentido, como se retratado no vitral da Santa Ceia, na catedral de Chartres.

O papai percebe o que eu-menino não percebo de modo tão nítido, e se preocupa e se abre com a Sofia.

Diz a ela — e ela me diz de maneira tão materna que a escuto contrito e a perdoo — é assim que o menino órfão preenche a carência afetiva na vida em família. Eu admiro as formigas-cortadeiras e as corredoras em seu trabalho insano, admiro-as tanto no arbusto por que elas sobem como no solo por onde trafegam.

"O Vaninho não quer que elas sejam exterminadas pela fumigadora", ela me repete a frase dita pelo papai. Papai tem razão sem a ter completamente. Admiro-as como admiro os marinheiros do navio mercante da marinha norte-americana que, no filme *Comboio para o Leste*,[5] navegam sobre as ondas do oceano Atlântico Norte em estreita camaradagem.

No Cine Glória, sentado na poltrona que range a cada movimento mais brusco do corpo, sou dominado pelas imagens que saltam em sucessão da tela. Elas querem que eu me levante da cadeira, que suba ao palco pela escadinha lateral e toque a tela como toco o olho do formigueiro em busca da passagem do meu corpo para o fundo do buraco. Sinto falta da experiência de companheirismo numa comunidade fechada de iguais. Quero ser parte da coletividade laboriosa e feliz que se representa no dia a dia da vida em convivência nas salas e salões de navio, destróier ou submarino, e em túneis subterrâneos. E não sou. Todos eles a navegar na superfície ou nos fundos dos muitos oceanos que recobrem a Terra. Com meus próprios olhos e meus próprios sentimentos frustrados invejo a experiência aliada dos marinheiros e a cobiço para mim tal como representada e nomeada nas histórias em quadrinhos, nos filmes sobre a guerra e nos formigueiros que se abrem e se expandem no quintal da minha casa.

O *Northern Star*, navio da marinha mercante norte-americana, leva alimentos para os russos que combatem os alemães e seus aliados que acabam de tomar a cidade de Stalingrado. O navio é torpedeado por submarino inimigo antes de atingir o Atlântico Norte. No barco salva-vidas só o capitão Steve Jarvis, interpretado por Raymond Massey, o tenente Joe Rossi, interpretado por Humphrey Bogart, e poucos tripulantes conseguem se salvar.

Ao todo, são nove marinheiros perdidos em pleno alto-mar.

Faltam alimentos. Raciona-se a água potável. Estão desesperados, sujos, cabelos desgrenhados e de barba sem fazer. O sol é implacável. A solidão do pequeno grupo perdido no mundo oceânico sustenta o desespero e a esperança. Um dos marinheiros molha a esponja com água potável. Passa nos lábios do companheiro que está a morrer de sede.

O companheirismo os une e salva.

Um dos marinheiros, com a ajuda do canivete, conta os dias: vai rasgando na borda do barco linhas paralelas subitamente cortadas por vertical que representam os cinco dias em que o bote salva-vidas passa perdido no Atlântico Norte. Na madeira, mais quatro traços paralelos são cortados por traço vertical. Dez dias. A morte já não titubeia. Avança. Toma assento no barco. É companheira de viagem.

O décimo primeiro traço começa a ser rasgado na borda de madeira. O rosto de Humphrey Bogart se agiganta de repente na tela e se inquieta. É todo ouvido. Esquece o ruído da água que bate contra a madeira. Levanta os olhos. Na trilha sonora, soa o barulho de motor de avião. Ele enxerga o aparelho e o aponta com o dedo para os companheiros.

Grita: "*Look at that!* Olhem!".

Com cabelo e barba por fazer, suados e sem tomar banho por dias seguidos, os marinheiros se levantam e começam a agitar os braços e uma camisa em trapos, qual bandeira, tremula ao vento. O piloto do avião visualiza o bote perdido no oceano.

A cena seguinte mostra rostos desesperados a reganhar a esperança de sobrevida. Salvam-se por milagre.

Os marinheiros são resgatados por um destróier aliado. Ao desembarcarem no porto, espera-os um repórter com microfone.

Repórter: "Tenente Rossi, o senhor vai embarcar de novo?".

Rossi: "Claro! Por que não? Você mora na cidade e sua casa é destruída pelo fogo. Você busca outra casa. Tudo se passa da mesma maneira no mar. O navio é o nosso lar. O navio é destruído pelo torpedo inimigo. Você busca outro navio".

As luzes da plateia se acendem.

Não há força que levante meu corpo franzino da cadeira. Homens, mulheres e crianças, sozinhos ou em grupo de familiares, deixam a sala em fila indiana. Poucos conversam. A maioria sai cabisbaixa e silenciosa. Algumas moças tornam-se discretas ao acender das luzes. Não sabem como enxugar os olhos com o lenço, sem chamar a atenção dos presentes. À saída do prédio, a fila indiana se desfaz. Soltos ou em pequenos grupos, caminham em direção à noite e aos respectivos quartos de dormir.

Ainda sentado na poltrona, eu me vejo extático. Deixo o filme formigar na imaginação. Isso a que se chama a vida cotidiana dos soldados durante a guerra pulula que nem formigas corredeiras que carregam folhas gigantescas às costas e, no entanto, se congraçam na alegria da vitória de todos os minutos, de todas as horas sobre os obstáculos aparentemente mortais. No barco salva-vidas, sujos e maltrapilhos, com fome e sede, já cúmplices da morte em pleno oceano Atlântico Norte, somos salvos por obra do acaso. Cada minuto dos onze, solitários e desesperados dias é interminável e terrível. Um avião passa nos céus. O piloto foi informado sobre o torpedeamento do *Northern Star*. Ele nos enxerga perdidos em mar alto. Pelo rádio de bordo aciona um destróier. O comandante muda imediatamente a rota. Somos resgatados. Prestam-nos os primeiros socorros. Água e comida à vontade.

"O navio é o nosso lar. O navio é destruído pelo torpedo inimigo. Você busca outro navio."

Fim.

Não quero desgrudar os olhos da tela branca iluminada, sem imagens em preto e branco.

Você busca outro filme. Meu corpo pesa e levita. Estou a auscultar um sentido para o filme... — as mãos gentis do seu Franklin tocam meu ombro pelas costas. Ele me pergunta se quero que me acompanhe até em casa. Ela fica aqui ao lado. Aceito o convite que me desgruda da imaginação a formigar e expulsa meu corpo do filme. Seu Franklin me entrega de volta à família.

Meu irmão, até então o caçula da família, e eu dormimos sozinhos no quarto que pertenceu à Sofia. Já temos idade suficiente, não precisamos mais dos cuidados de guardiã. Meu pai se casa em fins de 1942. Minha madrasta tem o primeiro filho em novembro de 1943. Perco a terceira mãe no dia em que nasce o bebê.

"Você mora na cidade e sua casa é destruída pelo fogo. Você busca outra casa. Tudo se passa da mesma maneira no mar."

4.
O gosto da rapina

*O espírito de aventura, que admite e quase exige a agressivi-
dade ou mesmo a fraude, encaminha-se, aos poucos, para
uma ação mais disciplinadora. À fascinação dos riscos e da
ousadia turbulenta substitui-se o amor às iniciativas corajosas, mas que nem sempre dão imediato proveito. O amor da
pecúnia sucede ao gosto da rapina.*

Sérgio Buarque de Holanda, *Caminhos e fronteiras*

Titia Zezeca é irmã do papai, só por parte de mãe. Mora em
casa própria e modesta, que fica ao lado do bangalô do pai,
o vovô Amarante — atualmente identificável no mapa da cidade
pelo nome da rua que passa ao lado do Grupo Escolar Rodolfo
Almeida e dá acesso ao prédio da Prefeitura Municipal, na rua
Barão de Pium-i.

O vovô Amarante é filho do coronel Ignácio Gonçalves,
nascido em 1839 na Vila de Amarante, Arcebispado de Braga,

em Portugal, e falecido no dia 30 de outubro de 1909 em Formiga. O coronel Ignácio se casa na nossa cidade com Emília Messias Coutinho e, por costume na época, ou para ser distinguido de outros Gonçalves estabelecidos em Minas Gerais, talvez os moradores de São João del Rei, acrescenta Amarante — ou D'Amarante ou Do Amarante — ao sobrenome e o assume legalmente. O casal tem onze filhos.

Na pia batismal, o quarto filho do coronel Ignácio recebe o nome de José Gonçalves Amarante. O futuro coronel Juca Amarante nasce no dia 12 de outubro de 1870 e falece no dia 28 de julho de 1945. Não conheci sua companheira de toda a vida, dona Maricota, mãe de meu pai. Venho a conhecer o vovô Amarante quando vou visitá-lo na companhia da Sofia em sua última residência. É viúvo e se aproxima dos setenta anos. Sozinho, volto a visitá-lo até sua morte. A crônica formiguense falsifica sua vida familiar. Divulga que foi prefeito da cidade, morre solteiro e sem descendentes.

Não me lembro de tê-lo visto em nossa casa. A idade avançada não justifica a ausência.

O coronel é varão lusitano da velha cepa, como poucos em Formiga. Corpulento sem ser gordo, já tinha esquecido o gestual de mando que requer obediência. Impõe-se por ainda ser uma figura humana inteiriça e coerente. Como numa pintura clássica, nenhum detalhe físico do rosto ou do corpo está fora do lugar. Alto, de pele clara, veste-se de maneira displicente e discreta. No rosto oval de patriarca brasileiro, de sangue europeu, destacam-se a testa larga e o cavanhaque branco e ralo. Olhos febris e doces amenizam o semblante desgostoso da vida. Já ganhou direito à careca luzente. Tem a fala fácil. Fala baixo. Seus olhos se tornam meigos quando conversa com o neto que o visita. Às vezes, eles se molham, não sei se por efeito de lágrima furtiva ou de doença dos olhos.

Não é por piedade que seus olhos são meigos. É por compaixão.

Tem a fala de lobo que perde a posição de líder na alcateia. Não levanta mais a voz com a intenção de subjugar o outro pela explosão dos sentimentos magoados ou feridos. Para se fazer escutado e obedecido, tampouco a endurece, tropeçando de propósito em staccato.

Teria se trancado em casa e desistido de compreender o mundo? O mundo que peitou, acarinhou e sujeitou quando jovem aventureiro, fazendeiro de posses e homem político. Na casa, escolhe o alpendre para nele estar e a cadeira de balanço para nela sentar — para não entender o mundo em que vivem seus parentes e descendentes? Retira-se do mundo como ave de arribação ao perceber a chegada do inverno?

De que lhe serve a copiosa e polpuda experiência de vida, se não tem a quem transmiti-la?

No alpendre e sentado na cadeira de balanço, teria apreciado a visita dum velho companheiro de aventuras? A seu pedido, o amigo poderia ter lhe explicado por que os dias de vida — ou os núcleos familiares desapoderados — acabam por terminar como terminam. Pouco sai à rua. Ao sair, será que procura entre os passantes rostos agradecidos e felizes e não os vê? À noite, quando deixa a imaginação cavalgar, será que procura e não enxerga o caminho tomado pelas antigas sombras assassinas? Ou faz de conta que não as vê?

Saudosos dos velhos tempos de rapaz enamorado, seus solilóquios chegavam a meus ouvidos temperados pela experiência, a verdadeira especiaria do saber aventureiro. É ela que apimenta e acelera a boa digestão dos fatos antigos pelo neto.

Só enquanto fala é que seu queixo e cavanhaque se empinam de modo varonil, a lembrá-lo sentado em sela de cavalo e tomado pelo ímpeto da antiga agilidade viageira. Seus músculos faciais não estão flácidos. Estão macilentos. E, combalidos, põem abaixo a antiga saliência das maçãs no rosto. Ao se calar, a força viril do olhar também não se apruma. As rugas da testa não mais se enrijecem em obediência às bravatas das negociações com pares truculentos e às arriscadas aventuras amorosas nos tempos da juventude. A indiferença nos últimos anos de vida vira negligência e esconde definitivamente o sorriso irônico ou aberto de satisfação.

O coronel Juca Amarante é pessoa triste e carinhosa. Ao receber-me sentado na cadeira de balanço, ele abre um abraço que teria sido de pêsames se de repente um raio de luz não se iluminasse no seu rosto.

Julgo que a visita do neto ganhava significado para ele. Será por isso que, inconscientemente, eu a repetia?

Não soube ontem, não saberia hoje se ele — durante as manhãs e tardes passadas no alpendre do bangalô ou a dormir na solidão da cama de casal — se refugiava nas cavernas da melancolia.

Sem a companhia do seu velho Rocinante, faz figura de cavaleiro de triste figura ao deixar o corpo balançar pra trás e pra frente na cadeira de balanço.

Suportava mal a viuvez tardia. A filha e o filho distantes. A solidão. A falta de horizonte. Consolava-se com os cuidados da titia Zezeca. Percebo retrospectivamente.

Suporta mal a viuvez tão ou mais sofrida que a viuvez prematura padecida por meu pai. Por obra dos fados, padrasto e enteado se tornam pai e filho na caminhada fraterna pela vida, me disse minha irmã mais velha ao se lembrar de palavras do papai.

Por que será então que o vovô Amarante nunca põe os pés em nossa casa? Para não se ver refletido no espelho do enteado? Para não ficar cara a cara com a miséria real que é rotina da vida familiar sem a companheira? Uma pena — lamento eu agora — que seu bangalô não tenha um jardim com roseiras para ele cuidar. Pena que não tenha podido amparar a velhice no trabalho compensatório de enxerto nos galhos das mais belas e perfumadas espécies de rosas.

Na casa ao lado do bangalô onde mora, meu avô tem pendente a titia Zezeca e seu marido, Rafael Soraggi, e os poucos filhos. Ela permanecerá em Formiga depois da perda da mãe e do pai. Deixará a cidade para morrer de câncer em hospital de Belo Horizonte. Um dos filhos do casal Soraggi, o primo Adolfo, tenta a carreira militar e se desespera cedo. Com tiro certeiro no ouvido, suicida-se no quartel para que é destacado. Escondida dos seus primos mais jovens, a notícia me chega durante o recreio na escola, pela boca de colega. Em casa, não ouço comentário sobre a razão da ocorrência. Lembro as lágrimas da mãe e a tristeza nos olhos do pai, quando vou em visita ao vovô Amarante.

O coronel Juca Amarante não esconde mais a fragilidade física e moral. Beijo sua mão, ele deitado na cama. Poucos meses depois fico a par da sua morte.

O vovô Amarante, tendo por companheira e mãe dos filhos uma senhora casada, teria sido escravo da carne ou servo do amor?

Ou teria sido apenas um amante apaixonado, de corpo e alma dedicado à companheira de toda a vida e pouco preocupado com o bem-estar das duas filhas e do filho?

Teria sido submisso à paixão da carne ou egoísta no amor?

A quem importaria qualificar o castigo merecido por ser ladrão de mulher alheia e pai de três filhos ilegítimos?

Em tempos em que o casamento segundo os preceitos da santa Igreja Católica reina único na província mineira, sua vida amorosa controversa desrespeita as convenções comunitárias e sofre por parte do restante da família Amarante e dos cidadãos formiguenses as consequências autodestrutivas e destrutivas previsíveis.

No final da vida, teria expiado o remorso por ter ostentado no passado a soberbia contraditória. O fazendeiro de posses, bem-sucedido homem político e amante apaixonado é também pai irresponsável.

Muita luxúria e muito peso às costas para um simples mortal.

No mapa das benesses e das consequências da vida amorosa louca, já se impunha outro acontecimento previsível? A distribuição dos bens.

No início dos anos 1930, quando divide a casa apenas com a companheira, dona Maricota, o vovô Amarante vende a parte que lhe toca na fazenda patriarcal. De modo equitativo, distribui entre os descendentes diretos — todos já casados e com filhos — a pequena fortuna acumulada ao longo dos anos. Compra e oferece à titia Zezeca a casa própria bem localizada e confortável em Formiga. À titia Amélia e ao titio Neném, ele as compra e as oferece em Belo Horizonte.

Também doa casa ao enteado, meu pai, na rua Barão de Pium-i, número 31.

Será que a decisão antecipada se sustenta na vontade de evitar as desastrosas e infindáveis brigas entre descendentes por herança paterna?

Uma ponta de mistério contesta a partilha equânime dos bens entre os descendentes e, no cômputo final, permanece acesa como dúvida. O viúvo Juca Amarante não distribui entre os filhos e o enteado — por partilha em vida ou por testamento — as joias da companheira falecida.

Até o dia da morte, em 1945, guarda-as só para ele, longe da cobiça e dos olhos de todos.

Apega-se amorosamente a elas por casualidade ou por capricho?

É certo também que ele não se apega às terras e aos animais que herda. Tampouco deposita nas agências bancárias o dinheiro em espécie, auferido depois da partilha. Não lhe interessa viver de juros. É certo também que ele entrega de mão beijada aos descendentes a parte da fazenda que lhe toca na herança paterna.

No entanto, apega-se às joias da companheira como o católico fiel à extrema-unção.

Unido à lembrança do carinho amoroso e às migalhas do antigo bem-estar sentimental, quer sobreviver reconfortado e feliz por mais alguns anos. Por não ter feito a partilha das joias da querida Maricota, por não as ter legado em testamento, morre bem acompanhado e próspero.

Depois de minha morte, que as duas filhas e o filho, ingratos todos, briguem pela platina dos broches da companheira e mãe falecida! Que briguem pelo ouro e pedras preciosas dos seus anéis, pelas pérolas dos seus colares!

Eis sua decisão nas vascas da agonia. Nada de partilha. Nada de testamento.

Que se desentendam ainda mais sobre meu caráter! Família Amarante, filhos e cidadãos formiguenses!

Não é por culpa sua que se apaixona e se une a mulher já casada.

Foi por amor. Por amor, ela lhe deu uma família de mal-agradecidos.

Não é por culpa sua que os descendentes diretos não são reconhecidos publicamente como dela e seus.

Não é por culpa sua que seu trabalho na administração pública, dado como abnegado e grandioso nas crônicas da cidade, se esfarela no silêncio gradativo que cresce e se esparrama em torno da transgressão amorosa na idade da razão.

Foi submisso à paixão da carne ou egoísta no amor?

Quando alguma atitude se torna indispensável ao pai pródigo, foi generoso com as duas filhas, o filho e o enteado. Cada um com o que lhe é o próprio — a casa.

Outro neto postiço do vovô Amarante, o José Albernaz, menino interiorano adotado pelo titio Neném e sua esposa, Helena Albernaz, confirma a hipótese a que cheguei sobre a generosidade financeira do vovô Amarante. Em livro recente e de caráter autobiográfico,[6] o famoso médico mineiro radicado nos Estados Unidos da América narra em detalhes a viagem em 1933 dos avós postiços Amarante à capital do estado.

A viagem do coronel Juca Amarante tem como finalidade a compra para o filho de casa própria em bom endereço residencial, no centro da capital. O imóvel é também bem mais confortável do que os alugados anteriormente pelo comerciante nos bairros da Lagoinha e da Floresta. Nossos tios e primos passam a ser proprietários de casa na rua Padre Rolim, número 802.[7]

O coronel formiguense jamais quis deixar a descoberto o filho varão, que abandona cedo a casa paterna. Oferece-lhe primeiro o agasalho político de parentes abonados e do ex-vice-presidente da República, Fernando de Melo Viana. Despreparado para a vida prática, o titio Neném não consegue se afirmar financeiramente na capital mineira. Nos anos 1920, será comerciante dedicado à venda de produtos importados dos Estados Unidos, típicos do período de modernização por que passa o Brasil. Mesmo sendo — ou por ser — coproprietário com um dos Melo Viana de uma distribuidora de automóveis Chrysler, a Revolução de 1930 desfez, pela falência comercial, a vida acomodada dele com a esposa e os filhos adotivos. Dedica-se em seguida a comércio que requer menos capital, o de aparelhos de rádio.

Sem profissão definida, o titio Neném tinha se transferido para a capital do estado, onde se casa com dona Helena, oriunda de Januária, cidade do norte de Minas Gerais. A esterilidade do casal Amarante Júnior é logo diagnosticada pelos médicos. Adotam dois filhos, o futuro médico José e a menina Marta, que se torna enfermeira especializada em exames neurológicos.

Volto a Formiga, ao vovô e a meu pai, seu enteado.

Como a construção da nossa casa na rua Barão de Pium-i data do início dos anos 1930, quando o cirurgião-dentista Sebastião Santiago e sua esposa Noêmia se transferem com os três primeiros filhos do distrito de Pains para o município de Formiga, sou levado a crer que o vovô foi igualmente generoso com o enteado, filho de dona Maricota com o marido italiano.

Na imaginação do menino sonâmbulo, o avô Amarante faz par com o nhô Campeiro, o velho comerciante que é vizinho dos Santiago no sobrado de frente.

Casado com América Mesquita e pai de dois filhos sadios, Lucila e Lufrido, o nhô Campeiro é, no entanto, um velho de olhos cismarentos e solitários. Refugiado no alpendre do sobrado, não se cerca de figura humana nem de serviçal. Não me lembro de ter trocado uma só palavra com a dona América. De pele morena e rosto chupado, alto, magro e recatado, ele tem preguiça de mastigar as palavras e de lançá-las pra fora do corpo. Elas permanecem impressas e silenciosas no rosto.

Até hoje não sei como aprendi a lê-las.

Por minutos, o nhô Campeiro deixa a fala parada na garganta, já tomada pelo pigarro causado pelo hábito do cigarrinho de palha. Tosse de vez em quando, e aproveita os movimentos do tórax para se ajeitar na cadeira de balanço. Sentindo-se mais à vontade, expele algumas das palavras já impressas no rosto sob a forma de uma, no máximo duas frases.

Ficamos os dois a não conversar. Às vezes, carrego comigo

um gibi e fico lendo sentado nos ladrilhos do alpendre, enquanto ele faz de conta que nem me vê.

Será que sabe que estou atento a todos os seus gestos? Será que adivinha que algum dia estarei descrevendo os apetrechos necessários para picar o fumo, enrolar o cigarrinho de palha e acendê-lo, apetrechos que ficam expostos numa mesinha à direita da cadeira de balanço?

No alpendre do sobrado, sem nada a fazer a não ser de tempos em tempos tragar a fumaça do cigarrinho de palha e soltá-la em seguida, o velho comerciante guarda plantão todos os dias da semana, inclusive aos domingos. Com o olhar desnorteado e abstraído de quem acaba de perder o trem, sobrevoa o corre-corre das pessoas e dos veículos lá embaixo, na rua. Mesmo tendo levado vida que caminha às avessas da trilha seguida pelo compadre Amarante, o pai da querida Lucila é também figura naufragada nas brumas preconceituosas e secretas de cidade provinciana.

Sua solidão é mais misteriosa que a do vovô Amarante. Descubro retrospectivamente.

O menino Ademar José do Nascimento nasce em Santo Antônio do Monte e aparece rapaz inquieto e solto em Pains, então município de Formiga. Passa a ser criado por família de fazendeiros abastados. Ainda jovem, torna-se responsável pelo trato do gado que pertence aos guardiões da sua vida, no presente e no futuro. Não há passado remoto na sua biografia. Cedo, ganha para sempre o apelido de Campeiro e pouca posse. Com o correr dos anos, torna-se capataz da fazenda. Obrigados a obedecer ao igual, os vaqueiros têm de acrescentar o sufixo "nhô" ao apelido do companheiro. O nhô Campeiro monta o próprio negócio. Cria galinhas e porcos. Vende a carne de porco e os ovos na cidade e, ambicioso, comercializa os animais com os frigoríficos da capital federal.

Na praça de Formiga, já bem instalado como açougueiro,

associa-se ao João Antônio Ribeiro, comerciante em secos e molhados. O João Branco é mais novo que ele e, apesar da pança de guloso que se avoluma a olhos vistos, é infatigável batalhador. Casam-se dinheiro de um e trabalho do outro. Nhô Campeiro entra com o capital, e o sócio, com a labuta diária. O João Branco se responsabiliza pela boa manutenção do armazém e do açougue e se revela um competente gerente das duas casas comerciais, onde o papai mantém a caderneta de débito da família.

Apesar das aparências delirantes, caladas e tristes, o vovô Amarante e o nhô Campeiro não são rabugentos nem casmurros. Vivem como se alheios ao dia a dia, enfastiados e bondosos zumbis. São mortos-vivos que se recusam a negar o direito adquirido à vida. Se destacados do comum dos homens maduros formiguenses, a cara de um é o focinho do outro. Os dois rostos estampam a fadiga da vida anárquica que levaram, vida trabalhosa e sem solução de continuidade. Na velhice, não são homens felizes. As alegrias pararam no tempo. São homens bem-sucedidos e estão cansados. São displicentes no trato e no vestir. Não são desleixados. Nada devem e são cobrados por todos em silêncio e inveja, como se fossem Judas redivivos. Na comunidade, não querem mais assumir a voz ativa. Perderam o gosto pelo mando de subalternos. Como planetas, cercam-se de satélites. O nhô Campeiro tem seu sócio, João Branco. O vovô, sua filha Zezeca. Expressam-se por interrogações longas e silenciosas que, vez ou outra, beiram ganhar o tom de ressentimento. Não se entregam à mágoa. Simplesmente, não querem que as interrogações encontrem as respostas que buscam.

Na cidade, não lhes faltam os antigos amigos para trocar ideias e lembranças. Não os procuram. Não os querem em casa.

Na verdade, faltam-lhes pessoas de caráter inteiriço a quem retribuir a amizade.

Mantêm-se vivos porque odeiam a decadência física e moral que lhes bate à porta dos respectivos corpos.

Se houver defeito de caráter em um e no outro, será o apego à dissimulação. Na velhice, dissimulam o norte da juventude. De propósito e por índole.

O vovô Amarante e o nhô Campeiro tiveram, no entanto, vida plena. Só seriam considerados velhos e solitários se lançados de repente ao meio das proles numerosas que cercam meu pai e o João Branco. Os dois jovens patriarcas vivem cercados da algazarra de muitos filhos e filhas a crescer e, na qualidade de dois profissionais na ativa e competentes, são pragmáticos, destemidos e ambiciosos. Comportam-se como donos do poder local. Deixam-se nortear pela estrela-d'alva, que anuncia o futuro alvissareiro para todos os descendentes.

Nas andanças pelo mundo, o vovô Amarante e o nhô Campeiro não perderam as asas de anjo. Para o menino sonâmbulo, são as duas figuras avoengas que descem do altar-mor da igreja matriz São Vicente Férrer até as respectivas cadeiras de balanço. Ensinam-me o catecismo da dificultosa vida vivida com a coragem de desbravadores, vida refratária à domesticação pelo rame-rame morno da vida provinciana. Como os antigos mártires cristãos, fazem o bem e são esconjurados pela família e pela comunidade.

Há excesso de audácia na paixão amorosa, num caso.

No outro, há excesso de vontade no lucro.

Ensinam-me muito. Qualidades, problemas e defeitos. A solidão na velhice.

Eu aprendo e guardo.

Eu aprendi, continuo a aprender e decido não guardar só para mim os ensinamentos recebidos.

Ensinam-me a bizarrice da vida que se quer plena?

Sim, se bizarrice for uma energia vital, de evidente valor

ambíguo. Energia usada, abusada, esbanjada e desperdiçada. Bizarrice visível nas rugas que irrompem nos dois rostos e se imaginam galhos frondosos e pródigos de árvore frutífera. São os frutos desses galhos que alimentam o menino sonâmbulo para a vida bizarra, também visível nos músculos flácidos e despencados dos braços e na ossatura curvada de anciãos. Como se expostos em pranchas anatômicas, o vovô Amarante e o nhô Campeiro se estampam como corpos magníficos e fragilizados, corpos precários em diálogo com a morte iminente.

Os dois corpos se expõem no alpendre da casa e estão à espera do tiro de tocaia.

Minha mãe a dar o filho à luz.

Pelo tato, um cego adivinharia — como eu pela submissão ao saber e pelo afeto imorredouro — os detalhes e mais detalhes da escrita da morte.

Meu aprendizado vem da experiência de vidas vividas com modéstia e o cenho enrugado. Vem de corpos carregados de energia, como uma tomada elétrica, e de significado, como um poema.

Sou plugue de abajur. Sou olho de exegeta.

Há gente para quem tanto faz o dentro como o fora de casa. Procuram deixar a vida passar sem o transtorno das portas. O meio-termo entre o dentro de casa e a rua é o tempo da espera nas varandas do bangalô Amarante e do sobrado nhô Campeiro. Quem lê gibi e vê filme sobre o descalabro da Segunda Grande Guerra sabe, intuitivamente, que viver sem a inconveniência das portas visa a querer significar algo de poderoso e forte no terreno da comunhão dos homens.

A trégua duradoura. A paz mundial. A morte.

Nem dentro nem fora de casa, os dois velhos formiguenses

gastam o tempo que lhes sobra. Na varanda, desenrola-se o minuto medido pelo trânsito da cadeira de balanço. O tempo se adianta e volta. A tocar apenas o presente, a cadeira avança para o futuro e se distancia para o passado, e retorna ao futuro com vistas ao passado. Presa ao chão, só aparentemente. Pra trás, repouso imperceptível. Pra frente, movimento devoluto. De bom grado, os dois velhos recebem em casa a criança carente de amor materno e de informação. Conversam comigo em silêncio e com silêncio. É o vazio pleno das palavras lidas nas rugas do rosto que se empilha como se frases numa página em branco. O silêncio dos dois velhos é página lida de gibi, é imagem projetada de filme. O silêncio de um e do outro é a formiga laboriosa que, sem queixa e sem alarde, caminha em fila indiana para o olho do formigueiro.

As vidas do vovô Amarante e do nhô Campeiro ganham mais sentido se as complemento não só com os incansáveis e sentimentais marinheiros em alto-mar que, nos filmes, me abrem as portas da fraternidade humana, como também com os atrevidos e bombásticos super-heróis que, nos gibis, observo, examino e admiro. Figuras avoengas, marinheiros e super-heróis ganham sentido ainda mais amplo se associados à formiga maratonista que carrega a enorme folha às costas até o olho do formigueiro. Indistintamente, são todos provedores do bem-estar de muitos e da maioria e assim continuarão sendo na minha narrativa.

Depois de subir os poucos degraus que me levam ao alpendre do bangalô e me acercar do vovô, ele afasta o corpo do espaldar da cadeira de balanço. Estica os dois braços em minha direção. Deixo-me prender por eles. Abraça-me e sou levantado do chão. Senta-me na perna esquerda dobrada. Dá-me um beijo na face e, silencioso, me deposita de volta aos ladrilhos da varanda, onde permaneço por horas a fio e ele até a hora do jantar. Em seguida, devolve o peso morto do corpo ao espaldar de palhinha. Repousa por alguns minutos.

Pergunta-me se a caminhada cansa e, à espera da resposta, diz que seus joelhos doloridos de velho não combinam mais com o chão. A caminhada cansa e não cansa, respondo-lhe. A titia Zezeca irrompe na varanda com alguma fatia de bolo, suco de fruta, bala ou chocolate, e desaparece. Só aí ele me pergunta pelo meu pai e pelos netos, minhas irmãs e irmãos. Um a um, de cima pra baixo, degrau após degrau. Mais a lista de sete irmãos se alonga, mais o tom da fala se recolhe intimidado. Assumimos o tom de troca de segredos, que guardamos a sete chaves.

Ficamos em silêncio.

Eu não me canso de vê-lo de baixo para cima. Ele, gigante; eu, liliputiano.

O vovô não é de sangue Santiago. Sendo de sangue Amarante, não lhe falta coração. Falta-lhe um dedo na mão esquerda.

Não estranho a deformidade física.

Ela não me incomoda nem me constrange. Apenas faz agigantar minha curiosidade, trabalhada sob a forma de silêncio conivente.

O vovô me contém, sem se esforçar por me inibir. Mal me aproximo dele, já me trata carinhosamente de Mané Especula--Cula. Não ganho coragem suficiente para lhe perguntar sobre o dedo que lhe falta na mão esquerda.

O apelido que me foi dado por ele pega e se propaga pela família. O vovô me joga contra a parede do que é tido por todos como excesso no meu temperamento. A curiosidade. Me diz — e diz para quem se interessa — que nasci com bicho-carpinteiro no corpo. Não tenho coragem de lhe dizer que todos falam que a culpa pelo bichinho da curiosidade no meu sangue vem da avó andarilha e destemida, que chegou de Passos para morar com ele e ter seus filhos. Uma sirigaita.

Meu pai me inibe. Com um conselho. Antes de me despachar de casa, ele recomenda *discrição* (a palavra é dele) em conversa com o avô. "Meça as palavras."

Morrerei sem saber se lhe falta o dedo por defeito de nascença, ou se por ossos do ofício de jovem e atrevido fazendeiro, tropeiro de muares e negociante de animais de carga.

Ou se o cortou de propósito, no final da vida.

Desejo de extirpar da mão o dedo que carregaria a aliança de homem casado com mulher casada.

O vovô Amarante não é meu avô biológico. Não conheci minha avó Maricota, mãe do papai com o Giuseppe Santiago Amparado, de Passos, que também não cheguei a conhecer.

O vovô Amarante mora próximo ao Ginásio Antônio Vieira, que ele fundou com o nome de Colégio São José, e em frente ao sobrado da família da Zélia Coelho dos Santos, ajudante do papai no consultório. Não é fácil chegar até a rua Teixeira Soares. O caminho mais curto e plano leva de casa até a praça do Ponto Chic, onde se ganha a rua do Quintino que, por sua vez, leva até perto da rua em que mora o vovô. Mas o menino não pode caminhar sozinho pela rua do Quintino, a rua das putas da cidade.

Só pode se em companhia de pessoa adulta. A Sofia me acompanha nas primeiras visitas.

Depois do segundo casamento do papai, tenho de ir sozinho até a casa do vovô. "Pode ir, desde que você tome o caminho mais longo e cansativo", recomenda minha madrasta. Subo toda a rua Silviano Brandão, atravesso de cabo a rabo a praça da matriz, passo em frente do Colégio Santa Teresinha e continuo subindo, subindo.

Quando a prima Marta, filha adotiva do titio Neném, vem nos visitar com as duas tranças negras e compridas e a malícia de menina de natural encapetada, ela se hospeda na casa do vovô e faz questão — sapeca que nem ela só — de caminhar pela rua do Quintino, carregando a tiracolo minhas irmãs Hilda e Nilda. Corre que as três pintam o diabo. Caminham, farejando o pecado da carne pelas frinchas das portas e das janelas dos puteiros.

A titia Zezeca está casada com um velho estranho e macambúzio, de pouca conversa e nenhum sorriso, descendente de família fascista originária da Itália. Línguas maldosas dizem que a titia, desde a morte da dona Maricota, é a empregada do vovô. Enquanto o mundo se entristece, ela lhe serve o café e as duas refeições. O vovô morre a poucas semanas da rendição oficial dos alemães, que pôs fim à Segunda Grande Guerra. Alguns meses mais, no dia 29 de outubro, desmorona o Estado Novo na capital federal. Getúlio Vargas é deposto. Entre o acontecimento de lá e o de cá, no dia 2 de setembro, os japoneses se rendem finalmente. A bomba atômica é jogada dos ares sobre Hiroshima e Nagasaki. Ainda em setembro, no dia 29, cumpro nove anos de idade. Curso o terceiro ano das classes anexas à Escola Normal. Entre as variadas e importantes datas históricas, comemoram-se, no 7 de setembro, o Dia da Pátria e a vitória dos Aliados.

Os alunos das classes anexas à Escola Normal saímos todos uniformizados em parada cívica pelas ruas centrais de Formiga. Vestimos calça azul-marinho curta e camisa de meia branca, calçamos keds e meias soquetes brancas. As iniciais E. e N., de Escola Normal, estão inscritas em aplique negro em todas as camisas de meia. Traduzo as iniciais por Escola Nazista e espalho.

A alcunha pega.

Minha madrasta Jurandy é a diretora das classes anexas à

Escola Normal e leva a notícia para o papai. Ninguém entende as maluquices do menino sonâmbulo. As consequências não são minimizadas em casa.

Minimizo-as no papel e continuo.

A titia Amélia — a filha mais velha do vovô — foi morar em Goiás e, anos depois, se transferiu com o marido advogado para Belo Horizonte. Maria Amélia de Barros e a filha Maria moram na rua Pouso Alto, 121, no bairro da Serra. Terminada a guerra, o titio Neném decide transferir-se para a capital federal, onde permanece até a morte na rua Dezenove de Fevereiro, no bairro de Botafogo. Senhora de prendas e de bom gosto extraordinário, a tia Helena começa a trabalhar na linha Canadá-de-Luxe da Maison Canadá, loja de roupas finas das irmãs Mena Fiala e Cândida Gluzman, a única na capital federal a vender casacos de pele e vestidos importados da França.

Amélia, Zezeca e Neném são filhos em união estável do vovô Amarante com a mãe do meu pai, Maria Thomasia Barbosa, que — afastada definitivamente do marido Giuseppe Santiago Amparado, que continuou a viver em Passos — permanece amasiada em Formiga.

Nascido em Passos no ano de 1892, Sebastião Santiago, meu pai, se casa em primeiras núpcias com Noêmia Farnese, filha de José Farnese de Gouvea e Piacedina Maria Farnese, nascida em 1902, em Pains. O casal Santiago tem sete filhos. Não sendo descendente direto do vovô Amarante, o papai é, contudo, o único filho dado religiosa e cartorialmente falando como legítimo. Sem ter nascido no município de Formiga, mas com filhos e filhas nascidos em Pains e Formiga, ele se responsabiliza sozinho por um novo ramo familiar formiguense, o Santiago, de acordo com o historiador José Francisco de Paula Sobrinho.

A presença dos dois avôs biológicos (Giuseppe, lado paterno; José Farnese de Gouvea, lado materno) é inexistente no meu, no nosso universo familiar. De vez em quando algum abelhudo nos diz que o delegado Albino Imparato — famoso pelas rixas com Tenório Cavalcanti, figura folclórica da política fluminense que se apresenta em público de capa preta e metralhadora Lurdinha a tiracolo — é meu tio.

A condição e a situação do papai na família Santiago Amparado, de Passos, são mantidas em silêncio na família. Silêncio que se estende e recobre também sua condição e situação na família Amarante, embora sua presença nesta, apesar de ambígua ou paradoxal, seja privilegiada pela proximidade geográfica. Depois da morte do vovô Amarante em 1945, a circunstância de viver como peixe duplamente fora d'água lhe traz muitas e sucessivas dores de cabeça, presenciadas ou ouvidas por mim, ou relatadas por terceiros. São constantes seus desentendimentos com os três filhos e irmãos dele por parte de mãe. Quando pedem ao irmão postiço que entre nas brigas sucessórias dos irmãos por sangue materno, interessados os três nas joias da mãe, se ele não vira o bode expiatório, termina por ser o deus nos acuda que pouco ou nada consegue fazer em nome da trégua.

O vovô Amarante tem posses. Na juventude, época em que foi tropeiro, suas diabruras amorosas pelo sul de Minas Gerais devem ter lhe enraizado, nas profundezas de culto fetichista, o sentimento de devoção total à companheira. Só ouso enunciar suas aventuras amorosas no momento em que escrevo este relato. Contrário às leis provincianas, o vínculo matrimonial com Maria Thomasia Barbosa[8] é livre, marginal e estigmatizado.

Custa-lhe a fama de passar para a história da cidade como varão solteiro e sem filhos — logo ele, prefeito entre 1913 e 1918, sucedido pelo insigne Newton Ferreira Pires que, por sua vez, terá a vida e a carreira política reconhecidas nacionalmente. Os nomes dos três filhos paridos em Formiga pela dona Maricota não constam do trabalho genealógico de José Francisco de Paula Sobrinho, já citado. Por mais que me esforce, não consigo imaginar o ser filho sem a pesada sombra paterna a proteger no dia a dia da vida comunitária. E também o ser filho sem o afago materno, já que os dados de que disponho me informam que a Amélia, a Zezeca e o Neném não tinham respeito algum pela mãe.

Só o fetichismo amoroso do vovô Amarante, arraigado às entranhas do jovem corpo liberto de preconceitos e entregue à sensualidade plena, explica o fato de ele ter guardado, até as vésperas da morte, todas as joias — e são muitas e valiosas — com que presenteia em vida a companheira e mãe dos três filhos.

Será por isso que o vovô Amarante julga que os descendentes merecem o dinheiro herdado por ele do pai e avô dos filhos, mas não merecem herdar as joias da mãe que abjuram?

O meu pai teria sido o único digno delas?

Na condição de primogênita, a titia Amélia e seu marido advogado confiscam as joias da dona Maricota, despertando a inveja e o ódio na irmã Zezeca e no irmão Neném. Aliás, as duas filhas e o filho do vovô, se associados em qualquer causa, já não suportam mais o enteado, filho dela com o carcamano de Passos, um cigano desclassificado, de brinco na orelha. O Sebastião é apenas um filho postiço do papai — dizem os três bastardos em uníssono.

No boletim escolar de cada um dos três filhos legítimos do Amarante vem escrito apenas o nome de Maria Thomasia Moreira e fica assentado para a posteridade que, na verdade, são ilegítimos de José Gonçalves d'Amarante. Diante da interminável briga entre as irmãs e o irmão caçula, o papai declina da herança deixada pela mãe, a que também teria direito.

Não existem nomes mais lusitanos que os dos meus avós paternos, José Santiago Amparado e Maria Thomasia Moreira. Com esses sobrenomes, como provo que sou descendente de italianos?

O nome próprio de imigrante pobre é imediatamente traduzido para a língua que é a última flor do Lácio, como se o europeu, ao transpor a linha do equador a bordo de vapor, só pudesse manter, na pia batismal do desterro, o nome devidamente aportuguesado, semelhante ao original. Os nomes próprios italianos passam a adotar ortografia coerente com a dispersão da língua latina pela península Ibérica. As transformações na grafia dos nomes, feitas como preventivo e em silêncio, são parte importante no processo de naturalização do novo brasileiro.

A vovó Piacedina (é evidente a raiz *piacere* no nome italiano) passa a se chamar Placedina. Paschoal Natalli, nascido em Potenza, na Itália, torna-se Pascoal Natale e se dedica ao fabrico de massas alimentícias em Formiga. Seu irmão, Paschoalino Natalli, é cognominado Pascoalino Natale e é o pioneiro da indústria metalúrgica entre nós. É nosso vizinho, tem pronúncia carregada e se dedica à fabricação de produtos agrícolas derivados do ferro, como esporas, ferraduras, freios, foices, facas, portões, pregos. No entanto, apesar de o W ter caído naquela época do alfabeto português no Brasil e de o Y tê-lo acompanhado, Washington continuou Washington, enquanto Mickey, o ratinho de Walt Disney, e o próprio Disney, continuaram imutáveis. Na verdade, meu avô biológico se chama Giuseppe Santiago Imparato, originário da Calábria.[9] Na província italiana da Calábria há três famílias Santiago. Duas no centro, na região de Cosenza, e uma na ponta da bota, em Reggio Calabria.

De uma delas, imigrou o Giuseppe, acompanhado de sua jovem esposa.

Fazendeiro pecuarista de posses em Formiga, o vovô Amarante se dedicou na juventude a negociar cavalos, mulas e burros que os tropeiros de equídeos conduzem da fronteira da Argentina com o Brasil, passando pelos estados de Santa Catarina e Paraná, até a cidade de Sorocaba, no estado de São Paulo. Sorocaba se tornou conhecida na região central do país pela Feira de Muares, que ganhou presença no largo do Divino, na vila Espírito Santo.

Desde a abolição da escravidão negra, cresce no país a necessidade de cavalos, mulas e burros como meio de transporte para substituir as "bestas humanas" — no linguajar da época que assim qualifica o trabalhador indígena e africano escravizado. Tornam-se fregueses privilegiados da feira tanto os povoados como as fazendas que surgem na picada aberta pelos bandeirantes em direção a Goiás e ainda os vários municípios da região de Minas Gerais, onde se extraem ouro, diamante e pedras preciosas.

No ano de 1842, quando a cidade reaparece nacionalmente como município-chave na arregimentação das forças liberais na província de São Paulo, Sorocaba já é um centro tradicional do comércio de cavalos e mulas vindos das redondezas de Viamão, no Rio Grande do Sul. Décadas mais tarde, no final do Segundo Reinado, Sorocaba compete pela liderança na política nacional com a administração conservadora da capital do estado. Torna-se centro da política liberal.

Nos meses de abril e maio, época de revenda dos animais, Sorocaba fervilha de forasteiros. Os tropeiros vindos da fronteira sul se encontram com os tropeiros que chegam dos estados limítrofes de São Paulo e do Norte do país. O dinheiro corre à solta.

O fluxo intenso de pessoas e riquezas promove o desenvolvimento do comércio e das indústrias caseiras, consagradas à confecção de objetos de couro para montaria, de roupas, de facas, facões e redes de pesca.

No final do século XIX e começo do século XX, o futuro vovô Amarante reforça a ligação política estabelecida pelos bandeirantes a caminho de Goiás, salientando a posição estratégica de Formiga que pode unir Sorocaba a Barbacena e a Ouro Preto, antiga capital mineira. Como tropeiro do oeste de Minas Gerais, o fazendeiro Juca Amarante viaja até as feiras de muares nas paragens do sul do estado, que se alongam até as de São Paulo. Na volta, abastece o município de Formiga e o caminho de Goiás com animais domados e sadios. O vovô pertence a uma das últimas gerações de tropeiros abastados. Os vagões de carga dos trens de ferro substituem o transporte por tropas de burros assim como estas substituíram o trabalho escravo.

Trilhos e ferrovias se irradiam pelo território brasileiro. A construção da linha férrea é planejada de forma egoísta, isolada e dispersa, cujo intento é o de atender apenas à demanda das pequenas e diferentes economias regionais em crescimento.

Em virtude da pouca idade e do silêncio que cerca as aventuras amorosas do fazendeiro no passado e em grande parte da sua vida, desconheço a figura avoenga de que me aproximo por insistência paterna. Não me dedico à arte da composição em vitral? Que eu redesenhe os perfis de chumbo estáveis da sua figura humana! Ela ganhará a transparência das placas soltas de vidro colorido.

O espaço biográfico que lhe dedico volta à plenitude do incompleto ou do aberto. Recomponho a juventude aventureira do coronel Juca Amarante pela técnica do vitral. Sou artista e trabalho a ousadia das circunstâncias silenciadas pelo decoro familiar, que permaneceram recalcadas para sempre.

Os perfis de chumbo reganham o respeitoso e respeitado cinza das divisórias. Ao lado das cores vivas e precárias do vidro, voltam a afirmar o que é sólido e duradouro. Deixo que contornem as formas decepadas e variadas de cacos de vidro colorido, fragmentos do seu corpo humano. Com eles, cerceio cada episódio e cada figura humana que levanto. Assim é que um caco de vidro se amolda melhor a outro caco. Deixo que os fragmentos de figuras saltem por cima dos perfis de chumbo para aproximar épocas e personagens.

Divirto-me na arte do vitral como me diverti ao descobrir a dupla perspectiva dos binóculos — a ampliada e a diminuída.

Que cada perfil de chumbo seja menos uma tira metálica escura a envolver uma imagem precisa e solta no tempo e no espaço da vida vivida pelo vovô na juventude! Que se transforme num alvissareiro caminho de terra batida brasileira que, de modo sutil e arriscado, desliza por entre os cacos de vidro pintado, favorecendo as muitas e diferentes viagens do jovem José Gonçalves da fazenda em Formiga até a Feira de Muares em Sorocaba, no interior do estado de São Paulo.

O caminho de terra batida não traça origem nem destino. É percorrido e pisado. O caminho são as cidades do sul de Minas que são atravessadas, entre elas, a cidade de Passos.

Imagino o jovem Juca Amarante a cavalgar seu alazão e quero retratá-lo. Imagino-o a conduzir uma tropa de muares e quero filmá-lo.

O rapagão está na flor da idade. Tem vinte e cinco ou trinta anos de idade. É solteiro e amante das imprevisibilidades. Os fatos acontecem como que figurados pelo presságio. Ele não quer repetir os ensinamentos dos bandeirantes. Não quer avançar ainda mais em direção a Goiás. Busca o imprevisível na entrega do corpo e alma ao município onde nasce. Goiás é aqui. Na mente lusitana arraigada a Minas Gerais, traz a lembrança da Guerra dos Emboabas, matéria de longas conversas com o pai originário de Portugal. São os mineiros de nascimento que têm de explorar as riquezas naturais de Minas Gerais. Não há que julgar mais Formiga como mero ponto de passagem dos bandeirantes paulistas. O largo do Ferro deve transformar-se em futura e progressista cidade interiorana.

O rapaz elege cavalgar de volta o caminho trilhado pelos paulistas em direção a Goiás. No ponto de partida, busca menos o espírito da aventura infindável e mais a matéria viva, que é indispensável ao trabalho. Nada do apoio ou da ajuda dos intermediários. Cavalga até o interior do estado de São Paulo com finalidade municipal. Quer dar nova feição ao antigo largo do Ferro. Torná-lo obediente às leis nacionais e em marcha a favor do progresso municipal.

Um dia, será prefeito da cidade que ajudou a alicerçar de maneira aparentemente egoísta e anárquica.

Vejo-o trajado como nunca o vi em fotos ou pessoalmente. Imagino o rapagão pelas pegadas que ele não deixou impressas no espírito provinciano. Ele traz na cabeça, onde tremulam longos cabelos negros, um chapéu do chile de abas amplas, circundado de larga fita preta. Protege-o do sol e da chuva. Ao deixar a fazenda, jogou sobre os ombros um poncho de baeta azul-escuro, comprado de mascate vindo das terras frias do Sul do Brasil. Calça botas de couro bem-feitas e em bom estado de conservação. Estão guarnecidas de esporas enormes. Os arreios do animal têm os freios e os estribos de prata maciça. O perigoso facão inglês vem preso à cela, como se preservado em estojo peniano. Defende-o dos animais selvagens. Na cintura, protegido pelo coldre de couro recoberto de pele de cobra surucucu, carrega o revólver Smith & Wesson 32, que o resguarda se ameaçado por assaltantes.

Traria dependurado no pescoço um crucifixo tosco de madeira?

Acredito que não. Não é descendente de bandeirante paulista nem os admira. É natural das terras mineiras e filho de colono português. Herdou do pai o gosto pela lavoura e pelo trato dos animais. Talvez traga presa ao poncho uma espécie de medalha onde o artesão deixou gravado um escudo azul-celeste, apoiado sobre uma estrela de cinco pontas, encimada por uma espada em riste. É republicano, me dizem. Seu pai, no Império, foi luzia. Na mão, segura um pau fino e roliço. Cajado de eterno viajante. Não o abandona.

Com a ponta do dedo indicador, o cavaleiro ergue ligeiramente a aba do chapéu do chile.

Quer enxergar melhor o caminho por onde trota seu cavalo e trotam os cavalos dos dois tocadores pretos e as mulas, burros e cavalos da tropa que ele comanda até Formiga, para negociá-los. Quando o cavalo do tropeiro atravessa um córrego ou rio, a rédea é mantida por um negro a pé, que vai à frente.

Solitária, uma mula carregada de sacos de couro e de balaios verdes segue atrás da tropa. No final da fila indiana, a mula merece tanta ou maior atenção. Os dois tocadores pretos carregam e descarregam a mula, dão de comer e de beber aos animais. Levam-nos ao pasto. Também cozinham a comida de todos. Os sacos de couro de boi transportam o que sobra da comida, cereais, queijo etc. Os balaios verdes guardam o resto do fumo de corda. Foi boa e será lucrativa a compra de cavalos, de burros e de mulas na feira de Sorocaba. O tropeiro e os dois tocadores voltam satisfeitos para Formiga.

Nessa viagem, fazem-se acompanhar de uma jovem senhora italiana que, por sua vez, assiste ao filho Sebastião, ainda criança.

Passos é a cidade por onde o jovem fazendeiro Juca Amarante tem de passar no caminho de ida e de volta da Feira de Muares de Sorocaba. Na viagem de ida e na de volta é ponto de descanso do pequeno grupo de tropeiros e de toda a tropa. O pouso é também ponto de encontro. O Juca Amarante faz amigos facilmente e tem bons companheiros entre os negociantes de cavalos da cidade. Procura ganhar o tempo da viagem com alguma barganha. A hora do jantar é sagrada e comunitária. Um dos tocadores é encarregado de acender o fogo e de armar a trempe. Prepara a comida — feijão de tropeiro, pirão de mandioca, carne de porco, carne-seca, toucinho, farinha de milho. Por sorte, alguma carne fresca de ave ou de animal recém-abatido pode ser cozinhada e servida. E também prepara o café.

O dono do pouso, situado à saída da cidade de Passos, é um carcamano que desembarcou há pouco no porto de Santos. Usa um brinco de argola de ouro na orelha esquerda. Dizem que é cigano e gosta de cavalos. Giuseppe é casado e tem um filho com a esposa, Maria Thomasia. Os locais e os peões o tratam por José. Parece bicho solto no Novo Mundo para onde viajou por fome, aventura e ambição, e onde mora. Quando reparam bem na sua figura de imigrante, os locais e os peões o chamam de Zé Santiago ou de Zé Amparado. Não é com eles que fará figura de fidalgo europeu. Ninguém parece ampará-lo, a não ser a jovem senhora italiana, sua esposa, que se desdobra na limpeza do pouso e no asseio da cozinha. Bela como poucas moças ou nenhuma da cidade de Formiga.

Os olhos de José Gonçalves buscam os olhos de Maria Thomasia e, sem se entrelaçarem, se encontram no pátio da casa de pouso. Nada dizem. Tudo falam. Os olhares se espetam um no outro, e não gritam de dor. Bocas se fecham mudas. Olhos feridos caem no chão. Cabisbaixos. Amor é ferida. Dói, e não se sente. Frontalmente, os olhares voltam a se espetar um no outro. Não gritam ai! Onde se chocam brota uma chispa. Agiganta-se e permanece invisível. Vive, ainda que os olhares se recolham.

Recolhem-se sem medo de enfrentar o fogo que arde. Por honradez.

Em nada atrevidos, Juca e Maria sabem sem na verdade saber que são presa da volúpia da decência, que visa ao acasalamento imediato.

Contentar-se-ia o Amor com a dor que desatina sem doer?

Envergonhados e empedernidos, Juca e Maria conhecem a volúpia da decência humana. Como sol em eclipse lunar, a chispa do amor brilha brilhando no pátio da casa de pouso. Cada um no seu quarto do ponto de descanso inquieta-se até a hora que antecede o reencontro matinal dos olhares. No meio do caminho da viagem de Sorocaba a Formiga seria possível montar uma fogueira em Passos e acendê-la só pela fricção súbita e espontânea de dois olhares?

A voz masculina arredonda as vogais e esmorece nas consoantes explosivas. O português amineirado de Juca é a língua do chamego sussurrado ao pé do ouvido calabrês de Maria. Não importa que a chispa arda no ouvido onde tem de arder. Cada ocasião é anzol atirado. Ele é atraído para ela, ela é atraída para ele. Pesca-se o amor como o olhar enamorado pesca na bolsa do carteiro a carta de amor.

Amor é ter com quem nos rouba, lealdade.

Os olhares de Juca e de Maria cismam e, ao cismarem distantes ou às escondidas, aparafusam silenciosamente, milímetro após milímetro, o caminho de fuga do casal.

Na calada da noite, pelas costas, assassinam as respectivas

famílias — a portuguesa tradicional e a carcamana imigrante. Não há traição ao patriarcado lusitano ou à miséria da imigração. No caminho dos paulistas para Goiás, está escrito que ele Juca foi feito para Maria e ela Maria foi feita para Juca.

Dois corações e dois cavalos obedecem à marcha do amor. Dois a dois, caminham como uma letra caminha para a outra a fim de compor uma só palavra. Um corpo caminha ao lado do outro como uma frase caminha para a outra a fim de compor um parágrafo.

Dois corações e dois cavalos se encaminham para Formiga. Ardilosa, a rota que os leva ao destino é pressentida como cheia de obstáculos. O acaso dos acidentes reconstrói a vida a dois que escapa à lei da corrente do sangue e aos mandamentos da lei de Deus. Tudo é positivo no desejo, e é inevitável. Nada o atordoa nem o cala. Nada o abafa ou o adia. Tudo é vida no instante. O desejo é bem-aventurança, é dívida contraída com os corpos soltos e desembestados.

Escrevo o amor de Juca e de Maria no silêncio aberto pelo que desconheço.

E conheço pelo lado de dentro da comunidade formiguense o que o silêncio encobre e protege, a fim de só se abrir em fala com meu próprio e falível corpo apaixonado. Não minto. Não invento. Tergiverso talvez. Talvez minta para alguns que apenas acreditam no pão, pão, queijo, queijo da realidade bruta e falastrona. Sou mais eu na imagem do espelho que me reflete. Sou mera cópia da cópia avoenga. Não sou uma mentira. Digo a verdade cabeluda, que fere os olhos do tabu, e esguicha sangue e dor — e tristeza e alegria. O profano é o sagrado. Digo a verdade porque o sabor da vida vivida por Juca e Maria — sabor semelhante ao do leite de cabra que me alimenta desde sempre, sem que o soubesse — atesta que a saúde aventureira do casal os transforma nos meus verdadeiros antepassados sanguíneos.

Os mais desencontrados e extremados laços de sangue são enxertados no meu corpo ao escrever no silêncio aberto pelo que desconheço.

São aqueles os laços de sangue que levam o galho da roseira enxertada a explodir numa floração deslumbrante. Isso porque não há vida amorosa robusta e plena que não se comprometa com traições ao passado e aos silêncios. Silêncios mais curtos, silêncios mais longos. Silêncios de responsabilidade do acaso, silêncios às vezes sublimes. Silêncios muitas vezes grotescos, muitas vezes obscuros. Muitas vezes tão claros e límpidos quanto o jorro de água cristalina que brota da fonte onde me sacio. Silêncios de responsabilidade do acaso, a armar armadilhas amorosas que escapam ao projeto de vida reta, exposta em praça pública e congratulada por gregos e troianos. Não se perdoa o amor quando ele se calça com a graça e as virtudes da imprevisibilidade e da ousadia.

O momento fulminante do amor se casa com o futuro em aberto, sob a forma de prêt-à-porter.

Não vestimos o amor. Somos vestidos para a felicidade por sua roupa bordada de filigranas douradas e acesas. Somos amargos e egoístas no amor. Nada a compartilhar, a não ser algo que já vem silenciado no corpo que cresce e busca oferecer-se à vida no altar do desejo.

Em julho de 1945, mês e ano em que o vovô Amarante morre, o dr. Olinto Fonseca Filho, chefe de gabinete do interventor Benedito Valadares e futuro deputado federal constituinte, intercede junto à administração do estado pela construção da rodovia Divinópolis-Passos, que passa obrigatoriamente por Formiga. A picada de Goiás se moderniza definitivamente. Adeus, tropeiros. Adeus, tropas. Adeus, aventureiros do chão de terra batida. Bem-vindos, caminhões de transporte. Bem-vindos, caminhoneiros. Bem-vindos, vagões de carga dos trens de ferro. Bem-vindos, ferroviários.

Revejo o rosto do meu avô, no caixão mortuário. Estou lá, menino, e aqui, velho a recordá-lo, para atestar que ele, se morre, não desaparece. Reencarna. Deixa o rastro de quem naufraga na vida para sobreviver nas viagens e no espólio (*butin*, dizem em francês, e prefiro pelo peso semântico e concreto que carrega em língua atrevida geograficamente, língua colonizadora). O gosto pela rapinagem aguça sentimentos e atitudes, e conforma a personalidade humana que se desterritorializa como nômade no deserto do Saara.

"*S'il vous plaît... dessine-moi un mouton!*", relembro, ao me adentrar pelo Jardim de Luxemburgo, em Paris.

Para certificar-me de que meu avô reganha corpo e alma, percorro — em memória de mim e às avessas — os silêncios dos seus périplos pelas Gerais e pelas paragens paulistas. São suas viagens — e não minha educação familiar, colegial ou comunitária — os ensinamentos que aguçam minha sensibilidade e me preparam para adotar a curiosidade infinita como vereda da vida. No mineiro, há um cansaço do território em que nasce e o absorve que só sobressai e desaparece, se se sublima, pelo espetáculo diário das montanhas que o cercam e são demolidas pelo anseio de caminhar pelos caminhos íngremes. Some-se da terra natal, furando túneis. Sou o menino formiguense que *especula-cula*.

Para o que nasce com bicho-carpinteiro no sangue, as estradas e os meios de transporte é que levam o corpo até pessoas e objetos dignos do desejo e da rapinagem.

Em fins de 1947, a jardineira transportará o menino sonâmbulo de Formiga a Belo Horizonte, onde aprendo a calçar as primeiras botas de sete léguas, que nunca mais serão desprezadas. Adaptam-se aos pés que só nelas se encarceram. Os ouvidos se põem a escutar o assovio do vento que sopra da costa leste do país, salta por cima da serra da Mantiqueira e vem bater no minério de ferro das montanhas do Curral del Rei.

Tantas montanhas que me aprisionam! Maior o esforço das botas de sete léguas para libertar-me do jugo!

Adulto, já formado em Letras, eu me encaminho à segunda estação rodoviária da minha vida, a de Belo Horizonte, que fica atrás da antiga Feira de Amostras. Tomo o ônibus para o Rio de Janeiro. Sou míope de nascença, sonâmbulo por criação na província. Retiro os óculos e limpo as lentes. Quero prever os possíveis acidentes no caminho. Para melhor enxergá-los, imito o vovô Amarante, como se se pudesse imitar suas atitudes sem ser um homem enorme e vigoroso, soberbo e pesado. Com a ponta do dedo indicador, ergo ligeiramente a aba larga do chapéu do chile.

Nós dois fixamos os olhos na estrada a ser enfrentada e percorrida para que se consume o desejo da viagem.

Nos anos de 1960 e 1961, moro no Rio de Janeiro de amplos e belos horizontes marítimos. Em curso oferecido na Maison de France (antiga embaixada, então consulado), aperfeiçoo-me em literatura francesa com os professores Georges Raillard e Hubert Sarrazin. Tomo os exames regulamentares e recebo bolsa de estudos oferecida pela embaixada francesa. Em fins de

1961, estou no píer da praça Mauá, a tomar o navio *Bretagne* que me leva à Europa. Meu pai e minha irmã mais velha viajaram ao Rio para se despedir de mim. O primeiro filho a fazer às avessas o percurso marítimo dos avós.

Matriculado na Universidade de Paris (Sorbonne), dou início ao trabalho de redação da tese de doutoramento sobre André Gide.

Em setembro de 1962, na falta de francos para o bom sustento do corpo em Paris, a bota de sete léguas vira sandália de nômade. Volta a reclamar as asas transatlânticas. Elas lhe são concedidas por concurso e por contrato com a Universidade do Novo México, localizada na cidade de Albuquerque. O doutorando escapa das regras estritas e assume a docência nas literaturas brasileira e portuguesa.

Viajo a Albuquerque, onde moro por dois anos.

Assim transcorrem — em sucessivas viagens domésticas e internacionais — os três primeiros anos da década de 1960.

O navio transcontinental *Bretagne*, que cruza o Atlântico e me deixa no porto de Marselha, substitui a jardineira provinciana, que me entrega a Belo Horizonte, e o ônibus Cometa, que me deposita no Rio de Janeiro, e são substituídos pelo avião transcontinental da recém-inaugurada Varig. O Boeing 707 deixa o aeroporto do Galeão, no Rio de Janeiro, sobrevoa a Floresta Amazônica e os países da América Central para embicar em direção ao aeroporto de Miami.

Recebo o meu *green card* das autoridades locais.

De posse do documento norte-americano, tomo o avião da American Airlines em direção à cidade de Albuquerque. Espera-me uma pequena casa em adobe, material usado tradicionalmente pelos índios Zuni do Pueblo de Taos.

Emigrante ou imigrante, como meus antepassados Amarante e Santiago. Aprendiz de vida cosmopolita ou professor universitário. Manejo os constantes deslocamentos dos meus anos de formação e profissionais com as aberturas propiciadas pelo corpo que se expõe a sucessivas situações desconhecidas. Ao me comunicar em língua francesa, inglesa ou espanhola, já nem mais sei quem sou eu. *Pero yo ya no soy yo,/ ni mi casa es ya mi casa.* Reconheço-me falante do português quando me naufrago definitivamente nos silêncios da corrente de sangue que flui adamantina da voz do vovô Amarante a tocar a tropa de muares pelas estradas de Minas Gerais.

Em busca das imagens de fuga, releio o poema "Romance sonámbulo", do poeta espanhol Federico García Lorca:

> *Verde que te quiero verde.*
> *Verde viento. Verdes ramas.*
> *El barco sobre la mar*
> *y el caballo en la montaña.**

Depois de abraçar as imagens de fuga — do barco no mar e do cavalo na montanha —, salto alguns versos e continuo. Parto em busca do anonimato e das cumplicidades físicas e amorosas decorrentes da fuga para o desconhecido:

> *Compadre, quiero cambiar*
> *mi caballo por su casa,*
> *mi montura por su espejo,*
> *mi cuchillo por su manta.*
> *Compadre, vengo sangrando,*
> *desde los montes de Cabra.*
> *Si yo pudiera, mocito,*

---

* Verde que te quero verde./ Verde vento. Verdes ramas./ O barco livre no mar/ e o cavalo na montanha.

ese trato se cerraba.
Pero yo ya no soy yo,
ni mi casa es ya mi casa. *

"Nem mais é minha esta casa", traduz José Carlos Lisboa, professor com quem aprendi a ler em 1957, na Universidade Federal de Minas Gerais, o poeta García Lorca.

---

* Compadre, quero trocar/ meu potro por sua casa,/ meus arreios pelo espelho,/ a faca por sua manta./ Compadre, venho sangrando,/ desde os penhascos de Cabra./ Ai! se eu pudesse, rapaz,/ este trato se fechava./ Mas eu já não sou eu mesmo/ nem mais é minha esta casa.

5.
Sangue materno

Em harmonia com Aion, apenas o passado e o futuro insistem
ou subsistem no tempo. Em lugar de um presente que reabsorve
o passado e o futuro, tem-se um futuro e um passado que divi-
dem, a cada instante, o presente e o subdividem, ao infinito, em
passado e futuro — em ambas as direções ao mesmo tempo.

Gilles Deleuze, *Lógica do sentido*

A guerra submarina no oceano Atlântico chega definitiva-mente ao litoral brasileiro no mês de agosto de 1942. Por onze meses, os três submarinos italianos que cobrem a costa brasileira — o *Archimede*, o *Cappellini* e o *Bagnolini* — serão os responsáveis pelo torpedeamento de catorze navios com bandeira nacional, pertencentes, na maioria, à Marinha Mercante. Nos sete primeiros meses do ano de 1943, o número de vítimas de naufrágio cresce assustadoramente. E mais se aduba a revolta popular que apoia a entrada dos militares de carreira e dos cidadãos brasileiros, reservistas ou voluntários, na guerra contra as forças do Eixo. Já são seiscentos e sete os marinheiros náufragos contra cento e trinta e cinco desde o início das hostilidades submarinas dos italianos.

A pressão popular leva o presidente Getúlio Vargas a assinar, no dia 31 de agosto de 1942, o decreto nº 10 358. A nação brasileira declara o estado de guerra contra a Alemanha e a Itália. O desdobramento do decreto em projeto de participação do Exército Brasileiro em território europeu ou africano corre lentamente e sofre seguidos solavancos nos entendimentos entre as partes. No dia 28 de janeiro de 1943, no encontro que o presidente norte-americano Franklin Roosevelt mantém com Getúlio Vargas em Natal (Rio Grande do Norte), menciona-se a possibilidade de o Brasil enviar tropas aos Açores e à ilha da Madeira, a fim de tornar úteis à causa aliada os dois arquipélagos de colonização portuguesa no continente africano. A sugestão recebe ressalvas por parte dos militares brasileiros.

Julga-se também que, para se concretizar o projeto de participação nacional na guerra, é indispensável o fornecimento pelos Estados Unidos da América de equipamento bélico para o Exército, a Marinha e a Força Aérea Brasileira.

No mês de agosto de 1943, os três submarinos italianos se reforçam com a entrada em ação no Atlântico Sul do submarino alemão *Unterseeboot 507*. Suas operações são devastadoras. Num só mês, seus torpedos afundam seis navios brasileiros, sucessivamente: o *Baependi*, o *Araraquara*, o *Anibal Benévolo*, o *Itagiba*, o *Arará* e, finalmente, no dia 19 de agosto, o *Jacira*.

Em 9 de agosto de 1943, a Força Expedicionária Brasileira é finalmente estruturada, em acordo com os dizeres exarados na Portaria Ministerial nº 4744. Decisão tomada, assinada e sacramentada. O Brasil enviará um corpo expedicionário à Itália para combater as forças alemãs em ação no Mediterrâneo europeu. O embarque do 1º Escalão para o campo de batalha ocorre na noite de 30 de junho para a manhã de 1º de julho de 1944. Sob o comando do general Euclides Zenóbio da Costa, oficiais e expedicionários brasileiros viajam pelo navio norte-americano *General Mann*.

No dia 5 de agosto de 1944, o 1º Escalão desembarca na região de Tarquinia, na Itália, e passa a integrar o v Exército norte-americano, sob o comando do general Mark Clark.

Em abril de 1943, as rajadas de vento anunciam o frio de rachar que chegará a Formiga no mês de junho. A guerra na Europa já repica o dobre de finados nos sinos provincianos da igreja matriz São Vicente Férrer. Estariam anunciando o fim do apocalipse e a instauração da futura paz mundial?

A convocação de jovens reservistas formiguenses para integrar a Força Expedicionária Brasileira cai como uma bomba jogada de Boeing B-29. Despenca em nossa casa provinciana, e explode.

O Donaldo Vespúcio, jovem funcionário concursado do Banco do Brasil, é convocado pelo Exército nacional. Passa pelos exames médicos de praxe e é recrutado. Deve se apresentar no 11º Regimento de Infantaria, em São João del Rei, a fim de ser instruído. Será combatente na Segunda Guerra Mundial. O Donaldo é nosso primo, filho do coletor estadual casado com a irmã da mamãe, a tia Dolores. A notícia explode na rua Barão de Pium-i e repercute a alguns quilômetros de Formiga, em Pains, já então município. Lá, dona Piacedina, avó do Donaldo, comanda sozinha sua pensão para caixeiros-viajantes e imigrantes.

De lá, chegaram a Formiga as irmãs Maria Dolores e Noêmia Farnese.

Desmorona o imaginário bélico do menino sonâmbulo. Recolhe-se à insignificância.

Seus olhos se abrem para acolher a realidade concreta, periférica e provinciana, da Segunda Guerra Mundial. Passa a absorver emoções palpáveis, singulares e contraditórias. Despertadas pelo conflito bélico entre parentes próximos e famílias amigas. Como se fossem tiros de morteiro TP1 em terras italianas, os sentimentos dos familiares atingem o alvo e estouram em plena praça pública. O clima de horror das batalhas sangrentas, até então só representado nos jornais, revistas e tela de cinema, torna-se ameaçador e próximo. O campo de batalha não é invenção de jornalistas e artistas desocupados. É real. Existe na Europa. Oscilamos entre os extremos do orgulho e do pavor. O Brasil fará sua presença. O brasileiro poderá perder a vida.

Minha imaginação se deixa recobrir por tonalidades que vão do cru ao cruento e ao cruel.

Embaralha-se o significado assentado para as palavras lidas ou as imagens vistas. E também para o peso assumido pelo cidadão jovem formiguense no porte e uso de armas mortíferas e na atuação em façanhas guerreiras. Tudo o que existe como devaneio e fantasia na cabeça de leitor e de espectador provinciano destila emoção humana.

Ganho de presente um vagão carregado de novos vocábulos e novas expressões. Eles e elas me desequilibram e me atordoam.

Pátria. Servir a pátria. O esforço de guerra. Juntar-se às tropas aliadas na Europa, para combater contra as forças do Eixo. O esforço de guerra. O racionamento dos produtos de primeira necessidade. Gasogênio. O fubá substitui o trigo. Broa e bolo de fubá no café da manhã.

Meras imagens em preto e branco se concretizam em objetos cotidianos, de cor própria: capacete, farda, cantil, baioneta e fuzil.

As reações da parentela balançam entre o júbilo público pela convocação do Donaldo e o medo da morte solitária e dolorida do rapaz nos gelados campos de batalha da Europa.

Apesar da descendência italiana, o papai não camufla o desejo de vitória final das tropas aliadas contra os nazifascistas, vitória que dia a dia vem sendo informada pelos jornais que lê e os programas de rádio que escuta. Vale-se do nome do sobrinho Donaldo para defender abertamente o sucesso de cada investida bélica brasileira, alardeada pela imprensa nacional.

É um patriota.

Anoto hoje, em retrospecto.

Meu pai pensa e age de modo diferente dos germânicos e dos descendentes de alemães residentes no Brasil, que terão as residências e os estabelecimentos comerciais atacados pela população civil das grandes cidades.

Profissional liberal desterrado na província mineira, meu pai reage como se fosse um *paisà*, o cidadão da resistência italiana que é dramatizado no filme neorrealista rodado por Roberto Rossellini em 1946. Sua fala não se escancara em conversa pública, mas seu comportamento junto aos compadres não a trai. Tanto o filme *Paisà* como *Roma, cidade aberta* (1945) narram de forma documental a dissidência silenciosa do cidadão e da cidadã italianos e sua colaboração eficiente às tropas norte-americanas, do dia do desembarque na Sicília em 1943 até a libertação da Itália em 1945. E os dois filmes se complementam e compõem com *Alemanha, ano zero* (1948) uma trilogia da guerra. O terceiro filme se passa já na Berlim devastada pelos bombardeios aliados e tomada tanto pelas tropas norte-americanas como pela miséria e pelo mercado negro.

A câmara de Rossellini segue os passos de um menino desesperado, esperto e malandro, na sua relação com os familiares e os adultos. Ele dá sua vida por terminada no dia do enterro do pai doente. Suicida-se.

Entre os contraparentes Farnese, só meu pai, de natural objetivo nas ponderações de caráter ideológico, consegue encarar de modo confiante e distraído a convocação do sobrinho. Já o pai do Donaldo experimenta dois anos de medo tóxico e de regozijo absoluto. Funcionário público exemplar, ele demonstra a euforia no trabalho cartorial e não camufla o pavor em presença da esposa. Julga-se distinguido por ter um dos filhos diletos premiado pela loteria federal. Com orgulho e temor, assume a paternidade do futuro herói nacional.

O primo Donaldo deixa Formiga. Carrega a pequena e fedida mala de couro forrada, feita na véspera da viagem pela tia Dolores, e traz suspensa aos ombros uma mochila de brim cheia de objetos de uso pessoal e de bugigangas. Vai se instruir no 11º Regimento de Infantaria, em São João del Rei. Durante seis meses sofre o cansaço que o diabo amassou. No final do ano, gradua-se terceiro-sargento da Força Expedicionária Brasileira. Em janeiro do ano seguinte, ele e os colegas de turma são transferidos à capital federal.

Instalado na Vila Militar no Rio de Janeiro, o Donaldo aperfeiçoa aplicadamente os primeiros e rudimentares conhecimentos das artes militares, aprendidos sob a orientação do tenente Oscar Teixeira de Lima, na Escola de Instrução Militar nº 107, sediada então no Ginásio Antônio Vieira. Sob o comando de prestigiosos instrutores brasileiros e norte-americanos, especializa o aprendizado provinciano no uso das armas mortíferas.

Em fins de 1944, o carteiro entrega o envelope aguardado com ansiedade pelo tio João Vespúcio. Depois de ler e reler o documento oficial, ele o divulga a todos os familiares e amigos. Nosso primo Donaldo Farnese Vespúcio zarpa em navio de guerra em direção à Itália. Desembarcará no porto de Nápoles. Faz parte do grupo de vinte e dois mil outros conterrâneos que contribuirão para a vitória das tropas aliadas na Segunda Grande Guerra.

As batalhas que se sucedem são sangrentas e seguidas com curiosidade pelos formiguenses. São descritas nas páginas dos jornais impressos e representadas nas imagens projetadas na tela do Cine Glória, antes da exibição do filme. Sucedem-se no tempo: Massarosa, Camaiore e Monte Prano. Em seguida, Belvedere, Della Torraccia, Monte Castello e Castelnuovo di Vergato. A vitória brasileira em Montese causa num só dia o maior número de baixas nas tropas nacionais. Batalhas finais se dão em Collecchio e Fornovo di Taro.

Os pracinhas voltam vitoriosos ao país natal.

No campo de batalha, a Força Expedicionária Brasileira perde quatrocentos e cinquenta praças, treze oficiais e oito pilotos. São aproximadamente doze mil os feridos nos combates. Todos os mortos serão enterrados no Cemitério Militar Brasileiro de Pistoia, na Itália, que visito e fotografo nos anos 1960.

Amigo do Donaldo, o pracinha formiguense Alcides Lourenço Rocha é torturado em campo de concentração nazista. O combatente Jorge Alvarenga da Silva, voluntário nascido em Candeias e inscrito em Formiga, onde também serviu a Escola de Instrução Militar nº 107, tomba em campo de batalha no dia 14 de abril de 1945, em Bicocchi (seus restos mortais foram transferidos do Cemitério de Pistoia para o Monumento Nacional dos Mortos na Segunda Guerra Mundial, no Rio de Janeiro, onde repousam). Por decreto, são-lhe concedidas a Medalha de Campanha, Sangue do Brasil e a Cruz de Combate de 2ª Classe (participação coletiva).

O primo Donaldo sofre um baque definitivo, que repercutirá vida afora. Tem medo pânico de morrer. Acredita que não volta à pátria.

O medo, sentido pelo pequeno, despreparado e inexperiente grupo de combatentes brasileiros, se transforma em pavor. O jornalista Joel Silveira, que cobre a guerra na Itália, divulga anotações cotidianas nos jornais brasileiros. "A gente, no início, tem que vestir quase dez camadas de roupas, camisas por cima de suéter. Dormimos vestidos, calçados. Era terrível. A morte ronda os soldados a todo o instante e eles sofrem com a temperatura média de -20° C, em fardas que em nada protegem." Na terra natal, o medo é também concreto. Está expresso nos comoventes poemas engajados de Carlos Drummond de Andrade e tem como referência o clima de insegurança social, política e intelectual, instaurado pela ditadura Vargas na vida brasileira. "Tempo de cinco sentidos/ num só. O espião janta conosco" — cito dois versos sucintos do poema "Nosso tempo", em *A rosa do povo*.

Com receio de não regressar a Formiga, nosso primo manda tatuar o nome da esposa, Diva, no braço esquerdo. É o que ele, visivelmente comovido, confessa em vídeo que o filho grava por ocasião da festa comemorativa dos oitenta anos do pai.

Em virtude de seu pai, o tio João Vespúcio, ser descendente direto da família Gomes Rodrigues da Silva, o primo Donaldo pertence ao clã dos Drummond, de Itabira, a que também pertence o fazendeiro Carlos de Paula Andrade, pai de Carlos Drummond de Andrade, o "fazendeiro do ar" e poeta. Os Gomes Rodrigues da Silva, segundo as genealogias consultadas, são descendentes de Átila, o rei dos hunos.

João Vespúcio Rodrigues da Silva[10] e meu pai têm em comum — no meio das respectivas vidas domésticas — a condição passageira de viúvo e, logo em seguida, a experiência do segundo casamento. Os dois patriarcas também assumem a responsabilidade por proles numerosas. O tio João casa-se em 1889 com Dolores Augusta Soares de Souza e a perde em 1918. Em setembro de 1919, casa-se, em segundo matrimônio, com Maria Dolores Farnese, irmã de minha mãe. Ambas as esposas de João Vespúcio são conhecidas como Dolores. Com a primeira tem doze filhos. Com a minha tia, onze. Vinte e três ao todo.

Meu pai foi modesto, onze ao todo.

O Donaldo é o terceiro filho do segundo casamento. Nasce em 1923. Treze anos mais velho que eu. Seus irmãos mais novos — Geraldo (Nato) e Carlos — são meus contemporâneos e companheiros no jogo de bolinha de gude no quintal lá de casa. Acertar as bolinhas do adversário significa apoderar-se delas. Capturá-las para seu bolso. Tempos de *butin* no campo de batalha italiano e no quintal de casa. O filho caçula da família Vespúcio, Zé Maria, não tem idade nem tino para competir conosco. Senta-se de cócoras num canto. Observa nossa diversão e as brigas acaloradas.

Nato é menino feio, genioso e mau perdedor. Sai sempre emburrado. Tem artes com o diabo. Carlinhos não está nem aí. Joga por jogar. Contempla a ganância alheia, descurando-se do próprio bolso. Tem o temperamento de futuro jogador profissional de pôquer. Teria sido? Ou apenas me iludo, imaginando-o capaz de audácia superior?

Se o vovô Amarante e o nhô Campeiro são meus patronos avoengos, o Donaldo é o primeiro nômade huno, oriundo das famílias mediterrâneas radicadas no Brasil. De descendência guerreira, sua figura humana, visível a olho nu e heroica, derrama no sonambulismo do menino provinciano a esperança concreta da vitória das forças aliadas contra os nazifascistas. O acontecimento histórico enquanto tal estala o cotidiano alimentado pelo devaneio e pelo sonho. Ilumina a trama belicosa, que vem sendo cozinhada em banho-maria pela imaginação infantil.

Funciona como alerta de relógio despertador que, pela manhã, me acorda para a vida prática e comunitária.

Ao lado de trinta e um jovens formiguenses convocados para servir a pátria na Itália — entre eles, outro primo, cujo nome nunca fora mencionado em casa, Sebastião Onofre Farnese —, o Donaldo marcha em pelotão pelas ruas principais de Formiga. Os trinta e um expedicionários formam um primeiro conjunto verde-oliva, seguido de perto pelo pelotão de rapazes que, sob as ordens do tenente Oscar, prestam o serviço militar obrigatório naquele ano.

Dos dois conjuntos destaca-se um grupo bem menor de escoteiros. São adolescentes. Vestidos também de uniforme. Calça azul-marinho, camisa cáqui e o lenço tradicional enrolado ao pescoço. Faço parte do quarto e último grupo. Não tenho idade para ser escoteiro, sou lobinho. Formamos um grupo de seis meninos entre seis anos e meio e dez anos. Juntos, nos tornamos uma alcateia.

Somos todos aplaudidos pela multidão de conterrâneos.

Revejo Donaldo em posição de sentido. Está fardado, com capacete e calçando bate-butes (*combat boots*) pretos. Traz mochila às costas, cobertor a tiracolo no pescoço, cantil na cintura e fuzil em *bandoulière*.

Revejo-o depois, sozinho e cabisbaixo na praça Getúlio Vargas. Visto o uniforme de lobinho.

O Donaldo está de pé, ao lado da pirâmide de ferro-velho, montada no lendário largo do Ferro. A pirâmide é contribuição da população formiguense ao esforço de guerra. Com os olhos, fotografo-o de longe ou, mentalmente, o filmo. O lobinho ganha olhos de ver a cidade que o rodeia e pernas de caminhar que adivinham o destino que escapa às nossas fronteiras terrestres.

Aproximo-me do expedicionário Donaldo. Não é tão alto quanto os demais companheiros de farda. Rosto redondo, de olhos pequenos e puxados de chinês, rasgo físico típico dos Vespúcio, e estampa sorriso velado e discreto, educado, de quem come e nada diz. Goste ou não goste, nunca comenta, nunca agradece. "São cismados, seus primos", alerta meu pai. É melhor não cutucar com vara curta. Bancário por gosto e profissão, o Donaldo sabe que, no futuro imediato, tem difícil missão a cumprir, embora não saiba como será cumprida e se o será.

No rosto inexpressivo, domina o semissorriso, sinal permanente de indecisão e pedido eterno de desculpas por existir. Não parece ter medo da guerra e morre de medo da morte. Traz a curiosidade intelectual aguçada e sem rumo próprio. Como farsa da vaidade, o temperamento despachado o compromete com a modéstia. Tudo é tão distante e desconhecido dos olhos, mas é para lá que ele estará viajando.

O Donaldo observa o dia a dia no centro da cidade. Já sente saudades. Quer lembrar-se da terra natal sem a ajuda de fotografia. Cataloga e anota detalhes dos passantes, das casas e das lojas, que, nas caminhadas rotineiras, lhe passam despercebidos. Estranha que a rua Silviano Brandão suba em linha reta até a praça da matriz. Mentalizava-a cheia de curvas, como as demais do centro. O sorriso abre-se em riso no momento em que os olhos se viram em direção à ponte e leem o nome da loja escrito na parede lateral do edifício de dois andares — Casa Caxangá. A palavra "Caxangá" lembra-lhe imigrante, marinheiro e mar. Campo de batalha. Itália. Volta o olhar para a rua Silviano Brandão.

Tenta memorizar o que vê. O nome da loja que está à sua frente, A Revolução. Não entende o que as palavras pintadas guardam, mas acha que fazem sentido no momento em que deixa a cidade. Sua vida não será mais a mesma. Ao lado de A Revolução, outra loja, a Casa Palhares, propriedade do Juca Palhares, amigo do seu pai. Sente-se tranquilo.

Só, em Formiga, ele não consegue não pensar no campo de batalha italiano.

Não o revejo abatido e cabisbaixo.

Esqueço-o por um minuto, de pé e ao lado da pirâmide de ferro-velho.

Revejo-o hoje, inteiraço e heroico. Carne e osso cristalizam-se em escultura de bronze. É semelhante à imagem do GI que admiro no gibi e nos filmes. É estátua do soldado desconhecido. Seu corpo se inclina em atitude de avançar e atacar. Traz o fuzil apontado para o inimigo, com a baioneta aberta. Veste uniforme e capacete verde-oliva, calça bate-butes. Ao cristalizar-se no pedestal, o terceiro-sargento da FEB se soma ao ex-combatente bancário e pai de filhos e, juntos, iluminam de sol da meia-noite os devaneios bélicos do lobinho, seu primo, que nunca chegou a ser escoteiro.

Um jorro de luz baixa da tela do Cine Glória e fulguram pelas ruas de Formiga os passos em marcha cadenciada dos atiradores convocados para participar da Força Expedicionária. Hoje, aqui; amanhã, lá. A guerra não é mapa de topônimos conhecidos e desconhecidos. Ela existe. É real. Soldados, pilotos e marinheiros inimigos são seres humanos, de carne e osso. Armas mortíferas destroem cidades e matam os inimigos. Emboscadas não são de mentirinha e tampouco o tá-tá-tá-tá dos tiros de metralhadora. Aviões bombardeiros voam nos céus. Submarinos lançam torpedos que deslizam pela superfície dos mares e explodem destróieres. Naufrágios. Mortes solitárias e coletivas — tampouco isso é invenção imaginosa dos gibis e dos filmes. Donaldo empresta nome próprio às cidades estrangeiras. Lá está o Donaldo. A vida se passa lá no Velho Continente. Um dia também porei os pés lá e observarei que sempre haverá guerra, soldados, pilotos, marinheiros e cidadãos inimigos. Famílias separadas pelas águas oceânicas e pela dor. E mortes solitárias e coletivas.

Em 1961, na minha primeira viagem à Europa, saberei sobre as guerras coloniais que pipocam em território africano, terminada a Segunda Grande Guerra. Saberei por experiência e por leitura. Saberei do corpo a corpo entre soldados profissionais e revolucionários e ficarei a par de suas armas mínimas e explosivas, como o *plastic*. Armas mortíferas e aterrorizantes. Na calada da noite, os conflitos guerreiros serão cada vez mais impiedosos, traiçoeiros e brutais, como as intervenções dos esquadrões da OAS (Organisation Armée Secrète) que reprimem os movimentos de árabes que exigem nas ruas de Paris a independência da Argélia tanto na metrópole como na colônia.

Suas peripécias são presenciadas e vividas cotidianamente por mim naquele distante ano de 1961, quando moro na Casa do Brasil, na Cité Universitaire, e temos a Casa do Marrocos, aos fundos. Ou quando tomo o metrô e vou ao Quartier Latin para fazer pesquisas para a tese de doutorado em Literatura Francesa. Serei parte da multidão na tomada do Théâtre de l'Odéon pelos *commandos parachutistes*, pertencentes à organização paramilitar clandestina. Fecham o teatro. Olhos medrosos meus tudo acompanham na realidade da Place de l'Odéon e, na manhã seguinte, no jornal *Le Monde*. Jean-Louis Barrault e Madeleine Renaud são proibidos de levar ao palco a peça *Les Paravents*, de Jean Genet. E silenciados. Um deputado pede a supressão das subvenções alocadas ao Teatro do Odéon.

Naquela primeira viagem a Paris, a experiência do déjà-vu só não é completa porque os tiros dos maquis, grupos da resistência francesa que admiro na infância, se voltam contra a própria França colonialista, a mesma nação responsável por uma das mais corajosas tropas aliadas durante a Segunda Grande Guerra.

Na observação adulta dos franceses e da França, mudo de lado e de perspectiva, sem virar a casaca. Na infância, quis salvar os maquis e acabar com os colaboracionistas ao governo de Vichy, liderados pelo marechal Philippe Pétain. Em Paris, quero e preciso salvar os colonos árabes das garras dos temíveis e ferozes colonizadores franceses. Como se fosse possível salvar os angolanos e os moçambicanos da metrópole lusitana.

A colonização europeia é eterna.

Aprendo, então, uma expressão francesa desconhecida no Brasil. Ela ganha sentido perturbador — *"les pieds-noirs"*. Lembro o primo Donaldo com seu par de bate-butes, e leio que o escritor Albert Camus é um *pied-noir*. O filósofo argelino Jacques Derrida também o será.

Não penso mais no par de bate-butes preto do primo Donaldo.

Penso no que a expressão "pé-negro", em língua francesa, representa de modo paradoxal. Simboliza as botas negras dos antigos soldados coloniais, cuja única saída possível — depois da vitória árabe — é o retorno em massa à metrópole europeia. Meu avô paterno de volta à Itália. Eu de volta à Europa. O impossível no possível. Ao ler a revista *Présence Africaine*, nossa desconhecida nos trópicos, eu dou de cara com a vida colonial brasileira refletida no espelho da História que vivo diariamente. Genocídio indígena, escravidão africana. Imigrantes brancos, europeus. Os manuais universitários e os cursos de literatura brasileira menosprezam o período colonial para reafirmar e valorizar apenas as obras do período nacional, que se inicia com a independência do país.

Sou menino sonâmbulo, mas mais sonâmbula tem sido a elite brasileira.

Farda verde, capacete, mochila e cobertor verdes, cantil suspenso ao cinturão de couro e fuzil em *bandoulière*, botas de couro preto — é palpável a figura humana, projetada na tela ou desenhada na página da revista infantil, e os objetos que carrega têm utilidade no dia a dia do expedicionário. Em pleno inverno, o Donaldo não sobreviverá sem eles no campo de batalha italiano. Pouco a pouco os objetos militares se tornam coisas tão pessoais e intransferíveis quanto a escova de dentes e o aparelho de barbear. São passíveis de ser vistos e tocados pelos moradores formiguenses a aplaudirem os futuros expedicionários em marcha pelas ruas e deles se despedirem, desejando-lhes boa sorte no combate e pronto retorno ao lar.

E eu vejo a todos num único pelotão e, embevecido, como que os apalpo com os olhos para saudá-los com afeto e admiração.

Em seguida à parada militar, de que participo como lobinho, o expedicionário Donaldo, de volta ao lugar que ocupa no antigo largo do Ferro, se aproxima de mim ou eu me aproximo dele. Conversa comigo, ou puxo conversa com ele. Conversamos amigavelmente como se ele fosse o soldado norte-americano que, nos filmes, odeia os alemães e os japoneses, enquanto se diverte com as crianças e os adultos franceses, italianos e russos. Apesar da diferença de idade, somos os dois bons amigos. E primos. Comungamos paixões secretas.

Guardo no altar da imaginação ingênua ou em outro altar, o da igreja matriz, a figura do soldado que luta contra as forças do Eixo.

Sebastião Onofre Farnese, meu segundo primo expedicionário, é oriundo de Pains. Nunca o vi. Nunca ouvi nenhum dos parentes mencionar seu nome ou dizer qualquer coisa sobre sua vida.

Sobreviveu em silêncio. É um ponto de interrogação que é nomeado em documento oficial do Exército nacional e se intromete de repente no meio da narrativa sobre o primo Donaldo Vespúcio.

Açula minha curiosidade.

Não foi corpo vivo na vida real, não teria sido personagem nesta narrativa. Dar continuidade à exclusão familiar teria sido a forma mais infame de reafirmá-la.

Trazê-lo à lembrança.

Embora passe por anônimo na crônica familiar, não pode nem deve lhe caber a condição.

No círculo estreito, nenhum parente o relembra.

Ao escrever, tento vê-lo. Sem corpo, sem rosto, não posso dizê-lo se vestido de pracinha se nu. Só consigo enxergá-lo através dos óculos de palavras soltas, vagas e imprecisas, colhidas recentemente por amigo e colega em viagem a Formiga, e memorizadas e a mim transmitidas.

As palavras alheias me comunicam dados concretos e disparatados, que não fincam o pé com gosto nas informações de que disponho. Suas pisadas não reforçam antigas marcas. Deixam buracos. Nestes, eu tento reorganizar a narrativa sobre os parentes Farnese vindos de Pains, como se possível.

Não é possível à primeira vista, mas há que tentar.

Entre as palavras recebidas, domina a que caracteriza a cor da pele. Não choca, embora cause estranheza. O Sebastião é mulato. Também é perturbador o dado sobre a filiação. Seu pai é o tio Mário, irmão da mamãe. Um negociante em chapéus na cidade de Pains que, a certo momento da vida adulta, enlouquece, sem deixar descendentes diretos. O menino Sebastião Onofre nasceu em Pains e cresceu em Formiga.

Meu tio Mário morreu solteiro. A rebeldia do enxerto na roseira extravasou as convenções do jardim comunitário. Sua libido extrapolou o limite das afinidades raciais. Seu filho teria sido abandonado pelo pai e pela avó? Teria sido criado como bastardo? Teria sido cuidado pela mãe, certamente parda ou preta, cujo sobrenome é ou teria sido Onofre? Isso se ela não tivesse desaparecido logo depois de dar à luz. Talvez tenha sido adotado por parente do lado materno, ou teria sido do lado paterno?

Deveria ter a idade do primo Donaldo (nascido em 1923) quando os dois se encontram na marcha dos convocados em Formiga, ou já como terceiros-sargentos no 11º Regimento de Infantaria, em São João del Rei.

Não se reconhecem?

Por que o Donaldo nunca o menciona nas suas lembranças?

Certo é que o Sebastião Onofre foi convocado pelo Exército nacional para integrar a Força Expedicionária Brasileira. Certo é que parte de Formiga para São João del Rei, para o Rio de Janeiro, para o campo de batalha na Itália. Foi também pracinha brasileiro.

Seu nome consta da lista oficial dos reservistas expedicionários que partem de Formiga.

Da Itália volta a Formiga. E desaparece completamente. Não deixa sequer um traço na fala da nossa memória familiar.

Teria resolvido assumir vida própria, autônoma e anônima?

Eu sou eu.

Seria ele o verdadeiro soldado desconhecido de Formiga? Mais do que um soldado desconhecido seria ele o cidadão que, por se sentir excluído da comunidade, exclui-se a si mesmo em fuga sem destino e sem emprego.

O sinal de interrogação é sua condição de mortal.

Desconhecido de todos, teria sido enterrado em vala comum?

Sebastião Onofre Farnese só não permanece totalmente anô-nimo nesta narrativa porque deixa como lastro outra incógnita.

A razão para a loucura do pai.

Por que o tio Mário enlouquece na idade madura?

Ele não trouxe do berço ou da infância conturbada o distúrbio mental.

Foi negociante com algum sucesso na praça de Pains.

O amor proibido do tio Mário. A frustração no amor proibido poderá chegar ao ponto de endoidar de vez o amante?

Ou sua loucura teria tido causa física?

Nesse caso, não teria sido mais justo elucidar a maluquice do irmão, do cunhado ou do tio entre os parentes, explicando sua etiologia?

Teria sido consequência de alguma doença até então incurável, doença maligna e maldita, cujo efeito redunda na perda de controle da razão? Na perda da razão?

Teria sido uma das doenças tabus transmitidas pela relação sexual?

Daí o consenso no silêncio?

São conhecidos os casos históricos de loucura pela falta de tratamento clínico para a sífilis.

Confessar a ignorância não é forma infame de reafirmar a exclusão familiar. É apenas uma forma um tanto mais desastrosa e infeliz de reafirmar a família.

Em setembro de 2003, ao completar os oitenta anos, o Donaldo resolve comemorar a data, reunindo os familiares e os amigos mais próximos num amplo salão de restaurante. Para emprestar caráter glorioso e simbólico ao jantar, encomenda garrafas de vinho com rótulo inusitado. A garrafa não traz estampada a marca e a procedência do vinho. O rótulo reproduz apenas o rosto do aniversariante.

Em pleno calor de verão brasileiro, o anfitrião serve aos convidados o vinho tinto que, para resguardar o corpo da neve e o coração da saudade, aprende a tomar nas cantinas improvisadas na cordilheira dos Apeninos, onde se trava a Batalha de Monte Cassino.

Ao lado da esposa, Diva, dos filhos, irmãos, irmãs e demais parentes e convidados, ele está feliz. O gerente de agência do Banco do Brasil não esconde os anos de trato afável e brincalhão com os correntistas. O olhar cabisbaixo continua a trair a descendência formiguense e Vespúcio. Poucas vezes o levanta. Enxerga o horizonte restrito do restaurante. Caminha até uma das mesas onde se festeja o aniversário. Seu rosto se abre de repente. Expressa-se por gestos largos e espontâneos. Alça a voz, como se voltasse a interpretar o personagem inventado no decorrer da "vida profissional". Ao discursar em agradecimento pela presença de todas e de todos, essa é a expressão a que recorre para comentar suas experiências díspares. Na guerra na Itália e no trabalho bancário. Foi sempre um profissional.

Um dos presentes não o perdoa pela pretensão oratória e logo a comenta por interjeição anônima e irônica, só registrada na banda sonora do vídeo, postado pelo filho nas redes sociais.

Sem o respaldo profissional, a voz do Donaldo é sempre insegura. Não tem como aliada as palavras firmes e corajosas que enuncia.

Os descendentes Farnese Vespúcio — apoio-me nas lembranças que guardo do irmão do Donaldo, o Tasso, que cheguei a conhecer mais seguidamente — são pessoas de baixa estatura, parrudas e solitárias, que não encontram a felicidade ao buscar, conseguir e chegar a ser capaz de definir um caminho vitorioso para a vida profissional. São de natureza melancólica, como se a

Vida trouxesse, intricada a ela, a maldição da má sorte. Se tivessem a sorte de ler a poesia de Charles Baudelaire na juventude, alguma ou algum deles teria sido grande poeta. Lido o poema "Le Guignon" (O azar), o futuro poeta teria descoberto nos primeiros versos a razão para ganhar a força e poder levantar o peso da vida azarada:

Pour soulever un poids si lourd,
Sisyphe, il faudrait ton courage!*

Quando encontram a saída e o caminho para vencer na vida prática, tendem a descuidar-se do peso de carregar às costas o fardo *farnese* associado ao *vespúcio*.

Seus irmãos e parentes, ainda residentes em Formiga, sabem. A cidade sabe do fardo que o patriarca carregou. Ele vem descrito nas efemérides municipais. A maior glória cidadã do tio João Vespúcio é a de ter trabalhado durante trinta e cinco anos como coletor estadual sem faltar um único dia ao serviço. Para ele, a probidade profissional é resultado contábil.

Na carreira pública do pai se miniaturiza a opção de vida para o ainda jovem e inexperiente Donaldo. Presta concurso público para funcionário do Banco do Brasil. Melhor se entende a opção se se tiver em conta que, mesmo depois da trágica e perturbadora experiência de guerra, ele permanecerá na instituição bancária eleita na juventude. De volta do inverno e do inferno, acostumado ao pilequinho com vinho europeu, ele pisa o freio e engata a marcha a ré na vida que avança livre do molde paterno. Na sua fala de aniversário, a aventureira experiência na Itália se justifica burocraticamente. Lá esteve por ordem de decreto do Exército nacional. Na verdade, o *guignon* baudelairiano tinha

---

* Para levantar peso tão insuportável,/ Sísifo, tua coragem teria sido necessária!

aberto uma brecha inocente e salvadora na impecável rotina de vida do bancário. A brecha se transforma em válvula de escape. A máquina termodinâmica da Vida, sem o perigo da explosão, pode voltar ao funcionamento normal.

Aos oitenta anos, o Donaldo precisa recuperar a felicidade conquistada no medo da morte. Não consegue. Festeja a vida de pracinha como forma de assiduidade no cumprimento do dever, como se estivesse a comungar em missa rezada na matriz de Formiga. O cálice de vinho só é servido no altar e ao padre. Ao fiel, serve-se o pão. Absteve-se do vinho e não se absterá mais.

Já que meu lado Farnese é pouco saliente, confesso de antemão a dificuldade em esticá-lo para o lado Vespúcio. Costumo não obedecer ao comando autoritário dos regulamentos, portarias e decretos que estabelecem a rotina na carreira profissional, se e ainda que financiada por órgão público. Apreciada da perspectiva de hoje, minha ziguezagueante carreira de professor universitário é tão híbrida quanto as roseiras do meu pai, viúvo e profissional liberal.

No mundo, aqui e ali, fui me enxertando nas diversas e contraditórias instituições de ensino. O Donaldo e eu somos bem diferentes e, no entanto, bem semelhantes aos nossos respectivos pais. Tendo a quebrar regras ou a esgueirar-me por entre elas a fim de me reencontrar no lado de fora delas, e muitas vezes acabo sendo punido financeiramente por mesquinharia de bons e gentis colegas. Se eu recebo elogio ou prêmio (e os recebi), não consigo ser comemorativo nem fogoso. Tampouco assumo a palavra ultrassentimental de agradecimento, embora se note que esteja comovido. Nada tem valor suficiente para extrair-me da contradição do viver.

É raro meu diálogo em voz alta com o lado Farnese/Vespúcio. A conversa com meus parentes pelo lado materno não se desenrola nem se desenvolve com naturalidade. Ela não flui. Pode acontecer raramente, quando encontro um dos parentes maternos. Ou se dá no silêncio introspectivo. Sozinho em casa, tiro muitas vezes os noves fora zero dos enxertos de sangue materno e das atividades individuais da parentela. Sou alguém que desde sempre acredita no valor lógico das palavras e no peso concreto das imagens. Não forço a barra do outro.

Distancio-me.

Seremos tão diferentes assim? Ou eles me assustam por assumirem a sinceridade nas emoções? Ou me assustaria pelo modo convencional como as respectivas famílias se organizam na comunidade e se apresentam profissionalmente?

Normalmente, escapulo pela tangente das perguntas sobre parentesco.

Há turbulência no poço sem fundo da memória. Com introspecção e firmeza, acostumei-me ao valor solitário da leitura e da reflexão na hora do descanso diário. Aprendi que são elas que alimentam, fermentam e, por sua vez, guiam sentimentos e emoções, até mesmo os mais levianos, irresponsáveis e gratuitos. Tanto imagens vistas como palavras ouvidas ou lidas endurecem o coração na medida em que, de modo racional ou anárquico, são depositadas aos montes e solitárias na minha sensibilidade. Tornam-se constituintes do imenso e infindável arquivo íntimo que a memória monta, organiza, desmonta, reorganiza e remonta, e que releio e reescrevo no correr dos minutos, horas, dias e anos que me tocam viver e sobreviver.

Esqueço o presente. No futuro, releio o arquivo íntimo do passado. Ainda no futuro, reescrevo o passado como se estivesse no presente e atento ao futuro que é o minuto imediato. Com outros olhos e outras mãos transformo em arquivo um conjunto de experiências temporalmente forte e faltoso, embora coerente nos detalhes e concreto nas adivinhações. Um arquivo passível de ser consumido por mim diante do novo passo a dar. Para ser mantido no presente do passado e no futuro do presente, transfiro o arquivo ao papel e às frases. Ao ser comunicado à leitora ou ao leitor, descarto-me dele e o entrego à responsabilidade de anônimos e desconhecidos.

Imagens e palavras minhas endurecem o coração — e talvez, leitora ou leitor anônimo e desconhecido, elas cheguem a endurecer também vosso coração — não porque elas sejam obrigatoriamente agressivas, violentas e desrespeitosas da sensibilidade alheia, seja ela infantil, adolescente ou adulta. Não finjo ser sonâmbulo. Sou menino sonâmbulo. Nem mesmo as palavras, que ouço ou leio, ou as imagens alheias e sedutoras, que vejo e incorporo, escapam à regra do sonambulismo. No balanço da vida, há uma recorrência das mesmas imagens e das mesmas palavras que acaba por constituir, na minha memória, uma espécie de repertório em comodato. Um repertório passível de ser catalogado por meio de analogia ou por acréscimo, e assim ser visitado e compreendido pela leitora ou pelo leitor destas páginas.

Não é infinita a soma que operacionaliza as parcelas constituintes do arquivo da memória, porque a maioria das partes é semelhante. O acréscimo ao repertório em comodato se torna saliente e visível por se transformar na exceção inesperada, que confirma a regra da repetição. É o numeroso, o excesso de repetições, que impede a emoção humana de explodir em modo espontâneo e livre.

Há um cansaço natural dos fatos da vida que murcha as flores do sentimento. E as resseca. Cansaço este que, paradoxalmente, torna as flores da retórica literária encorpadas, veludosas e belas. O que é numeroso é também fastidioso para todos.

O comerciante José Maria (Juca) Palhares e esposa, Diogina, meus padrinho e madrinha de batismo, não são católicos apostólicos romanos. São espíritas, seguidores de André Luiz, médico dado como anônimo (dizem *anônimo* por seu nome próprio ter sido inventado) e reencarnado no início do século xx para ser o "nosso novo amigo e irmão na eternidade". O padre Remaclo Fóxius não aceita que sejam padrinho e madrinha de batismo. As peripécias inusitadas que cercam a cerimônia me foram narradas e explicadas pelo meu pai. Ao querer acentuar tanto a cegueira religiosa como a falta de tolerância do vigário formiguense, ele sempre acrescentava que não há ser humano mais bondoso, generoso e caritativo do que o compadre Juca Palhares. Amigo de se guardar no lado esquerdo do peito. Um padrinho e tanto!

Em Formiga e, posteriormente, em Belo Horizonte, para onde a família Palhares se transferiu antes da nossa e, por isso, servirá de referência para nossa saída de Formiga, o comerciante em tecidos se destaca entre os que mantêm financeiramente o Centro Espírita Amor e Caridade. Na capital do estado, sua fortuna cresce a olhos vistos: o antigo varejo em tecidos se transforma em comércio no atacado. O estoque da antiga e provinciana loja de esquina chegará a tal exagero que terá de ser abrigado em prédio de três andares, situado na rua dos Caetés com a avenida Afonso Pena, próximo da Feira de Amostras.

O comerciante compra casa própria em quarteirão de prestígio na colina de Lourdes. Está situada na rua Bernardo Guimarães, entre as ruas Curitiba e Santa Catarina. Na casa vizinha, mora a irmã de dona Sarah, esposa do futuro presidente Juscelino Kubitschek. Adquire também um terreno amplo, que dá as costas para a igreja planejada para a lagoa da Pampulha por Oscar Niemeyer. Na região semideserta, o imenso lote será logo transformado em sítio de árvores frutíferas, usado aos domingos para o descanso da família (na ausência da missa dominical do católico, o espírita elege o lazer em sítio). Embora paradisíaco, o local se encontra então afastado do bulício da cidade. Não é do gosto dos filhos e das filhas do casal, ainda jovens. Do primogênito Tomé ao caçula André, estão todos bem enturmados e já sequestrados pela vida noturna e *caliente* dos sábados à noite, então embalados pelos boleros de Gregorio Barrios e Lucho Gatica e pelos sambas-canções de Elizeth Cardoso, Angela Maria e Dóris Monteiro.

Na ausência das filhas e filhos, sobro eu como companhia.

Logo depois de nossa família ter se transferido para a capital, o casal Palhares passa aos domingos pela manhã lá por casa para levar o afilhado ao sítio. Moramos a quatro quarteirões de onde o padrinho mora, na rua Mato Grosso, quase esquina da Bernardo Guimarães. Às sete da manhã, ele e a esposa passam de carro para me pegar e me conduzir pela avenida Antônio Carlos até a lagoa da Pampulha. Durante meus dois ou três primeiros anos de capital, meus domingos são solitários e felizes no sítio do padrinho. Será lá que eu, à semelhança dos filhos do casal, acabarei sendo também sequestrado pelos sábados à noite da vida boêmia belo-horizontina. Às vésperas da entrada para o curso clássico no Colégio Marconi, meu domingo saudável é engolido pela boemia juvenil e inocente dos cineclubistas, ainda controlada pelos sócios fundadores do Centro de Estudos Cinematográficos.

O vigário germânico de Formiga tem pouca ou nenhuma tolerância religiosa. É católico de sangue e por natureza — é o que, seis anos depois do meu batismo, descubro nas aulas de catecismo tomadas na igreja matriz.

Os meninos e as meninas que se preparam para a primeira comunhão e moram na parte baixa da cidade somos proibidos de caminhar até a praça da igreja pela subida da travessa João Vaz. O padre Remaclo não dá o nome correto à rua estreita e íngreme, de um só quarteirão, que liga a Barão de Pium-i à praça da matriz. Chama-a pejorativamente de Beco dos Protestantes.

"Não passem pelo Beco dos Protestantes", troveja. Somos obrigados a subir pela rua Silviano Brandão, ainda que a caminhada seja mais cansativa.

Naquela travessa foi construída a primeira igreja presbiteriana da cidade. "Nela mora o Diabo", alerta o padre Remaclo. Já batizados, os meninos e as meninas que se preparam para a Primeira Comunhão podem ser arrebatados no beco pelo pastor de almas protestante. Por simples processo de osmose, seriam convertidos aos ensinamentos de Lutero, o apóstata.

Como o casal Palhares é íntimo da família Santiago, as partes não se contentam com o *Não* do vigário ao padrinho escolhido. Decidem alugar um carro de praça e mandá-lo rumar para Arcos, cidade próxima a Formiga.

Lá, concretiza-se meu batismo.

Mais uma coerência interna desta narrativa irá pros quintos do inferno.

Essa incursão pelo espiritismo do padrinho Palhares desarranja e desarranjará um preparativo do meu espírito para a fé católica. Ela me serve, e muito, para explicar e explorar, de modo indireto e pouco convencional, o discreto relacionamento que mantenho — e, no fundo, meus irmãos e irmãs mantêm — com a família Farnese, se associada à família Vespúcio. Por outro lado, a incursão pelo espiritismo ilumina a raiz do trauma sentimental causado pela morte prematura da mãe, sem esclarecê-la. Por causa do imperioso período de resguardo, mamãe não viaja com o recém-nascido até Arcos. Viajo no colo da madrinha. Sozinho. Sou desassistido pela mamãe no dia do batismo, assim como, ano e meio mais tarde, o serei pelo restante da vida.

Com o correr das décadas, meu distanciamento dos Farnese de Paíns — e o consequente e paradoxal desinteresse pelos parentes de modo geral — irá sendo explicado pelo peso ocasional e forte do espiritismo na formação da minha personalidade católica (sou católico até os onze anos, quando me transfiro com a família para Belo Horizonte). Como tenho consciência da cerimônia de batismo apenas pelas versões verdadeiras ou apócrifas, tive de agarrar-me ao essencial tanto da narrativa da viagem em carro de praça dos quatro protagonistas a Arcos como da cena do batistério por padrinho e madrinha espíritas. Quando relembradas, as palavras viram zumbido no ouvido. Desorganiza e desnorteia ainda mais o ao redor que, no dia a dia, acolhe minha experiência sonâmbula. Ao dar conta apenas dum episódio inesperado, solto e passageiro, o zumbido espírita consegue, no entanto, articular um modo de desejar compreender a experiência infantil pelos enigmas que ela inesperadamente carreia.

Nas ocasiões em que penso nos parentes Farnese, o zumbido volta a soar e ganha sentido. Sinto-me paralisado. Essa força estranha me leva ao relacionamento vago e intermitente com eles, ou deles passo a me lembrar por fragmentos frouxos no tempo e vaporosos no espaço. Fragmentos semelhantes a sequências curtas de filme que se dependuram na memória como a camisa ou a calça lavadas, presas no varal por pregadores de roupa que as sustêm. Dependurados na memória, os fragmentos ressecam sob o poder do sol e do vento. Só durante o sonho é que as roupas do varal não perdem a umidade de que procuram se desvencilhar.

Não posso comparar as visitas ocasionais que faço ao vovô Amarante, no bangalô da rua Teixeira Soares, com as que, de modo planejado por papai, faço à vovó Piacedina, na sua pensão em Pains. Meninamente, eu não compreendo a total ausência do avô paterno legítimo, mantido encoberto em Passos, e a presença, a uns vinte e pouco quilômetros de casa, da avó materna biológica. Falta a mãe, sobra o pai. Falta o avô paterno, sobra a avó materna. O avô paterno, que mora ao lado na cidade, é falso. A avó materna, distante, é verdadeira. O papai é palpável, mas o pai dele é um carcamano fantasma, escondido num dos enormes armários da rua Barão de Pium-i. A mamãe não existe, mas a mãe dela é feita de carne e osso e mora em Pains, cercada pela maioria dos filhos e filhas.

Em tenra e tosca idade, a especulação sobre o vínculo sentimental materno me conduz mais e mais à armadilha do beco sem saída que é sentir-a-família. Meu pai sente necessidade de fazer-me compreender o que seja *laço de sangue*.

É assim que hoje o compreendo.

O pai do meu pai é pergunta sem resposta. Abre espaço para o aparecimento, na ausência, dum ser humano diferente, carinhoso e bondoso — o vovô Amarante. Sou obrigado a visitar a mãe de minha mãe por curta e inesperada viagem de jardineira ou de caminhão de carga.

Busco a *razão do sangue*, que a realidade desmente pelo exercício dos afetos casuais e deficitários. Começo a compreender a noção de família e o modo como, sendo matriz imemorial, organiza o núcleo Santiago. Comparo o comportamento nosso em casa com a observação das famílias vizinhas e amigas. Os Santiago — ao contrário das outras famílias — sempre se apresentam como um grupo nuclear único. Nossa condição particular é definitiva e simbólica. Sem a figura palpável da mãe, pai, filhos e filhas se encontram sentados em torno da mesa de jantar. O núcleo familiar único não se expande, complementando-se naturalmente por avôs e avós, tios e tias, primos e primas.

Família nuclear reduzida.

Essa nossa condição singular é exposta em todas as reuniões de algum porte que se dão e se darão na casa da rua Barão de Pium-i e nas nossas residências subsequentes. Em virtude de o aniversário de meu irmão mais novo não poder ser comemorado doméstica e publicamente (coincide com o dia da morte da mãe), esquece-se — recalca-se — a comemoração de aniversário dos demais filhos. Curioso, quero saber o que é isto — a festa, o bolo de aniversário, o soprar de velas e o "Feliz aniversário" entoado por todos. Não há referência na minha vida familiar.

Meu pai atende a nova curiosidade. Encaminha-me para a casa do dr. Parreira, seu colega cirurgião-dentista. Quer que eu participe sozinho do aniversário da filha dele, Lélia, posteriormente uma boa colega e amiga na Faculdade de Letras da UFMG. Fico distraído num canto da sala de jantar, a observar o bolo recoberto de glacê branco, sobre o qual se encarapitam as oito ou nove velas que serão apagadas. Fico à espera de serem acesas pela mãe e serem apagadas pelo sopro mágico da aniversariante, feliz e cercada de todos. A Lélia escuta o "Feliz aniversário" e os aplausos.

Não conheço a letra da canção nem os presentes e, na verdade, não sei como comportar-me. Observo e aprendo pouco, se aprendizado significar o ensino que o leigo recebe, ou ganha, para reproduzir posteriormente e a contento uma atividade.

O cultivo dos laços de sangue por parte de cada um dos membros do núcleo familiar Santiago acaba por se realizar por obra das sugestões paternas e das coincidências, de maneira metódica e paradoxal. As relações humanas na casa da rua Barão de Pium-i são menos ditadas pelos laços de sangue — pelo parentesco carnal, próximo ou distante — que pela construção de amizades individuais e soltas (em geral arquitetadas pela idade próxima dos amigos e das amigas).

Na composição da família nuclear expandida, a amizade tem peso e valor compensatório e absoluto. Aproximo-me com mais facilidade e interesse de vizinhos e de colegas da escola do que dos irmãos e irmãs.

É absoluta a simpatia da Hilda, irmã mais velha, no seu círculo de amizades. Tanto em Formiga como nas cidades em que irá morar. Pouco se envolve com parentes. A exceção à regra é o Tasso Vespúcio, irmão mais velho do expedicionário Donaldo e futuro cirurgião-dentista e marido da Zélia, assistente do papai no consultório. Sendo normalista, as pessoas mais próximas da Hilda são os colegas e as colegas na Escola Normal, e não sua irmã um pouco mais nova. Por se dedicar ao piano, ela se cerca de jovens pianistas da cidade e, é claro, do Tasso.

O Tasso me atiça a curiosidade. Padecendo de séria deficiência auditiva, é, no entanto, um craque no piano. Destaca-se no grupo a que pertence o Onésimo, o mais admirado de todos os jovens pianistas da cidade. Ao lhe perguntar como conseguia tocar a mazurca de Chopin sem ler a partitura, ele me responde da maneira mais casual possível que tinha tirado a música "de ouvido".

De que ouvido ele tira as músicas?

Tira-as de ouvido e as memoriza?

Possui uma prodigiosa memória universal dos sons musicais e de sua combinatória em música, acredito.

Sua memória conecta o ouvido diretamente com o estoque primordial da música, a melopeia, que me escapa desde sempre e completamente.

Tasso dedilha o teclado do piano como se pelo interposto ouvido, dom oferecido pelos deuses.

Vovó Piacedina me assusta. Não há como nem por que escamotear o sentimento. Ela trabalha o tempo todo em casa, como nossa cozinheira Etelvina. Não tem um só minuto de folga, de descanso ou sossego. Desço à porta da pensão, da boleia do caminhão do tio Oscar, ou da jardineira. Não me recebe sentada em cadeira de balanço. Não está a observar a rua por onde transitam automóveis, caminhões e carroças. Não a vejo sentada em cadeira, a não ser para se alimentar. Move-se de um lado para outro na ampla sala de entrada da pensão e está atenta, sim, mas às janelas que dão para a rua. Não é calçada a rua principal de Pains, onde se localiza a pensão. Qualquer cavalo ou carroça, qualquer boi ou carro de boi, qualquer caminhão ou jardineira ao transitar por ela levanta uma poeira vermelha e brava que, como se fosse farinha de milho despejada do saco de linhagem numa caçamba de armazém, toma conta dos cômodos da frente da pensão. Vovó tem a vida diária cronometrada pelas janelas. Quando um mínimo movimento em falso da natureza circundante acontece, julga-se distraída. Tem de abrir ou de fechar as janelas. Fica elétrica. Vai de um cômodo a outro.

Mexe-se como se perseguida por cachorro com raiva.

Assusta-me por estar sempre trabalhando?

Julgo que sim. Mulher e trabalho não se combinam. A vovó conversa com um que chega e o outro que sai. Dá ordens a torto e a direito. Gente velha e trabalho combinam menos ainda. Ela parece capataz de fazenda às voltas com os matutos. Da porta de entrada à cozinha, controla o funcionamento diário da pensão. Vigia a filha mocinha, a tia Odete, que anda em busca de marido, e encarcera no quintal o tio Mário, filho já de certa idade. Esconde-o dos pensionistas.

O tio Mário está proibido de pôr os pés em casa e fora de casa.

Comparo a vovó ao vovô Amarante e ao nhô Campeiro, ambos quietos e silenciosos, como a meditar sobre a vida passada e a vida que ainda enxergam. Entregam-se ao nada futuro. Nos respectivos alpendres, os dois são embalados por cadeira de balanço. Quando subo as escadas do bangalô de um e do sobrado do outro e ganho o alpendre, ambos me abraçam carinhosamente e me dão um beijo na face. (Será que a razão para essa expressão aberta de afeto — algo raro na sociedade provinciana mineira — seja a culpa que o órfão lhes desperta?) O vovô Amarante e o nhô Campeiro não fazem absolutamente nada em casa e na vida. São atendidos e servidos, como se bebês. Cada um tem a sua Sofia d'Alessandro.

A natureza circundante lhes é afável. Não temem os raios, relâmpagos e tempestades, que me matam de medo. A seu modo, cada um observa o jeitão como a brisa que sopra sobre a cidade recobre e abraça as ruas como se fosse nuvem baixa, faceira e carinhosa, em nada densa e quase transparente. Aprontam-se para a eternidade, que se lhes acena do alto do morro. Secretam o fascínio de imagem icônica. Dessas poucas e notáveis imagens da arte em que a figura humana ganha do artista uma posição natural, elegante e grandiosa, e nela permanece a encantar a todos por séculos e séculos.

Em casa, vovó Piacedina é azougue. Seu rosto é esculpido por traços retos e ríspidos. Veste-se com roupas escuras e pesadas, à europeia. O coque, a adornar a vasta cabeleira a embranquecer, transforma-a em efígie de camafeu. Não é apenas uma velha senhora nascida na Itália. É uma mulher antiga que parece jovem e vibrante, pobre e abandonada, como a preta Etelvina. Parece tão masculina e prestativa quanto os caixeiros do armazém Modelo e os carniceiros do açougue do nhô Campeiro. Todos transpiram dedicação ao trabalho. Amor ao trabalho. A vovó corre de um lado para outro da pensão e só de repente é que me puxa do vácuo, arrancando-me de lá com a força dos músculos.

Força-me a abraçá-la. Sinto o cheiro de suor que perturba os sentidos. Lembro o perfume delicado e sedutor que respiro ao atravessar a sala onde estão as senhoras à espera de ser atendidas pelo cirurgião-dentista. Veste com cinza e negro o pouco da pele branca que aparece. É cinza a blusa de manga comprida. É negra a saia rodada que esconde os sapatos. Roupas em nada adequadas ao clima tropical.

As cores tristes sobem até a rigidez do semblante e se somam ao coque senhoril de dona de pensão.

Por mais que se esforce, e como se esforça!, não consegue acalentar a angústia do neto que, já tendo perdido a mãe e a Sofia, se sente rejeitado por razões que não chega a dizer em voz alta. Sou bem recebido, mas não sou acompanhado. Nem mesmo pelos seus olhos. Eles não me perseguem.

Sua insistência inicial é logo substituída pela fala da titia Odete.

Quer saber as novidades que trago da família. Na verdade, ela quer saber o que fazem meus irmãos e irmãs e os primos e primas, filhos da sua tia Dolores. Em Pains, falta-lhe companhia da sua idade. Terá um noivado e casamento desastrosos.

Não é que a vovó me rejeita.

De pé, recebe-me efusivamente (até onde a figura de matriarca italiana a deixa ser efusiva). Abraça-me, aproximando-me do seu corpo, sempre de pé e altivo, mandão. Nossos rostos não se aproximam. Não sou beijado na face. Não senta para abraçar-me. Lamento em silêncio a falta do beijo. Ao ser aproximado a ela por ela, percebo às vezes que seus olhos não se enchem de lágrimas, ganham lágrimas de presente. Logo a mão direita sobe até o rosto e, como se fosse indecente exibi-las a uma criança já triste por natureza, ou em público, não as admite. Seca-as imediatamente.

Hoje, vivo com outra dúvida. Não sei se as lágrimas furtivas são pela perda prematura da filha querida, bem-casada e mãe de filhos e filhas de boa aparência e inteligentes, ou se pelo ensimesmamento triste e sombrio que administra a sensibilidade doentia do neto prematuramente órfão. A aproximação forçada à cintura do corpo alto e forte do corpo franzino e baixo logo obscurece minha vista. Torna-me cego. Meu rosto é jogado contra as cores fúnebres da vestimenta e é estreitado de maneira violenta, como se a vovó quisesse, com os braços potentes, sadios e amorosos, compensar a asfixia que os poucos anos de vida já me oferecem de graça.

Ao ter meu corpo estreitado ao dela, o olfato se eriça e se agiganta.

Torna-se mais sensível e mais afiado na apreciação do cê-cê. Tenho a pele arrepiada por um misto de sujo, azedo e encardido, que é o cheiro que o corpo europeu exala ao não se aclimatar aos trópicos. A sensação olfativa é daquela época, mas será tardia a descoberta da sua razão de ser.

Compreendo-a quando começo minhas leituras do romance brasileiro no século XIX, em particular de O cortiço, de Aluísio Azevedo. O trabalho secreto do olfato está ali, em Pains; está lá também, no romance carioca, em bela e sentida descrição do abrasileiramento de Jerônimo, aldeão português, em pleno Segundo Reinado brasileiro e às vésperas da assinatura da Lei Áurea.

Em 1961, não me será difícil conviver com os passageiros matinais do metrô parisiense que, procedente do subúrbio de Massy-Palaiseau, passa pela Cité Universitaire. Ele conduz o operariado dos subúrbios ao trabalho e os estudantes estrangeiros da Cité Universitaire, aos estabelecimentos de ensino. O vagão fechado de metrô é uma única e complexa mistura de cheiros e de fedores, a que logo os estudantes nos acostumamos.

6.
O tio Mário

Por acaso já desassociou a palavra felicidade *da palavra* prazer *e a palavra* infelicidade *da palavra* dor?

Mário de Andrade, em carta a Carlos Drummond, 1925

O trágico não se funda numa relação entre o negativo e a vida, mas na relação essencial entre a alegria e o múltiplo, o positivo e o múltiplo, a afirmação e o múltiplo.

Gilles Deleuze, *Nietzsche e a filosofia*

A demência, quando ganha carne e osso e põe os pés na terra, tem lugar preciso e restrito em Pains, distrito pertencente ao município de Formiga até 1943. Ela tem cabeça, tronco e membros. Ao ser desprovida de casa e de teto, a forma humana vem associada ao tronco dum abacateiro frondoso, onde está acorrentada, e à sombra proporcionada no quintal da casa pela árvore. O homem demente vive solitário. Padece a dor que, paradoxalmente, transborda num sorriso de alegria. Já viveu a infância e a juventude. Com a idade madura e de mão beijada, chega-lhe a alienação. O corpo satisfaz as várias necessidades fisiológicas como se animal doméstico. Está à espera do dia que o transportará da vida para o além. Será acolhido pela morte. Sem precisar bater-lhe à porta.

Em Pains, a demência tem também endereço fixo, casa e quintal. A pensão da minha avó materna. Se visto de longe e da rua, o hotel de caráter familiar se confunde com um casarão bem plantado em rua de terra batida, caiado de branco e recoberto de telhado colonial. Sucessivas e infinitas janelas lhe desenham a fachada e as paredes laterais. Abrem-se e se fecham de acordo com o gosto dos hóspedes. Ou com a previsão do tempo, anunciada ao amanhecer pelo sol ou pelas nuvens escuras no horizonte. Aos fundos, sobressai um pé de abacate. Nos dias escaldantes da estação da seca, rajadas de vento levantam sucessivos enevoamentos de poeira vermelha. Lambem as paredes caiadas, tingindo-as. Adentram-se sorrateiramente pelo casarão, valendo--se da porta e das janelas. Na estação das águas, a poeira se assenta em barro ou se arrebenta em lama. Encardem-se os degraus de cimento que dão acesso à porta de entrada. Em trânsito pelas dependências internas da pensão, os solados dos sapatos e botas se reproduzem em caminhadas reais e imaginárias. O guarda--chuva e a sombrinha tornam-se de praxe.

O nome próprio da demência só se deixa entrever nas entrelinhas da fala da gente maldosa.

Mário.

O Mário tem família, a Farnese. Tem mãe, irmãs e irmãos. Até sobrinhos tem, e muitos. Por ter vida singular e solitária, o demente é solteiro por natureza. Não deixa descendente direto.

Julguei-o sozinho na família e no quintal da pensão, até descobrir pelas palavras de um colega e amigo que o Mário, o tio Mário, tinha deixado um fruto entre os humanos. Sebastião Onofre Farnese. Deixou apenas esse filho, um rapaz mulato, desconhecido de seus parentes formiguenses até o dia de hoje. Ou melhor, cuidadosamente escondido de todos nós por artes e diabruras do provincianismo. Seu nome próprio, sem imagem é liberado pela lista dos pracinhas que saem de Formiga para o campo de batalha italiano.

Depois de exalar o último suspiro, o tio Mário é posto no caixão e transportado pelos vivos até local público preciso e restrito, adjacente a Pains — o Cemitério do Santíssimo Sacramento, em Formiga. Até meados dos anos 1950, vive encarcerado em vida no quintal da pensão. Morto, é enterrado em campo-santo formiguense. Sepulto, o cadáver passa a arrebatar e arrebanhar seres anônimos e sofridos que caminham até o cemitério. Elas e eles compõem uma multidão multiforme e anárquica de devotos do tio Mário, leais e amorosos. Como não há ser vivo a quem recorrer no sofrimento e no desespero anônimos, todas e todos saem em busca do corpo invisível do demente e fervorosamente reverenciam o homem singular na alegria do viver e a figura humana milagrosa na dor do morrer.

O corpo defunto exala o poder de cura.

A demência é venerada à beira duma das primeiras covas abertas no cemitério, a que por estar abrigando exclusivamente os descendentes Farnese se tornará definitivamente a da família.[11] Fluidos milagrosos flutuam como coisa palpável e ao alcance do corpo devoto. As benesses da felicidade terrena são alcançadas com olhos contritos e tocadas com as mãos que, a fim de sobrepor o império físico do coração à força enfermiça dos membros, saem das vísceras doloridas e, em cópia conforme, se alçam aos céus.

A primeira ocupante do túmulo, minha mãe e irmã de Mário, ali está enterrada desde abril de 1938, ano seguinte ao da inauguração do cemitério. Na eternidade, a dor fatal do parto leva Noêmia a acolher o estigma terreno da demência, que transforma o irmão em curandeiro da dor humana.

Os devotos anônimos das redondezas depositarão e acenderão velas e mais velas na lápide de cimento que recobre o túmulo da família Farnese. Eles padecem e, para continuar a sobreviver de maneira menos arrastada e arrasada, almejam o sorriso e a paz de espírito do mártir, que regeneram o corpo doente e o fortalecem. A demência finca pé na alma de cada devota e devoto e monitora suas vidas pelo lado de dentro, o da fé no sofrimento. O cadáver fermenta as vidas desvalidas e, sob a luz da esperança e do sono reparador, as aquece com afeto.

Semana após semana, mês após mês, os bandos de devotos acendem velas e mais velas na lápide de cimento. Também se expressam pelas lágrimas. Elas sobressaem nos rostos cheios de tiques e nos corpos de mãos trêmulas e pernas bambas. Semana após semana, mês após mês, as chamas bruxuleantes se apagarão. Apagam-se sem deixar rastro, a não ser o da espessa e escura camada de cera queimada que se amontoa e recobre o leito de morte da mamãe.

Com os respectivos corpos e almas doloridos, a antiga menina e o antigo menino, nascidos em Pains, se reencontram em júbilo no lugar restrito e preciso do Cemitério do Santíssimo Sacramento.

Milagres acontecem no município de Formiga.

Sou de natural sonâmbulo, mas a curiosidade se alvoroça se as circunstâncias exteriores ao acontecimento real me espreitam. Desde a meninice, guardei parentesco próximo com a demência, ainda que minha compreensão da dor de viver ainda fosse precária. Como maldizer o parentesco com o demente, se o pingar insano e obscuro do sangue Farnese na corrente do rio familiar se propaga e se espalha do silencioso sofrimento que enclausura meu tio com a corrente de ferro de que se vale a matriarca para amarrá-lo ao tronco do abacateiro? Como maldizer o parentesco com o demente, se o sangue Farnese se propaga e se espalha do escoamento de sangue que vitima minha mãe? Se na eternidade da cova o corpo alienado do mártir transita para o corpo da irmã defunta, como negar no presente as visadas do sobrinho adulto em direção ao passado e ao futuro?

Eclampsia e demência — intercambiáveis na convergência Farnese — norteiam as vidas do viúvo Santiago e dos seus muitos descendentes diretos. Somados todos, encontramos abrigo na grafia do envelhecimento dolorido, de que me valho uma vez mais para enxertar nalgum galho vivo e robusto da árvore da vida o corpo dos dois irmãos nascidos em Pains.

Sei o momento exato em que pela primeira vez enxergo a figura humana da demência. Chego a Pains, sentado na boleia do Ford V8 do tio Oscar. Na carroceria, o caminhão transporta secos e molhados do município para o distrito vizinho. Descemos os dois do veículo e, como caixote de mercadoria, sou entregue à guarda da vovó. Ela me distingue com os olhos. Manda-me sentar numa cadeira no canto da sala de entrada. Logo se esquece de mim. Continua a atender o hóspede que lhe paga a diária e se despede.

Meus olhos encaminham a indiscrição pela casa alheia. Logo me levanto da cadeira. Aos fundos da pensão, a porta da cozinha me acena. Meus olhos me guiam até ela. Minhas pernas os acompanham. Sou e sempre serei súdito do atrevimento, que me levanta as mãos que, por sua vez, abrem a porta dos fundos que dá acesso ao quintal. Fujo do ambiente abafado, de janelas cerradas.

O clarão do sol reacende a manhã no azul do céu. Ilumina-se a terra no verde da vegetação. Ainda estou sendo motivado pela resistência à poeira vermelha que o caminhão de janelas fechadas e eu enfrentamos pela estrada interiorana, de terra batida. O ar livre e coruscante ofende a vista. E logo a desanuvia da letargia. Desço os degraus da escadinha de madeira. Na estação das chuvas, eles livram a cozinha e o assoalho do casarão da enxurrada de barro que baixa do morro vizinho. Piso o chão do quintal. Movimento-me a torto e a direito pela touceira alta e selvagem de capim.

Piso finalmente a borda da clareira de chão capinado do quintal.

Uma figura humana se recosta no tronco do abacateiro.

Enxergo-me a enxergar.

Um homem sentado no chão.

Homem desconhecido. Homem adulto. Com as pernas estiradas, em desalinho. Sentado ao pé da árvore no quintal da pensão da minha avó. Descalço. Intriga-me. Lembro meu pai e os comparo. Não se parecem. Ele me enxerga. Cabeça redonda, vasta cabeleira, barba e bigode por fazer. Na confusão do quintal, o homem está paralisado pela estabilidade do abacateiro centenário. Não se levanta. Pés imundos. Só vestido de calças. O homem ancorado na árvore com corrente de ferro. Não me reconhece, não o reconheço. O homem, inquieto e inquietante. Estamos imóveis. Trocamos olhares vazios. Meus olhos o iluminam de repente. Os dele se acendem para mim, como lâmpadas. Tempo parado. Semelhamos barcos a quem recusam o direito à água corrente dos rios e ao fluxo das ondas que precipitam as águas em pequenas cachoeiras.

Ancorados no quintal da pensão da vovó.

O menino órfão de Formiga e o tio louco de Pains. Meu pai tinha dado o sinal de alerta que ecoava no sussurro dos parentes.

Tudo ocorre em staccato. Em trocas sucessivas de olhares. Em sustos. Como se meus olhos — em uníssono com as imagens seguidas de reconhecimento da imagem do tio mencionado pelo meu pai — só pudessem surpreendê-lo com os cliques sucessivos de máquina fotográfica moderna. Como se, montador de filme, eu estivesse a receber do cameraman uma sequência de curtos takes cinematográficos, aflitivos e absurdos.

Como convidar o espectador a compreender rapidamente a sequência de desenhos humanos que lhe exibo em letra negra na tela em branco da página? Como emprestar direção e ordem às imagens avulsas?

Lembro e narro. Lembro e esqueço. Lembro e não narro tudo.

Sob a copa do abacateiro frondoso, o homem desconhecido, sentado no chão, se protege do sol e da chuva. Em voz baixa lhe dou o nome dado pelo meu pai. Mário. Tio Mário — eu o reconheço melhor na fala familiar do que ali, sentado diante de mim. Homem branco, despenteado. Sem camisa, de peito recoberto por pelos abundantes e negros. Descalço, compartilha a vida vegetativa dos galos, das galinhas e dos perus natalinos, todos soltos a se alimentar de sementes e de insetos catados no quintal. E também compartilha a vida das duas cabras que, na rua Barão de Pium-i, servem o próprio leite aos dois meninos famintos. Os pés sujos de lama vermelha. Semelhantes aos pés das crianças que jogam pelada na rua, depois do temporal.

O uso da força pela mãe distancia da vida em família o corpo e a alma do filho demente.

Por sua forma inconveniente de se comportar em casa e na rua, tem de ser controlado pela violência que ele reclama e exige — justifica-se a senhora minha avó, responsável legal pela sua vida.

Meu filho padece a violência que ele reclama e exige.

Reformulo as frases avoengas, que se tornam consenso na comunidade. Aceitam ao Mário em acordo com as regras que ele reclama e exige. Com as regras estabelecidas por ele no dia a dia. Ordens silenciosas e atrevidas, logo transmitidas aos parentes mais próximos para que sejam levadas a cabo sem culpa.

Por ser ele o único culpado, transformam-no em carrasco de si mesmo.

Alma sem corpo, corpo sem alma, encarcerados no tronco do abacateiro frutífero.

Não botam cadeira para o Mário sentar à mesa; não botam cadeira para a Etelvina comer conosco. Ele e ela nunca se sentam à mesa de jantar. Serão família? Não são e são. Sem pertencer, pertencem. Têm lugar próprio e intransferível. Definido de antemão, preciso e restrito. Ele, o tronco da árvore; ela, o banquinho de madeira, ao pé do fogão. O quintal e a cozinha. O louco e a Etelvina não estão abandonados pela família. Servem-lhes água e comida e não lhes dão adjutório. O Mário toma assento no chão de terra. Dão-lhe banho com o esguicho d'água da mangueira.

Ao deixar o quintal e entrar casa adentro, ao transpor a soleira da porta e caminhar a esmo pelas ruas do arraial, o tio Mário lança flechas visíveis e invisíveis aos passantes.

Os parentes e os moradores de Pains temem as flechas invisíveis e visíveis que ele atira e correm delas. Pela sua única presença fulminante, ele choca, assusta e ameaça. A quem? Não existem cidadãos e cidadãs atingidos; existe a família atingida, que deseja precaver-se da própria angústia e da angústia dos moradores do arraial, alvo das flechas atiradas por ele.

É compreendendo o tio Mário que me compreendo.

Quando chego de volta da curta viagem a Pains, corro para a estante de livros. Busco no *Tesouro da juventude* a página e a imagem que me ajuda a decifrar a fala que descreve o tio Mário a atirar flechas invisíveis e visíveis em todas as direções. Entendo melhor o que vi e escutei. Se somadas, as muitas palavras dos adultos se resumem a uma única frase.

A demência é um animal selvagem e o demente, um porco-espinho.

Na densa vegetação do quintal e na pasmaceira do povoado, o demente sobrevive como o porco-espinho na mata calcária de Pains.

Não o cumprimentam. Nem mesmo o saúdam de longe. Não o abordam porque não querem ser abordados. Para tornar notada a desdenhada presença solitária, e inesquecível, o corpo de Mário se concentra e se enrijece. Concentra-se e se enrijece, se é que alguma atitude ou ação sua derive da vontade ou do desejo. Instintivamente, o Mário retesa o corpo. Seus músculos tensos eriçam espinhos e começam a dispará-los. O predador concebe sob medida os predadores que ele reclama e exige. Ele os merece por vontade e desejo da natureza.

Arrepio-me. Eriço espinhos e, a esmo, começo a dispará-los.

O porco-espinho se avizinha do estranho sem dele se aproximar. Sustenta-se no chão que pisa. Sustento-me na frase que escrevo. O porco-espinho olha de alto a baixo o estranho, medindo o risco de mover as pernas com o metro das apreensões que o atormentam e a mim. Ele nada diz. Nada digo. De posse do próprio olhar, o porco-espinho circunscreve na atmosfera da comunidade o desenho do seu corpo parado e silencioso. Eu também circunscrevo minha frase no branco da página. Graças aos mais de trinta mil dardos que os porcos-espinhos podemos soltar na idade adulta, nós circunscrevemos com o olhar solitário nossos corpos a caminhar. A caminhar tão soltos e lépidos quanto o menino sonâmbulo no espaço constrangedor das ruas da cidade de Formiga.

Se ouriçados, os espinhos eriçados alargam o espaço circunscrito da tarde em que Mário foge de casa e também o retângulo branco desta folha de papel em que escrevo. Nós dois abrimos caminho na rua interiorana e desenhamos nossos corpos em letras. E energizamos nossa pisada na palavra seguinte. Caminhamos os dois corpos por essas palavras.

O menino sonâmbulo é reflexo do tio. São um.

O louco é o caminhante em busca da liberdade de movimento. Alcançada, ele a dá de presente às pernas e ao corpo, em atitude semelhante à da natureza que oferece gratuitamente os espinhos autoprotetores ao animalzinho selvagem. A vivência do porco-espinho ele a expande em liberdade. O demente sai liberto do quintal em que o enfurnam. Na saída de casa e na volta à casa materna, desconhece tanto a direção para o caminhar curto ou longo como o alvo para os espinhos que dispara e ferem. Solta flechas a torto e a direito e em todas as direções. Ferem a tudo o que, no entorno da demência, apenas a fareja e a teme; ferem a todos e a todas que, agrupados e enturmados pelos laços de família, não querem manter laços de afeto com o porco-espinho.

Acorrentado ao tronco do frondoso abacateiro, o Mário é prisioneiro e é livre, qual porco-espinho à deriva na mata calcária de Pains, ou barco ancorado nas areias brancas do rio Formiga. Ninguém é mais livre que ele no arraial. Somos livres. A liberdade não é invenção do homem para o homem com vistas a um sistema político e social comum, onde a individualidade encontra espaço para se manifestar. A liberdade do tio Mário é obscura e enigmática invenção diária. Sobrevida. Vida a ser vivida na dor de não ser, sendo. Ao viver a vida pelo seu lado de fora, o do excluído, o porco-espinho inventa casa, família e povoado e por eles é reinventado. Age como lhe dá na telha. Como lhe dá na telha, diz e escuta. Como se lhe dá na telha, fica parado ou caminha.

Ele é tão irresponsável!

Pensão, família e arraial sobrevivem graças ao espanto de cada um diante da presença agressiva e absurda do porco-espinho acorrentado ao abacateiro no quintal, ou a caminhar pelas ruas amedrontadas. Simbolicamente, carregam ao louco no andor como imagem carismática indispensável à união familiar e comunitária.

Para sobrevivermos ajuizados e felizes, nós precisamos neutralizar nosso medo da sua liberdade absoluta.

Esquecido pela primeira lembrança, um detalhe crucial do perfil do tio Mário me transtorna.

Cegado pela imagem obsessiva do corpo acorrentado ao abacateiro, consolo-me apenas com a descrição do porco-espinho que leio no *Tesouro da juventude*. Deixo de anotar detalhe crucial que percebo nas feições do tio Mário. Por que demorei tanto a destacar o pormenor que percebo no rosto do tio Mário e me transtorna? Por que deixei incompleto seu perfil? Minha sensibilidade alerta teria sido dominada ou esmagada pela única imagem do porco-espinho? O animal selvagem quis me impor seu domínio e se fortificar na imaginação, preservando o instante presente da observação no cubículo da primeira explicação? Se me transtorno ao dar conta do pormenor esquecido do perfil do tio, é pela angústia que ele — se agigantado pela contraforça do futuro que subdivide a primeira impressão — me desperta e que me encanta.

Retomo, pois, o perfil do homem que vejo acorrentado ao abacateiro no fundo do quintal. No esboço já desenhado, a imagem está correta, embora incompleta. Inicialmente, a demência é a estranheza do sobreviver do tio Mário na família Farnese. Correto. Nas vezes seguintes em que dele me aproximo e o vejo como parente querido, o aparentemente nada é o que passa a intrigar-me. O quase nada me desafia mais que a morte prematura da mamãe, ou tanto quanto ela. Por que será que é esse pormenor obscuro do rosto de Mário que espelha mais realisticamente a morte de parto por eclampsia da sua irmã?

Intriga-me e me desafia o irreverente e desconcertante sorriso no rosto do tio Mário.

Intriga-me o declive discreto proposto pelos lábios masculinos. A ladeira inesperada da boca que se abre para a goela, sem fala. E se desdobra na rampa abrupta e obscura das vísceras, a que me convida. Seu sorriso se expressa pelos lábios entreabertos e se extrapola por todo o corpo do porco-espinho.

O sorriso do tio Mário se esconde nas dobras do primeiro e precipitado perfil desenhado por mim? Perfil e eu nos desdobramos no momento em que desdobro o primeiro e precipitado relato para pegar — lá no fundo do fundo das sucessivas imagens clicadas no quintal da pensão — o sorriso que noite e dia o tio Mário ostenta nos lábios entreabertos.

Pego o sorriso como ao pacu ou à piabinha a nadar pelas águas do rio Formiga e a escorregar pelas minhas mãos antes de se afundar no recipiente de vidro que carrego até o quarto da Sofia, como a um aquário portátil. Seu sorriso.

Seu sorriso. Meu peixinho. Meu aquário portátil.

O quarto da Sofia. Seu sorriso me transtorna e fortalece minha alegria. Esconde-se de meus olhos, se agiganta e brilha por todo o quarto. É possessão e é incógnita. Ao desvendar o enigma do sorriso, terei acesso à chave que abre a porta da coragem vital de que se valem o demente e o porco-espinho ao disparar flechas para todos os lados?

Coragem vital não se traduz apenas pela chusma de espinhos que, como escavadeira, abre caminho em meio humano inóspito. É antes balela culposa e culpada da família e da gente do arraial a dizer que o potencial de vida comunitária do tio Mário se explica pelos espinhos lançados e neles se esgota. Coragem vital é anterior à autodefesa agressiva que avança em território que lhe é interdito. O tio Mário é imagem da dor de viver e é, ao mesmo tempo, o sorriso silencioso que o libera e o liberta de todas as pessoas que dele se avizinham para desdenhá-lo ou maldizê-lo.

Seu sorriso é ponto de interrogação sobre a morte sacrificial da mãe e sobre a vida do menino machucado pela infelicidade da perda.

O sorriso do tio Mário golpeia ao sobrinho na infância sonâmbula, angustiando-o, intrigando-o e o desafiando pelo resto da vida. Ao me dar a primeira lição sobre a arte de viver em dor/alegria, seus lábios entreabertos aliviam o sonambulismo em que vivo.

Como cunha de enxerto, extraída do galho de roseira, o sorriso silencioso do tio Mário se insemina no grito de dor da família Farnese que o arraial ecoa. Se vingada, a seiva deambulará por todo o distrito de Pains. A seiva do sorriso enxertado leva o galho a brotar um botão contraditório que desabrochará em flor singular e única. Ao existir em falso falsete ao lado da floração das irmãs e dos irmãos de sangue, a flor híbrida se alia ao grito da dor de viver e destila a beleza despudorada no cantar da alegria.

Reconheço-me testemunha dos fatos acontecidos em Pains e, ao imiscuir-me entre eles, me proponho protagonista quando os descrevo. Sentado na boleia do caminhão Ford V8 do tio Oscar, minha subjetividade infantil carrega a mala sonâmbula da memória para uma viagem imaginária do escritor pelo futuro.

Para escrever o romance *Machado*, associei as iniciais de Machado de Assis, M. de A., às iniciais de outro M. de A., Mário de Alencar, filho do romancista José de Alencar. Apesar da série de diferenças que caracterizam a um e a outro, os dois escritores cujas iniciais se confundem tornam-se grandes amigos na vida e perpetuam a graça da amizade entre pares na idade, Nascidos à sombra das respectivas e idênticas iniciais, e não só da minha leitura das respectivas obras literárias — repito-me —, os laços de amizade me levam a destrinchar os laços humanos delicados e profundos que me atam tanto à velhice e à viuvez do mestre M. de A., Machado de Assis, como à juventude e à admiração do discípulo M. de A., Mário de Alencar.

Por iniciais semelhantes é que também associo, em trabalhos meus, dois outros mestres da nossa prosa literária. De um lado, as iniciais G. R., de Graciliano Ramos. Do outro, as mesmas iniciais G. R., agora de Guimarães Rosa. Iniciais semelhantes tornam-se o indispensável complemento visionário que explicita — no romance *Em liberdade* e no ensaio *Genealogia da ferocidade*, respectivamente — as armadilhas e as escaramuças geniais que revestem a boa prosa de ficção brasileira que me interessa. Leio-os pelas iniciais e os analiso nos textos, deixando enxertar-me mais e mais por ambos. Imito-os no desejo de me surpreender no processo de invenção do escritor que sou e que, sendo por definição produto de enxertia, não teria sido se sozinho.

Se enxertada neste capítulo, será que a *cunha* propiciada por iniciais semelhantes revelaria ao sobrinho a matéria-prima do sorriso silencioso do tio?

Cavouco minha memória como meu pai cavouca o canteiro do jardim para o enriquecer de mais uma roseira que lhe chega de São Paulo. Ao cavoucar a terra do canteiro, será que meu pai adivinha que apronta, para enxertia futura, a roseira a ser plantada? Busco ajuda no elenco dos nomes que a leitura, a análise e o ensino organizam sob a forma alfabética de biblioteca a tiracolo.

Meu coração estrala. Minha Loucura, acalma-te.[12]

Tenho iniciais semelhantes e esclarecedoras.

M. e M., Mário e Mário.

Mário — o tio de Pains — se deixa enxertar pelas iniciais do escritor modernista paulista Mário, o de Andrade.

Retomo o verso: "Meu coração estrala. Minha Loucura, acalma-te".

Iniciais e prenomes idênticos se casam no verso e espocam nos ouvidos. Ao tornar os dois Mários passíveis de cruzamento no meu relato, não estou também identificando a cada um na singularidade comum e municiando a mim de flechas para prolongar esta nova aventura literária? Enxerto um nome próprio explosivo em outro idêntico e confiável e os mantenho presos com uma tira de embira. De imediato, transcendo a família Farnese e a Santiago, bem como os bens simbólicos delas herdados e me encharco no fluxo da fértil seiva literária afluente — legitimamente andradina — que conflui para este capítulo. Ao me nomear protagonista em duas vidas alheias, viro argola a mais na corrente do sangue da tradição literária brasileira. Acolho o jato de sangue alternativo e me desvio do caminho único, traçado pelos limites estreitos das viagens intermitentes do menino sonâmbulo ao distrito de Pains. Deixo fugir a linha de fuga que me conduziria inexoravelmente à foz única do rio do sangue Farnese.

Um pé a pisar a condição familiar dos Farnese/Santiago, o outro, a história literária brasileira e universal.

Sebastião, meu pai, é o inesperado mestre na arte da enxertia. A envelhecer viúvo e solitário, admiro-o e o reverencio entre canteiros e roseiras no jardim da rua Barão de Pium-i. Nos olhos incisivos de cirurgião, o gosto pela precisão absoluta na tarefa de enxertia. Nas mãos adestradas, a tesoura de podar, ágil e afiada. Revejo o menino sonâmbulo a observar da amurada do alpendre o gestual alegórico que se desenvolve em fases sucessivas. Meu pai prolonga o jardim familiar de rosas convencionais em rosas únicas, inventadas pelo lazer. Não houve solução de continuidade na sua vida sentimental. *As ações que são as quase iguais.*

Foco o *vazio* que se abre na constituição da minha identidade sentimental e literária. O vazio torna propício o aparecimento de entraves ao curso natural da seiva genealógica. Abro-me mais e me entrego todo à afluência súbita de correntes externas. Não adivinho seu desempenho imprevisível em corpo que lhes é estranho. São as torrentes externas à minha vivência infantil que me levam a querer ultrapassar, na vivência interiorana, os limites impostos pelas fronteiras da inexperiência e da ingenuidade. As torrentes são afluentes e derrubam barreiras e muralhas como o dedo descuidado do adulto desfaz a fileira infinita de pedras de dominó dispostas pelo menino no assoalho encerado do quarto de dormir.

Entre construção, destruição e reconstrução, as torrentes externas afluentes me incitam a saltar as barreiras da identidade e ir adiante, ainda que movido apenas por impulso dado por piparote fortuito.

O Mário do distrito de Pains e o da *Pauliceia desvairada* se enxertam um ao outro na minha imaginação e *aplicam* — como experiente aplica cocaína em novato — o verso "A própria dor é uma felicidade".[13]

Em sorriso, os lábios ligeiramente entreabertos do tio Mário me sussurram *a própria dor é uma felicidade.*

Os dois Mários — de um, trago a experiência selvagem de vida, trancada a sete chaves pela família; do outro, a experiência vanguardista da reflexão sentimental, espalhafatosa e cabotina — me ensinam a desassociar dois casais de palavras que são aproximadas por uma conduzir à outra e vice-versa.

Dor conduz a infortúnio. Infortúnio conduz a dor.

Os pequeno-burgueses brasileiros, católicos, estabelecem os dois casais como inseparáveis. São considerados mutuamente em conflito e excludentes. Sofrimento casa com dor que, por sua vez, casa com a vida desafortunada. Prazer casa com sorriso que, por sua vez, casa com a felicidade em vida.

Do momento em que os dois Mários desassociam a tristeza da sua origem na dor e a felicidade da sua origem no prazer, o sentido das duas experiências-limite e exibicionistas experimentadas pelo ser humano não é mais equacionado pelos dois casais de vocábulos em conflito aberto. Na mente em formação sentimental do ser, a desassociação dos elementos que formam cada um dos casais serve para agigantar a autonomia da emoção humana. Ela se agiganta e domina o lugar-comum. A emoção visa a ganhar a liberdade proporcionada por constantes reinvenções diárias nos jogos combinatórios de palavras que se desgastam pela repetição. Desassociam-se os componentes que se robustecem pela oposição, para que a emoção solta, já livre das amarras tradicionais, ganhe amplitudes outras. Percorra caminhos independentes do preconceito comunitário, religioso e filosófico.

A própria dor é uma felicidade.

Ao traduzir emoções-limite e sentimentos carregados de sentido, esses casais alternativos podem conviver como exercício libertário na clave da amizade redentora da experiência humana.

Podem conviver. Devem conviver.

Levanto-me da escrivaninha e caminho até a estante, retiro o livro que reproduz a correspondência do poeta Carlos Drummond com Mário de Andrade. Copio trecho de carta escrita pelo paulista ao mineiro:

"No *Losango cáqui* eu escrevi um pensamento que não é a síntese, mas é a resultante mais feliz da minha maneira de ser feliz: 'A própria dor é uma felicidade'. Pra felicidade inconsciente por assim dizer física do homem comum qualquer temor qualquer dor é empecilho. Pra mim não porque pela minha sensibilidade exagerada, pela qual eu conheço por demais, a dor principia, a dor se verifica, a dor me faz sofrer, a dor acaba, a dor permanece na sua ação benéfica histórica moral, a dor é um dado de conhecimento, a dor é uma compreensão normalizante da vida, a própria dor é uma felicidade."

Prolongo o trabalho de enxertia do Mário paulista no Mário mineiro e com ambos escrevo meu corpo em dor.

Prolongo-os, a fim de poder examinar duas outras roseiras — o filósofo alemão Nietzsche, minha mãe, Noêmia — sob a luz dos *Afetos militares de mistura com os porquês de eu saber alemão*. Trago à baila primeiro as palavras de Friedrich Nietzsche sobre as dificuldades para transformar toda experiência de vida em objeto de afirmação: "O artista trágico não é nenhum pessimista. Ele diz justamente *sim* a tudo que é digno de questão e passível mesmo de produzir terror, ele é *dionisíaco...*". A rosa petulante de Mário de Andrade no jardim das letras nacionais teria brotado da enxertia nietzschiana? Pergunto-me e me respondo, citando outro trecho de carta do poeta paulista ao poeta mineiro: "um poucadinho de estudo [...] e de coragem e de franqueza e sobretudo de humanidade fez de mim um sujeito tão enormemente feliz... meu Deus! às vezes tenho vontade de berrar de felicidade".

Inesperada, a rosa mineira brota também dessa enxertia. Rosa Noêmia. É interminável a combinatória das iniciais e dos nomes próprios semelhantes que me assaltam e me pressionam. Aventurei-me pela letra M de Mário e me aventuro pela letra que se lhe segue no alfabeto romano, a letra N.

A inicial N. prolonga desastrosamente minha infância mineira. Nela se abrem brechas de tristeza infinita para que o *vazio* da infelicidade se transforme paradoxalmente em sustentáculos hercúleos da coragem alvoroçada e vital que alimenta a curiosidade do menino sonâmbulo. À semelhança do poeta Mário de Andrade, que se deixa enxertar pela filosofia dionisíaca de Nietzsche, eu já adulto levo Noêmia, minha mãe, a se deixar enxertar pelo irmão, o tio Mário, a quem reencontra tardiamente no túmulo do Cemitério do Santíssimo Sacramento. Como num jogo de espelho em que a imagem sugere o seu avesso no reflexo, a inicial N., comum a Nietzsche e a Noêmia, se desencontra passageiramente para se associar a outra inicial comum, que os reaproxima. O F, de Friedrich e de Farnese.

Como em galáxia inesperada, minhas memórias estão expostas na escrivaninha do escritório e vão sendo desenvolvidas em narrativa em que se acumulam as propostas do Acaso. Posso desobedecer à obediência como prerrogativa única à corrente do sangue Santiago Farnese? Posso e sempre poderei transgredir — ao pensar e ao escrever — os limites genealógicos? Seria possível ter pensado e escrito este relato sem acatar e incorporar o *Sim* à afluência extemporânea dos fluxos externos?

Neste canteiro de obras, as rosas da vida e da arte, independentemente da seiva original que as alimenta, eu as colho no momento em que, desabrochadas e híbridas, dizem *Sim* à dor e à morte. Dizem *Sim* ao prazer e à vida. São essas rosas que apreendem a semântica da fluidez do tempo intempestivo e, por isso, são pouco sensíveis à ditadura do sangue e da cronologia. Enquanto rosas narrativas, são ainda pouco submissas aos efeitos em cascata dóceis à linearidade expositiva.

Preciso esfarelar o universo, perder o respeito pelo todo da experiência única e apostar na multiplicidade do que se esgarça e se esfarinha.

Aposto na multiplicidade do uno, na unicidade do múltiplo. Aposto no múltiplo, em suma. As rosas híbridas se afirmam porque se desdobram primeiro na fecundação artificial. Ao se desdobrarem, logo recuperam a seiva natural e se multiplicam em exaustivo e incansável processo de repetição em diferença. Mário estende as mãos a Mário. Nietzsche estende as mãos a Noêmia. Mãos dadas, as rosas híbridas dizem *Sim* — eu digo *Sim!* — ao prazer e à vida até no átimo de segundo em que uma delas sacrifica seu estar no mundo em favor doutra e emergente Vida. Noêmia desaparece. Permanecem seu marido viúvo e seus sete filhos e filhas, órfãos de mãe.

Um duplo *Sim*. *Sim* à dor do parto e *Sim* à morte de parto. *Sim* à alegria do nascimento do outro e *Sim* ao sorriso do demente.

Nietzsche e Noêmia. Friedrich e Farnese. Enxertados em mim. Desbravador e afirmativo, eu me adentro por esta narrativa como cunha fecunda de enxerto que por sua vez se insemina no galho de roseira no jardim da rua Barão de Pium-i.

O avesso de Noêmia Farnese é um filósofo alemão, Friedrich Nietzsche, que lê grego. O acesso ao mundo moderno não deve ser negado ao mundo antigo, afirma ele. O avesso de Friedrich Nietzsche, Noêmia Farnese, não é mulher alemã nem lê grego, embora a fatalidade em vida a leve a agir em consonância com o que é filósofo alemão e lê grego. Em busca da derradeira enxertia paradoxal, busco na estante o volume *Crepúsculo dos ídolos ou Como se filosofa com o martelo*, de Nietzsche, e o abro. Avanço até um dos últimos capítulos do livro, "O que devo aos antigos". Devo aos antigos, confessa ele, o instinto a que dão o nome de Dionísio, que é somente explicável pelo excesso de força, aberração e afirmação do sentimento religioso helênico.

Dionísio é a divindade do delírio e da loucura orgiástica. No Olimpo homérico não há lugar para Dionísio. O dionisismo não visa a estabelecer uma relação introspectiva e intelectual. A ideia de que só é misticismo o ensino moralizante, subordinado a preceitos éticos, é decorrente de uma extensão retrógrada do misticismo cristão e é errônea. O fato fundamental do instinto helênico se expressa na sua "vontade de vida". Dionísio é o Anticristo. Explicita Nietzsche:

"O que o heleno garantia para si com os mistérios dionisíacos? A vida *eterna*, o eterno retorno da vida; o futuro, prometido e consagrado ao passado; o triunfante *Sim* à vida, acima da morte e da mudança; a *verdadeira* vida, como continuação geral mediante a procriação, mediante os mistérios da sexualidade. Para os gregos, então, o símbolo *sexual* era o símbolo venerável em si, o autêntico sentido profundo no interior da *antiga* religiosidade."

Ao aproximar o desregrado Dionísio da procriação humana, Nietzsche presenteia-nos com o mais profundo e belo exemplo do duplo *Sim* à Vida, exalado pelas dores do parto. O *Sim* às dores do parto é o *Sim* à felicidade. Todo pormenor no parto desperta os mais elevados e solenes sentimentos. Isso porque na doutrina dos mistérios — o filósofo explicita — "a dor é santificada: as 'dores da mulher no parto' santificam a dor em geral — todo vir a ser e crescer, tudo o que garante o futuro *implica* a dor...".

Destaco: "Só o cristianismo, com seu fundamental ressentimento *contra* a vida, fez da sexualidade algo impuro: jogou *imundície* no começo, no pressuposto da nossa vida".

Equações derivadas do pensamento sobre morte-e-vida de

familiares são de trato espinhoso. São também rebeldes a uma leitura que não as aprisione, simplificando-as, nos ensinamentos cristãos, onde se agiganta a culpa coletiva para que a redenção seja bombástica e gloriosa. No entanto, morte-e-vida dos familiares é o principal material da minha grafia-de-vida. Não há como escapar. Mais espinhoso será o trato sobre morte-e-vida dos familiares se a morte — o sacrifício da morte em prol de outro — vier encaixada, desde o ano e meio de vida, na consciência inconsciente que se reflete no ensino do catecismo na igreja São Vicente Férrer e se prolonga em inclinação religiosa.

Não sou o sofredor, sou o testemunho do sacrifício da morte em favor da vida de outro, e já é demais.

Não abro os olhos para o rosto da mãe no momento em que a parteira dá a palmadinha impertinente no meu bumbum. Não abro os pulmões e não solto o primeiro grito ao enxergar — olhos meus nos olhos dela, olhos dela nos olhos meus — a morte. Abro os olhos para a morte no momento em que começo a gangorrar entre os significados das emoções que me sustentam e que não entendo.

Nada enxergo de físico e de concreto. Cotidianamente, visualizo a dor que desce e toma conta da casa da rua Barão de Pium-i.

Dor infinita e abstrata. Não consigo apreendê-la no instante dito presente para interiorizá-la fisicamente, no corpo e na mente. Sua força infinita e abstrata, sinto-a a se movimentar, a ganhar espaço no dia a dia, e a adivinho apenas nos detalhes. A força negativa da dor nasce, sobrenada e se agiganta no quarto da Sofia. Durante o sono, movimento-me desastrosamente pela cama. A caminhar pela manhã e pela tarde, também a adivinho, como se o entorno do corpo — e não meu coração — fosse o responsável por liberar a mim como criança inocente. A ignorância sobre o significado do sacrifício da mãe — do parto como morte, da morte como perda para mim e para todos, pai, irmãos e irmãs — me joga para a indeterminação das saliências concretas e inesperadas do mundo que me rodeia.

As saliências agressivas e vingativas que povoam o entorno do meu corpo frágil se me revelam na figura do Justiceiro.

O Justiceiro me cega e me conduz para além dos limites violentos da realidade, que me cerceiam. Escorrego, levo tombo, machuco-me, bato com a cabeça ou com os braços em objetos de ferro. Sob o magistério do Justiceiro todo objeto do entorno do meu corpo é pontiagudo e é arma e machuca o menino que caminha pelas ruas de Formiga como um sonâmbulo.

Toda saliência ferina que salta do entorno do meu corpo relembra — pela reafirmação da dor — o sacrifício da morte e injeta o complexo de culpa na consciência em formação. Culpa por ato que não foi cometido por mim mas do qual participo por interposta e fraterna figura.

Afirmo-me pela vontade de não assumir culpas, a culpa. Invento desvios. Corpo a corpo, multiplico-me na sonolência que evita o confronto deliberado com as saliências dos objetos ferozes e pontiagudos que o Justiceiro atira contra meu corpo indefeso. Transformo-me em criança que, ao se afirmar pelo sacrifício da mãe em prol da vida do nascituro, se reafirma na dor.

Sim à dor. Sim à felicidade.

Tenho de — quero! Ao dar forma ao comportamento múltiplo e paradoxal que até hoje me persegue, me controla e me afiança, transformo em inocente a infância culpada. Ela me define pela ambiguidade.

Na qualidade de aprendiz, sou agressivo e, por natureza, extremamente gregário. Sou lutador, combato. Sou boa companhia, apaziguo. Em conversa com os mais velhos que me cercam em Formiga e, pouco a pouco, constituem minha família ampliada, eu me esforço para emprestar sentido positivo à irresponsabilidade comunitária que assumo. Torno-me independente dos elogios de uns e da reprovação de todos. Sonâmbulo, trabalho a matéria concreta da fala como se fosse argila a reproduzir a mim enquanto artefato utilitário.

O sacrifício da mãe não é entrave. É abertura, via de passagem para o desdobramento da personalidade. Esta se constrói por ações avulsas, variadas e múltiplas, contraditórias apenas na aparência. As ações, por sua vez, ganham força e galeio no modo ajuizado como o menino sonâmbulo se perde — e aufere lucro — na conversa com os mais velhos. Na perda da mãe e na ausência do pai, o vovô Amarante e o nhô Campeiro como que aproveitavam da minha disponibilidade extemporânea para instilar no organismo em formação o remédio que, veiculado por palavras afetuosas, cura. O remédio fomenta minhas respostas à dupla perda, de que eu não conseguiria desvencilhar-me apenas pelo gestual combativo junto aos meus coleguinhas.

Minhas armas são as palavras de dois velhos senhores experientes; minha crença na vida é de criança.

Obediente à ordem avoenga, recomponho-me e ergo a cabeça diante das sucessivas punições ordenadas pelo Justiceiro. Enfrento-as.

Obediência por um lado e invenção de autocontrole por outro dialogam por cima das barreiras e multiplicam as passagens de fuga nas fases sucessivas da construção da personalidade. A multiplicidade no modo de ser niilista e de ser otimista ata de maneira sonâmbula o passado ao futuro, esquivando-os da queda eterna na presentificação do presente.

Não acredito no apego radical ao acontecimento único como modelagem do temperamento humano.

7.
Fotos

Resolvi tomar como ponto de partida de minha busca apenas algumas fotos, aquelas que, tenho certeza, existiam para mim. *Nada a ver com um* corpus: *somente alguns corpos.*

Roland Barthes, A câmara clara

Hífen, *etimologia: gr.* huphén *adv. "juntamente",*
pelo lat. tar. hyphen.

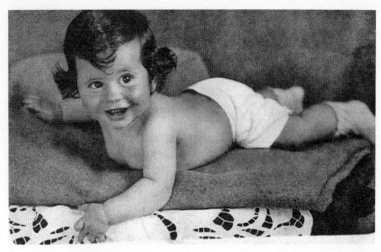
Dia 29 de janeiro de 1937.

Já adulto, ao ver pela primeira vez minha foto enquadrada pelas mãos da minha irmã Hilda, que a tinha selecionado dentre muitas outras fotos dos parentes mais próximos, guardadas numa antiga lata de biscoitos Maria, eu me disse com um espanto que jamais pude minimizar:

Vejo os olhos que veem minha mãe viva.

Revejo os olhos do menino recém-nascido que veem o corpo da minha mãe, de pé, em carne, osso e sangue, que não lembro mais.[14]

Tão logo sou surpreendido pela foto que mantenho em mãos e me possui, faço um pedido à irmã mais velha. Responde-me:

"Claro, pode ficar com ela. Estará em melhores mãos."

Examino-a mais atentamente e enrubesço.

Mecanicamente, devolvo a foto à Hilda. Ela a rejeita e reafirma: "Já é sua. Guarde-a".

Em seguida, ela se levanta do sofá da sala de visitas e caminha até o escritório do apartamento onde mora em Belo Horizonte. Na estante, estão seus muitos livros de psicologia e alguns de literatura, e os livros de geografia e história do marido, o professor Juscelino Bethamio Paraíso.

Volta com um envelope aéreo, em branco. Toma a foto das minhas mãos. Insere-a no envelope, protegendo-a. Nele, está a única revelação do negativo há muito desaparecido.

Com os olhos atuais possuo pelos olhos do recém-nascido fotografado o corpo da mamãe tal como foi visto ainda em vida. Ela esteve ali, na minha frente, naquela sala. Naquela hora, naquele minuto, naquele instante. Ali esteve e agora está aqui, no meu escritório; e para sempre estará viva nos olhos do menino nascido em 29 de setembro do ano anterior.

De volta ao Rio de Janeiro, guardo o envelope numa pasta em que, de maneira anárquica, reúno muitas e variadas fotos e ainda cartões-postais nunca endereçados. Essa foto é diferente das demais e é singular. Desde o fim de tarde em casa da irmã mais velha em Belo Horizonte e, na verdade, desde o útero materno, convivo com o infante segundo após segundo, dia após dia, ano após ano, de igual para igual, como se fôssemos gêmeos univitelinos que, de tempos em tempos, se tornam irmãos inimigos e andam às turras.

Lembro o poema de Sá de Miranda: "Comigo me desavim,/ sou posto em todo perigo;/ não posso viver comigo/ nem posso fugir de mim".

A foto seria uma relíquia? Como considerar objeto de relíquia o infante praticamente nu, vestido de fralda branca de algodão e calçado de sapatinhos tricotados em lã também branca, se ainda vive e respira os ares do Rio de Janeiro? Como considerá-la *relíquia* pelo significado etimológico da palavra, "a migalha que fica entre os dentes depois de comer", se ainda sou um faminto do amor materno?

Se por motivo dolorido chego a retirar o envelope da pasta onde o guardo, meu olhar é dado às mais baixas e vergonhosas crises de inveja e ciúme dos olhos do recém-nascido. A crise de inveja e ciúme logo se metamorfoseia em crise de vazio pela falta definitiva de uma vida vivida, que não me coube compartilhar.

Se a foto não é relíquia do infante de olhar esperto e cativante, sorridente, o é da nossa mãe que, no instante luminoso do clique, está viva embora de corpo ausente na foto.

Ela está de corpo presente e plena na pupila que a deixa entrar e, num bater de pálpebras, a esconde de mim, recalcando para sempre sua imagem no fundo poço da foto e da nossa memória comum.

Não ter foto do recém-nascido no colo materno não chega a ser infortúnio fatal.

Possuo a foto do penúltimo e solitário filho de dona Noêmia, clicada no dia 29 de janeiro de 1937. Com ela tenho me contentado desde que a recebi das mãos da Hilda e, com tristeza áspera e oco sofrido, ainda me contento. Somos um, sendo ele e eu. Somos três, sendo ele, eu e ela. Dois a dois, nossos seis olhos nos aproximam da fogueira da vida, e nos distinguem pelo momento preciso em que revivemos o segundo vivido.

Quatro dos seis olhos ainda estão em vida e, pela imagem, são aproximados simbolicamente dos dois restantes, engolidos pela morte prematura.

Passageira da vida, a seguir solitária pelo próprio beco sem saída em que se mete por obra dos deuses, dona Noêmia afasta o filho do colo. Os braços brancos e roliços depositam carinhosamente o corpinho na mesa de centro da sala de visitas. O tampo da mesa está devidamente acolchoado para acolher o bebê. Raios de sol entram pela janela aberta. Estão acesas as luzes do teto. A máquina Kodak do dr. Sebastião, de fole, já está enroscada no alto do tripé e impera. A lente se direciona para a mesa de centro, separada do conjunto de duas cadeiras que a acompanha de costume. O corpinho claro do infante é virado pela mãe para ficar de bruços. Recortado da cabeleira, o rostinho branco se destaca em primeiro plano. Exibe o chuca-chuca. O cabelo sedoso levará tempo para se liberar da escova da Sofia.

O recém-nascido posa qual marinheiro a navegar pelo cobertor de lã cinza, adornado pela espuma branca da toalha rendada e linda, que recobre o móvel. Às vésperas da sua própria viagem, a mãe já deixa o filho viajar sozinho. Deitado de bruços em toda a extensão da mesinha e alerta, o menino se apronta para dominar as ondas marítimas inesperadas e traiçoeiras. Está a meio do oceano e, com os cinco sentidos despertos, observa os marinheiros que se aproximam e se distanciam, enquanto o horizonte se lhe descortina no alto-mar da sala de visitas da casa paterna. Receoso do balançar ininterrupto das ondas, um dos bracinhos do viajante, o esquerdo, se agarra à madeira da canoa e se apoia na beirada do barco, que apenas roça o bordado da espuma rendada. Chega a dobrar o dedo indicador para ter a garantia de apoio. O outro braço retém o corpo nos limites do cobertor de lã cinza.

Abertos em cruz, os braços conservam o corpinho imóvel, insensível às oscilações da canoa. Sorri triunfante, em obediência à ordem do pai. Clique! Retira os olhos do fotógrafo. Move o pescoço para a esquerda.

Os olhos flagram a mãe no instante em que o corpinho é flagrado pela lente da máquina fotográfica.

O recém-nascido é marinheiro saudável e se apruma com elegância natural. Não há necessidade de circundar com travesseiro o corpo ainda frágil, protegendo-o da queda no assoalho. Deitado de bruços, solitário, o infante não o lembra a dormir no quarto da Sofia, quando se inquieta a ponto de levar o corpo a rolar da cama para o assoalho em tombos formidáveis.

A presença da mãe na sala de visitas torna inútil a escora do travesseiro.

O recém-nascido é jogado para o fundo do quadro e lá permanece como a dizer que, envolto nos panos brancos da infância, o marinheiro vem sendo amamentado e acarinhado pela mãe e consegue manter o corpo vigoroso, desenvolto e ainda a salvo de sonhos futuros e de pesadelos dolorosos. Na falta do leite materno, talvez o infante tenha sido também servido por mãe preta, figura anônima ontem e hoje. Ou tenha sido amamentado pelos seios da Etelvina, se é que ela, ao ser empregada como cozinheira e ir morar na casinha dos fundos da casa, tivesse acabado de dar à luz filho ou filha.

Não muitos meses depois de ter feito a primeira e afortunada viagem pela foto, o recém-nascido cresce menino menos e menos saudável e mais e mais solitário. Pouco se exercita em casa, pouco se alimenta na hora das refeições. Ao lado do irmão mais novo, o Haroldo, vive sonâmbulo no quarto da Sofia. Encaramujado, na verdade não sabe por que fia o casulo de seda que o envolve e onde se aninha, preservando-se das arapucas armadas pelas calçadas e praças da cidade, por onde transita e se machuca. Torna-se mais e mais triste. À noite, no alto-mar da cama estreita de solteiro do quarto da Sofia, padece as oscilações inquietantes e desarmoniosas das ondas marítimas. É vítima delas. Perde o controle do leme e lhe escapa da vista o horizonte acolhedor e esperançoso, descortinado no momento em que a mãe o deitou de bruços no cobertor cinza de lã. Emagrece a olhos vistos. Fica quase raquítico. Canela Fina — o apelidam na rua.

Quase não consegue ficar de pé. Qualquer movimento mais abrupto derruba-o por terra.

Os cotovelos são chaga viva.

No café da manhã, o leite materno é substituído pelo leite morno tirado pela Etelvina das tetas de duas cabras que pastam e passeiam pelo quintal da casa. As mãos dedicadas da Sofia servem ao irmão mais novo e a ele, o leite sadio.

No momento do clique, o corpo presente e admirativo da mãe, escondido num dos cantos da sala de visitas, atrai os olhos do recém-nascido para se deixar refletir por eles. No instante mágico do clique, o pai os rouba para sempre. De longe e ressabiada, a dona Noêmia continua a admirar o filhinho — só ele vê o corpo dela, que eu não vejo —, contente por ele ter sido fotografado.

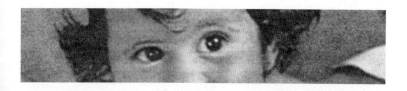

A novidade da lente da máquina fotográfica e o estalar de dedos do pai fotógrafo — *Sorria!* — levam o bebezinho a recompor o corpo em diagonal e a torcer ligeiramente o pescoço para a esquerda. As pupilas negras dos olhos também se deslocam do pai e assustadas viram rapidamente para a esquerda. Passam a refletir as duas lâmpadas no teto. O infante estatela os dois olhos negros, que se estufam. Abre o mais amplo, gracioso e gentil dos sorrisos — sorriso que jamais será repetido vida afora —, como se a sola dos pezinhos estivesse sendo alvoroçada com cosquinha por visita usurpadora da atenção infantil. Dona Noêmia repara melhor. Sente ciúmes do marido e da lente da câmara, mas tem sua recompensa. Obedientes à ordem paterna e, por isso, quase estrábicos, os olhos do filho fixam a lente de modo enviesado.

No instante do clique, mãe e pai se refugiam na incredulidade admirativa e o filho, na solidão.

O rostinho de feições delicadas quer resplandecer para a eternidade do instantâneo. Tem o direito. É bonito. Procura a luz artificial da sala para nela se esbaldar que nem ator exibido à vista do spot que de repente o diretor de cena manda acender no palco.

Dona Noêmia se pergunta. Por que meu bebê acata o enquadramento da objetiva, mas não sai da moldura dos meus olhos?

Será que seu filhinho de colo, a já se julgar autossuficiente pelo milagre da máquina fotográfica, se encanta consigo mesmo? Será que se pode perceber o futuro e incansável viajante na figura deitada de bruços?

Tenho de roubar. Tenho de ter. Roubo a imagem em preto e branco dos olhos admirativos da mãe e a foto das mãos da irmã mais velha para que o todo permaneça meu para todo o sempre. O corpo nu, branco e ainda saudável. E também sorridente e feliz. Órfãos nós dois. Somos três, ele, eu e ela.

Vejo os olhos que veem minha mãe viva.

Ainda os tenho.

Evidentemente, estou a plagiar uma frase alheia. É da autoria do crítico Roland Barthes, nosso contemporâneo. Na versão original, traduz a força que arrebata a imaginação criativa do erudito francês no momento em que, ainda espantado com a descoberta do valor duma foto antiga, decide dissertar sobre a arte da fotografia. A ser desenvolvida pela longa e complexa exposição lógica, a frase inicial do ensaio vira pedra de toque, garantia da alta qualidade do livro *A câmara clara*. O título é uma esperta brincadeira séria com a metáfora usada tradicionalmente para a máquina fotográfica — a câmara escura. Escura, a câmara é na verdade clara.

Transcrevo as três frases de abertura do livro:

"Um dia, há muito tempo, dei com uma fotografia do último irmão de Napoleão, Jerônimo (1852). Eu me disse então, com um espanto que jamais pude reduzir: 'Vejo os olhos que viram o Imperador'."[15]

Cito ainda Roland Barthes: "a vida é, assim, feita de pequenas solidões". E continuo: "O que a Fotografia reproduz ao infinito só ocorreu uma vez: ela repete mecanicamente o que nunca mais poderá repetir-se existencialmente". E copio finalmente estas duas curtas passagens do livro: "Resolvi tomar como ponto de partida de minha busca apenas algumas fotos, aquelas que, tenho certeza, existiam *para mim*. Nada a ver com um *corpus*: somente alguns corpos". "Eu constatava com desagrado que nenhum [dos livros que tratam da Fotografia] me falava com justeza das fotos que me interessam — as que me dão prazer ou emoção."

Transcrevo frases e constatações teóricas de Barthes, sabendo de antemão que, ao querer compreender numa foto a condição de penúltimo irmão órfão de mãe morta prematuramente, não só acato o poder da observação como adoto o dinamismo do raciocínio alheio e os transfiro para circunstância dramática subjetiva, de que apenas eu posso ser portador e só eu, o responsável.

Entro pelo campo nebuloso e plurivalente — sentimental, sentimentaloide, emotivo, piegas... — da fotografia como rito familiar, campo a ser obrigatoriamente palmilhado caso a atividade do observador seja a redação de narrativa memorialista. Entro pela foto em consonância com minha vida em família e, de imediato, transformo-a em objeto simbólico tão singular quanto uma obra de arte.

Falo da foto do recém-nascido como se objeto único, de significado inesgotável.

Veja minha foto de família — no pedido não exijo que o leitor me exiba em troca foto semelhante de sua família. Quero apenas que olhe. Não há acréscimo ou suplemento possível à foto de família. A ruptura radical do corpo com o corpus governa a diferença radical, já que o egoísmo intrínseco à posse do objeto singular vira motivo de imaginação masturbatória e satisfaz as demandas do coração que se apetrecha solitariamente para a experiência gratuita do prazer e da emoção.

A bem da verdade, eu plagio Barthes sem o repetir.

São meus próprios olhos que veem minha mãe ainda viva. Só eles — na foto — sobrevivem felizes.

Disserto em circuito tautológico, dificultando o acesso da leitura alheia à emoção e ao prazer que sinto intimamente. Os olhos dele e os meus, os nossos, veem minha mãe viva e nunca mais a viram e a verão. Dela viva os dele se lembram, e os meus, de nada lembram. Minha escrita memorialista transita sozinha entre o eu/objeto no passado-do-presente e o eu/sujeito no futuro-do-passado. Algo de inconsútil se revela por escrito no trânsito entre o sorriso pleno da experiência e a emoção carente da sobrevivência.

O corpo infante em vida eterna — o corpo reprodutor morto — o corpo sobrevivente desde sempre em luto.

Ao escaparem dos tempos direcionados pela cronologia estreita, três corpos são esvaziados da plenitude do instante em que a foto é clicada e da plenitude do instante em que sua mensagem singular é descodificada pelo leitor e continuará a ser descodificada por futuros leitores. Os dias da sobrevivência da mãe são recheados pela percepção momentânea do infante, como se a foto pudesse estar sendo gravada numa folha de cera de lousa mágica que é a memória afim e ainda viva do velho observador. Só ele tem no presente-do-passado/só eu tenho no futuro-do-presente a percepção contemporânea e extemporânea da mãe viva. A percepção do bebê, a foto, e a memória do velho, a lousa mágica, trabalham os traços mnésicos do sentimento da perda nas três dimensões simultâneas e suplementares da vida vivida e não vivida. No corpo do infante em vida está o corpo reprodutor vivo/morto da mãe e neste está o corpo/menino feliz do sobrevivente.

Ao contrário do que escrevem Roland Barthes e os estudiosos da arte da fotografia, nenhum dos três corpos — dos seis olhos dramatizados na foto observada e única — se interessa pela produção dos vários saberes que o homem inventa e controla. Alimentamo-nos os três corpos — os seis olhos — do prazer e da emoção domésticos, singulares, masturbatórios e incestuosos, produzidos pela câmara fotográfica se usada pelo pai de família sob os olhos da esposa.

Se quiser, minimizo o espanto que se passa entre as quatro paredes do meu eu em família, se quiser, o maximizo. Na verdade, quero é saber o que se exibe, se esconde e finalmente se revela numa foto de valor ínfimo, íntimo e intransferível, que se extraviada da caixa de biscoitos Maria, onde fora conservada, teria virado papel rasgado, revelação apagada pelo tempo ou resto queimado de lembrança.

Aos oitenta e um anos, continuo aqui, no Rio de Janeiro, expondo-me pela escrita autobiográfica, a coleção de fotogramas do meu cineminha particular. Estou lá, em Formiga, no dia 29 de janeiro de 1937, exibindo-me numa única foto de família. Naquele dia completo os primeiros quatro meses de vida. No final do primeiro quadrimestre, minha mãe festeja o aniversário de nascimento do filho. Pede ao marido que tire a foto do sexto e (até então) último filho.

O que são quatro meses de vida para quem por mais de duzentas vezes viveu período idêntico?

A mamãe morre de parto daí a um ano e dois meses, aos trinta e seis anos de idade. A Hilda, já adolescente, advoga a condição de primeira e única substituta graças aos sentimentos maternos que dispensa ao bebê, ao recém-nascido e aos irmãos mais novos do que ela, todos órfãos. Traz as qualidades indispensáveis para assumir legitimamente a condição de liderança feminina na casa. Em relação à sua superioridade sobre a Sofia, conta a corrente do sangue. Hilda passa a dispensar carinho e amor de mãe ao Haroldo e a mim — destaco-nos do conjunto. Ela ainda não pode imaginar que é o segundo casamento do papai que a fará perder definitivamente o lugar que passageira e fraternalmente compartilha com a Sofia.

Perde a condição de substituta na noite em que a professora Jurandy nos visita pela primeira vez e presenteia os dois meninos órfãos com caixas de cigarrinhos de chocolate. Quando a Hilda enxerga o retorno do sorriso no semblante dos dois irmãos menores, ela, o Haroldo e eu, nós três perdemos o afeto estreito que nos diferencia e nos resguarda dentro da família Santiago. Na casa da rua Barão de Pium-i, a esposa renasce para o viúvo e, do matrimônio, irrompe a mãe dos enteados e dos futuros filhos. Em matéria de família, nada tem fim. Tudo se prolonga. A irmã mais velha volta a ser apenas parte duma família incompleta a se completar. Perde a condição de guarda-mor dos dois meninos órfãos.

A Hilda reencontra a si como guarda-mor da família na preservação das fotos dos irmãos e da irmã mais nova, a Nilda, fotos dia a dia mais raras e coleção dia a dia mais incompleta. Ela quer manter a reprodução da primeira família Santiago, ainda que em processo fotomecânico. Reúne todas as fotos ao seu alcance. Armazena-as em latas de biscoito, esvaziadas pela fome dos cinco irmãos e da irmã Nilda.

A Sofia é a única a ficar de fora da lata de biscoitos Maria.

Não há como reencontrar o rosto perdido da Sofia.

Por muitos anos, guardei minha irmã mais velha a meu lado. Com a máquina fotográfica dos olhos preservo sua imagem. Dela tenho uma foto que reverencio sempre. O sobrinho Fernando, seu filho, clica-a. Eu mandarei revelar o filme em loja da avenida Afonso Pena, em Belo Horizonte.

Revejo-a. Continua a única pessoa que abre o sorriso antes de abrir a porta de entrada para a visita. Tento imitá-la ao abrir o sorriso antes de cumprimentar a pessoa amiga que vejo à frente. Alguns me ridicularizam. Chamam-me de hipócrita. Mal sabem que estou a acender vela no altar de uma santa alma.

Ata-nos o hífen do meu braço direito estendido.

Já próximos da velhice, a guarda-mor e eu estamos os dois sentados no sofá do seu apartamento na rua Piauí, em Belo Horizonte, e vestidos com roupa de cor clara, é verão, como o infante da foto de janeiro de 1937. (As cores claras são as nossas preferidas. Temos ojeriza ao tecido negro. Nós o interditamos nas vestimentas do dia a dia. Aceitamo-lo nas reuniões formais que, pela tradição pequeno-burguesa, o reclamam e o exigem.) Unidos pelo traço do braço estendido, estamos lado a lado em carne, osso e o mesmo sangue, de óculos, com os cabelos grisalhos e as rugas. Como nos parecemos! Talvez sejamos os irmãos que mais se parecem um ao outro e, por isso, os que mais se distanciam na hora da conversa franca e aberta. O sorriso aberto e feliz do infante ainda é o sorriso dela e sempre será, e nunca mais será o meu. Nada de semelhante ao menino da foto renasce em mim e nada cresce no mesmo lugar, apenas uma imitação pálida.

Ou só e talvez a incomodada e incômoda ironia.

Meus lábios apenas se abrem. Esgarçam expressão indefinida. Em estreito conluio com os olhos semicerrados, que se achinesam por detrás dos óculos, minha boca traduz silenciosamente algo que transborda lugar, tempo e espaço da família para ser apenas e talvez sentimento — profunda reação epidérmica no reencontro tardio do filho postiço com a mãe substituta que, diante da fotografia de 1937 que lhe roubo, significa muito e muito pouco.

Sobrevivemos os dois, no excesso de amor e na falta de carinho. Nossa condição é o hífen simbólico de um braço humano estendido horizontalmente para tocar o corpo fraterno.

Por que os dois meninos órfãos estão lado a lado e com o mesmo uniforme dominical?
Onde estão os outros cinco irmãos?
Por que a Sofia não nos faz companhia?

Haroldo e Silviano, 1942.

O Haroldo e eu estamos soltos no quintal da casa, que nem as duas cabras que nos alimentam pela manhã. Meu braço se adianta ao dele por ser o do irmão mais velho, ou para evitar as mãos dadas? Estarei no comando da foto por preferência paterna, ou por mais velho e metido que sou?

As mudas de roseira estão às nossas costas. No fundo do quintal, depois da viagem por trem de ferro desde a floricultura paulista, os pés de roseira se aclimatam ao sol, à chuva e ao sereno de Formiga. Estamos os dois e as plantas a olhar a mesma e antiga câmara fotográfica Kodak de fole. Sob a guarda da Sofia, Haroldo e eu nos aclimatamos à vida de órfãos prematuros, ao mesmo tempo que as roseiras aguardam o momento certo para serem transplantadas pelo cirurgião-dentista para o jardim florido, que fica em frente da casa. Exibem apenas as folhas verdes, já que as rosas só florescem no jardim, quando a seiva jovem e forte, que a muda segrega, entra em ação.

O traje de missa trai o dia da semana em que a foto é tirada. Naquele domingo, o papai esquece a faca amolada que lhe serve no trabalho de enxertia das roseiras. Troca o gume cortante do aço inoxidável pela objetiva da máquina fotográfica que foca e, com deferência, acolhe a tudo que se lhe apresenta para ser captado.

No dia do descanso semanal, algum segredo faz o papai perder a obsessão pela delicada e bela floração das roseiras e a substitui pelo desejo de representar em foto as figuras entristecidas e taciturnas dos dois filhos menores. Também o traem a mudança na principal atividade do domingo, a enxertia, e a transferência de local para o lazer semanal, o quintal em lugar do jardim.

Revelada, a foto dos dois filhos mais frágeis e problemáticos seria mostrada à professora de Santa Rita do Sapucaí que chega à cidade para ensinar na Escola Normal? Os órfãos menores teríamos virado pomo de discórdia? Cinco adultos e duas crianças são sete, como estaríamos ameaçando o futuro matrimônio?

Aos fundos da casa, ao lado da escada que conduz à cozinha e detrás do canteiro de roseiras, está o buraco retangular que dá entrada ao vasto porão. Por causa das enchentes constantes do rio Formiga, de que é vítima o centro antigo da cidade, o buraco que dá entrada ao porão permanece sem porta de madeira ou portão de ferro. Lá dentro estão guardados os objetos caseiros que escapam às dimensões da despensa e da cozinha. Por exemplo, a mangueira de aguar as roseiras do jardim, com o esguicho de metal dourado, e os vários instrumentos de trabalho da terra, como enxada, pá, ancinho e carrinho de mão. Lá também dois magníficos tachos de cobre ficam escondidos da cobiça dos ciganos que passam pela cidade. De tempos em tempos eles ganham o sol. O cobre interno é clareado com metades de laranjinha-azeda que, nas mãos da Etelvina, servem como esponjas. Anuncia-se, então, apetitosa goiabada cascão.

O quintal esburacado por formigueiros e fértil se estende até as margens do rio. Comunica-se diretamente com as areias brancas. Na estação das chuvas, o rio transborda o leito e as águas em enxurrada tomam conta de todo o quintal. Transbordam dos buracos de formigueiro e se apoderam das dependências do porão. A enxurrada avança tão poderosamente que extravasa por todo o terreno debaixo da casa. Espraia-se pelos canteiros do jardim de rosas e salta o gradeado da mureta para ganhar a calçada da rua Barão de Pium-i, avançando muitas vezes até a praça Getúlio Vargas.

A foto dos dois irmãos é tirada no ano de 1942. No coração do viúvo, o sangue quente é amansado a duras penas e a superfície da pele volta a ficar sensível ao carinho feminino.

O papai depura e adestra corpo, mente e família para o segundo casamento.

Se o traje de marinheiro do Haroldo e o meu traem o dia da semana, se a mudança na atividade domingueira e a transferência do local de lazer traem a nova inquietação sentimental do papai, o décor escolhido para a foto dos filhos também trai as mais obscuras lembranças da família. O porão que protege a casa das águas raivosas e imprudentes é simbolicamente o buraco sem porta que acolhe os escorpiões e onde se cultivam as sombras agônicas da esposa. As roseiras são as mudas importadas da floricultura paulista que deixarão de avivar a graça e o colorido da enxertia metafórica no jardim. Pouco a pouco, morrerão à míngua no quintal.

A imaginação artística do dr. Sebastião também o trai. Nas suas fotos mais bem realizadas, a boa solução no enquadramento das figuras humanas se confunde com o trabalho do profissional instruído e habituado à busca da beleza estética no artesanato odontológico. Nessa foto, os pés dos dois meninos pisam no lado de fora do quadro.

Semelhante ao gume afiado de faca, auxiliar no trabalho de enxertia no galho da roseira, a objetiva da máquina fotográfica é também capaz de decepar os pés dos meninos.

O enquadramento certeiro e expressivo de outras fotos se mostra primário, quase amadorístico. Falta só que a imagem dos irmãos tivesse se revelado tremida. O alto do tripé, onde se atarraxa a câmara, salva o fotógrafo que se desleixa no ofício. Ou será que é a soma das obsessões do viúvo que, pelo corroer lento do sentimento de amor, o trai inconscientemente, emprestando à foto um sutil e delicado significado?

Dois meninos-marinheiros não precisam dos pés para andar em alto-mar. Navegam como barcos. Amistosos, polidos e tranquilos, navegam também pela infância. De pé, nos fundos do quintal, os dois marinheiros navegam como o infante de bruços no tampo da mesa de centro.

Somos dois corpos marinheiros que, ao se distanciarem do chão onde vicejam passageiramente as mudas de roseira, ganhamos como pés os pés de madeira duma mesa arrumada para ser canoa. E, ao contrário das mudas de roseira, pairamos como duas canoas boiando lado a lado, assumindo simbolicamente os uniformes da Marinha que vestimos nas manhãs de domingo. Sem apego à terra, já nos movemos por conta própria ou com a ajuda misteriosa dos bons fados. Não somos dois meninos prematuramente órfãos que, em família numerosa, se perdem entre os corredores labirínticos das diabruras. Assumimos os compromissos cotidianos.

Sempre sob os cuidados da Sofia, participamos também — como verdadeiros marinheiros — do drama que a humanidade vive. Lavados e penteados com esmero, *qual cisnes brancos que em noite de lua/* vão deslizando num lago azul, somos em tudo por tudo semelhantes aos navegadores europeus, norte-americanos e brasileiros de carne, osso e o sangue diferente que admiro nas páginas do gibi e me comovem nos filmes projetados na tela do cinema do seu Franklin. Somos tripulantes dos navios da marinha mercante norte-americana, a singrar as águas tormentosas do Atlântico Norte, e da Marinha Mercante Brasileira, que são torpedeados nas águas até então pacíficas do Atlântico Sul.

Vestidos a caráter, somos em Formiga dois super-heróis órfãos.

Quem virá nos resgatar em bote salva-vidas solitário, que desatrela do destróier afundado em águas atlânticas pelos torpedos dos submarinos italianos *Archimede* e *Cappellini*?

Meu pai fotógrafo continua a decapitar os pés dos filhos nas fotos. Sentados ou de pé, quer-nos com os pés nas nuvens. Não nos quer com os pés plantados no chão do quintal.

Dia 8 de março de 1943. Na frente, Haroldo, Sebastião e Silviano; atrás, sentados nos braços da poltrona, José e Orlando. No colo do Sebastião, Rodrigo, o irmão por parte de pai.

Seus seis descendentes masculinos se aprontam para ganhar nova condição e nova vida. Na foto, só o pequeno Rodrigo se reproduz em corpo inteiro, à semelhança do infante de bruços na foto de janeiro de 1937. Está envolto em cueiro branco e com os sapatos tricotados em lã branca. As mudas de roseira são recentes e escassas, ainda guardam a poda da floricultura paulista e mal aparecem ao lado direito do grupo de irmãos. Como cenário, perde-se a parede dos fundos da residência. A fachada da casinha da empregada, cujo interior modesto desconhecemos, serve de novo décor. Durante o dia e a noite está de porta e janela fechadas. Nela, mora e vive a Etelvina e alguma arrumadeira que porventura venha a ser contratada.

As duas filhas do primeiro casamento, a Hilda e a Nilda, são excluídas da foto. A mais velha é desbancada pelo varão mais velho, o Sebastião. A segunda esposa, futura e definitiva matriarca da família, está também ausente da foto. Ao todo, já somos oito os descendentes do papai. Seis aparecemos na foto.

Em obediência ao modelo imposto pelas páginas da Escritura Sagrada, a primeira foto da família Santiago Cabral se exibe incompleta e patriarcal. No Evangelho segundo Mateus, diz-se que Abraão gera Isaac. Este, por sua vez, gera Jacó que gera Judá e seus irmãos. Gera finalmente Emanuel. Deus conosco. Desde o patriarca Abraão, somos os humanos gerados unicamente do espermatozoide, e não da fertilização do óvulo liberado pelo útero. Somos os filhos machos descendentes do patriarca mineiro que, por modéstia, cede o lugar na foto ao primogênito, o Sebastião filho, que capitaneia os demais descendentes.

A corrente do sangue Santiago/Farnese se abre pela presença do filho primogênito que reabre a argola dada como fechada num domingo do mês de janeiro de 1943. O primogênito Cabral, já constituinte da argola, ganha lugar na corrente. Naquela manhã, talvez estivéssemos a celebrar e festejar em casa o batizado na igreja do recém-nascido, momento sagrado em que a corrente do sangue acolhe aquele que é o primogênito da segunda família e passageiramente o caçula de todos. Até 1947, mais dois filhos e uma filha serão gerados pela segunda esposa. Serão quatro.

O Sebastião filho ocupa o centro da foto. Por já ter o corpo feito de rapaz e estar próximo da emancipação, domina o grupo. Destaca-se também dos demais pela beleza física. Tem *star quality*, para retomar a expressão que se tornou comum nos anos 1970. Posa para a foto como se estivesse num ateliê à espera do trabalho de arte, a ser executado pelo pintor. Aparenta estar só e encara de frente a câmara, sem se preocupar com o Rodrigo. A expressão corporal correta é geometrizada pelos ângulos agudos dos braços e das pernas. Acredita na posteridade da representação, ao contrário dos demais irmãos que se exibem ao olhar do futuro num à vontade constrangedor. Temos todos o corpo desengonçado, que se entrega à vida com a ingenuidade de cão que não é amestrado ou de planta que cresce às expensas da chuva, sem nunca ter sido irrigada por mãos humanas. O rosto do Sebastião prenuncia certa audácia masculina que me lembra a pose romântica e arrebatada que salta à vista no autorretrato do pintor gaúcho Almeida Júnior. Não imagino como, mas é de Sebastião que o Rodrigo retirará, depois de cursar a Escola de Arte Dramática em São Paulo, sua ambição de ator e com ele aprenderá a administrar com talento, no jogo em cena, a petulância de *jeune premier*, reconhecida pela crítica teatral.

Os dois primogênitos me lembram o personagem Legrandin, de *Em busca do tempo perdido*, de Marcel Proust. Legrandin[16] é um burguês letrado que mora em Combray e é acolhido pelo círculo aristocrático dos Guermantes, embora dele não faça parte. Sendo engenheiro de profissão, é retido pelo trabalho em Paris, de segunda a sexta-feira. Só aparece aos amigos no fim de semana e durante as férias de verão. É admirado pela boa conversa, assim como o Sebastião filho e o Rodrigo entre os que lhes são mais chegados. Como relojoeiro a manejar o intricado mecanismo das peças sociais, Proust desmonta a graça do engenheiro, do futuro cirurgião-dentista e do futuro ator. Põe o dedo clínico na razão que os leva a se distinguirem não só dos colegas profissionais como também das pessoas amigas que os cercam. Escreve ele: "Mais letrados que muitos literatos (naquela época não sabíamos que o sr. Legrandin chegara a gozar de certa reputação como escritor e ficamos muito espantados ao saber que um músico de renome havia composto uma melodia para um de seus poemas), dotados de mais 'facilidade' que muitos pintores, eles sentem que a vida que levam não é a que mais lhes teria agradado e desempenham as funções da profissão ora com uma despreocupação matizada de fantasia ora com uma dedicação constante e altiva, desdenhosa, amarga e conscienciosa".

Assim como minha mãe não esteve presente na foto de 1937, a segunda esposa do papai e mãe do bebê não aparece na foto de 1943. As duas mães só podem olhar e admirar os recém-nascidos. Ao centro do centro da vida em família, as duas se ausentam para que a solidão familiar ou o colo do primogênito Santiago ocupe o lugar devido.

No lado de fora da foto, destaco de repente as mãos da Jurandy. Elas avançam em direção ao grupo de cinco meninos acomodados numa única poltrona. Depositam o filho já batizado no colo do enteado mais velho. Entregam-lhe o que já não é dela. O bebê se esparrama pelo colo do rapagão e é protegido e apaziguado pelos braços fraternos e carinhosos. Não ocupa, simbolicamente, o lugar de primogênito, já ocupado pelo primogênito mais velho. É um menino de colo, retirado do colo da mãe. Seu vir ao mundo se passa como se o novo varão estivesse sendo extraído da genitália do corpo sentado do Sebastião, recostado no respaldar da poltrona e de pernas dobradas e abertas, como se gestante no trabalho de parto em leito de hospital.

É o Sebastião pai/filho quem gera o Rodrigo Cabral, reafirmando a autossuficiência soberana do mesmo e único sangue Santiago a perpetuar a espécie.

Contorna-se a ameaça latente de ruptura na genealogia Santiago.

Escapole por entre os buracos da memória o complexo significado do rito que acolhe entre os irmãos mais velhos o primogênito Cabral. Ratifica-se o sem sentido aparente da foto que, no entanto, é apreendido completamente pela emoção que sinto e pelo prazer que gozo a revê-la como se fôssemos, os irmãos, estudantes que cercam o quadro e observam o trabalho do dr. Tulp na sala de anatomia. O excesso de sentido dos sentimentos despertados pela cena representada na foto e o sem sentido aparente do rito familiar dificultam a expressão de significado através dos enunciados conservadores e de praxe. O acontecimento familiar não desliza de maneira fluida, à maneira das correntes tradicionais de rio ou da corrente do sangue. Na arquitetura da significação o detalhe sentimental entra em combate com o sentimentaloide e se dilui no piegas. Meus pés se encontram decapitados na foto e minhas frases mais robustas devem ser decapitadas nesta narrativa. Pairam eles e elas no ar da indecisão como força produtiva de sentido.

Nec caput nec pedes. Sem pé nem cabeça, traduzo ao português a expressão latina, e acrescento: mas com o coração ardente.

Nada é óbvio na foto, embora tudo seja corriqueiro na postura da família Santiago/Farnese/Cabral. Para que nos representemos de maneira conveniente diante da câmara fotográfica, nós nos automodelamos como se parte da tradicional família patriarcal mineira. Quanto mais peças humanas entram na composição — um filho, dois filhos, seis filhos —, mais caótica se torna a rede emotiva que nos apanha a todos e me arrebanha e me arrebata para a emoção e o prazer que sinto face à tardia descoberta precoce duma família que, ao progredir, se articula de maneira tão excludente e avacalhada. Nada me leva à compreensão astuta, coerente e inabalável da minha vida familiar que corre em Formiga, transfere-se para Belo Horizonte, sai de Belo Horizonte e regressa sempre a Belo Horizonte. Nada me leva à compreensão coerente, lógica e inabalável da minha vida familiar que passou por várias cidades do mundo e passará a voltar ainda e sempre ao estado de Minas Gerais.

Transito por entre as fotos como bólide desprovido de origem e de alvo.

Certeza absoluta sobre meu estatuto familiar, só a tenho em relação a uma única mudança radical na última foto. Perdi o uniforme de marinheiro para o Haroldo. Por que o perco poucos meses depois da foto anterior?

Na verdade, não o perco.

Cedo-o.

Por estar a se desenvolver rapidamente, o Haroldo perde seu próprio traje a caráter. Assim como ele veio a ocupar no quarto da Sofia meu berço com o gradeado protetor, ele está a vestir na foto — dois meses depois do nascimento do Rodrigo — meu uniforme de marinheiro. Reparem como estou crescidinho — e barrigudinho — ao lado do Orlando, três anos mais velho que eu. Na primeira visita à família na rua Barão de Pium-i, a Jurandy tinha nos oferecido duas carteiras com cigarrinhos de chocolate. Eles fazem efeito no abdome. Meus sete anos de vaca raquítica estão para chegar ao fim. Meu uniforme de marinheiro não me serve mais e o do Haroldo tampouco lhe serve. Ele veste

266

o meu que é um tantinho mais largo e comprido que o antigo dele.

Os filhos homens nascidos em escadinha possibilitam que trajes, sapatos e livros escolares passem do mais velho para o mais novo. O Rodrigo, no entanto, não herdará os pertences do Haroldo. Durante o longo período em que o viúvo se contentou com a enxertia das roseiras, dois degraus da escada Santiago se perdem cronologicamente.

À exceção do bebê, estamos todos de olhos fixos no fotógrafo e na câmara fotográfica. O filme impressionado congela para a posteridade os corpos e seus mais notáveis e passageiros atributos físicos. Congela ainda e principalmente as relações individualizadas e solitárias que os irmãos mantêm no dia a dia familiar e continuarão a manter como aparente grupo coeso pelo resto dos dias que nos restarem.

Não há por que mentir. Sem pés, estamos cada um e todos soltos no ar e dependentes apenas do foco da objetiva monitorada pelo pai. De tal forma estamos individualizados e ensimesmados pela câmara fotográfica que — à exceção dos dois primogênitos — não se nota movimento de braço ou de corpo que anuncie tentativa de aproximação carinhosa ou amável. O uso do traço de união está suprimido da nossa sintaxe familiar. Tentei recuperá-lo pelo braço direito alegórico na foto com a irmã Hilda. Um irmão se distancia do outro no momento em que se requisita o apoio. Troca-se o apoio no corpo fraterno pelo apoio na madeira e no acolchoado da poltrona da sala de visitas, móvel de propriedade exclusiva do pai, totalmente absurdo no fundo do quintal.

O Haroldo à esquerda e eu à direita, de pé, apoiamos as mãos num braço e no outro da poltrona em que o José, à esquerda, e o Orlando, à direita, tomam assento. Como pás de hélice, os quatro corpos giram em torno do eixo central, onde estão sentados correta e confortavelmente os dois primogênitos, o Sebastião Farnese e o Rodrigo Cabral. Desde sempre e para sempre, as relações dos filhos e filha com o pai giraram em torno da ampla e retangular mesa de jantar, onde cada um e todos tomam assento nas cadeiras de palhinha. Os hifens do afeto não se estendem para a união consolidada pela objetiva, já que até mesmo o Sebastião filho se empina sentado no estofado da poltrona, à semelhança do papai que, quando sentado nela, lê jornais ou ouve rádio.

Poltrona e cadeira são móveis que, na hora da alimentação ou no momento de celebração, são usados para fomentar a singularidade de cada um na inatingível convergência fraterna.

Só um dos corpos escapa ao lugar ocupado até então pela poltrona e pelas cadeiras da mesa de jantar. O bebê batizado senta-se no colo do futuro patriarca da família, que o protege e o apazigua. São dois os primogênitos, se se contam as mães. Só o primogênito Santiago/Farnese mantém alguma relação afetiva e fraterna com o primogênito Santiago/Cabral. Os dois tornam-se um.

A confluência dos sentimentos fraternos amortece os olhos do Rodrigo, neutralizando-os. Não se movem por ainda lhe faltar a força que o tornaria um primogênito real.

Entreato: A morada do saber

Trata-se de uma mulher que perdeu uma agulha na cozinha e a procura na varanda da sua casa. Acorre o jovem que pretende ajudá-la, e pergunta: — Que procura? — Uma agulha. Caiu-me na cozinha.

Logo o inexperiente jovem se espanta muito e quer saber por que ela a procura na varanda.

— Porque na cozinha está escuro — responde a mulher.

Herberto Helder, *Retrato em movimento*

A literatura e as artes são a morada do saber.

A fim de entender o que na experiência infantil me atiça a ignorância, acelerando e acalorando a curiosidade intelectual, adentro-me pela morada do saber e me instalo física e sensualmente nas suas dependências. Segundo abrigo, a morada do saber — também apelidada de quarto de dormir, escritório da casa, sala de cinema, de teatro, biblioteca pública, arquivo, cinemateca, museu etc. — se encontra tomada por vários brinquedos manuseáveis, indiscretos e pontiagudos, fabricados em palavra ou apresentados em imagem. Os gibis, que me caem às mãos e que, pelo fascínio, me seduzem, e os filmes que, no cinema do seu Franklin, me atraem os olhos e, arrebentando-os pelo contraste entre luz e sombra, os arrebatam, foram os primeiros e ainda permanecem esparramados pelos quatro cantos da morada do saber.

Com a morada itinerante do saber, divido as casas na cidade em que vivo e viverei. Quando meu corpo naquela se acomoda, imediatamente a curiosidade ansiosa baixa a guarda e a angústia da ignorância se afrouxa, sem que sejam ambas liberadas de tensão existencial. Com as mãos, os olhos, os ouvidos e todo o corpo, eu passo a desfrutar de maneira aleatória dos vários e indiscretos brinquedos pontiagudos que, no momento em que são manuseados, me despertam ou me impressionam.

Embora sobrecarregados de abstrações e de teorias, são brinquedos práticos e úteis, de uso diário. Servem ao corpo. Passo a passo meu corpo se acerca e logo a mente e o coração se familiarizam com a saliência corrosiva das informações recebidas em casa ou na rua e que, à minha passagem solitária pelo mundo, se jogam contra mim como coisa estranha e intranquila, massacrando-me.

Ter sido despertado para a vida a ler gibis e a assistir a filmes sobre a Segunda Grande Guerra é como ter sido membro da grande ilusão de paz, vivida por uma família universal. É como se meu corpo — como qualquer outro corpo universal — tivesse sido tomado pela varíola na idade apropriada. Tive-a quando criança órfã e não se repetiu. Ao longo do caminho percorrido, reavivaram-se as marcas impressas pela doença contagiosa. Passam a ocupar lugar permanente na pele. Escorrem-se os muitos anos e é um projetor de imagens em câmara lenta que, se requisitado, exibe para este espectador — na tela da imaginação — a paisagem da minha pele humana em falência, cujas marcas de varíola perdem os contornos nítidos e se tornam mais e mais apagadas e monótonas.

Ao manusear os indiscretos objetos da morada da literatura e das artes, não me revolto contra a lição que recebi e recebo deles sobre o contexto histórico a circundar e explicar o fato ignorado, ou sobre o modo como a mente foi e está sendo trabalhada e conduzida até o entendimento do que lhe é desconhecido. Independentemente da boa ou da má qualidade do serviço que os objetos manuseáveis do saber me prestam, não os menosprezo nem os menosprezarei. Se não me revolto contra a lição recebida, tampouco abaixo a cabeça em presença da versão elucidativa, convincente e persuasiva, imposta por um e por todos. Do momento em que os objetos são assumidos como inquisidores do meu estar inexperiente no mundo, tampouco me adapto ou me rendo à maneira como o conjunto deles me inspira reações e observações anárquicas, logo transformadas em sucessivas e infatigáveis perguntas. Não consigo respondê-las de imediato nem concedo aos objetos o direito exclusivo de resposta.

De volta à primeira morada, a da família, encaro o restrito e obsessivo horizonte da cidade em que vivo. Os vários e indiscretos brinquedos pontiagudos da morada do saber não estimulam a vaidade pessoal ou a ambição de mando como o fim absoluto do ato de viver. Funcionam como motores sucessivos ou simultâneos, íntimos e silenciosos. Paradoxalmente, o som dos motores reproduz e abafa os ruídos vindos da rua. Deixam-me ligado com a família na casa. Com a casa na rua. Com a cidade no mundo.

Não me julgo mais desastrado nem mais sabido. Nem inocente nem culpado por ter interrompido o diálogo com os indiscretos brinquedos pontiagudos do saber. Em obediência ao apito do tempo, soprado como por juiz supremo, tiro de campo o corpo, passageiramente. Dou por terminada uma partida em que adquiri outras habilidades. Volto tão industriado à vida acidentada da rua e da cidade quanto meu pai dentista ao consultório. Ressentimento não é escudo contra o mal a me rodear sob a forma de diabruras imprevistas e inimagináveis de mais um dia que se vai, se foi. Soberano é o prazer resultante da recente intimidade do ignorado com a escrita alheia ou com a imagem na tela.

Energia circulatória não é energia circular. Seu caminho é semelhante ao mapeado por Jorge Luis Borges, a se desdobrar infinitamente nas veredas de Guimarães Rosa. A cada ponto finito, o caminho se bifurca para o caminho infinito. Sempre se chega ao mesmo lugar simbólico — o da abertura ao caminhante de diferente ponto e de sucessiva forquilha. Se me olho no mapa do caminho a se bifurcar infinitamente em veredas, vejo o passado a me impulsionar para o futuro como o pedregulho o é pela tira elástica que, presa à forquilha do estilingue, se estica para lançá-lo.

A solidão do menino sonâmbulo se alegra com essa elegante esperança.

Sensibilidade e imaginação se conectam com a palavra escrita que leio e a imagem que aprecio sob a forma de reiteração do ignorado. Associadas, sensibilidade, imaginação, palavra escrita e imagem me enriquecem a golpes de impulsos controlados e incontroláveis, sensíveis a delicado e sutil sistema de comunicação emocional e sanguíneo entre o abrigo familiar e a morada do saber. A escrita e a imagem direcionam o corpo para o lado imaginário da vida. Elabora-se e se produz, no entanto, algo de prático e de concreto. O prático e o concreto se veem na percepção da dupla e única vivência que, ao me reconstituir pelo lento processo de aprimoramento do cidadão e do profissional, me constitui politicamente.

Meus olhos, se jogados por acaso contra a realidade da vida, de repente se tornam oblíquos para melhor atingi-la, como se o pão, pão, queijo, queijo da aparência, ao se proclamar absoluto pela ditadura da percepção direta, fosse o mais arbitrário dos engodos. Os vários mecanismos concorrentes no processo da formação humana, profissional e ética me trabalham por ricochetes como as balas do revólver de caubói. Elas ricocheteiam nalgum *entre-lugar* para dar a meia-volta volver e atingir o corpo do atirador. O feitiço da literatura e das artes sempre se vira a favor do feiticeiro.

SEGUNDA PARTE

8.
Sabor de chocolate

Solidariedade e conflito surgem assim, na sociedade brasileira coronelista e na que lhe fora anterior, como duas faces da mesma moeda, não existindo uma sem a oposta, inerente, complementar e recíproca, por mais ambígua e paradoxal que seja a parelha; e porque existem ambas, também existem as violências, que têm por finalidade o aniquilamento, o extermínio do oponente.

Maria Isaura Pereira de Queiroz, *O mandonismo local na vida política brasileira e outros ensaios*

Picaretas, enxadas e pás botam abaixo o jardim de rosas do papai, fronteiriço à rua. A fachada do prédio em construção do cinema ganha forma. A planta previa o alargamento da rua Barão de Pium-i, que passa a desobedecer ao alinhamento imposto aos sobrados antigos e às residências construídas posteriormente. A Prefeitura enjeita o perfume exalado pelas rosas e pelas florezinhas azuis da dama-da-noite e obriga o centro da cidade a se adaptar às exigências da modernização.

Caso fossem vistas de cima, como se deitadas em colchão estofado de paralelepípedos, as principais ruas do centro da cidade de Formiga se representariam pelo Y, letra do alfabeto que é banida da língua portuguesa pela reforma ortográfica de 1943. Desaparecido das páginas impressas, o Y invertido configura, no mapa, o traçado das vias públicas oriundas do arraial de Formiga. Elas se encontram no primitivo largo do Ferro, lugar de pouso dos antigos tropeiros.

A rua Barão de Pium-i é o longo braço direito do Y. A residência da família Santiago, com o consultório dentário do patriarca, se localiza a cinquenta metros da praça Getúlio Vargas. Caso opte por enveredar-se por ela, o passante se encaminha para o prédio velho do cinema, para o novo edifício da Prefeitura Municipal ou para o Grupo Escolar Rodolfo Almeida. Se redobrar a caminhada, chegará à distante charqueada ou à longínqua lagoa (hoje lago de Furnas, obra construída e inaugurada nos anos 1960).

O braço esquerdo do Y é a rua Silviano Brandão. É curta, mas é influente na condução da governança da cidade. Tem também mais história que a vizinha. É a primeira via pública que sai do local em que os tropeiros, antes de retomar o caminho para Goiás, descansavam, se alimentavam e dormiam. Foi apelidada rua Direita pelos primeiros moradores do arraial. Não é plana como a Barão de Pium-i; sobe por entre os sobrados sisudos e avantajados do Banco Hipotecário e do Fórum, até desembocar na praça onde se ergue a majestosa matriz São Vicente Férrer, ladeada à direita por casas em estilo neocolonial e pelo prédio dos Correios e Telégrafos. Dobrado o passo, chega-se ao Colégio Santa Teresinha, das Pequenas Irmãs da Divina Providência, e ao Ginásio Antônio Vieira.

A extensão inferior e solitária do Y prolonga a rua Barão de Pium-i e se transforma na ponte que transpõe o rio Formiga. Assentada em pilastras de concreto, a ponte corta a corrente das antigas águas caudalosas. A rua troca, então, de nome. Adota o de Bernardes Faria e abre caminho para se aceder tanto ao prédio da Escola Normal como à estação da estrada de ferro, tanto aos melhores hotéis como ao Cemitério do Santíssimo Sacramento. Por ela transita diariamente a jardineira que leva os passageiros à capital do estado.

O engenheiro civil Teixeira Soares (1848-1927) é dos filhos mais ilustres de Formiga. Morou na rua Silviano Brandão. O engenheiro será responsável pelo projeto da primeira estrada de ferro brasileira eletrificada, a do Corcovado, construída na então capital federal do país. A locomotiva parte da estação situada no final da rua do Cosme Velho e, por três mil oitocentos e vinte e nove metros, trafega por terreno íngreme, de paisagem arrebatadora, até o cume da montanha. Entre 1922 e 1931, o trenzinho serviu para transportar as peças que recomporão no topo do morro a gigantesca estátua do Cristo Redentor, e serve aos turistas até o dia de hoje. Durante o percurso, a vista da mata da Tijuca é deslumbrante. Da amurada, lá no alto, apreciam-se a lagoa Rodrigo de Freitas, guarnecida de residências e de prédios, e as famosas praias de Copacabana, Ipanema e Leblon, coroadas pelas nuvens brancas que enfeitam o azul do oceano Atlântico.

O mais ousado dos projetos ferroviários do engenheiro Teixeira Soares é posterior à estrada de ferro do Corcovado. Foi idealizado em parceria com o colega baiano Antônio Rebouças, irmão do famoso abolicionista André Rebouças. Em pleno terreno acidentado e montanhoso do estado do Paraná, a Compagnie Auxiliaire au Brésil — empreendimento ferroviário financiado com o dinheiro de poupança dos cidadãos belgas e franceses — constrói importante trecho da estrada de ferro que visa a ligar a cidade de Itararé, no estado de São Paulo, à cidade de Santa Maria, no Rio Grande do Sul.

Temerário e temeroso, o projeto leva a empresa de capital misto europeu à beira da falência, em 1917. O embaixador e poeta Paul Claudel e o músico Darius Milhaud, seu adido cultural, são despachados pelo governo francês ao Brasil. Têm a incumbência de inspecionar e fiscalizar as obras ferroviárias projetadas por Antônio Rebouças e Teixeira Soares. Há que salvaguardar o bolso dos compatriotas e a bolsa das nações europeias. As dívidas impagáveis contraídas pela empresa são resgatadas não só com o embarque para a Europa de sacas e mais sacas de café do porto de Santos, como também pela entrega à França de quarenta e dois navios alemães, confiscados em portos brasileiros por ato do presidente Venceslau Brás.

Nosso engenheiro é personagem anônimo na trama que recobre os mistérios no acerto de contas da antiga colônia portuguesa a se modernizar com a Europa, ainda e sempre metropolitana. Abre-se a caixinha dos embustes internacionais. Com os deliciosos grãos de café exportados pela família Prado paga-se à companhia construtora franco-belga a indenização dos prejuízos financeiros da modernização apressada. Com os navios confiscados do inimigo alemão em águas brasileiras, a nação pacífica ao sul do equador compensa, em indenização de guerra, a nação francesa.

O vovô Amarante tem Teixeira Soares na conta de grande homem político e de líder comunitário. Já sem o mandato de presidente da Câmara e sem a ajuda do erário público, o vovô se responsabiliza sozinho pelo calçamento com lajotas sextavadas de grande parte da rua que, desde então, ganha o nome do famoso engenheiro civil.

Eu mal tinha chegado ao mundo e Francisco Campos, jurista mineiro, se inspira na constituição polonesa para redigir uma nova Constituição brasileira, a do Estado Novo, apelidada evidentemente de Polaca. Torna-se efetiva no dia 10 de novembro de 1937. Sua principal função é a de suspender as eleições livres na República do Brasil. Em consequência, abole os partidos políticos e dissolve as câmaras municipais. Os cidadãos formiguenses são governados — do Palácio na praça da Liberdade, em Belo Horizonte — pelo interventor federal Benedito Valadares. À semelhança das demais irmãs interioranas, Formiga elimina a eleição para o posto de presidente da Câmara Municipal (prefeito municipal), entregando a responsabilidade de escolha ao interventor federal no estado de Minas Gerais que, por sua vez, a delega aos prepostos locais, escolhidos a dedo por ele e seu chefe de gabinete, o formiguense Olinto Fonseca Filho.

O município progride na contramão dos abençoados. Torna-se parte mínima e aparentemente feliz do novo estado nacional.

De repente e assustadoramente, cresce o movimento diário dos cidadãos, dos trabalhadores e dos escolares.

Há que alargar as antigas vias de terra batida, calçá-las com paralelepípedos ou pé de moleque e pensar na saúde pública dos moradores.

Há que alargar também os passeios.

Aumenta o número de carroças, automóveis, caminhões e jardineiras intermunicipais a transitar pelas ruas. Inventa-se a carrocinha de pegar o cachorro vira-lata raivoso. Uma mordida, e lá se vai a tranquilidade da garotada nos efeitos colaterais da vacina antirrábica.

Somem os belos cavalos de montaria, com sela de couro trabalhada e arreios de prata polida. Diminui o número de burros de carga. Permanece o do leiteiro, com os latões de metal prateado a se equilibrarem à direita e à esquerda do arreio. Os montes de bosta de cavalo — se coletada em saco de linhagem, é vendida pelos mendigos como estrume para o jardim ou o quintal — ainda atormentam os primeiros ciclistas mirins. Derrapam, levam tombo e se sujam de merda. Podem quebrar o braço ou a perna. O calçamento das vias públicas com paralelepípedos não ajuda a chuva a dissolver e a lavar a bosta dos animais de transporte e de carga. Ela se esgarça e recobre a superfície das pedras. O mau cheiro ambiente não vem apenas da fedentina que os ventos sopram do curtume e da charqueada.

Ainda aspiro o cheiro pestilento e inesquecível da cidade.

Em 1942, às vésperas de o Brasil enviar um corpo de expedicionários à Itália, o município embarca num curto período em que é imposto o racionamento de produtos de primeira necessidade, importados ou exportáveis. Desaparecem dos armazéns a farinha de trigo e o açúcar cristal, e do único posto de serviço, a gasolina. O valor baixo da nossa moeda não permite que ela compita no mercado globalizado com as moedas fortes dos países aliados. Crescem, no entanto, os fundos de reserva da nação. O dólar torna-se padrão e substitui a libra esterlina. Estabiliza-se seu valor em moeda nacional.

A farinha de trigo some também das padarias e, no forno de fogão caseiro, à lenha, o fubá a substitui e ganha lugar privilegiado na dieta da família. No café da manhã e no lanche da tarde, servem-se fatias amareladas de bolo e a broinha assada. Substituem o pão de tostão, de miolo branco. À beira da falência, os padeiros passam a encardir o branco do miolo. Batizam a farinha de trigo com o fubá. A manteiga Geny, produzida pelos desbravadores irmãos italianos Filpi, torna palatáveis o bolo e a broa, de gosto duvidoso. O açúcar cristal some de casa, das mesinhas do Ponto Chic e dos balcões de bar. As mãos caipiras da Etelvina ressuscitam a legítima barra de rapadura. Em pedaços, a rapadura adoça a massa de fubá dos quitutes. Se esfarelada, passa a ser servida no antigo açucareiro de vidro. No cafezinho tradicional ou na média de café com leite, a rapadura trapaceia o paladar dos viciados em açúcar.

Escassa e racionada, a gasolina cede lugar ao gasogênio. Instalada na traseira do automóvel, a bugiganga converte madeira e carvão no combustível gasoso que alimenta o motor dos poucos veículos que trafegam pelas ruas centrais.

Ao redor da futura praça Getúlio Vargas, o bom e variado comércio de roupas e calçados e de secos e molhados atrai fregueses dos sítios, fazendas e arraiais vizinhos. Os profissionais liberais da cidade ganham novos e desconhecidos clientes, vindos dos arredores. A nova moeda nacional, o cruzeiro, começa a circular em 1942. Mas a mercadoria das lojas de roupas e calçados e o serviço dos profissionais liberais podem ser pagos com meia dúzia de galinhas, com dois perus ou com animal de pequeno porte, como o porco ou a cabra.

Em janeiro de 1941, o prédio do novo cinema, ainda na planta, se casa com a fundação festiva da estação de rádio local, a ZYB-6. Lamartine Babo, o compositor da famosa canção "Serra da Boa Esperança", chega do Rio de Janeiro a Formiga. Faz-se acompanhar da dupla caipira Joel e Gaúcho. O compositor e os cantores vêm prestigiar a inauguração da rádio. Lamartine compõe e canta a marchinha "Eu te amo, Formiga", futuro hino da cidade das areias brancas.

Uma imensidão de terreno plano e baldio — situada ao lado da charqueada, do curtume e da ponte de ferro, a caminho da lagoa — acolhe o campo de aviação da cidade. Não se soube a razão para o novo empreendimento imobiliário, até o dia em que inesperadamente um teco-teco voa em círculos pelo centro da cidade e, em voo rasante, sobrevoa os arredores até pousar. Alvoroçada e em grupos, a meninada corre pela estrada de terra batida que leva à lagoa. Equilibram os corpos quando atravessam os dois ou três mata-burros que servem de obstáculo ao cavalo ou ao boi fugido. Todos nós, crianças esbaforidas, chegamos a tempo de ver o avião já no solo. Desembarca o casal de passageiros pertencente aos Albergaria e o teco-teco decola para sempre.

A cidade se endireita, se apruma e se moderniza. Sai em busca da autogratificação financeira que a torne soberana na modesta região oeste do estado. O viúvo é obrigado a dar adeus ao dedicado e delicado trabalho de enxertia das roseiras trazidas de São Paulo. Decide casar-se pela segunda vez. A nova esposa lhe dará mais três filhos e uma filha. Em seis anos, as famílias Farnese e Cabral, associadas à Santiago, passarão a ter os onze membros necessários para formar um time de futebol. Em virtude de contratempos, é pouco a pouco que todos nós nos aprontamos para ir morar na capital do estado.

Jurandy Cabral chega em 1942 à distante e desconhecida cidade de Formiga com a incumbência de ensinar na Escola Normal Oficial e supervisionar os cursos oferecidos às crianças em idade escolar nas classes anexas. É nomeada pela Secretaria de Educação do Estado. Solteira, trinta e dois anos de idade, Jurandy é a segunda filha de Erasmo Cabral, plantador, comerciante e exportador de café do sul de Minas Gerais.[17] Ele falece em 1942, depois de longo e penoso processo de falência empresarial, aberto em 1929 e decretado por sentença judicial em 1930.

A nova professora carrega a fama de ter sido coroada Rainha dos Estudantes em Santa Rita do Sapucaí, no ano de 1928. Da cerimônia de coroação fez parte um baile majestoso no dia 11 de agosto. Durante a festa, angariam-se fundos para bolsas de estudo oferecidas aos estudantes carentes. O baile tem lugar no vasto salão/refeitório do Instituto Moderno de Educação, onde se localiza hoje o Instituto Nacional de Telecomunicações. Coroada no ano anterior, a boa amiga Luzia Rennó Moreira (hoje a benemérita Sinhá Moreira) transmite a coroa a Jurandy, vestida de capa de arminho, comprada na capital federal. Entra no salão acompanhada dos vassalos. A nova professora carrega também a fama de ter sido eleita madrinha do time de futebol local, patrocinado pelo seu pai e líder político na freguesia de São Sebastião da Bela Vista, onde está plantada a Fazenda do Paredão.

Erasmo Cabral é empreendedor ambicioso e sôfrego. Desde jovem é apelidado de coronel, título tomado inicialmente do pai adotivo. Tem a pretensão gratuita e vaidosa dos que amealham fortuna sem ter ganhado os centavos com o suor do próprio rosto e sem ter de triplicar os mil-réis com vistas à legitimação social da família. A considerável riqueza financeira e o prestígio político na comunidade santa-ritense lhe chegam de supetão. Caem-lhe às mãos por acaso e de maneira insuspeita. Fazenda, plantação de café, fortuna e respeito social escapam-lhe das mãos como fichas de aposta em roleta de cassino.

Bem instalado na lavoura do café, fixa os olhos no seu comércio e avista o lucro milionário com a exportação do produto pelo porto de Santos. Enxerga ao longe os acenos que lhe fazem a pecuária e a industrialização dos produtos derivados da carne e do leite. Não lhe bastam o amor da esposa Judith e o governo da prole saudável e já numerosa. Infiltra-se social e politicamente na comunidade de São Sebastião da Bela Vista e amplia o núcleo familiar. Como coronel, responsabiliza-se patriarcalmente por todos e por tudo da fértil região vizinha a Santa Rita do Sapucaí. Graças ao seu tino agrícola, comercial e industrial, essa região do sul de Minas Gerais, sem ter sido banhada pelas águas do oceano Atlântico, entra na rota dos cargueiros europeus e norte-americanos.

Das amplas janelas da Fazenda do Paredão, herdada do coronel Francisco Palma, seu padrinho, Erasmo tinha avistado ao longe as terras da Fazenda Aliança, de seiscentos alqueires. Dela se torna coproprietário com o amigo e capitalista Adalberto Mendes. Pelas suas esplêndidas e imensas pastagens, os sócios se aventuram na criação de gado vacum e suíno. Compram quinhentas cabeças de gado da raça Schwyz (conhecida vulgarmente como pardo-suíço), gado cobiçado pela qualidade e quantidade do leite. Em seguida, decidem iniciar a criação de suínos de raça. Importam dos Estados Unidos da América trezentos animais Poland China.

O coronel Erasmo Cabral divide os lucros com o sócio, mas continua a expandir e a aumentar o valor dos bens que lhe caíram dos céus e, em dias futuros, lhe escorrerão como areia por entre os dedos da mão. Torna-se coproprietário de mais duas fazendas, a Sabará, dedicada a gados e animais de raça, e a Turvo, onde se produzem arroz, feijão e milho. As fazendas são interligadas por estrada de automóvel.

Erasmo e Judith, pais de Jurandy, são ambos filhos adotivos e herdeiros universais do coronel Francisco Palma. Não é por direito de sangue que recebem os quatrocentos alqueires cultivados e altamente lucrativos da Fazenda do Paredão. Ao tradicional e venturoso projeto agrário dos pais estéreis e bondosos, Erasmo e Judith somam onze filhos e filhas e lhe incorporam melhorias substantivas que tornam possível a modernização financeira e social do campo santa-ritense.

O casal é vivamente congratulado pelos amigos, vizinhos e correligionários pelo entusiasmo que desperta no sofrido povo caipira da freguesia de Bela Vista. Nos anos 1920, o marido assume definitivamente a liderança regional na lavoura do café e na pecuária. No plano das relações financeiras, sociais e humanas, trabalha com os fazendeiros associados e os políticos locais em prol do progresso. Visa a trazer para todos os conterrâneos pobres, melhorias no plano da moradia, saúde e educação. Os subalternos são gratificados pela bondade do coronel Erasmo Cabral que, em canto atrasado do estado, torna a sobrevivência menos dolorosa.

Os projetos arrojados e caritativos logo ganham os contornos da realidade. A Fazenda do Paredão torna-se modelo na região sul do estado de Minas Gerais que passa, por sua vez, a ser reconhecida nacionalmente graças às eleições de dois presidentes da República e primos, Venceslau Brás e Delfim Moreira. A Fazenda do Paredão conta com luz elétrica, telefone e rádio. Com tulha para a armazenagem do café e máquina de beneficiar o produto, e até bomba de gasolina própria. Transportadas para a cidade, as sacas e mais sacas de café são estocadas no armazém construído nas redondezas da estação da Estrada de Ferro Afonso Pena, da rede Sul-Mineira. Os grãos de ouro negro ficam sob a responsabilidade da firma Leon Israel Agrícola,[18] que os exporta, do porto de Santos, para a Europa e os Estados Unidos.

Ponto de convergência comunitário, a Fazenda do Paredão torna-se sede de rapapés políticos e de festividades de caráter popular. Vive cheia, dia e noite, não só de amigos verdadeiros e das figuras políticas cerimoniosas e provincianas, mas também dos aduladores e oportunistas habituais, que farejam vantagens. Ela é escolhida pela Secretaria de Agricultura do Estado para ser fotografada, filmada e divulgada como exemplo a seguir pelos fazendeiros progressistas.

No comando dos bens de família e na condição de benfeitores da comunidade de agregados e de trabalhadores braçais que os cerca, os milionários fazendeiros e pecuaristas do sul de Minas têm como modelo os aristocráticos donos das antigas plantações de café no vale do rio Paraíba, em terras fluminenses. Imitam-nos e os suplantam em modernidade, ostentação e pompa. Acabam também por suplantá-los financeiramente.

Os bens do falecido coronel Francisco Palma não caem em mãos de empreendedor só ambicioso e sôfrego. O casal Erasmo e Judith decide dar continuidade à proverbial generosidade dos pais adotivos, associando-a aos princípios cristãos que orientam sua vida de fervorosos católicos praticantes. O jovem Erasmo fora seminarista até os quinze anos de idade. No dia 14 de janeiro de 1920, o herdeiro cumpre anos e, em companhia da esposa, abre os salões da fazenda para acolher as famílias amigas da sociedade santa-ritense. É oferecido um faustoso banquete que culmina com a cerimônia da entronização do Sagrado Coração de Jesus e Maria Santíssima pelo reverendo padre José Dias de Castro.

A Fazenda do Paredão torna-se referência no sistema rural de profilaxia pela preocupação com a saúde pública dos miseráveis. Seu proprietário é arauto de primeira hora, à semelhança do escritor e também fazendeiro Monteiro Lobato, criador de conhecido personagem na literatura, o Jeca Tatu. Nas comunidades rurais abandonadas ao próprio destino, a luta dos médicos sanitaristas se dá no combate ao verme da ancilostomíase (doença vulgarmente conhecida como "amarelão"). As larvas do verme são transmitidas ao caipira pelos pés descalços e lhe chegam ao coração e pulmões através do sangue. Instalam-se em seguida no intestino, onde põem os ovos, que serão eliminados pelas fezes.

Lições sobre fossas modernas, higiene do corpo e obrigatoriedade do pé calçado são transmitidas à comunidade carente em palestras dadas na Escola Pública da cidade e organizadas pelo dr. Alberto Tavares, diretor do Posto de Profilaxia Rural de São Sebastião da Bela Vista.

A gripe espanhola, que, segundo alguns acreditam, vitimará em 1919 o presidente da República Rodrigues Alves, chega à freguesia de Bela Vista em 1918. O jornal local publica que o coronel Erasmo Cabral faz pagamento de seiscentos contos de réis à Farmácia Pagliarini, em Bela Vista. Sozinho, responsabiliza-se pelo custo de todos os medicamentos fornecidos aos pobres e aos trabalhadores da região em que se localiza a fazenda-sede. O presidente da República Delfim Moreira tem assento no Palácio do Catete, no Rio de Janeiro.

O casal cria e financia uma banda de música, que alegra os dias de festa, e um time de futebol. Uniformes, meias, chuteiras e bolas são oferecidos gratuitamente aos jogadores. Nas cerimônias religiosas, a vida em família cristã se amplia para abranger a todas e a todos indistintamente. Com a escolha de padrinhos e madrinhas fora do círculo social estreito dos noivos ou do bebê, o casamento e o batismo alavancam uma ilusória comunidade de iguais onde sobre a família patriarcal impera a Sagrada Família. A uniformidade social de Bela Vista se representa com mais convicção nas procissões da Semana Santa. Todos com suas roupas domingueiras, só a cor da pele os distingue.

A depreciação da comunidade de iguais pela cor se torna mais evidente nas cerimônias noturnas, que têm lugar no recinto sagrado da igreja. As alegres e luxuosas festas caipiras depreciam ainda mais a solidariedade entre as classes sociais opostas, qualificando-as indiretamente de hipócritas. As noites de São João são festejadas em família. Sanfona, viola, fogueira e fogos de artifício são requisitados. Canjica e espigas de milho verde são servidas. Também bolo de fubá e quentão. Como diz o jornal da época, os mais acanhados jecas não passam de almofadinhas requintados e elegantes. O filme *O cantor de jazz* (1927), com o ator branco Al Jolson com a cara pintada de preto (*blackface*), não seria tomado como um achincalhe. O cateretê, dançado com graça pelas moças e rapazes, é tocado pelos violeiros da região. "Cateretê, cateretê, cateretê,/ que eu gostava de dançar/ no terreiro da fazenda/ quando tinha o luar". Os sanfoneiros mexem com as cadeiras das mocinhas que se vestem com seus vestidos de cores berrantes, feitos especialmente para a festa, de cintura fina, babados, colete, e calçam botas de cano alto.[19]

Desde 1921, o coronel Erasmo Cabral fabrica na Fazenda Aliança a manteiga que recebe o nome da filha Jurandy. Em abril de 1925, abre e mantém depósito do produto em plena capital da República, na rua Marechal Câmara, 217. Devidamente enlatada em região que mal foi apresentada aos processos modernos de industrialização, a manteiga Jurandy passa a ser distribuída e vendida em todo o território nacional. Várias autoridades estão presentes na cerimônia de inauguração do depósito carioca. Entre outras figuras, os deputados federais José Brás Pereira, filho do ex-presidente Venceslau Brás, e Teodomiro Carneiro Santiago, cunhado do ex-presidente. São ambos eleitos pelo Partido Republicano Mineiro, PRM, facção a que pertence evidentemente o coronel Erasmo Cabral na longínqua São Sebastião da Bela Vista. Na edição de 11 de abril de 1925, a revista carioca *Fon-Fon* dedica uma página ao acontecimento.

Em virtude do fracasso milionário do negócio paterno, a sensibilidade da professora Jurandy tem sido esfolada desde 1929. Nem os curtos anos de bonança nem os infindáveis anos posteriores ao desastre financeiro servem de moeda de troca. Não há forma de resgate ou de compensação. A coluna de débito é todo-poderosa e é nela que se alicerça o caráter da senhorita encantadora que se transforma em educadora por profissão.

Ela é ressentida e generosa.

Instruída e apreensiva.

Ousada e inquieta.

No dia a dia dos primeiros anos da década de 1940, reinventa a circulação social do corpo e do nome com atitudes comportamentais que oscilam entre sentidos opostos e, por isso, se chocam. No susto que causam, espantam os espíritos moderados. A nova professora será páreo duro para a cidade de Formiga que, perdidamente apaixonada pelos tempos da República Velha, se endireita, se apruma e se moderniza. Nada da sua formação sentimental posterior à debacle familiar se harmoniza com a história do pacato município do oeste mineiro, que, desde os fins do século XIX e nos anos posteriores à Primeira Grande Guerra, acolhe alguns imigrantes europeus tradicionais e os euro-asiáticos recém-chegados. Nenhum detalhe da nova, inevitável e alvissareira personalidade da noiva do cirurgião-dentista local lembra o desastre financeiro da família Cabral e a diáspora fraterna. Esconde-os por determinação própria e os guarda a sete chaves.

As fazendas da região formiguense são também imensas e férteis, mas as famílias proprietárias sobrevivem em ambiente mais atrasado em termos de progresso material e social. São favorecidas apenas pela rentabilidade mediana e rotineira, que boa parte da produção pecuária e pastoril do centro-oeste alcança em moeda nacional. Já as fazendas da região sul do estado de Minas Gerais, associadas em boa hora ao fronteiriço e poderoso estado de São Paulo, beneficiam-se da exportação pelo moderníssimo porto de Santos de sucessivas safras de café. Essa região se distancia não só de Belo Horizonte, nova capital do estado de Minas Gerais, como também do porto da capital federal, maior centro exportador do café no século XIX. Cria-se um lugar singular e próprio dentro da economia agropastoril.

Basta observar a professora Jurandy a caminhar pelas ruas de Formiga para descobrir que não é da região. Desembarca do trem da Rede Mineira de Viação como a forasteira que será. Refreou e continua a refrear as ambições do passado e, na viagem de transferência para a cidade desconhecida, carrega um número reduzido de malas. Como a "figura feminina" que Lasar Segall surpreende e apreende em tela no ano de 1922, a Jurandy tinha chegado à fase da vida em que a voltagem elétrica do corpo já tinha aprendido a conviver com os maus-tratos padecidos e a padecer. Sabe como se direcionar à invenção dum caráter desassombrado e imutável. No meio do caminho, chega a uma velhice passageira e quer gozá-la. Bate à porta duma cidade estranha porque não sabe como a gozaria. O rosto — semelhante ao da figura feminina de Segall — estampa uma graciosidade de traços fatigados. O corpo está em atitude de espera.

Seu novo modo de ser.

Bem-educada e fina, sem ser afetada.

Seu novo modo de vestir e de pisar.

O guarda-roupa é de loja com estoque de tecidos finos, como crepe-georgete e chiffon. Não usará mais os elegantes chapéus que são apreciados e elogiados nas revistas da moda publicadas no Rio de Janeiro. Exibe vestidos e casacos já usados, mas importados. Seus sapatos também contrastam. Não chegam a ser grosseiros, são fortes. De salto baixo, solado firme e duradouro. Na cidade das areias brancas, ao pisar as calçadas de cimento ou de terra batida ou as ruas pavimentadas de paralelepípedos, os saltinhos reforçados as moem como o pilão aos grãos de café.

Seu novo modo de falar.

Aluna de colégio de freiras, de Escola Normal e da Escola de Aperfeiçoamento, articula todas as palavras. Sua elocução é menos lenta que a ordinária nossa e escorre em linha de som, quase inalterável. Caso comesse as sílabas quase mudas das palavras proparoxítonas e engolisse o S plural, sua fala seria tida por masculina. Em palavras como "república" ou "atlético", não troca a consoante L pela R. Tampouco adota o R caipira dos paulistas, tão evidente na palavra "porta".

A professora Jurandy se expressa por dicção correta, estável e firme. Tinha aprendido na Escola Normal em que estuda, como o professor paraibano tem uma pronúncia feia do português, "esconde as sílabas e chia puxando os ss". Normalista, pratica o futebol, "que é proibido para as meninas". Se frente a frente com as vozes masculinas que caluniam o pai, sua fala não treme nem se esfumaça. Não desaparece no ar como estampido de foguete. Obedece às reações naturais de quem maneja a linguagem como busca de poder. Opta por vida trabalhosa e rendosa, e não por sobrevida preguiçosa, à sombra das agruras sentimentais e financeiras que abatem os familiares mais próximos e os entes mais queridos.

Tem-se por arrimo de família, como se a orfandade tivesse ocorrido em tenra idade. Nunca a surpreendo a conversar com as sombras da dúvida. Ainda que forasteira, não perde as assertivas do antigo mando familiar. Na comunidade que a acolhe, explicita seus valores nas tarefas cumpridas e na faina diária. Maneja de maneira segura e eficiente o modo educado de estar no mundo e de conviver com o próximo.

Seu marido, meu pai, a admira. E sente ciúmes por a esposa ocupar, primeiro, função aparentemente inafiançável na família patriarcal e, depois, posição de mando em instituição de ensino da cidade. Função e posição transcendem sua expectativa para uma segunda esposa e emperram suas manobras de sedução e suas artimanhas de domínio masculino.

Com os semelhantes, Jurandy é gentil, tolerante e pródiga. Com as pessoas subordinadas, é inflexível, severa e professoral, e até autoritária. Com vistas à boa convivência diária, não há como espantar facilmente as pessoas indesejadas em cidade interiorana. Ela encanta a poucas e enfeza a muitas. As marcas da família latifundiária ainda embasam o sentido de pertencimento a casta afortunada e acompanham as boas maneiras de atuar em casa e de proceder publicamente, herdadas do perdulário, requintado e milionário modo de ser paterno. Apesar dos tempos dolorosos e abomináveis que vem atravessando, contém as lamentações e estoicamente fiscaliza e represa a vergonha de ainda existir que, sob a forma de modéstia aparatosa, teria transparecido na mulher formiguense.

Para muitas e muitos a Jurandy não deixa de ser uma *exibida*, para retomar a fala coloquial mineira.

Não leva a antiga e a nova condição como "vida em segredo", para me valer da feliz expressão criada pelo amigo e romancista Autran Dourado. Ao querer criar certo tipo psicológico de mulher mineira, abandonada pela família e solitária, Autran Dourado se inspira na protagonista Félicité do delicado conto "Un Coeur simple", de Gustave Flaubert. A Jurandy tampouco se parece com a ruiva Sofia. Esta, sim, a lembrar a prima Biela criada por Autran Dourado,[20] ou o viver em segredo de alguma professora de escola pública do interior. Exibida, sabida e atrevida, a Jurandy é, no entanto, discreta. Quase humilde, se apreciada no caminhar solitário da casa até o distante prédio da Escola Normal.

As colegas de trabalho não a acolhem como merece. Com tijolos que revelam ser as ridículas e terríveis maldades cotidianas, erguem entre elas e a forasteira uma parede de indecisões e queixas, devidamente rebocada e pintada pelos seus quatro e sucessivos pedidos de licença-maternidade. A administração feminina do educandário oficial não quer reconhecer, na luxúria produtiva de filhos da mestra, sua formação exemplar. Não chega ao extremo de considerá-la intrusa. Não pode.

Em Belo Horizonte, durante os dois anos mais difíceis de sua vida, a santa-ritense tinha seguido os cursos exigidos para o diploma concedido pela Escola de Aperfeiçoamento Pedagógico, instituição criada pela Reforma Francisco Campos e implantada nos anos 1930 por Mário Casasanta.[21] O entusiasmo pela educação se casa com o otimismo pedagógico e ambos se transformam no motor da modernização escolar preconizada pela reforma. Com experiência de vida fincada em situações sucessivas e opostas, a aluna acata com docilidade os princípios orientadores da nova metodologia de ensino na escola primária. A educação é fundamental tanto para a manutenção de privilégios sociais, como para a possibilidade de se realizar uma superação das desigualdades socioeconômicas e culturais. Na Escola de Aperfeiçoamento, destaca-se a forte personalidade da professora Helena Antipoff, de psicologia educacional. Russa de nascimento, com formação educacional francesa, veio a Minas Gerais como convidada do governo estadual. Dona Helena será também a responsável pelo Laboratório de Pedagogia da Escola e pela fundação da Sociedade Pestalozzi, para crianças excepcionais.

Diplomada, a aluna retorna ao trabalho docente em Santa Rita do Sapucaí. Leio as palavras que Jurandy nos lega às vésperas da morte, em 1994:

"Como filha mais velha, resolvi registrar logo o meu diploma de normalista para começar a lecionar. Fui nomeada professora do Grupo Escolar Delfim Moreira, de Santa Rita. O pedido foi feito pelo Bispo de Pouso Alegre, grande amigo de meu pai, ao Secretário da Educação Mário Casasanta. Como a nomeação veio diretamente de Belo Horizonte, os membros do diretório do partido político local foram contra, alegando que havia uma estagiária esperando o cargo. Esqueceram-se de tudo que meu pai havia feito em benefício da cidade quando era Presidente da Câmara."

Para não se transformar no bode expiatório da escandalosa falência paterna, a jovem professora não precisa se afirmar de maneira ressabiada em Formiga. Tampouco precisa se encaixar como a esposa subalterna, submissa e obediente como reza a cartilha local. Está cercada de enteados e de enteadas estudiosos e disciplinados e bem-casada. Ainda a seu favor, tem a experiência de vida singular e o aprendizado especializado de alto nível. Afirma-se, pois, em coerência com os modernos preceitos educacionais e reformistas que recebeu em Belo Horizonte. A professora não deve e quer pôr lenha na caldeira do trenzinho caipira do ensino primário formiguense. Quando na formação educacional das meninas e moças provincianas a tônica ainda é o encaminhamento gradativo para o hábito das prendas domésticas e a aprendizagem do piano, é ela quem, apoiando-se nos ensinamentos da mestra Helena Antipoff, introduz a psicologia como disciplina auxiliar da educação.

Também insiste em abrir para os meninos e os rapazes o leque das opções profissionais que, desde o século XIX, vem sendo restrito às faculdades de Direito, Engenharia e Medicina.

Ao receber o diploma da até então acanhada Escola Normal Oficial de Formiga, minha irmã Hilda não aceita a carreira profissional cômoda, sob a assistência do pai e da madrasta, e o emprego fácil na cidade. Decide assumir o futuro como jogo arriscado. Na capital federal e nas respectivas capitais de estado, as reformas educacionais sustentam um empenho crescente dos educadores pelo desenvolvimento entre nós das novas ideias e práticas de ensino, recebidas da Europa e dos Estados Unidos. Veja-se, como exemplo, o caso do Laboratório de Pedagogia da Escola de Aperfeiçoamento em Minas Gerais.

Em fins da década de 1940, a mana Hilda decide especializar-se em psicologia experimental com o professor catalão Mira y López, que acabara de optar pelo desenvolvimento no Brasil de sua carreira profissional no exílio. Sozinha, viaja ao Rio de Janeiro para aperfeiçoar seus conhecimentos de educadora provinciana.

Exilado pelas razões explicadas pela História europeia dos anos 1930, o professor catalão Mira y López é contratado pelo governo federal brasileiro em 1947. Durante a Guerra Civil Espanhola foi chefe dos serviços psiquiátricos do exército republicano. O professor parte primeiro para os Estados Unidos da América e percorre logo depois vários países hispânicos da América Latina até bater à porta do Brasil.

Não por coincidência, a competente e atrevida educadora Helena Antipoff será uma de suas auxiliares no Rio de Janeiro. Em 1946, o novo governo fecha o Laboratório de Pedagogia belo-horizontino e dona Helena parte para o Rio de Janeiro a fim de colaborar com o psiquiatra exilado na fundação do Centro de Orientação Juvenil (COJ), no âmbito do Ministério da Educação e Saúde. Ali, serão geradas as grandes contribuições à nova educação nacional pelos principais psicólogos brasileiros e europeus.

Em fins dos anos 1940, a Hilda faz parte do grupo de jovens professores e pesquisadores brasileiros e sul-americanos (lembro que um dos seus colegas é colombiano) que, sob a direção do mestre catalão, dá início às atividades do Instituto de Seleção e Orientação Profissional (ISOP), no Rio de Janeiro. Como minha irmã recebe ajuda financeira paterna, aluga com colegas um apartamento na avenida Beira-Mar, próximo ao Aeroporto Santos Dumont, de onde nos envia os primeiros cartões-postais do balneário e inúmeras fotos com colegas na praia de Botafogo e de Copacabana.

Hilda regressará posteriormente a Belo Horizonte e, com colegas, será corresponsável pela implantação na capital mineira de serviço semelhante ao do instituto fundado pelo professor Mira y Lopez — o SOSP, Serviço de Seleção e Orientação Profissional, localizado no prédio do Instituto de Educação. Segundo a nova visada psicológica na educação, não compete mais ao patriarca da família escolher a profissão do filho, motivado apenas pela busca de sucesso na comunidade ou por mero interesse financeiro.

Aplicada com diligência, objetividade e rigor por especialistas, a bateria de exames psicotécnicos, de que faz parte o célebre teste de Rorschach, propicia um *psicodiagnóstico miocinético* (conhecido como PMK) que melhor avalia a personalidade e o potencial estudantil e profissional do adolescente ou do pós-adolescente, com base no seu perfil sentimental, emocional e intelectual. Proposto aos pais pelo psicólogo responsável pelo estudante, o diagnóstico final serve para estimular o adolescente a se orientar por conta própria na escolha da profissão a seguir. Ou para incentivar os pais a encaminhar o filho ou a filha a profissão compatível com a sensibilidade, conhecimento e vontade singulares.

O professor Mira y López será o diretor do ISOP até 1964, quando falece em Petrópolis.

Depois de graduado no Ginásio Antônio Vieira em 1944, o primogênito Sebastião é também encaminhado pelo nosso pai à capital federal. Lá fará o curso científico que, como reza o decreto-lei nº 4244, de 9 de abril de 1942, torna-se indispensável ao acesso à universidade brasileira. Em março de 1945, meu pai viaja ao Rio de Janeiro com o filho. Matricula o Sebastião como aluno interno no famoso Instituto La-Fayette, futuro alicerce da Universidade do Estado do Rio de Janeiro (UERJ). Deixa o filho aos cuidados do titio *Neném* e de Helena, sua esposa. O casal tinha se transferido recentemente da rua Padre Rolim, em Belo Horizonte, para a rua Dezenove de Fevereiro, no bairro de Botafogo.

Durante três anos, o Sebastião filho cursa o científico. De volta a Belo Horizonte em fins de 1947, acaba por seguir a profissão do pai. Durante as férias de fim do ano, traz muitas e variadas novidades para a cidade provinciana. Além do sotaque ligeiramente acariocado, com destaque para o S final sibilante, exibe ao irmão que se interessa por gibis e filmes de guerra, um dos livros adotados na disciplina de língua portuguesa. Trata-se de *Unidades literárias: História da literatura brasileira*, destinado à terceira série dos antigos cursos científico e clássico. Bem atualizado em matéria literária, o livro didático ousa apresentar ao estudante do Instituto La-Fayette os então famigerados escritores modernistas. Escrito por Virgínia Côrtes de Lacerda, sua professora e tia de Dirce Côrtes Riedel, minha futura colega na PUC-RJ, o manual é publicado em 1944.

O irmão mais velho me inculca o interesse crescente por filmes de boa qualidade artística, pavimentando o caminho que me levará, no início dos anos 1950, já em Belo Horizonte, ao Centro de Estudos Cinematográficos. Publicada nos principais jornais cariocas, a resenha dos filmes em cartaz desperta a curiosidade do Sebastião para os bons filmes e o incentiva a selecioná-los na programação semanal. O educandário carioca não fica longe da praça Saenz Peña, na Tijuca, cujos cinemas espaçosos e confortáveis rivalizam com os da Cinelândia.

Na capital federal, o mano mais velho transforma em objeto do desejo o distintivo do Botafogo (o clube da Estrela Solitária), que traz na lapela. Após o Estado Novo, como rebelde que se preza, é antigetulista. Anos mais tarde, ostentará novo distintivo, o do Clube da Lanterna. Torna-se leitor da *Tribuna da Imprensa*, de Carlos Lacerda, e faz campanha a favor de Eduardo Gomes, candidato eterno a presidente da República.

Adivinho por partes. Tenho certeza de que adivinho acertadamente.

Pergunto-me se a alavanca que, desde o fim da guerra na Europa e da ditadura Vargas no Brasil, força meu pai a transferir toda a família da cidade do interior para a capital do estado, não teriam sido diretrizes traçadas pela madrasta, ainda que a pensar mais nos próprios filhos que nos enteados?

A movimentação e a transferência de todo o núcleo familiar para a capital do estado foram imaginadas em momento propício ao espírito coletivo de aventura, em busca de melhores oportunidades. Foram planejadas por cabeça que pressente a importância crescente da boa educação, ou da educação que prima pela excelência, na formação de cada membro da nova geração. As duas ações foram executadas com paciência e coragem pelo meu pai e, evidentemente, com a ajuda de terceiros.

A Hilda e o Sebastião são exemplo da necessidade da viagem como caminho inevitável no acesso ao saber institucional. De volta da experiência na capital federal, logo abrem, no jantar à mesa, interrogações em torno da incógnita em que se transforma a formação educacional dos demais sete irmãos e duas irmãs. Com o correr de alguns anos, os dois manos, privilegiados pela idade e pela disponibilidade financeira do pai, se distanciariam e se isolariam dos muitos desfavorecidos pela sorte.

Os cinco candidatos à vida estudantil na capital federal, se somados aos quatro da segunda família, seriam ao todo nove candidatos.

Não há como levantar os recursos financeiros necessários à boa educação institucional de prole numerosa em cidade que mal chega a ter trinta mil habitantes. Seria impossível deslocar cada filha ou filho da cidadezinha natal e despachá-los para o aperfeiçoamento em estabelecimento de ensino na capital federal, ou até na capital do estado.

Na experiência de vida da Jurandy, a falta de dinheiro é lembrança e é ameaça e é também real. Ela sabe com quantos cruzeiros se faz — ou não se faz — a canoa do bom diploma e da boa colocação.

Se meu pai dispensa pouca atenção aos filhos, não se descuida da sua educação. Pensa menos na criação e mais no sustento da criação. Desdobra-se profissionalmente. Imagina a possibilidade de suplementar o ganho na cadeira de dentista com o lucro na venda de artigos odontológicos aos colegas da praça e das redondezas. Pede ao marceneiro para construir uma prateleira de vulto e a instala numa das paredes da sala contígua ao gabinete de trabalho. Abre uma pequena loja de produtos odontológicos, indispensáveis ao trabalho diário de todo profissional, seja ele dentista formado ou dentista prático.

Para suprir o próprio e movimentado consultório, já encomendava os produtos especializados nas firmas importadoras do Rio de Janeiro. Caulk, Dentsply, Kerr, ss White e outras grandes firmas norte-americanas que tinham seus respectivos representantes no Brasil, sediados no Rio de Janeiro. Passa a encomendar os produtos em maior quantidade e a estocá-los na prateleira do Depósito (nome dado à pequena dependência doméstica). Entrega a direção do negócio à zelosa ajudante, Zélia. Os ganhos com a clínica e com o pequeno comércio, se somados, ainda não dariam para cobrir os custos com a educação das filhas e dos filhos distantes do lar paterno.

A notícia sobre a transferência de toda a família para a capital do estado começa a correr logo depois do fim da Segunda Grande Guerra e da queda do Estado Novo. Coincidência ou não, ocorre no ano em que morre o vovô Amarante.

Meu pai vende a casa na rua Barão de Pium-i ao João Branco, sócio do nhô Campeiro na firma Ribeiro Castro & Nascimento. A decisão da venda nos é comunicada no momento em que a escritura é passada. Ainda não se fala de compra de casa em Belo Horizonte. As incógnitas financeiras e imobiliárias fazem parte da vida secreta do patriarcado mineiro. Talvez os filhos mais velhos sejam informados dos detalhes à medida que acontecem. Talvez. Os mais novos sabemos se alguma mudança se prenuncia quando o papai é acuado contra a parede e tem de entregar as chaves da casa ao comprador. Teremos de mudar às pressas.

Mudamos para casa menor, de quintal reduzido, embora confortável. O consultório paterno continua na sala da frente. Continuamos sem o jardim e perdemos o alpendre. Ganhamos uma área cimentada, à esquerda da casa. Ela dá acesso à garagem. O imóvel (hoje posto abaixo) está localizado no braço esquerdo do Y, na rua Silviano Brandão, número 71.

Não sei por que a Etelvina não nos acompanha. À semelhança da Sofia, ela desaparece duma hora para outra. Somos servidos por uma moça branca, alourada, bem mais jovem do que a Etelvina. A cozinheira alourada é moça espevitada e confusa, concordamos todos. Não recordo seu nome e pouco de suas feições. Dorme num quartinho que fica atrás do fogão à lenha. É abandonada pelo namorado por quem morre de amores. Corre que está grávida. Chora enquanto cozinha. Para escândalo da família e da vizinhança, porá fim à vida. Bebe uma mistura de soda cáustica com Guaraná Champagne.

Associo sua vida infeliz à letra duma canção de Ary Barroso. Ainda hoje a escuto na voz de antigo barítono: "Canta, Maria,/ a melodia singela,/ canta que a vida é um dia,/ que a vida é bela, minha Maria". Lembro agora. Seu nome é Maria.

Seremos servidos pela Maria até o dia em que a Alvina aparece e passa a se ocupar definitivamente de todas as tarefas domésticas. A limpeza dos quartos de dormir cai sob a responsabilidade da Nilda que até o dia de hoje crê, em relação aos irmãos e a seus filhos, na maternidade como uma série de obrigações imperiosas.

Na rua Silviano Brandão, o dia a dia da família perde o foco ou o espírito de união. A rotina se transtorna sem que haja motivo plausível ou explícito para o descompasso geral. A não ser que invoque a expectativa de mudança, que se manifesta pela ansiedade de cada um e de todos. O nervosismo do papai se torna, finalmente, evidente e palpável. O clima em casa é sempre instável, sujeito a chuvas de mau humor e trovoadas de pequenos e grandes conflitos domésticos. O transitório impera como atmosfera nas relações familiares e define o nosso novo modo de vida.

A reinar sobre a casa, a atmosfera de provisoriedade ganha lugar simbólico: a garagem. Não temos automóvel. A utilidade do amplo apêndice vazio varia ao ritmo da sucessão dos dias e das noites. Depósito de móveis tornados inúteis pelo tamanho, lugar destinado aos trastes desnecessários na nova casa, quarto de dormir de um ou de outro, lugar de fuga para o irmão briguento... Não sabemos a razão para a falta de planejamento residencial e, em face da carência de definição do caminho futuro, para a ameaça da desesperança, origem do quase pânico que subtrai o ânimo de viver.

Saberemos pouco a pouco e mais tarde o que virá.

A futura residência da família está localizada no número 935 da rua Mato Grosso, no novo bairro de Santo Agostinho, em Belo Horizonte. Interrogações, que tinham respostas silenciadas pelo mistério, são finalmente respondidas. A casa está alugada. O inquilino e sua família se recusam a abandonar o imóvel. O processo judicial de despejo é tradicionalmente lento e se torna mais lento por razões políticas. O locatário é cidadão de grande prestígio sociopolítico na capital do estado. Trata-se do professor

Levindo Lambert que, como educador, mantém relações estreitas com o partido dominante nas eleições posteriores ao Estado Novo — o PSD (Partido Social Democrático). Em 1951, com o retorno de Getúlio Vargas à Presidência da República, o professor vira a casaca e passa a militar no PTB (Partido Trabalhista Brasileiro). Não consegue esconder a alegria ao ser convidado por Juscelino Kubitschek a ocupar o cargo de secretário estadual da Educação de Minas Gerais. No dia da posse, envia telegrama congratulatório ao ex-ditador.

Às vésperas do ano de 1947, as dúvidas do meu pai sobre o destino futuro da família são embaralhadas por dois dos filhos que se encontram à mercê da mudança da família para a capital do estado. O mais velho, o Sebastião, terminará o curso científico no Rio de Janeiro e meu pai quer que preste o vestibular em Odontologia na Universidade Federal de Minas Gerais. O do meio, o sexto na escadinha, terminará o curso de admissão no Ginásio Antônio Vieira e meu pai me quer como concorrente a uma vaga no segundo grau do Colégio Estadual (o tradicional Colégio Mineiro). As vagas oferecidas pelos exames vestibular e de admissão são muito disputadas e o resultado dos respectivos concursos públicos é divulgado com certo estardalhaço no *Diário Oficial*. O candidato tem de estar em boas condições físicas e mentais.

Estamos os dois morando numa pensão de cidadão formiguense na avenida João Pinheiro, número 161 (a Associação Médica de Minas Gerais se instalará no enorme casarão nos anos 1960).

Nós dois obrigamos nosso pai a tomar uma decisão radical no que se refere à transferência da família para Belo Horizonte.

O papai aluga por um ano uma casa luxuosa, localizada na rua dos Timbiras, número 2809, propriedade do colega e amigo dr. Michel Khoury. Fica a quarteirão e meio da nossa futura casa na rua Mato Grosso. Lá, a família viverá todo o ano de 1948 e o Sebastião e eu aguardaremos o resultado dos exames de vestibular da universidade e de admissão ao colégio. Estamos todos à espera da decisão da justiça. O despejo tarda e chega. Em 1949, tomamos finalmente posse da casa na rua Mato Grosso, hoje posta abaixo.

Continuo a adivinhar. Agora, sem a certeza de que acerto no alvo.

No longo e dificultoso processo de transferência de toda a família para a capital do estado, será que as mãos hábeis e a cabeça política do irmão de nossa madrasta, o advogado trabalhista e futuro deputado estadual José Cabral, não teriam supervisionado os passos e as tomadas de decisão do seu marido e pai de seus filhos?

Tanto os detalhes referentes à escolha de imóvel, com boa localização dentro do perímetro da avenida do Contorno, como os relacionados aos problemas judiciais, que meu pai enfrenta, com a ação de despejo do inquilino de prestígio político, garantem que a conjectura faz sentido.

Fará mais sentido se lhe apresentar as famílias que serão nossas vizinhas. Um pouco abaixo de nossa casa, no número 909, mora a família do psiquiatra Galba Moss Velloso, fundador e diretor do Instituto Raul Soares. Ele é pai do também psiquiatra Fernando e de Maria Stella, esposa do jovem advogado trabalhista José Cabral. O casal José e Maria Stella será padrinho de batismo do segundo filho da Jurandy, o Rui Erasmo, que, no nome próprio, homenageia o velho patriarca da Fazenda do Paredão. Entre as duas casas, está a residência na capital da família Mascarenhas. Na entrada da garagem, o caminhão todo enlameado, fedendo a gado e a porco, indica que o proprietário é fazendeiro de posses. Pertence a tradicional família oriunda da cidade de Paraopeba. Sua filha mais velha, Ana Maria, é um encanto de moça, e a mais nova, Maria Sylvia, um tanto sapeca, logo se enamora do meu irmão Sebastião. Um pouco acima de casa, antes da esquina com a rua Bernardo Guimarães, mora a família de um dos membros do clã dos Melo Franco. Rodrigo, o filho mais velho, será um dos meus primeiros amigos em Belo Horizonte. Ao dobrar a esquina, à esquerda, já em plena rua Bernardo Guimarães, vê-se a mansão de Cristiano Machado, candidato à Presidência da República em 1950 e irmão do médico Lucas e dos escritores Aníbal e Lúcia.

Na rua Bernardo Guimarães, um quarteirão adiante, está o estádio do Clube Atlético Mineiro. Será posto abaixo. Cederá o lugar ao DiamondMall, elegante shopping center da cidade.

Nós, do quarteirão da rua Mato Grosso situado entre as ruas Aimorés e Bernardo Guimarães, não temos vizinho de frente. Temos o muro dos fundos do Colégio Santo Agostinho, que passa a distinguir essa região da apelação tradicional no mapa da cidade — a colina de Lourdes. Não moramos na colina de Lourdes nem na Barroca. Moramos em novo bairro, apelidado de Santo Agostinho.

Para comprovar a veracidade da minha adivinhação, avanço pelo terreno propriamente político. Ao comprar a nova casa, meu pai é desprevenidamente jogado na arena duma disputa maior do que a mera ação de despejo judicial contra inquilino abusado. Ele se transforma na bola em disputa pelos dois principais times da política regional, logo depois da queda da ditadura Vargas. De um lado, o PSD, do professor Levindo Lambert, teleguiado por Juscelino Kubitschek, e do outro, a UDN, do advogado José Cabral, teleguiada pelo seu conterrâneo e mentor, Bilac Pinto.[22]

Ao ler *Minha vida* (2005), autobiografia de José Cabral, uma vez mais me delicio com os caminhos que o acaso me abre.

No início do ano de 1966, por coincidência encontro o tio torto em Nova York. Está hospedado no luxuoso hotel Waldorf-Astoria, localizado na Park Avenue, entre as ruas 50 e 51.

Naqueles anos, vou com constância a Manhattan. Faço carreira universitária nos Estados Unidos. Ensino literaturas lusófonas na Universidade Rutgers, que fica no estado de Nova Jersey, a uma hora de ônibus do Times Square. Às vésperas da primavera que se aproxima, lá estou naquele fim de tarde para fazer algumas compras de roupa de inverno. Na troca de estações, há sempre liquidações de estoque em boas lojas da metrópole. A mais fornida e elegante fica no *basement* da Bloomingdale's, loja de roupas masculinas que, ao lado da conservadora Brooks Brothers, é das melhores de toda a região. Carregando a tradicional bolsa de papel cinza da loja, deixo a Terceira Avenida para cruzar a ilha. Tomo a rua 51 a caminho da volta ao West Side, onde está localizada, na Nona Avenida com a rua 41, a estação rodoviária em Manhattan.

José Cabral sai do Waldorf-Astoria. Reconheço-o. Ele também me reconhece. Cumprimentamo-nos, ele se surpreende mais do que eu. Trocamos algumas palavras. Ele diz a que veio ao país. Digo-lhe por que estou no país. Lamenta não poder me convidar para jantar, pois vem de reunião em Washington e estará na cidade apenas por um dia. Não me diz que deixa o hotel para visitar um importante refugiado político, cassado recentemente e perseguido por certo setor dos militares da Aeronáutica. Naquele momento, é solitária e secreta a caminhada do político conservador mineiro.

Ao acaso da leitura das suas memórias, desvendo o segredo desse dia tão especial de sua ida a Manhattan.

Copio um trecho esclarecedor do livro de memórias. Deslinda não só as armadilhas políticas que o segundo casamento armou para o papai com seu inquilino abusado, como também o modo como é a cordialidade que sempre constrói situações dramáticas na política regional e nacional. Transcrevo:

"Saí de Washington de volta à pátria, porém, ficando um dia em Nova Iorque, especialmente para visitar o ex-presidente [Juscelino Kubitschek], cujo endereço tratei de apurar no Consulado brasileiro. Acionando a campainha no apart-hotel em que se hospedava Juscelino, fui atendido por sua digna esposa, que me dissera encontrar-se o amigo em hotel próximo, em visita ao senhor Sebastião Paes de Almeida. [...] Quando me dispunha a transpor os umbrais, nas proximidades do Waldorf-Astoria, divisando-me lá do fundo do grande saguão, Juscelino viera ao meu encontro, quando o interroguei: 'Sabe o que vim a fazer aqui?'. Respondeu-me: 'Sei, você veio me consolar pelo sofrimento que estou experimentando, pois nada é mais cruel que o afastamento forçado de nossa pátria! [...] Você não imagina que bem me faz sua visita de apoio, principalmente porque parte de um adversário político, porém bom amigo, enquanto meus antigos correligionários fogem de mim [...]'".

Em meados do ano de 1942, a dedicada professora proveniente do sul de Minas revela ser em Formiga tão matreira quanto o irmão e também o nosso roceiro.

Na visita em que é apresentada oficialmente à família Santiago, a Jurandy traz duas carteiras de cigarros de chocolate para dar de presente aos dois filhos menores, o Haroldo e eu. Não sei se a noiva as tinha comprado no bom comércio do sul de Minas ou da capital do estado. Sei que o pacotinho não tem a forma das guloseimas que são vendidas no balcão da confeitaria Ponto Chic. O bombom tradicional perde o aspecto redondo, colorido e feminino, para se apresentar como se acondicionado para o gestual sedutor das mãos masculinas, em close-up do rosto de ator cínico de

Hollywood. A mera posse da carteira de cigarrinhos certifica que o menino proprietário já é adulto e fora de série. Não fuma o mata-ratos Astoria, cigarro dos pobres, nem o cigarrinho de palha enrolado pelas mãos hábeis do nhô Campeiro.

Lembro.

Com o canivete, o nhô Campeiro vai eliminando pacientemente as irregularidades do retângulo retalhado na palha de milho. A lâmina de aço elimina as rugosidades naturais da folha vegetal ressecada. Transforma-a em retângulo de papel uniforme e liso, como se passado e engomado a ferro à brasa.

Apanha em seguida o pedaço de rolo de fumo que conserva numa pequena bolsa fedorenta de couro. A sempre encardida mão direita vai cortando com a lâmina afiada do canivete pequenas lascas de fumo, que são imediatamente depositadas na concavidade da mão esquerda quase fechada, que mantém o rolo de fumo entre os dedos. A quantidade é suficiente para o pito. O nhô Campeiro vai cuidadosamente esfarelando as lascas de fumo com os dedos ágeis. Torna-as próximas do pó de rapé.

Retoma o retângulo de palha já laminado. Em caprichada fileira vertical, espalha o fumo pelo seu leito. Em seguida, diligentemente, vai enrolando a folha em torno da fileira até que os lábios úmidos de saliva se aproximam da palha de milho e selam o cigarrinho.

Na mesinha ao lado da cadeira de balanço, o isqueiro está à espera.

Fumo o cigarrinho de chocolate que a dona Jurandy (assim a noiva foi tratada inicialmente pelo menino) me trouxe de presente. Ele se dissolve na boca como o tabaco se queima envolto na palha de milho, laminada como se por ferro de passar roupa. Libero o chocolate primeiro do papel branco e depois do papel-alumínio, mas não chupo o canudinho como se fosse picolé.

Com os dentes, corto toquinho após toquinho e os saboreio um a um como a uma bala caramelo.

O gosto do cigarrinho de chocolate não é o do doce de leite feito pela Etelvina.

Bem menos açucarado; mais amargo.

Cresço sonâmbulo. Não tenho ideia precisa do que seja *presente* — presente de aniversário, por exemplo. A partir da morte da mamãe, não se comemora mais em casa o dia dos anos do pai, 20 de janeiro, ou das filhas e dos filhos, em dias esparramados pelos vários meses do ano.

Presente é substantivo comum, mas pouco concreto. Algo de inesperado e subitamente recompensador, sem dúvida.

Presente é o elogio feito à queima-roupa pelo papai, durante o jantar. É algo que me é dado embrulhado, mas apenas com as palavras paternas. Entregue sem data marcada no calendário. O presente salienta algum detalhe relevante de comportamento referente a filho ou filha, ou atitude sua digna de atenção.

Se for eu a recebê-lo, sinto que sou de imediato colocado em posição superior e, ao mesmo tempo, em competição com as irmãs e os irmãos mais velhos. Os princípios educacionais do meu pai são sustentados por um evidente (embora inapreensível por nós então) sistema de emulação que distancia um, o destacado, dos demais. E pode silenciar para sempre o desprezado.

A dona Jurandy me deu o primeiro presente de verdade, ou seja, o que não me chega ao ouvido embrulhado nas palavras paternas. Um objeto entregue por mãos femininas à mão do menino que não o espera e que, desde então, aprende a aguardá-lo.

Recebo o presente de suas mãos e me alegro.

Alegro-me pela porta que o gesto de generosidade duma desconhecida abre para a experiência de novidade no dia a dia sonâmbulo em que vivo.

Convida-me para aventura saborosa do paladar, independente dos meus atos e da vida corriqueira em família. O presente cai dos céus.

Tem muito e pouco a ver com o gibi que compro na banca de jornal e não pago.

Ou com o filme a que assisto aparentemente de graça no cinema.

O verdadeiro presente nada tem a ver com a vida doméstica e familiar que levo. Descubro-o ao manusear a carteira de cigarrinhos de chocolate.

A Jurandy é quem me fornece a palavra — "presente" — de que me valho para narrar uma experiência íntima, que não se passa na família, na escola ou na cidade. Experiência de que participo como protagonista — o fumante —, e a que dou continuidade nos próximos dias pela viagem de volta do prazer de saborear um a um os cigarrinhos de chocolate depois de cada refeição. Duas vezes ao dia durante dez dias.

Na minha vida, o substantivo "presente" vem a ser um objeto imprevisto e concreto. Tem a ver com o que vem depois de cada refeição. A caixa com doces ou o vidro com compota de frutas me agradam até hoje, mas foram sendo dispensados por causa da idade avançada e a ameaça da diabetes. Ao receber presente na velhice, o variado universo das bebidas finas regula minha taxa de alegria íntima.

9.
A professora Jurandy, o viúvo e eu

Agora, passados muitos anos, veio à minha mente o seguinte pensamento: "A cidade [de Santa Rita do Sapucaí] me foi muito ingrata e até fui perseguida pela política local. Seria eu uma filha considerada adotiva? Seria isso a causa do meu pouco amor pela minha terra?".

Jurandy Cabral Santiago, *Um pedaço de vida*, 1994

Na primeira visita oficial à casa da rua Barão de Pium-i, a professora Jurandy se deixa trair. Quando se enamora do futuro marido, ela ainda não o conhece a fundo.

Recebo esse duplo recado se entrevejo e analiso o comportamento dos vários protagonistas na cena familiar. Foco, em particular, o momento em que o Haroldo e eu recebemos das mãos da noiva o presente das carteiras com cigarrinhos de chocolate. Ao presentear os dois filhos órfãos com a guloseima, não lhe passa pela cabeça que o organismo em formação dos futuros enteados estivesse sendo diariamente adestrado pelo pai à abstinência na ingestão de nicotina?

A estrada do vício está pavimentada pelo hábito.

A noiva se vale de simpática e eficiente tática de sedução. Não discuto. No entanto, revela-se permissiva no período em que a precaução, no trato com crianças e adolescentes, é exigida em dobro pelo páter-famílias exigente. A noiva ainda está tomada pela atmosfera santa-ritense onde reina o apetite voraz e requintado do coronel Erasmo, causa da diabetes fatal.

Se adoto o ponto de vista do viúvo e exploro, no dia de hoje, a mesma cena, descubro que ele está perdidamente apaixonado pela jovem senhora que desembarca inesperadamente em Formiga. Surdo e cego. Não lhe passa pela cabeça que, com o regozijo, está a sacrificar as constantes lições sobre sobriedade alimentar dadas aos filhos menores. Posto em prática e exposto no consultório, o rigor científico estabelece, durante o jantar em família, regras ditatoriais de comportamento que se expressam por demonstrações vivas de pensamento racional. Insensível e certeiro, o gestual do cirurgião-dentista — se contrariado pela filharada que ele alimenta — ilustra a fala nervosa e demolidora do educador. Ciência e razão não se casam com o vício despertado nos dois meninos pelos cigarrinhos de chocolate. Ciência e razão ainda menos se casam com o intempestivo, embora inevitável, arrebatamento amoroso do viúvo. Os arroubos passionais do dr. Sebastião se evidenciam no trato das roseiras do jardim e no trabalho da enxertia e são bem camuflados no dia a dia doméstico. Só se engalanam na primeira visita da futura esposa à família numerosa do noivo.

A súbita paixão pela jovem e bonita professora — ou melhor, o fim imprevisto da solidão amorosa — nocauteia o viúvo. Ao lhe emudecer a razão, também lhe cega os olhos e lhe fecha os ouvidos. E explode o coração.

Corpo e espírito apaixonados submergem nas águas do amor louco despertado pela Rainha dos Estudantes de Santa Rita do Sapucaí. De braços abertos e sem disfarçar o sorriso acabrunhado, o viúvo recebe o abraço furtivo da elegante e encantadora senhora. Consente o retorno alvissareiro da vida sexual plena e da felicidade amorosa.

A naufragar, o corpo do viúvo despreza a tábua de salvação que lhe é lançada pelos cigarrinhos de chocolate presenteados aos dois menores. Afunda-se de vez. Consolida-se o noivado.

Recebido o presente, o Haroldo e eu sorrimos agradecidos e felizes.

Não vejo o papai franzir a testa, enevoar o rosto e proferir a inevitável descompostura. Contempla-nos de maneira auspiciosa. Tampouco o vejo a achinesar os olhos já achinesados e, em ameaça de confisco das carteiras de cigarrinhos de chocolate, a avançar o negror arqueado das sobrancelhas.

Ao escutar palavrão em casa ou ao saber de filho a dizê-lo na rua, ele nunca titubeou. Ainda que o filho tenha sido pilhado no uso do comum e vulgar vocábulo "chato". Abandona de imediato a área de conflito familiar e caminha até o tanque de lavar a roupa suja da casa. Toma posse do sabão de bola feito no quintal pela Etelvina, ensopa-o na água da torneira e volta ao local do crime. Com a mão espalmada espuma a bola de sabão na boca suja de moleque de rua.

Os demais filhos e filhas reagem discreta e positivamente à visita da substituta. O jogo da aparência conta, e muito. Fomos e somos bem instruídos e obedientes, à exceção, no futuro, do mano Orlando e do Rui Erasmo, filho da madrasta. Por anos e anos fomos educados pelo estalar do chicote paterno. Advertência e ameaça.

Hilda, a mais velha, é só contentamento. Não imagina que, no ato de apresentação da futura madrasta à família, esteja a perder a condição de mãe postiça, desenvolvida na convivência e no trato amoroso com os irmãos mais novos.

Nilda, a terceira na ordem decrescente, é a primeira a sumir depois do aperto de mãos com a noiva. Ou a se esconder no quarto, que divide com a irmã. Ela não entende a decisão do pai. Durante anos guardará mágoa pela insensatez paterna. Não esconde os sentimentos. Deixa-os à vista ao decidir não se matricular na Escola Normal, onde as dificuldades no relacionamento com a madrasta se acentuariam e se tornariam públicas. Opta por fazer o curso normal no Colégio Santa Teresinha, de freiras. Vaidosa por natureza, gradua-se normalista vestida de beca, com direito a foto.

Nos então distantes anos 1990, as contínuas maquinações da sua rebeldia formiguense serão redimidas pelo convívio caritativo com a madrasta viúva, então entregue à própria sorte. Na ausência dos irmãos do segundo casamento, todos morando e trabalhando fora de Belo Horizonte, a Nilda é quem cerca de carinho extremo os tardios e últimos dias da Jurandy, na residência e no hospital.

Os três rapazinhos, Sebastião filho, José e Orlando, vestidos de terninho de calças compridas, ganham destaque em seguida. Depois de apresentados à visita, saem de fininho da sala. Ao cair da noite, interessa-lhes mais a rua. Ou a conversa com colegas e amigos na praça Getúlio Vargas, ou ainda o filme em cartaz no cinema do seu Franklin.

A alegria dos dois irmãos órfãos é irretratável e enfeitiça o ambiente doméstico.

Por mais que eu enfie ou enterre os olhos na imagem do grupo reunido na sala de visitas, não consigo vislumbrar a dedicada e discreta figura da Sofia. Tampouco sei como e onde encaixá-

-la na foto do quadro familiar, que clico com palavras. Em dia saliente da nossa vida na rua Barão de Pium-i, meu pai não pode nem deve querê-la em casa. Não a quer como parte da família.

Será que o patriarca não a permite mais no lar por ser lembrança viva dos pecadilhos da carne na viuvez prolongada?

Boatos sobram na sala de espera do consultório dentário e alimentam as perguntas das clientes fofoqueiras.

Frente à inevitabilidade do próximo casamento, a Sofia já teria feito a mala e desaparecido. Meu pai teria tomado a decisão pelos dois e lhe dado a ordem de fazer as malas? Relembro a contratação da Sofia. Da noite para o dia, o casal Juca Palhares quis aliviar a vida do compadre viúvo, assumindo os dois bebês como filhos adotivos. Perdeu-os para a Sofia d'Alessandro. E, da noite para o dia, a Sofia é obrigada a entregar a guarda dos dois meninos aos olhos bons e gentis de dona Jurandy.

Ou seria eu o vilão? Já teria perdido as necessidades afetivas de menino carente e estivesse a me aprontar para desprezar os cuidados maternos da Sofia?

Confesso o óbvio: nos dias que precedem o segundo casamento do meu pai, não sinto a ausência da Sofia. Passarei a senti-la daí a menos de ano. Desespero-me por ocasião do nascimento do primeiro filho da madrasta. Por estar sendo desapossado por dois escroques, sinto-me uma vez mais constrangido a viver.

Viro monstro.

O nascimento do segundo primogênito, Rodrigo, se dá em fins de novembro de 1943. O dia 27 chega lépido e alegre e logo se vai. Abre-se o mês de dezembro. Anunciam-se as festas natalinas e as férias escolares. Entro no quarto de dormir dos pais para xeretar a novidade na casa. Nele, trona a cama de casal com o inédito colchão de molas Epeda, transportado de loja paulista a Formiga pela Rede Mineira de Viação. Logo distingo um berço igualzinho ao meu, ao lado da cama de casal.

Sua mãe não está de vigia.

Aproximo-me, sorrateiramente.

Sonolento, o bebê ocupa meu antigo berço, ocupado no passado pelo Haroldo. Estamos no amplo quarto de janelas cerradas. Sozinhos os dois. Corro para cima dele. Com fúria. Subo na cama de casal e me debruço no gradil lateral do berço. Envolvido no cueiro, com a cara rosada à mostra, está ao alcance das mãos. Desperto o bebê da sonolência, agitando-o. Vejo-o acordado, olhos nos olhos. Berra que nem bebezinho chorão.

No passado, o gradil protetor tinha impedido de me jogar no chão em involuntários e sucessivos tombos. Agora, não cerceia meu esforço para transpô-lo e cair lá dentro. Quero o Rodrigo como se cão raivoso.

Mordo-o, e ele não chora. Urra. Na jaula do berço, urra que nem fera ferida.

Acodem pessoas de todos os cantos da casa.

Na confusão, permaneço parado e apalermado, sentado na cama de casal. Não sei como agir. Não me entendo. O que fazer? O que dizer? Correr. Sou criminoso e única testemunha do crime. No entanto... um escudo invisível me protege. Os familiares não sabem o que fazer comigo e como me tratar. Desculpam-me ou me punem. A mãe do recém-nascido não está em casa. Saiu de compras com a mãe, então em visita à filha parturiente. Nos dias em que a família está acrescida da presença da sogra, eu ganho destaque imprevisto. Viro um caso sério e perturbador. Uma ameaça.

Apesar da morte do marido diabético em maio daquele ano, a dona Judith não tinha sido impedida de viajar em novembro de Itajubá a Formiga. Hospeda-se na nossa casa para espantar o fantasma da morte que intranquiliza a filha parturiente e seu marido viúvo. O fantasma é recorrente nas duas famílias, já que por três vezes, no sul de Minas Gerais, tinha intranquilizado o casal Erasmo Cabral.

Em casa, a dona Judith ocupa o quarto da Sofia. Mais a filha se aproxima da mãe, mais empalidece junto aos enteados a boa imagem avoenga. Meu pai logo se desapega da motivação irrestrita ao respeito e ao afeto à sogra. Sabe pela Hilda que o Haroldo e eu tínhamos saído cabisbaixos do quarto da Sofia. Tenho certeza. Veio nos pedir uma dose de paciência. Temporariamente, nos mudaram para o quarto dos três rapazes, com três camas de solteiro. Até segunda ordem, dividimos uma das camas, enquanto o José e o Orlando, a outra. O Sebastião filho guarda a sua própria, até a viagem ao Rio de Janeiro.

Meu pai mais se desapega da sogra quando percebe as manobras que executa para manter a autoridade familiar em casa da filha. Sua estada na cidade se alonga pelo ano de 1943. *Depois da morte do Erasmo, nada mais me exige em Itajubá*, diz e repete. Só a tristeza está à sua espera. Calculo que é no segundo ano do casamento que ganha pé entre os Santiago a sensação de que a bondade expressa pela mera presença da Jurandy em nossa casa se reveste de muita ambiguidade. Confundimos a mãe com a filha e a filha com a mãe.

Jogo às claras e sem temor de represália. A Jura se desvencilha da impossível e absurda tarefa de ser madrasta de sete enteados para assumir o protagonismo de mãe gloriosa de um único e querido filho.

Sem dúvida, o comportamento rebelde de alguns enteados apressa a metamorfose, mas é o espírito de subserviência sentimental ao nome da mãe, presente, e ao nome da família, no sul de Minas Gerais, que torna saliente aos nossos olhos a transformação. Sob o respaldo do anonimato da madrasta, praticamente uma desconhecida, tão desconhecida quanto a Sofia, tínhamos adquirido um sentido secreto de união e de família que logo se esgarça e se torna palpável pela ambiguidade dos sentimentos da que (não) poderia ter sido matriarca. Por mais distantes que o vovô Amarante e o nhô Campeiro sejam, eles me chegam como pessoas da cidade. Chegam-me pelos laços de família e de vizinhança. Com os dois convivo como pessoas conhecidas. Não é o caso da Jurandy e da dona Judith. Cada uma assume a função antes de assumir o nome. Ao assumir o nome, cada uma perde a função que lhe fora designada e ganha o respectivo autorretrato — o caráter. O apego à união e à família como possibilidade de convivência na casa da rua Barão de Pium-i representa uma fase passageira e feliz da nossa vida, percebo agora. O apego é certamente artificial e logo será descartado. Os sete irmãos voltam a ser individualizados e donos do próprio nariz.

Na imagem da noite em que a família recebe a visita da professora Jurandy, tudo o que aparece nítido e claro sofre também o efeito do apagão. Na parede caiada de negro, a lâmpada acesa pela memória brilha luz intensa e ilumina os rostos dos familiares no ambiente pequeno-burguês provinciano. Revejo ao fundo da sala a bela cristaleira com a compoteira, os cálices e os copos de cristal a soltar relâmpagos intermitentes. No entanto, a luz que brilha é também a luz que tremeluz para virar, no amanhecer do dia, luzinha pisca-pisca de vaga-lume.

A parede volta a ser parede caiada de negro.

Depois de ter escarafunchado o quadro familiar, baixa a decepção emotiva. Envolve-me. Não me contento com a perda da ilusão. Quero mais. Procuro algo no negror da parede. Vasculho, em vão.

Procuro — quero ver e não o vi — meu pai vestido a caráter.

Falta-o no quadro e não o reencontro.

Relembro-o como um monte de abstrações. Seu sorriso raro. A docilidade de algum gesto seu inesperado. Não crê na salvação da espécie, crê no anonimato construtivo. Teria gostado de ter controle sobre todos os descendentes. A gentileza paterna não é produto do cálculo. Tem receio. Sonha com uma redoma artificial, a preservá-los das maldades do mundo. Seu medo da realidade cotidiana, seu desejo de vencer a todo custo na vida, nosso recato social. Suas boas maneiras no trato dos filhos não são compensatórias, embora passem por ser. Suas emoções, sua depressão noturna, suas decepções. Cada emoção e cada decepção não tem limite geográfico. Tem receio do tato. Foge do contato epidérmico. Tem mais receio do carinho que se extravasa em gesto fortuito, que do vírus da tuberculose que se transmite pelas vias respiratórias. Vive como inventor duma gigantesca camisa de vênus, capaz de revestir todo o corpo humano. Tudo afeta e tudo infecciona. Nada é inocente e nada é asséptico. O desvio no caminho do bem e a culpabilidade não são paranoicos. São meras inflamações da pele. São tão acidentais quanto o surgimento duma verruga. Não há o que fazer. Há que aprender a conviver com a verruga, ainda que ela traga para o rosto uma marca registrada. Tirar partido da culpa como se ela tivesse vindo ao mundo como bolsa cheia de prendas desconhecidas. Meter a mão nos guardados da bolsa com a graça e a ousadia de quem se faz por si mesmo. *Isso serve. É útil.*

Relembro o vulto magro e esguio, mas, no conjunto doméstico, não o distingo com a nitidez indispensável para desenhá-lo nos detalhes da vestimenta.

Tenho certeza, terei? Meu pai está vestido a caráter porque sempre está quando recebe visita em casa ou autoridade local.

Veste terno escuro — seria da cor cinza? — de casimira inglesa. Colete do mesmo tecido do terno. Camisa social branca, de punho, com abotoadura de ouro.[23] Gravata escura, de seda, com nó apertado e estreito. No bolso externo do paletó, lenço branco dobrado em forma de acento circunflexo. Guardado no bolso do colete, o relógio de estimação, com corrente de ouro. Capricha no corte de cabelo, no bigode e nos acessórios por ocasião das cerimônias civis ou religiosas. Coloca sobre a cabeça o chapéu Ramenzoni de feltro cinza e calça botas pretas com polainas curtas, abotoadas na lateral. Tem pavor de meias negras.

Em conversa, empertiga-se, mesmo se sentado em poltrona.

No consultório dentário, o uso diuturno do mocho lhe apruma as costas e a atenção dispensada à boca aberta do cliente lhe entorta o pescoço para a direita. Em retratos tardios, inclina tanto o pescoço quanto a torre de Pisa em cartão-postal. Parece querer se recostar e repousar a cabeça no ombro esquerdo da esposa.

Procuro — quero para mim — meu pai e seu vocabulário esdrúxulo. Dele se vale nas conversas com adultos. Quis ver suas botas pretas com polainas curtas que ninguém calça mais. Quis ver suas meias brancas e as enxergo. Quero ouvir suas palavras que ninguém diz mais.

Não está nu. A inconveniência não é seu forte. Está mudo.

Não profere mais as palavras esdrúxulas que admira. São três ou quatro as anotadas pela memória.

A mais recorrente delas, "cheio de si" — *"rempli de soi-même"* (enuncia-a sempre no original francês). A seguinte, "rastaquera" (tradução do francês *rastaquouère*). E, finalmente, "pernóstico".

Para desclassificar o profissional que ele despreza pela má qualidade do serviço que presta à comunidade ou o pretendente pretensioso que cobiça a mão das filhas ou, ainda, o forasteiro que se pretende figura mundana importante na cidade, qualifica a todos, indistintamente, com a expressão *"rempli de soi-même"*. Médico, dentista ou advogado do seu círculo social, assim cada um é julgado se, para supervalorizar o trabalho profissional e se enriquecer rapidamente, estiver arrancando a qualquer momento sorrisos e elogios da seleta clientela.

Rastaquera é o forasteiro sestroso e cheio de salamaleques, a querer exalar na província mineira o mundo faustoso de onde (não) vem.

Na cidade interiorana preconceituosa, é *pernóstico* o advogado amulatado que quer atravessar a linha da cor pela vaidade ou pelo namoro com moça da melhor sociedade. "Não dá outra", diz ele, e acentua os exageros do dom-juan. Veste-se com apuro exagerado. Tem ademanes de moça. Torna empolada a língua nacional castiça. Pule o português que nem ourives, o ouro.

Meu pai não é homem religioso. Não acredito que tenha lido algum evangelista. Se me fosse dado o direito de pensar que ele tenha lido Mateus, Marcos, Lucas e João, diria que essas três palavras — já fora de moda na sua época — enunciam os três pecados humanos que não merecem perdão.

Tampouco é homem letrado. Não acredito que tenha lido as tragédias gregas.

Nota-se que, na sua formação, o espírito científico, dominante no Brasil no início do século xx, tenha conformado sua visão de mundo. Essa propensão ao racional — e consequente abstinência em matéria religiosa e literária — torna mais significativo o teor da crítica um tanto escalafobética que, com três vocábulos de efeito jocoso e irônico, fazia ao outro e nos legava como exemplo irrepetível.

Os vocábulos abstratos de alta voltagem emocional ou sentimental, que abastecem a Bíblia Sagrada e as tragédias helênicas, estão excluídos do parco vocabulário que circunscreve os pecados humanos sem perdão. Não consigo me lembrar de o ter ouvido pronunciar as palavras "ódio" ou "amor". *Coração*, por um lado, era o título do famoso livro infantil do italiano Edmondo de Amicis, que não nos recomendava em virtude do excesso de clichês morais, nacionalistas e patrióticos, e, pelo outro, nomeava um órgão preocupante do corpo humano. É o principal responsável pelas crises de hipertensão, que o matam subitamente em 1968.

Embora tampouco seja um leitor dos moralistas franceses do século XVIII, é inegável que seus julgamentos éticos, ao se desviarem da alta tensão emocional e sentimental dos judeus, cristãos e helenos, nos encaminham para orientações no comportamento humano que ratificam a máxima *ridendo castigat mores*, desde que não se dê ao verbo latino *ridere* o sentido de "usar e abusar da chalaça". Pensando melhor, talvez a máxima que lhe caia melhor seja a contraditória *ridendo dicere severum*.

Evidentemente, o papai é exigente nas cobranças e duro nas punições, mas nunca reconhece os filhos ou a visita à família com a palavra jocosa ou irônica que lhe seja cara. Sempre foi circunscrito à tarefa em questão e preciso. Tampouco corta ele, intempestivamente, o barato religioso da amável e sorridente futura esposa. Nem prejulga a felicidade dos dois órfãos travestidos de marinheiros, muito *exibidos* em trajes de missa no domingo e de foto.

O exibicionismo dos filhos — a vestir na vida cotidiana roupas totalmente inúteis e até inconvenientes — teria sido suavizado pela lembrança do gosto imigrante e aventureiro da Sofia? Será que a encantava saber que os dois órfãos tinham viajado no mesmo navio que a trouxera de Palermo ou de Nápoles ao Brasil? Nós dois éramos de longa data seus companheiros de cabine.

Certo é que meu pai se alegrava ao ver a nós, meninos, fantasiados de marujos em alto-mar.

O sentimento de posse dos cigarrinhos de chocolate é poderoso e avassalador. Meu primeiro talismã. Aconteceu, agigantou--se, não acontece mais. Vira totem. Totem sem efeito sobre a realidade, já que a carteira de cigarrinhos não chega a trabalhar em favor da indústria do fumo, capitaneada nos bares da cidade pelos maços de cigarro da Souza Cruz. No delicado equilíbrio entre os dois casamentos, há um excesso de Pai que não será afetado pela presença física da Madrasta. O chefe de família continua o modelo a seguir. Guardo sozinho o episódio ocorrido durante a primeira visita da noiva. Meu pai não o relembrará em ocasião alguma. Tampouco muda a prática educacional à mesa de jantar. A fala contra o uso do tabaco é cotidiana, convincente e eficiente, tanto à mesa com os velhos e novos filhos como no consultório dentário. Nenhum de nós fuma até o dia de hoje. Raras vezes o filho ou a filha chegou a pôr cigarro na boca. Dentro de casa, nunca. Algum filho talvez tenha fumado às escondidas. A exceção confirma a regra.

Consta que meu pai tenha fumado quando rapaz. Um sério problema de saúde o obriga a abandonar o vício. Talvez tenha sido infectado pelo bacilo de Koch, possível razão para as futuras consultas duas vezes ao ano com o dr. Washington Ferreira Pires. A prole numerosa a rodeá-lo diariamente na hora do jantar e a clientela de boca aberta e sensível ao bafo do profissional o sobressaltam. Há que tomar a devida providência. A pilha de envelopes brancos, que ele traz guardada na cômoda do quarto de dormir, se complementa com a nova chapa de raios X. Nos enormes envelopes retangulares, os sucessivos diagnósticos atestam a cura.

Nunca mais fumei.

Não explicita o motivo da decisão radical. *Nunca mais fumei.* Junto aos amigos mais chegados, ele dá intermináveis esclarecimentos clínicos sobre *os males do tabaco*. Repete frases como ladainha.

Acabo de roubar o título do divertido, pungente e memorável monólogo do dramaturgo russo Anton Tchékhov — *Os males do tabaco* (escrito em 1886, revisto em 1903). Em proveito próprio, continuo a roubar o espírito contraditório e risonho, que preside as várias ironias implícitas e explícitas no curto e famoso texto teatral.

O velho conferencista Ivánovitch Niúkhin é o único protagonista da curta peça de Tchékhov. Casado e pai de sete filhas, ele tem o temperamento tímido e submisso, só aparentemente extrovertido e explosivo. A humildade é professoral e se consolida nos sucessivos jogos irônicos propostos pela ambiguidade na ambientação. O monólogo é dito num salão de província, mas se representa num palco de teatro, diante duma plateia. O conferencista é ator. Não tem meros ouvintes, tem espectadores.

Vestido com fraque surrado, pressionado pelo tique-taque do relógio, que ele consulta regularmente, Niúkhin fala pelos cotovelos e aos borbotões. A extroversão é desejo de nomeada, amor de glória ou erotismo da publicidade, como se lê em Machado de Assis. Ele é conferencista por profissão e se expõe a si — como ator — ao expor ideias de natureza conflitante. Propõe-se a ser quem não é e quem gostaria de ser mas nunca será a não ser que sua dignidade seja reconhecida por terceiro, sua esposa, sentada na plateia.

Abre a palestra da noite afirmando que, em fala pública, a autocensura de viciado em tabaco, se associada às censuras que são impostas ao marido pela esposa, motiva e não motiva a liberdade de expressão do corpo no palco. A cena ambígua acarreta a fala ambígua e o gestual igualmente ambíguo. O cômico do ridículo e o patético da frustração se casam. Nenhum detalhe merece relevo e ser analisado. Toda a ação da peça é irrelevante. A irrelevância da fala e do gestual ganha corpo e se agrava com a consulta regular ao relógio. O conferencista tanto pode adotar uma postura afim ao pedido de confiança, que a esposa requisita da plateia, como pode também adotar atitude oposta, de descrença ou de dúvida quanto ao que diz. Diz:

"Eu, pessoalmente, fumo, mas minha mulher me ordenou dissertar sobre os males do fumo e, então, é inútil discutir. Sobre o fumo? Vá lá! Que seja sobre os males do fumo! Para mim tanto fez quanto faz..."

A esposa de Niúkhin não aparece em cena aberta. Nada se sabe dela por fala do próprio personagem. Está presente na sala, é invocada pelo protagonista, mas não sobe ao palco. É tão muda e espectadora quanto os demais presentes no auditório. Não contracena com o marido conferencista. A ela Niúkhin se refere como estando sentada lá no fundo do auditório. Nem mesmo é distinguida pelo dedo que a aponta. Na fala final do monólogo, o marido uma vez mais invoca seu julgamento. Pede-lhe que o reconheça como cidadão digno, embora seja julgado pelos presentes como um espantalho a mais na galeria dos tolos. O desejo de nomeada do protagonista não é abstração, tem de se concretizar na opinião da plateia, assim como, na sociedade burguesa, se explicita no nome escrito em letra de fôrma no jornal: "A minha mulher já chegou e está ali à minha espera. (*olha o relógio*) E o tempo esgotou! Se ela perguntar alguma coisa, digam-lhe, por favor, digam-lhe que a conferência se realizou e que o imbecil — sou eu, o imbecil... — se portou com dignidade... (*olha para os bastidores e baixa a voz*)".

É da plateia que a esposa — no silêncio da própria fala durante todo o espetáculo — inibe o marido. Pressiona-o, reprime-o e, contraditoriamente, o tira do sério e o torna rebelde.

É inútil discutir. É inútil defender pontos de vista contrários. Eu sou a encarnação viva da irrelevância de tudo. Suspenso no olhar da esposa, o marido se sente acuado por não estar fazendo o que ela espera.

Ao obedecer, desobedecendo, às ordens sadias e sensatas da mulher, o corpo do conferencista/ator, tomado pelo vício do tabaco, vai se contradizendo em palavras que se organizam por gestos desordenados. Não dá outra. Mal abre a boca, Niúkhin se trai. Seu tique, o piscar incontrolável do olho, é tão visível quanto suas palavras são audíveis. Tem também acessos de tosse. Já não é a esposa sentada lá no fundo do auditório que o toma como presa fácil — é a inevitável ansiedade. A esposa e sua invenção como espectadora são dispositivos que visam a "recobrir" a ânsia de liberar a fala autêntica do protagonista, que é a do desejo de nomeada. Quer-se reconhecido por todos, apesar da vida medíocre. Niúkhin despe o velho e surrado fraque e, com fúria, o pisoteia. Desnuda-se diante dos espectadores — como não se desnudar diante da plateia para ser quem ele gostaria de ser e não é? Livra-se do peso do passado e do presente, que o casaco surrado representa, quer se liberar da ansiedade que o nocauteia. Permite-se mostrar a própria angústia aos outros e a si mesmo.

Para mim tanto fez quanto faz...

Diz:

"Comigo nada dá certo, envelheci, estou gagá... Fazendo aqui esta conferência pareço estar alegre, mas no íntimo tenho ganas de gritar até perder a voz, ou de sair a voar para algum lugar no fim do mundo."

Pareço estar alegre, mas no íntimo...

Ao revelar ao leitor o comportamento de meu pai viúvo, personalidade descontrolada e desmemoriada pela súbita paixão amorosa, embora figura senhorial e decidida, contraditória, no entanto, no desejo de ser bem-comportada socialmente, estive eu abrindo as portas para salientar não as diferenças sensíveis entre ele e a noiva (e nossa futura madrasta), ou estaria eu querendo salientar as semelhanças sentimentais entre mim e ele?

Em Belo Horizonte, em meados dos anos 1950, eu assisto pela primeira vez à representação do monólogo de Tchékhov. Estou sentado em poltrona na plateia, ao lado dos atores e das atrizes do futuro Teatro Experimental, dirigido pelo Carlos Kroeber. Durante o desenrolar da ação, sorrio e rio, sem refletir.

Por que me entusiasma tanto o espetáculo amador?

Na plateia, sentado em poltrona, sou aspirado pelas palavras de *Os males do tabaco*, assim como Niúkhin, no palco, está tomado pela figura da esposa na plateia. A fala dele me atrai e seduz, enquanto os olhos dela o monitoram em silêncio e autoridade — como o ponto (o auxiliar de cena) nas antigas representações teatrais. Minha empatia pelo espetáculo absorve e neutraliza o espaço e o tempo reais. Vivo o além do dia a dia. O desenrolar do drama no palco — espaço e tempo cênicos — se abre e se me oferece para que eu faça parte do que se dá em cena, embora esteja eu na plateia. Mais veloz corre o desempenho do ator, mais sorrio descontroladamente. O ritmo é nosso. Carinhoso, algumas vezes. Irônico, outras vezes.

Só não me passa o sentimento de piedade pelo conferencista, emocionalmente a perigo e entregue à ansiedade. Sei, ele está à beira do desespero e, para demonstrar a sanidade mental, se autocontrola desajeitadamente, ou seja, se descontrolando. Não me apiedo dele. Ele cai no poço sem fundo da contradição, que desperta em mim o sorriso inconveniente, severo e justo.

Posso forçar-me a cerrar os lábios sorridentes. Cerro-os.

Cerrando-os, desinflo as bochechas. Minha imaginação se agiganta. Quer o tempo e o espaço que o espetáculo cênico lhe nega. Quer agir como o conferencista/ator. Quer escrever e desenvolver peça semelhante e paralela a *Os males do tabaco*, um monólogo já escrito na sua memória de espectador sentado em poltrona da plateia. Respaldada pela escrita recente da memória, a imaginação se intromete de vez em quando na ação da peça e permite que o espectador assuma a retórica conflituosa do ator, enquadrado pela luz direta do spot, que lhe cai no rosto como uma virtude pagã.

Vejo a ele e a mim em close-up.

Sentados na plateia do Teatro Francisco Nunes, minha imaginação e eu conversamos e nos divertimos às gargalhadas, amortecidas apenas pelo recomendado decoro mineiro.

A ordem de privação voluntária do tabaco é dada pela esposa. Desde o momento em que a fala do conferencista se mostra obediente à ordem feminina, ele em flagrante ato de desobediência assume o vício do fumo como virtude masculina. Minhas gargalhadas amortecidas pelo decoro subscrevem e assinam os jogos irônicos do dramaturgo russo, contemporâneo do nosso Machado de Assis. Somos todos obedientes à sensatez do argumento da esposa sobre os males do vício do tabaco. A fala do conferencista e a minha são servis e femininas, embora nossa atuação seja atropelada e masculina no modo desembestado como nos comportamos e tomamos posse do palco e da plateia. O marido demonstra a ansiedade de presa obediente e fácil da esposa, mas, na verdade, é um arraigado fumante solitário. Submisso e recalcitrante, sou um alter ego recatado e invasivo. Tanto nos faz falar sobre os males do tabaco como não deixar de fumar. Tanto nos faz fumar como não fumar, embora ele opte por continuar fumando e eu, não.

Em meados dos anos 1950, na plateia do Teatro Francisco

Nunes, eu me sinto mero espectador a transpor a porta de saída da adolescência e sou subjugado às ironias propostas pelas encruzilhadas perigosas e irrelevantes expostas à plateia no monólogo de Tchékhov. Do palco elas projetam para os espectadores o desenho do corpo-a-viver do protagonista em contradição com a boca-a-falar. Aquele se espicha, essa se encurta. Aquele se encurta, essa se espicha. O metrônomo é descartado. Na planta baixa do monólogo do dramaturgo russo, gesto e fala armam o espetáculo em semelhança ao desembrulhar da vida cotidiana que se arquiteta nos andaimes psicológicos que permitem a reconstrução da vida humana pela arte.

Perda de tempo é discutir com pessoa de feitio dominador — a esposa. Ou com algo que visa a embriagar nossa vontade — a sedução.

Para mim, tanto faz... Obedecer. Desobedecer.

A segunda esposa do meu pai tem atrativos físicos cativantes. Como força de sedução do marido, ela alia a beleza natural à experiente e forte personalidade, até e principalmente nos momentos em que, por um nada, surge um bate-boca entre os dois. Os atritos geram altercações, que passam a ser constantes aos olhos da família, da Zélia e da empregada. Nenhum de nós comenta. Quem ousaria pedir que os nervos se acalmassem, quem teria ousado? Observamos a cena e nos preocupamos.

Com o correr do tempo percebo que interiorizei os episódios de atrito matrimonial como forma evidente do inevitável desgaste amoroso por que passam as uniões estáveis. Percebo que valorizo inconscientemente o lado negativo da experiência, embora me preocupe mais em desvalorizar, pelo exercício da imaginação, a gravidade dos conflitos. A estética subjuga a ética. Será que ainda subjuga? Compreendo as brigas constantes do casal como prova da intermitência da paixão amorosa. Tudo tão irrelevante quanto um jogo de bolinhas de gude, uma pelada de futebol, uma partida de damas.

No relacionamento cotidiano com a esposa, o desejo do antigo viúvo — de natural errático (ou vagabundo, como tentarei mostrar) — se fixa num detalhe contraditório. A temperatura do corpo sobe, o corpo avança e ultrapassa os limites. Juntamente com as mãos, que passam a gesticular descontroladas, o tom de voz se eleva. O antigo viúvo encontra novo oponente, à altura. A esposa. Não a xinga. Fica cego e surdo momentaneamente. O destempero se lê melhor num altímetro. Assemelha-se ele à senhora idosa que, ao perder a audição, passa a não perceber na fala do interlocutor a escolha sutil de palavras ou as inesperadas entonações de voz que traduzem a ironia por delicados jogos de palavra ou observações bem-humoradas. Surdo e cego, leva a voz a ecoar como se fosse grito numa garganta que vence montanhas. Faz-se de majestade imperial. Sempre sem xingar, continua a gritar e a esbravejar. O tom desce, mas ainda cobra e exige. Cobra tolices e asneiras. Baixado o tom de voz, ameaça retirar-se do campo de batalha.

É manobra falsa. Recolhe corpo, voz e agressividade, para poder transformar as exigências em motivo para a rendição incondicional à argumentação da esposa.

Pela sucessão de desentendimentos e de destemperos, de manobras falsas e de rendições à verdade alheia, meu pai foi constituindo a personalidade que está cristalizada em 1967, ano anterior à sua morte, quando decide repassar à família seus bens em herança. Todos os familiares serão simbólica e concretamente contemplados.

Eu não morava, então, no Brasil. Imagino que tenha discutido com advogado como distribuir às duas famílias as posses de maneira imparcial. O comércio dentário é entregue aos mais velhos e os bens imobiliários à segunda esposa e aos quatro filhos. No parte e reparte, guarda para ele — como o vovô Amarante, as joias da falecida — um montante discreto de dinheiro, espécie de salário líquido mensal, que ele torna rentável por empréstimo a terceiros com ficha suja nos bancos da praça. Passa a se responsabilizar por um sistema doméstico de usura, com taxa de juros acima da oficial, que me entristece até o dia de hoje.

Nos anos 1950, tinha sido leitor dos poetas concretos e tinha me caído às mãos a tradução de José Lino Grünewald de célebre poema de Ezra Pound sobre a usura, o de número XLV do volume *Os cantos*. Copio alguns dos versos mais notáveis: "Usura oxida o cinzel/ Ela enferruja o ofício e o artesão/ Ela corrói o fio no tear/ Ninguém aprende a tecer ouro em seu modelo;/ o azul é necrosado pela usura;/ não se borda o carmesim/ A esmeralda não acha o seu Memling/ A usura mata o filho nas entranhas".

Meu pai é e será sempre abatido pela paixão amorosa possessiva — ou pelo ciúme, se se tomar o sentimento como o responsável por o marido reclamar para si o domínio total sobre a esposa. A paixão e suas derrotas se explicitam em rompantes que, por idiossincrasia dele, são guardados a sete chaves. Elas serão objeto tardio de testemunhas oculares, todas frustradas por não terem tido a coragem de elevar a voz no momento adequado. Avento outra hipótese. Talvez paixão e derrota não cheguem a se expor fora dos domínios do casal por causa da carência afetiva. Ela é tão implacável com um marido ciumento e tão excessiva na constituição da sua têmpera sentimental que, pela exigência do silêncio comunitário, censura toda e qualquer testemunha de vista que, com palavras, a pudesse recobrir.

A carência afetiva é que fomenta o desejo andarilho, errante, perambulante... e incondicional do meu pai *per le donne*. Ele convive com a carência afetiva de forma tão visceral que o ciúme só chega a ser passível de ser apreendido por uma série de abstrações contraditórias.

Obedecer/desobedecer.

Ser subjugado/contrariar.

Perfilar-se à ordem/desviar-se do olhar.

Não há fidelidade e infidelidade, tampouco promiscuidade. Há a constância da paixão. A constância do desejo não satisfeito. Há a carência afetiva. O ciúme... — a constância está no obedecer/desobedecendo, a sempre obedecer.

O primeiro conhecimento por meu pai da mulher a ser amada não é matemático nem artístico. É voluptuoso. Se ele se torna submisso à mulher, não é porque tenha sido anteriormente submisso a uma fantasia exterior (imagem física autodisciplinada como a gerada pela ciência, ou imagem física anárquica como a gerada pela arte). Trata-se de fantasia exterior à própria sensação de desejo e à própria experiência da paixão. O primeiro conhecimento tampouco foi anteriormente submisso a uma fantasia interior. Homem típico brasileiro, meu pai não tem um modelo de figura feminina inventado imaginariamente pela libido, modelo a ser usado como prova de toque no julgamento da impressão que lhe causa a presença feminina inesperada, bela e sedutora. Basta uma expressão solta no rosto ou no olhar da mulher. Um revirar de olhos, por exemplo. Basta um conjunto de atitudes francas para lhe aguçar a vista e lhe abrir as narinas.

O primeiro conhecimento da mulher é volúpia (e o animal voluptuoso não é domesticável. Nunca será doméstico).

Meu pai se torna submisso ao peso da sedução feminina pelo despertar da volúpia, que o nocauteia. O apaixonado não se deixa nocautear pelo desejo de possessão do objeto amoroso, correspondente à fantasia exterior ou interior. A realização da volúpia em união estável é uma forma discreta de domesticidade que, com o correr do tempo, termina por desequilibrá-lo na vida cotidiana e profissional. Daí as desobediências e contrariedades subsequentes a toda e qualquer paixão, e imprevistas. De repente, o enamorado se desgosta da expressão solta no rosto da amada. Ela não mais o encanta. O conjunto de suas atitudes francas torna-se por demais exigente e cansativo. Ele se distancia. Contesta-a, rebela-se contra ela, insurge-se, arrepia os nervos como bicho feroz, grita, esbraveja...

É sempre derrotado, razão para a estabilidade no casamento.

Se obstaculizada ainda que por um nada, a paixão amorosa é rompante de raiva. O apaixonado ataca e é abatido pela esposa, e o será por toda e qualquer mulher amada. O rompante de raiva abre uma brecha no forte individualismo do meu pai. Impõe o silêncio à fala cúmplice de casal e a neutralidade ao gestual amoroso. Sem nunca ter desobedecido ao primeiro e antigo objeto do desejo — sentimento que foi se amaciando e ganhando o contorno vago e irremovível de promessa de fidelidade à primeira esposa, falecida prematuramente —, o viúvo passa e passará de uma mulher a outra em obediência a variadas e não catalogáveis formas do encanto feminino, que o seduzem e o embriagam, entusiasmando-o na solidão descompromissada e passageira de quem será, no final, um eterno viúvo.

Lembro-me das suas peraltices de marido/solteiro — de falso viúvo — com a senhora também viúva da casa vizinha à nossa, na rua Mato Grosso, em Belo Horizonte.

Obedecer, desobedecendo. Desobedecer, obedecendo. Ser subjugado/contrariar. Perfilar-se à ordem/desviar-se do olhar, desde que não se perca o leme do barco em que se navega carente e solitário. Como em *O navio fantasma*, ópera de Richard Wagner, perder o leme da paixão seria encontrar a parceira que seria fiel à sua volúpia, que evidentemente nunca será a dela. Se as volúpias se casassem, a felicidade do par de macho e fêmea teria se concretizado.

Graças à voz dramática de Anton Tchékhov, desnudo-me de vez na adolescência conturbada. Na vida pública, nos embates afetivos e nos primeiros escritos, é nos conflitos interpessoais que anuncio ou denuncio a fonte da minha fraqueza moral. Sou ser em diálogo, combato e me contradigo com a destreza e a liberdade de passarinho a voar. Por isso, sou naturalmente levado ao debate e à discussão, apenas por saber que um e a outra são inúteis. Irrelevantes. No calor da hora, sou tomado ou pelo desejo de abandonar o adversário no próprio campo de batalha ou pela decisão de romper o relacionamento.

Posso calar-me também.

Se calo é porque escrevo. Posso ser fraco no dia a dia; recolhido e soturno nos embates afetivos; afoito e valente na folha de papel.

Jamais sou ou serei vitorioso.

Derrota é a busca da graça mínima no tormento. A derrota salva.

De repente, os cigarrinhos de chocolate me jogam de volta ao berço com o gradeado protetor no quarto dos pais onde, pela gravidez de risco da minha mãe, tenho de permanecer por mais tempo que o necessário. Estive lá, deitado e protegido, e continuo a ter estado. Os cigarrinhos de chocolate me jogam para dentro do "tédio à controvérsia", que me define — como autoritário — na conversa com familiares, amigos e amigas, colegas e toda classe de gente verdadeiramente autoritária. Essa é a trama romanesca que — retrospectivamente — me retirará da condição de criança órfã sob a guarda da Sofia.

Sem me dar conta, eu fui, vou sendo, sou, construído como outro. Incansavelmente.

Chego a ser definitivamente outro ao assistir à representação do monólogo de Tchékhov e ao ler a prosa de ficção de Machado de Assis. A leitura é a performance onanista da volúpia amorosa.

O futuro leitor destas memórias, ao assistir ao monólogo de Tchékhov a meu lado, estará também assistindo à próxima e sub-reptícia enxertia da escrita literária do nosso Machado de Assis na minha vida.

No recinto do Teatro Francisco Nunes, passará a entreouvir um segundo monólogo, de responsabilidade do conselheiro Aires, a última e formidável criação literária do Bruxo do Cosme Velho. O conselheiro Aires aparece apenas como personagem no romance *Esaú e Jacó* (1904), mas será o narrador/protagonista no último romance de Machado que, aliás, leva seu nome, *Memorial de Aires* (1908).

Ao assumir perspectivas tardias para compreender o estilo doméstico ditado pelo pai para o nosso comportamento em família, transformo-me no protagonista que, décadas e mais décadas mais tarde, irá recolher do menino sonâmbulo a seiva interiorana da infância no desejo errático e voluptuoso do pai, a fim de transformá-los em condição sine qua non do cosmopolitismo singular do adulto do russo Tchékhov — a exemplo de Niúkhin, *saio a voar para algum lugar no fim do mundo*. Na minha vida futura, é dessa forma transversa que se sustenta a vontade de protagonismo doméstico e internacional. Passo de personagem sonâmbulo no interior de Minas Gerais a protagonista dramático no mundo ocidental. De protagonista dramático cosmopolita chego em potência a narrador autoficcional brasileiro.

A curta peça de Tchékhov toma a proporção de lugar-comum das minhas elucubrações.

A vida imita a arte?

Será que é ao ter acesso à dramaturgia do russo Tchékhov que pela primeira vez atiço e realumio o fogo vital que, desde o dia em que minha mãe dá à luz pela última vez, escalda a personalidade ambígua do menino provinciano e sonâmbulo?

Ou será que a vida e a arte já chegam surpreendentemente juntas à barriga materna e se reproduzem encapuzadas na personalidade do menino sonâmbulo?

Será por essas duas coincidências que a vida e a arte coexistem desde sempre tão fraternas quanto os fetos Esaú e Jacó no útero de Natividade, ou tão propícias ao amor quanto o jovem casal parisiense no belo poema "Sous le Pont Mirabeau", de Guillaume Apollinaire?

Desse poema destaco um verso que, pela manhã ou pela noite, sempre me monitora: *"La joie venait toujours après la peine"*.*

Os enamorados de Apollinaire passeavam pelas margens do rio Sena e, de repente, passam por debaixo da ponte Mirabeau. Num relâmpago, a Cidade-Luz ganha teto de concreto armado, escurece e se silencia para que se escute apenas o fluir da água espessa. No escuro mais denso da noite, os dois corpos se estreitam — *"les mains dans les mains restons face à face"* — e se aconchegam um no outro. De mãos dadas e de rosto colado, casam-se a vida e a arte, *bras dessus bras dessous*.

Tenho recebido o casal vida e arte na língua que seja — *"la joie venait toujours après la peine"* — e nas várias vezes em que assisto ao monólogo de Tchékhov e dou o nó nas várias e dife-

---

* A alegria sempre vem depois da dor.

rentes células do meu corpo, doloridas e ansiosas, soltas e alegres, a crescer.

Ato a noiva tateante e generosa à apreciada carteira de cigarrinhos de chocolate que ela dá de presente ao Haroldo e a mim. Meu primeiro talismã — repito. Convoco a falecida a ser substituída por jovem e inteligente professora, a conviver com sete filhos que não são seus. Ato finalmente o dramaturgo russo ao viúvo mineiro, apaixonado e embevecido com a segunda esposa.

Meu pai não quis entregar aos cuidados do nosso padrinho comum os dois filhos precocemente órfãos. Protegidos pelo carinho materno da Sofia, ficamos os dois solitários no mundo tumultuoso da família de prole numerosa.

Teríamos sido a causa para o segundo casamento do meu pai? Somos os verdadeiros responsáveis pelo enlace? Não acredito.

O bota-abaixo do jardim de belas roseiras pelas picaretas dos operários municipais não poderia ter sido o verdadeiro motor do segundo casamento?

A barriga de aluguel do arbusto florífero gera apenas rosas, e uma rosa é uma rosa é uma rosa. Logo fenecem a beleza e o encanto da bela Rosa simbólica, fecundada pela enxertia. *Et rose, elle a vécu ce que vivent les roses, l'espace d'un matin.* O viúvo não quer viver para sempre o curto espaço do domingo sem missa e sem chuva, alocado ao prazer pela repetição.

Por obra do acaso da modernização das ruas do centro da cidade, a Prefeitura Municipal interdita o vício de enxertia do viúvo.

Quando levanto o capuz da arte, a vida retira em seguida o capuz da cabeça. Cara de uma, focinho da outra. Tanto mais uma se parece à outra quanto mais se dizem avessas aos jogos de semelhança. Querem se distinguir uma da outra. Uma e a outra desejam revelar o respectivo rosto diferente e autêntico — e perfeitamente gêmeo. Recaem as duas nos labirintos das figuras de retórica para que os petulantes e incautos se convençam da dissimetria linguageira a desorientá-las. Propiciado tardiamente pelo monólogo de Tchékhov, o momento epifânico da revelação artística da vida e da revelação humana da arte permite que eu as embaralhe definitivamente, deixando, no entanto, que cada um dos corpos voluptuosos segregue — por comodidade expositiva — o próprio sustento.

O vampirismo funciona — suga que nem bebê um seio e o outro da mãe — e é aceito pelo corpo escrito único, envolvido pela vida e pela arte. Ao emaranhar vida e arte, a memória me leva de volta ao recomeço dos meus dias e o corpo me empurra resolutamente para o restante deles. Conhecendo melhor memória, vida e arte, melhor me conheço.

Aos olhos alheios, nenhum corpo humano existe como escancarado e à vista de todos. Talvez exista como se a descoberto pelo sol e, pelo exercício da arte, como se evidente e iluminado pela lua. Tão logo vida e arte se despem — ou eu as dispo na escrita ou você as despe na leitura — dos respectivos capuzes, elas se deixam recobrir por outros e diferentes capuzes que transformam os respectivos e semelhantes corpos, rostos e emoções nus em figurações tão nítidas e tão obscuras quanto encapuzadas. No caso destas memórias, os capuzes substitutos são tecidos de matéria com peso e valor — as palavras. A sucessão das frases, dos parágrafos e dos capítulos. São elas que, pelo ato de falar do humano ou de escrever do artista, são autoritariamente impostas pelo sujeito à coisa em si e ao ato de viver.

As palavras faladas e escritas — por nunca (poderem) dizer tudo o que significam — continuam a dizer só, ou tudo, o que desejam significar para que a vida e a arte continuem plenas e de significado inesgotável. Uma e outra se abre e se mostra. Se fecha e se esconde. Uma e outra se oferece ao leitor e o abiscoitam num abraço sempre frustrante e frustrado. O mistério da vida e o enigma da arte permanecem no que elas dizem ou escrevem.

A lacuna — ou o silêncio — domina na vida e na arte.

Se o pesadelo se alimenta da experiência do viver subtraído ou desfalcado em família numerosa, os mecanismos esperançosos do sonho se potencializam na leitura dos gibis e dos filmes de guerra produzidos pela indústria cultural norte-americana.

Efeitos de leitura são múltiplos e diversificados.

Junto à multidão de seres humanos europeus e norte-americanos, ávidos de mudança na derrota do nazifascismo no planeta Terra, o gibi e o filme servem para fortalecer o papel vitorioso das tropas militares europeias que se aliam às tropas militares norte-americanas no combate sem trégua às forças obscurantistas que tomam o mundo. Essa produção artística terá como função básica a criação momentânea de super-heróis e super-heroínas — como esquecer o casal Homem-Bala e Mulher-Bala, de braços estendidos com seus capacetes em forma de ogiva nuclear, ou o Tocha Humana e seu parceiro, o mutante Centelha, que, com os corpos envolvidos em plasma de fogo ao grito de *"Flame on"*, transformam em cinza o que tocam — capazes de destronar os ditadores e a qualquer cientista do mal. Convivem com o perigo da morte pelas forças inimigas, sobrevivem a elas e a ele.

A representação do mundo em guerra, a que o menino sonâmbulo tem acesso na província mineira, tem os limites ditados pela carapaça do individualismo narcísico. Não situa a criança exclusivamente no pequeno mundo familiar ou no universo comunitário. Faz o menino aparecer como diferente deles e os faz reaparecer como são na realidade — formiguenses. Pelo voo ao ar livre das imagens fictícias coloridas que entram pelos olhos e embaralham o real e a fantasia, pelo exercício guloso da imaginação infantil letrada, a criança mais e mais sonambuliza. Desaproxima-se dos contornos concretos da paisagem que avista e das pessoas, dos fatos e dos objetos que a teriam aprisionado na rotina do dia a dia. O distanciamento gradativo do peso pesado da realidade familiar e comunitária acondiciona, no mais frágil e íntimo do corpo, um inusitado e provocador potencial de significado mundial. Com sucessivas e futuras experiências, o ganho virtual se capitaliza em fortuna particular e intransferível que nem a pequena poupança diária em mãos de self-made man.

A virtualidade cosmopolita da vida provinciana não pode e não deve ser desprezada ou jogada na lata de lixo da mera alienação infantil.

Eis a dificuldade exegética que o memorialista enfrenta e a que quer dar curso nesse momento em que o sonambulismo infantil não é desclassificado por Tchékhov. É desviado do duplo significado original — norte-americanizado/europeu — pelo sentido que uma cena familiar — a do presente dos cigarrinhos de chocolate dado pela futura madrasta — lhe agrega. Abrem-se as portas para uma vida diferente e nova, a ser mais bem compreendida se informada tardiamente, bem tardiamente, pela experiência do monólogo *Os males do tabaco*.

Uma vida individualizada e rica, possessiva, se bem informada pela experiência da grande arte ocidental.

Da perspectiva de Tchékhov, está posta na mesa a releitura da vida infantil pelo rapaz, em semelhança à que fora proporcionada a ele menino pela leitura dos gibis e dos filmes de guerra. A releitura tardia da infância pelo rapaz, mesmo se feita à distância do objeto dos olhos da criança, não pretende descaracterizar ou desprivilegiar o valor dos embates da criança semialfabetizada com a letra escrita e a imagem. Não o desprivilegia nem o elimina. Continua a valorizá-lo e é por isso que acentua o aparecimento de novos e importantes elementos na constituição da subjetividade de menino que se fez sonâmbulo para sobreviver em meio inóspito.

Repito e esclareço: não quero descaracterizar, desprivilegiar ou eliminar a importância do acesso à produção de massa do entretenimento norte-americano pela criança. Nem tudo é ruim, nem tudo é bom, mas as grandes obras artísticas podem ter melhor qualidade que as obras de entretenimento de massa. O processo de compreensão do valor da arte na constituição da subjetividade tem seus requerimentos exigentes. O monólogo de Tchékhov, antes de instruir o menino leitor sobre o potencial positivo e esperançoso do sonho e o potencial negativo e triste do pesadelo — em suma, a busca da felicidade pelo viés do sofrimento —, passa a instruí-lo com vistas à relação estreita que ele próprio estabelece entre vida e arte.

A vida lhe chega cotidianamente irmanada à arte. A arte lhe chega cotidianamente irmanada à vida. A arte chega irmanada à vida vivida para que ela subsista num projeto humano que, mesmo não tendo sido articulado racionalmente, torna-se intuitivamente imperativo da conduta humana. Controla descontrolando, organiza desorganizando, desarticula articulando tanto a experiência de vida como o gosto pela arte. Obedece desobedecendo.

Retomo o perfil da professora Jurandy onde o deixei no capítulo anterior. Confisco a magnífica coroa de Rainha dos Estudantes que dona Sinhá Moreira lhe sobrepôs. Se confiscada, receio que se deixem evidenciar os sentimentos mais baixos e mesquinhos nas suas intenções. Privados da auréola de virtudes, entregam-se a mim em tal simplicidade e negatividade que julgo não poder nem conseguir levá-los adiante nesta narrativa.

Por desencargo de consciência, eu os encaminho ao leitor.

Por estar ficando para titia é que a jovem professora se casa com o viúvo Sebastião? Distancia-se da terra natal e dos que conhecem em detalhe o processo de desclassificação social por que passam o coronel Erasmo Cabral e familiares mais próximos, para que possa afastar de maneira mais audaciosa a ameaça do celibato feminino em família fragmentada pelo lamentável fracasso financeiro na lavoura, comércio e exportação do café? Pela desconhecida cidade de Formiga, poderia conduzir de maneira aventureira e pragmática seus passos profissionais e sentimentais? Será que seleciona e relativiza os relacionamentos humanos na Escola Normal e na comunidade com a intenção de afastar a ameaça do celibato e de priorizar o mais vantajoso e lucrativo para sobrevivência sua e a dos seus?

Uma vez mais, fique claro. A Jurandy não é o personagem Félicité de *Um coração simples*, de Gustave Flaubert, nem a prima Biela de *Uma vida em segredo*, de Autran Dourado. Tampouco é a Sofia, minha querida guardiã e companheira de quarto na infância.

Não consigo acreditar que, ao aceitar a corte amorosa e a proposta de casamento do viúvo, a batalhadora e competente educadora estivesse a aceitar por necessidade ou hipocrisia os sete filhos da minha mãe.

Não há dúvida que os bons sentimentos de católica apostólica romana sejam os pilares da sua infância e juventude na Fazenda do Paredão. Concretamente, eles remontam à convivência da menina com dona Matilde, a carinhosa e querida avó paterna. Beata sem ser carola, a avó de Jurandy não falta a missa, rezas ou terços. A neta a acompanha todas as noites e logo aprende a recitar de cor as preces e ladainhas. Os paroquianos reconhecem as vozes da avó e da netinha respondendo as louvações à Nossa Senhora. A mocinha Jurandy faz os três últimos anos de estudo no Colégio das Irmãs Santa Doroteia, em Pouso Alegre. O alvo do apostolado das Irmãs de Santa Doroteia é o trabalho fora das instituições religiosas, no ambiente em que vivem as crianças e os jovens pobres. A jovem professora continua a frequentar a missa todos os dias e comunga com frequência. Recebe a fita de Filha de Maria.

Sua fibra é posta à prova pela primeira vez durante a Revolução de 1930. Os revolucionários requisitam enfermeiras ao grupo escolar em que a Jurandy ensina na cidade de São Lourenço. Devem cuidar dos soldados feridos na serra da Mantiqueira. Trabalha como auxiliar de enfermagem.

Já casada e com os filhos crescidos, viaja a congressos eucarísticos realizados em distantes regiões do Brasil, como o de Manaus, em 1975, ou a santuários europeus, como o de Fátima (Portugal) e o de Lourdes (França). Tem sempre a companhia da irmã Chiquita, fazendeira em São João da Boa Vista, no estado de São Paulo. Das duas senhoras eu escutei as narrativas das viagens coletivas dos peregrinos cristãos. Ainda hoje, depois de ter dedicado anos ao estudo do colonialismo europeu na América Latina, encanta-me o vocabulário religioso arcaico de que se valem. Como parte da programação do congresso eucarístico em Manaus, consta uma viagem de navio gaiola — com suas varandas embalançadas pelo vento e perfumadas — pelo rio caudaloso ainda selvagem e pelo rio Negro. Ficam sobressaltadas — é o que escuto — com o aparecimento dos *gentios* nus, armados de arcos e flechas, nas margens tomadas pela floresta virgem. Sentem-se responsáveis pela tarefa de catequização dos índios — ao menos no plano da linguagem.

Os dados biográficos não deixam dúvida sobre sua fé profunda nos ensinamentos cristãos e no papel educativo e social desempenhado pela Igreja Católica no Novo Mundo. Não poderia não ter sido professora.

A distante Basílica de Nossa Senhora Aparecida, escolhida por ela para a quase secreta cerimônia de casamento em janeiro de 1942, não merece ser santificada pelo sacrifício da jovem esposa a se responsabilizar pela prole numerosa do viúvo com quem casa, mas pelo amor que une o casal sem precedentes e original.

Acredito nele.

Não creio em regra que seja absoluta, mas isso não me impede de crer que a regra em que o outro crê piamente tem de ser quebrada por ele próprio e não por mim. *Amai-vos uns aos outros* (assim como eu vos amei). Duvido do bom resultado proporcionado pela obediência estrita do homem de fé ao mandamento clássico, principal responsável na difusão exitosa da religião católica pelo mundo. Minha descrença na regra absoluta do cristianismo não pode açambarcar e depreciar a crença do cristão que acredita no mandamento expresso no Evangelho segundo João. Ser o guardião da dúvida não me dá o direito de negar a função do guardião da crença junto aos fiéis.

Se não posso sobrepor minha descrença ao crente, posso, no entanto, admitir que o crente sobreponha sua fé a mim. Não acreditar no mandamento que reza *Amai-vos uns aos outros*, não significa que eu tenha obrigatoriamente de crer que a Jurandy tenha assumido por necessidade financeira e social os sete filhos e filhas de dona Noêmia.

Não invento paradoxo.

Duvido da máxima e continuo a duvidar dela.

Mas nada impede que a Jurandy creia no mandamento cristão e que eu, por meu turno, a obrigue a pôr em questão — nesta escrita, evidentemente — a crença que a forma e a conforma desde a infância. Ao pôr em questão *Amai-vos uns aos outros*, não digo que o mandamento não possa ser fundamento legítimo de decisão alheia ainda que esta pareça quase absurda a meus olhos. A Jurandy ama os seus. Ela ama também os que não são os seus. *Amai-vos uns aos outros* define seu modo de pensar e agir no momento em que se casa com o viúvo. É a presença do Espírito Santo que infunde esse amor no coração cristão, no coração de todos os que têm fé.

Gosto de surpreender o pensamento — ou o modo de agir — de pessoa que, à semelhança de grande poeta simbolista, se diverte em extrapolar o significado de um verso redondo de dez sílabas para o verso seguinte, desregulando a regra básica da composição do soneto que visa a dar autonomia de extensão a cada verso. Esse salto do verso para o seguinte, em desobediência à métrica, é tratado pela retórica francesa como "enjambement". "Cavalgamento", diz-se em português. A Jurandy ama a uma família em sua autonomia e ama a outra e diferente família na autonomia dela.

Ela salta de um grupo para o outro grupo familiar, desregulando a armação do núcleo familiar tradicional. Assim como o poeta simbolista se vale do enjambement na confecção do soneto, ela se vale da mesma figura retórica na confecção da família Santiago/Cabral/Santiago. Ela passa por cima da regra estrita, que delimita cada verso a dez sílabas, e avança em direção ao verso seguinte que passa a não ter, embora tenha, apenas dez sílabas. Casada com viúvo, ela não aceita que os versos de dez pés redondos sejam autônomos um do outro. Os dois versos seguidos devem e serão lidos pelo leitor como geminados, em sincronia perfeita. O seguinte já está no anterior, assim como o anterior anuncia o seguinte, mesmo que cada um se apresente redondo e perfeito na sua integridade.

Ainda que eu possa discordar da maneira como a Jurandy obedece ao mandamento católico e do modo de sua atuação como madrasta e mãe, reconheço que ela não pode ter sua decisão de fêmea enamorada julgada apenas pelo facilitário sentimental das boas intenções tanto cristãs como pequeno-burguesas, de que toda a sua vida é, no entanto, porta-voz. Tem fé e é crente e, no momento em que decide ser madrasta de sete filhos, ela excede o limite imposto pela autonomia radical de um núcleo familiar. Não é por ela crer no potencial da bondade infinita do ser humano — embora, na verdade, deva crer e crê — que ela se torna esposa do viúvo e guardiã dos filhos e filhas alheios.

Ao crer no casamento cristão, ela crê na família cristã.

De novo, não interessa se eu creio ou não na família. Ela crê. Não compete a mim obrigá-la a não crer, mas tenho de compreendê-la numa crença cuja regra originária, o mandamento segundo o evangelista João, se me escapa sob a forma de dúvida.

A valentia feminina é um dos traços marcantes da personalidade adulta da Jurandy. Em 1994, às vésperas da morte, ela decide escrever suas lembranças da infância, juventude e início da vida profissional. Ao manuscrito dá o título de *Um pedaço de vida*. Anos mais tarde, Ana Maria Cabral, filha do irmão Celso e da sua esposa, Carmem, decide digitalizar as páginas escritas à mão e publicá-las. Seleciono da brochura este trecho onde afirma que é considerada uma boa cavaleira por todos:

"Lembro-me que andava de silhão, como era chamado o arreio apropriado para mulheres usando saia. A gente sentava no arreio e prendia uma das pernas na cabeça do silhão, andava, portanto, assentada, arriscando-se a ser jogada ao chão, caso qualquer correia arrebentasse. Os meus passeios a cavalo eram sempre nos cafezais da fazenda, juntamente com meus irmãos José, Walter e Élcio, e também um primo que era amigo inseparável dos manos, o Antônio, apelidado de Totonho. Meu primeiro conjunto de montaria foi comprado no Parc Royal, casa do Rio de Janeiro. Era uma blusa cáqui e calça culote comprida, com polainas e chapéu com correia amarrada no pescoço, isto é, com barbicacho. Fui a pioneira em trajar montaria."

Desde que a Jura — como passamos a chamá-la do momento em que se torna nossa madrasta — toma posse da casa na rua

Barão de Pium-i, seus moradores, à exceção do meu pai, se tornam católicos praticantes. Sem reticências ou problemas, Haroldo e eu nos adestramos nas aulas de preparação catequética com vistas à primeira comunhão.

Para assistir às aulas do catecismo, retomo o caminho que me leva à casa do vovô Amarante. Vou à praça Getúlio Vargas, subo a rua Silviano Brandão e atravesso a praça da matriz. Paro ali para o catecismo, antes de chegar à casa do meu avô. Pela miopia, que já me perturba a vista, tomo assento num dos bancos próximos do altar com a assiduidade de aluno exemplar. As aulas são administradas pelo vigário Remaclo Fóxius. Para a cerimônia de comunhão, visto um terninho branco de calças curtas. (Quero dar detalhes. Procuro a foto — ela existe — e não a encontro.) Se não chego a coroinha, alisto-me como iniciante na confraria de São Vicente Férrer. Chegarei a receber a fita amarela de aspirante a congregado, com a efígie do santo em medalha pendente.

Não me lembro de ter visto meu pai pôr os pés na igreja. Concorda em tudo com a esposa e subscreve suas resoluções.

Durante as comemorações da Semana Santa, a procissão da Sexta-Feira da Paixão sai da matriz e o cordão humano, seguido da banda de música local, percorre as ruas centrais da cidade, até voltar ao ponto de partida. É comum que cada uma das catorze estações da Via-Crúcis seja representada diante de residência previamente eleita. Seu proprietário guarnece a principal janela ou as janelas que dão para a rua com tecidos coloridos (predomina a cor roxa), com imagens de santos esculpidas e, finalmente, com apetrechos que demonstram ser a família católica.

Nossa rua faz parte do roteiro.

Depois de o jardim ter sido posto abaixo, a fachada da nossa casa exibe à beira da rua duas esplêndidas janelas (recentemente, o atual proprietário fez com que a abertura duma das janelas descesse até a calçada e virasse porta de entrada para loja). Toca-nos a incumbência de encenar a sexta estação da cruz, "Verônica limpa a face de Cristo", numa das janelas. Desfralda-se um comprido lenço sacro que serve de pano de fundo das figuras que se debruçam na janela ou ficam de pé no alpendre. No lenço está impressa em preto e branco a imagem tradicional do rosto de Cristo flagelado, com a coroa de espinhos. Dos cabelos longos e cacheados escorre o sangue, que irriga e entristece o rosto já tombado pela dor. Gotas de lágrima se somam às gotas de sangue e saltam dos olhos no entanto abertos.

Não me atormenta sua visão do mundo. Encanta-me a figura de Verônica. Ela o ama e o vê sofrer. Ela sofre ao vê-lo sofrer. Distingo a figura de Verônica na rua, entre os muitos fiéis. Ela vê seu rosto ensanguentado e desfigurado, embora sempre manso e humilde. Não resiste. Quer aliviar os sofrimentos dele. Pega num pano que traz dobrado no braço. Exibe-o como se fosse uma toalha de banho. Finge enxugar sangue, suor e lágrimas daquele rosto.

Em 1945, a chama do vovô Amarante se apaga de todo. Mais do que uma chama viva, sua presença entre nós seria melhor configurada como luz de poste de rua que ilumina e serve de referência no momento em que algum de nós quer enxergar a fantasia familiar que imagina às escondidas. Sua morte coincide com o momento em que o enteado Santiago organiza e coordena em Formiga a tendência à *udenização* do segmento dissidente do Partido Social Democrático mineiro. Meu pai guarda no cofre doméstico o livro de atas em que se dá a conhecer a decisão tomada em reunião plenária dos partidários, em Formiga. Relembro o papel decisivo e autoritário assumido pela madrasta no processo de mudança de residência da cidade interiorana para a capital do estado e em jogos diplomáticos que visam a aproximar o marido das novas lideranças políticas estaduais, ressurgidas depois da queda de Getúlio Vargas.

Também acredito no desejo da madrasta de renovar e fortalecer os laços familiares entre os enteados e os filhos, a viver sob o mesmo teto. Para ela, o estremecimento dos laços de sangue representava algo de bem sólido e concreto. Tinha nascido e sido criada numa família católica, outrora abastada, comunicativa e sociável, de repente estraçalhada pela falência paterna. Agora, tem de impedir ou de neutralizar o reaparecimento da discórdia no novo lar e em outra cidade. De todas as maneiras possíveis. Torna autônomo e autômato o objeto de sua catequese em ações diversificadas e concretas. A religião é a força catalisadora. Pelas múltiplas e extravagantes enxertias na árvore genealógica, as palavras que significam "parentesco próximo" tornaram-se obscuras e desprezíveis na construção de frases e de sentimentos. São válidas na vida social e inviáveis no trato doméstico. Falta-nos a força inconsciente de união do grupo familiar, geradora do desenvolvimento de cada indivíduo como responsável pela inserção da parte no todo do espírito fraterno.

Talvez ela tenha exagerado no catecismo e lhe faltado a ternura que, como cola-tudo, magnetiza as relações fraternas feitas em pedaços para consolidá-las em amor.

Com a madrasta em casa, a vida dos enteados mudou. E mudou porque ela trouxe para a conversa à mesa de jantar algo que meu pai nos oferecia como receita do sucesso na vida pequeno-burguesa e ela, como entusiasmo indispensável ao processo de crescimento e amadurecimento do ser humano. Entusiasmo costurado sob medida para cada um e, por isso, intransferível a terceiro.

10.
A Fazenda do Paredão

Se pensarmos que, enquanto uma das mãos escreve na folha de celuloide da lousa mágica, a outra levanta periodicamente a folha de cobertura da tabuinha de cera, teremos uma representação concreta do modo como procurei imaginar a função de nosso aparelho psíquico perceptivo.

Sigmund Freud, "Nota sobre a lousa mágica" (1925)

Erasmo e Judith, pais de Jurandy, têm onze filhas e filhos. À exceção do caçula da família, todos vêm ao mundo pelas mãos hábeis e incansáveis da sinhá Flausina, parteira sempre solicitada na Fazenda do Paredão. O casal perde uma filha e três filhos, prematuramente. Maria, dois Josés e Erasminho. A Jurandy pertence à família patriarcal de onze e, tendo vivido de 1909 a 1999, será por sua vez matriarca em família de onze filhas e filhos por quase um século (meu pai falece de infarto em 1968).

À semelhança de Judith e Noêmia, Jurandy dá à luz vários

filhos, seguidamente. Em menor escala, no entanto. Quando em dezembro de 1947 nasce Gilda, a caçula dos quatro, o time de futebol está completo. Meses depois, toda a família muda para a capital do estado. Com assentimento do ex-viúvo, a segunda esposa decide passar por cirurgia de laqueadura, possivelmente motivada pela trágica experiência de outras duas e próximas mães.

A opção da Jurandy pela cirurgia contraceptiva contradiz a resignação da dona Judith, sua mãe, frente ao dom tirânico do útero hospitaleiro e fértil. Católica e de boa-fé, ela acatou por três vezes o desígnio fatal de Deus — anota o filho José em sua autobiografia. A cautelosa opção da segunda esposa pela cirurgia de laqueadura contradiz ainda o modo de agir do médico parteiro da primeira esposa, obediente e fiel à resolução fatídica proposta pela doutrina católica. No trabalho de parto — cauciona a palavra da Igreja —, o privilégio à vida não é concedido à mãe e, sim, ao nascituro.

Chega!

A partir deste momento, eu-narrador reassumo evidentemente o ponto de vista dos sete filhos do primeiro casamento e, ao mesmo tempo, me desdobro para poder dar conta de duas famílias geminadas oriundas de Formiga. Por obra do acaso, ambas mantêm relações próximas com familiares que moram na região sul do estado de Minas Gerais. Por razões que se tornarão ainda mais claras, esses familiares terão os papéis minimizados na narrativa porque o foram pelos meus próprios olhos. Sou, portanto, dois Eus abrangentes, mas ambos, geográfica e humanamente falando, incapacitados para o relato de algumas passagens destas memórias. Os efeitos de minimização são ditados por regras que se assemelham às que cercam o comportamento conveniente dos familiares quando em grupo e as censuras por tabu, na maioria das vezes relativo a comportamento sexual.

Tudo o que os membros da família Cabral sabem da família Santiago em Passos vem de visitas intermitentes de parentes consanguíneos à cidade de Formiga, onde moramos todos.

Tudo o que os membros da família Santiago sabem da família Cabral nas cidades de Santa Rita do Sapucaí, Itajubá e de São João da Boa Vista (São Paulo) tem lugar em nossa residência e cidade.

Há uma primazia geográfica de Formiga, embora não haja exclusões voluntárias de fatos passados no sul de Minas. Há uma preferência do vovô Amarante e de meu pai pelas senhoras do sul de Minas Gerais, embora não haja exclusividade.

Dois túneis abertos pelos patriarcas conectam o oeste e o sul de Minas.

Ao incorporar uma senhora já casada de Passos ao grupo de tropeiros que ele comanda, o vovô Amarante fura o primeiro túnel.

Tendo casado em segundas núpcias com uma jovem professora santa-ritense, autoexilada como professora no oeste de Minas, o papai cava o segundo túnel.

No decorrer das nossas vidas, ambos os túneis permanecem com baixa porcentagem de tráfego humano (poucas viagens intermunicipais) e de informação (a mordaça do tabu familiar). As incógnitas sobre os familiares são a regra do jogo genealógico para os descendentes Santiago e Cabral. Vez ou outra a pessoa ou o fato se revelam de maneira aberta. Entreabrem-se e se oferecem de maneira escorregadia, em geral através da menção a algum outro nome próprio. Os nomes próprios, por sua vez, são poupados quando e se possível e se insinuam apenas discretamente na conversa, por alusão ou em deslize inocente ou maldoso numa fala. Se a memória do descendente não tiver desenvolvido aptidão para reter os detalhes, ela chegará em molambo e esfarrapada no futuro, ou então passará para a morte em brancas nuvens.

Na maioria dos casos, o descendente não economiza a vida. Gasta-a com prazer e com dor e lhe presta as honras que merece. Esconde os gastos existenciais, silenciando-os em casa e na rua. A poupança de palavras se justifica sob a forma de autorrespeito à própria privacidade somado ao respeito à privacidade da família. Nem uma nem a outra deve servir de tema para conversa íntima ou pública. Poupança de palavras é o modo mais eficiente de guardar as aparências comprometedoras do indivíduo e do grupo familiar ou social a que pertence. Chega-se a uma forma deteriorada de silêncio que se confunde com a autovigilância e vigilância do outro.

Sintomaticamente, silêncio e vigilância em casa assumem relevância política no retorno às práticas liberais de vida partidária. No final da ditadura Vargas, tornam-se o fundamento na busca da liberdade pessoal, o individualismo, e da liberdade sociopolítica, a democracia. O principal lema da União Democrática Nacional, partido político criado em abril de 1945, é "O preço da liberdade é a eterna vigilância". Em 1947, o udenista Milton Campos é eleito governador de Minas Gerais. Seu lema: "Austero como convém à República, modesto como é do gosto dos mineiros".

O "Manifesto dos Mineiros" — carta aberta em defesa da redemocratização e do fim do Estado Novo, publicada em 24 de outubro de 1943 e assinada por importantes nomes da intelectualidade liberal (advogados e juristas) do estado de Minas Gerais — profetiza e serve para substantivar a criação posterior de um partido político antigetulista. A udenização do Partido Social Democrático, de que meu pai participa em Formiga, se alicerça naquele manifesto.

Daí até 1964, quando se dá a Marcha da Família com Deus

pela Liberdade, se reafirma a presença crescente da UDN no plano nacional e o combate às forças políticas revolucionárias, lideradas pelo presidente João Goulart.

Apenas a dona Judith Duarte Cabral, sogra do papai, é bem conhecida dos vizinhos da rua Barão de Pium-i e, posteriormente, da rua Mato Grosso. Sempre se hospeda em casa e nos frequenta com assiduidade. Sempre chega a tempo de espantar os fantasmas da maternidade que assombram a filha e o genro ex-viúvo. E talvez a outros fantasmas de mais difícil e delicada caracterização, já que visariam a assombrar o lugar da filha e dos quatro netos numa família que se desenvolve pela saturação de todos os quartos de dormir do imóvel que nos foi dado de presente pelo vovô Amarante. Bem-estar de filho e educação sugam tanto dinheiro quanto o carteado no Rio de Janeiro, que seduzia o coronel Erasmo Cabral.

Do momento em que toda a família Santiago muda para a capital do estado, suas visitas à filha se amiudarão. Não há motivo evidente para que, em Belo Horizonte, ela eleja nossa casa, povoada pelo casal, os onze filhos e com uma única doméstica, a Alvina. Teria maior conforto na luxuosa residência do filho José e Maria Stella no alto da Barroca, habitada pelo casal e apenas pelos filhos Felipe e Suzana. Aliás, quatro dos filhos de Judith com Erasmo acabam por se transferir para Belo Horizonte na década de 1950. O advogado trabalhista José, o irmão Heitor, advogado sindicalista, o caçula Aylton e, passageiramente, o Celso.

Vez por outra os irmãos da madrasta vêm nos visitar na rua Mato Grosso, ou são encontrados por seus sobrinhos tortos ao acaso das circunstâncias, das reuniões sociais ou das comemorações cívicas. Ao acolher em Belo Horizonte o irmão caçula, Aylton, a Jurandy ganha um quinto filho. Ele sofreu paralisia na infância. Deixou-lhe como sequela o braço atrofiado e uma perna mais curta do que a outra. Do avô paterno herda o gosto pela vida, o bom humor e o veio musical. Ritmista de caixa de fósforos, Aylton sempre deleita os amigos com suas performances brejeiras — gosta de lembrar o irmão José.

Em curtas e seguidas viagens de férias, meus quatro irmãos do segundo casamento — Rodrigo, Rui, Ricardo e Gilda — esticam a experiência de vida ao sul de Minas e à região centro/leste do estado de São Paulo. Como mudam para Belo Horizonte quando o mais velho tem oito anos de idade, conhecem bem melhor os tios e os primos, as tias e as primas do lado Cabral do que os respectivos e as respectivas do lado Amarante, Santiago e Farnese. Numa das viagens a Itajubá da mãe com o filho Rodrigo, o teco-teco que os transporta sofre pane e cai no meio do mato. A notícia se esparrama pelos quatro cantos e pelas páginas dos jornais. Por sorte, ninguém sai ferido do acidente.

A afluência de dois diferentes e sucessivos rios maternos alvoroça o deslizar efetivo e caudaloso do sangue paterno pelo seu leito. Cedo, as águas do manancial se associam ao primeiro afluente materno e, anos depois, se associarão às águas acrescidas pelo segundo afluente materno. A diferença entre os grupos familiares Santiago/Farnese e Santiago/Cabral não é apenas maternalmente sanguínea. Os filhos e as filhas de um grupo Santiago e do outro tampouco somos semelhantes fisicamente. Basta examinar uma coleção de retratos embaralhados e contrastar as figuras humanas para chegar a dois montinhos de rostos, de corpos e de atitudes bem diferentes. As águas do sangue paterno não abolem diferenças fundamentais, embora se perpetuem como únicas na maneira como a primeira e já volumosa afluência se justapõe — sobrepondo-se ou sobpondo-se — ao chega pra lá dado pela afluência da segunda correnteza.

Correndo por leito limitado e provinciano, as já volumosas águas iniciais não alcançam minimizar o violento e incontornável choque causado pela chegada do segundo e poderoso afluente materno. Seu aparecimento repentino gera desencontros internos, querelas e disputas no bom entendimento mútuo da correnteza, no entanto, única que vai a caminho do mar. A intromissão abrupta do afluente provoca instabilidade sentimental e emocional. Desencontros internos, picuinhas, provocações, hostilidades, implicâncias, querelas e disputas, se não chegam a ser irreconciliáveis, também não favorecem a mera, simples e generosa complacência, que se torna incapaz, pelo único exercício da boa vontade, de estreitar os laços familiares constituídos pela semiautonomia sanguínea dos filhos gerados pelos dois casamentos paternos.

As relações de atrito, de confronto e de mal-estar, inevitáveis em qualquer grupo humano que compartilha o mesmo teto, não são passíveis de fácil regularização se as partes já chegam ao mundo divididas em duas turmas. Do momento em que o nascimento do primogênito Cabral delineia a reorganização real e fantasmática da família Santiago, a aparente harmonia na diferença, colocada em equilíbrio durante o curto período da lua de mel do novo casal com a família do viúvo, cai do galho e se esboroa no chão da rotina diária. Não há como aventar a possibilidade de as duas singularidades em confronto se acercarem da justaposição perfeita. O encaixe perfeito é utopia. As mínimas discórdias pintam entre os familiares e, vez ou outra, chegam a ser superaquecidas pelos temperamentos em jogo e a explodir aqui e ali em ondas imprevistas pelo bom senso apaziguador.

A vida cotidiana dos membros da primeira família se deixa

conduzir por admoestações, por puxões de orelha, por pequenos sofrimentos e impensáveis ressentimentos.

Cria-se uma temível categoria de comportamento: o castigo paterno.

A desejada concórdia familiar logo se transforma em esperança utópica.

Em suma, as duas afluências femininas convivem no deslizar do rio masculino pela cidade de Formiga como se estivessem dentro da caldeira a vapor apelidada de lar. Se a solução para o dissabor não chega à briga aberta entre irmãos, apartada pelo pai ou pela madrasta/mãe, invoca-se, nos casos extremos, a válvula de escape da incomunicabilidade mineira.

Ninguém fala. Ninguém escuta. Ninguém dialoga. Não somos solidários. Somos solitários.

O silêncio em família torna-se a mais custosa e pesada das moedas de comunicação humana. E, por paradoxo, a mais rentável e gratificante.

Praticado por uma e pela outra mãe, o processo caseiro de educação informal dos filhos se soma à metodologia formal de ensino desenvolvida em paralelo pela escola. Associados, fomentam falácias imprevistas no abecedário letrado, incongruências ranzinzas e adequações simplórias ou oportunistas. E também rixas metódicas e desenlaces passageiros. Imprevisíveis e salvadoras, as repetitivas afinações de sintonia e de tom, entre os dois grupos em conflito, depositam no caráter de cada um e de todos — e ainda no cauteloso meio ambiente familiar — resíduos tanto das inevitáveis rebeldias de ordem juvenil como dos maus-tratos praticados pelos adultos. Por outro lado, estimulam a independência do filho ou da filha pela imprevisibilidade dos métodos educacionais em que a instrução formal se soma ao ensino formal. Cada um dos filhos e todos se tornam seres humanos singulares. Rebeldia, liberação e libertação do indivíduo jovem — à semelhança dos marcos de quilometragem numa autoestrada — se alastram pelo caminho percorrido, quase infinito, pelas vidas que crescem em comum.

Fatos concretos contam pouco. Não se apaga o rastro das rixas metódicas e dos desenlaces passageiros.

Se o silêncio em família é a moeda forte de comunicação e se a cronologia da vida em comum é sentimental, nós vivemos como sombras que recobrem o mapa das cidades de Formiga e de Belo Horizonte onde, durante duas décadas e meia, todos os familiares viverão sob o mesmo teto. Naturalmente, Nilda, a rebelde, é a primeira a se destacar do núcleo pelo casamento com o Alcino, realizado e comemorado em Ouro Preto, cidade histórica do estado, perto o bastante e suficientemente longe do lar paterno.

Fomos constituídos como uma família formiguense assim tão diferente das demais brasileiras de classe média, que se tornam autossuficientes e afirmativas em meados do século xx?

Será que eu tenho — e todos nós, os curiosos, temos — de indagar, ler e devanear para escorar e sustentar a percepção de parente de sangue ou de pessoa próxima por afinidade, na intenção de transformar a ele ou a ela em personagem de narrativa memorialista? Para tapar os buracos óbvios que se abrem na observação subjetiva (refiro-me aos desequilíbrios em matéria sentimental, aos desconcertos em matéria de temperamento e, finalmente, às rixas em relacionamento familiar), não estaria traindo a letra da nossa vida vivida se só acatar e anotar no papel os dados concretos advindos de respostas recebidas das muitas individualidades envolvidas na trama familiar?

Não terei eu de acatar e de aceitar como inevitável o súbito *vazio* que descubro na primeira leitura desta narrativa? Não terei eu de acatar o *buraco* escarafunchado pela primeira leitura que descobre a falta de dados concretos e com ele conviver? Teria eu de dar o *buraco* e o *vazio* como intransponíveis, a fim de que minha escrita só subscreva as informações factuais que consigo levantar em documentos de caráter pessoal ou, nos casos extremos, em documentos públicos? Ao adotar uma visão estreita de descrição e análise dos relacionamentos humanos, não estaria obrigando a narrativa a se empobrecer aos olhos do leitor mais exigente?

Para tentar esclarecer os becos sem saída que se abrem e continuarão a se abrir no desenrolar da narrativa desenvolvida pela memória factual, sei que, a fim de tapar o eventual *vazio* e o *buraco* encontrado, tenho e terei de recorrer à *imaginação* — essa "falsa demente", para usar a qualificação com que Carlos Drummond acredita minimizá-la no processo de compor poemas? Pela qualificação de *falsa* o poeta na verdade não minimiza o domínio da imaginação sobre o fato real. Antes, atiça no seu leitor a crença no poder demasiadamente humano, sobre-humano, da palavra criativa. Se se diz *falsa*, a imaginação demente não trapaceia. À maneira enviesada dela de poetar ou de ficcionalizar, é lúcida e aventureira. Não tem receio da hipótese que é afiançada pela fala ou pela escrita alheias.

O lugar de destaque — na página que está sendo escrita apenas pela compreensão pedestre do real — não seria o ocupado pela imaginação do escritor?

O escritor memorialista indaga e escuta.

Lê e anota.

Passa a ter transcritas no papel e guardadas, ou recalcadas na memória, as situações e as palavras que preenchem algum esvaziamento inesperado da lembrança ou algum esburacado na fluência da narrativa, que são, no entanto, mais do que oportunos pela esperança de preenchimento que abre para o escritor.

A imaginação, falsa demente, entra em ação.

Cismarento e atrevido, o escritor invade o lote de terreno humano que não lhe pertence e o pisa. Toma-o para si com o direito de usucapião.

A pecha de traidor recai frequentemente sobre quem escreve sobre o outro e diferente e que, por ter ousado escrever, leva sua escrita a conformar a intimidade alheia em lote de terreno humano de que não é proprietário e, por isso, não é de sua responsabilidade. Responsabiliza-se como dono pelo usucapião.

Ponhamo-nos frente a frente. Eu, escritor, e meu objeto, o outro.

Sem rede a protegê-las da queda na maledicência familiar ou comunitária, conjecturas sobre o outro e diferente se deleitam e convidam a mim aos exercícios no trapézio da imaginação. Os exercícios se me apresentam sob a forma de arriscadas acrobacias e saltos-mortais. Se esta narrativa for levada a julgamento no tribunal familiar, eu, seu autor, serei dado como falsário, depois de ter sido acusado pelo promotor de estar conspurcando publicamente a integridade de ser humano que, na pia batismal, recebeu "marca registrada" inviolável?

Seria possível desvencilhar-me da pecha de traidor da crença na probidade individual e de falsificador da identidade alheia, identidade esta delegada pelas leis civis e religiosas a qualquer cidadão?

Creio que sim.

A "marca registrada", que carimba com o nome dito próprio o modo de ser de um ser humano, é apenas arranhada ao ser reelaborada criativamente por quem observa o outro, faz observações, e as atualiza e as remodela segundo observações semelhantes que tenha anotado na leitura de livros e de outras pessoas. A vida humana não se funda só no alicerce dos traços mnésicos hereditários e autóctones nem se confunde só com eles eternidade afora.

Quando a memória do escritor recebe de presente silêncio, imagem e palavra do outro e por eles — em mistura delicada — se deixa recobrir sob a forma de falas ou de escrita, o modo de ser alheio perde não só a densidade genética única e original, sua origem, como perde também o destino único e inexorável, a morte.

Se e quando o silêncio, a fala e a escrita alheia se transformam em exercício verbal público, a autenticidade do modo de ser do outro e diferente ser humano não estará também na escrita memorialista, que é de responsabilidade de quem observa e memoriza os seres com quem convive ou que o rodeiam em situações precisas?

Por que o modo de ser do outro e diferente ser humano não é tido como questionável e, talvez, problemático, e só é julgada questionável e problemática a apropriação de sua figura pela palavra do memorialista?

Se por acaso silêncio, imagem e palavra do outro se desvencilham do lugar de origem e se instalam no espaço amplo da escrita ou da conversa oral, não estariam elas transformando o humano modo de ser em instrumento de uso público que, de maneira febril, retém e detém, e também irradia a personalidade complexa de um indivíduo — qualquer que seja ele ou ela — instituída no cartório de registro civil e constituída no correr dos anos pelos infinitos e quase infindáveis traços mnésicos?

Nas memórias, minha experiência vital se soma à do outro.

Socorre-me a experiência e a lição do multifacetado poeta Mário de Andrade em estudo sobre o "princípio da variação" na notável produção dos músicos interioranos, moradores na Região Nordeste do Brasil. Ao saber de cor e salteada a canção que lhe é dada de presente pela tradição regional, o novato atravessa uma fase do aprendizado em que afirma sua predisposição natural à música e, de maneira retraída, procura se afirmar — consegue ou não se afirmar, é outro problema — como músico talentoso e original. À longa fase que é recoberta pelo saber-de-cor-e-salteada a canção do repertório tradicional se sucedem fases em que a repetição desse saber, já assimilado, se desvia do original por diferentes formas de traição da memória e se transforma em criação própria do compositor.

O toque pessoal, emprestado pelo aprendiz à obra da tradição musical interiorana, lhe é soprado pelas "traições à memória".

Criação pessoal e traição à memória se sobrepõem de modo enviesado ao repertório regional e à autonomia original e se imbricam em movimento de repetição e de dispersão, constituindo o objeto fragmentado e pleno que intriga a curiosidade do musicólogo Mário de Andrade. E a nossa.

Muitos dos cantadores nordestinos são analfabetos e se tornam compositores e intérpretes pelo ouvido visceralmente *apurado* e — por ser ouvido também ultrassensível às próprias desatenções e caprichos — *imperfeito*. O apuro na fase de aprendizado do repertório se casa com a imperfeição na fase de autonomia do novo pelo músico. Astuciosamente, os cantadores populares escoram a própria expressão musical no imenso e variado cancioneiro do folclore local, aprendido de ouvido desde a infância e, ao dedilhar o violão e alçar a voz solitariamente, desaprendido na idade adulta.

Comedido, o ouvido aprende.[24]

Altivo, ele desaprende o aprendido.

Na confusa e intrigante experiência de apropriação do outro, se reafirma e se valoriza tanto a real autenticidade do aprendizado como a originalidade do cantador.

Com profissionalismo, esperteza e inteligência, os cantadores nordestinos contornam o obstáculo ético — e não estético — fundado no valor questionável e problemático da *autenticidade* como sendo algo de único e original. Contornam o obstáculo, para valorizar a si próprios e às suas respectivas criações. Tinham submetido as composições ditas originais à combinatória engenhosa e rica. Ora trocam os textos ora as melodias; ora fracionam os textos e as melodias; ora inventam melodias novas para textos tradicionais.

Em suas traições, a cópia extrapola os limites estreitos da mera reprodução xerox para manifestar — da perspectiva do artista que observa e memoriza no interior da prática da diferença na economia do mesmo ou da repetição — a força criativa da abertura à adulteração por ouvido, fala e mão. Pela diferença, chega-se à melodia, fala ou escrita paradoxalmente comuns e originais.

A chamada cópia, se trabalhada pela traição imaginosa da memória, é contrafação inventiva.

Na contrafação inventiva, sobressai algo de aprendizado, experiência de vida e escrita, algo de memorização, subjetivação e originalidade; sobressaem também aprendizado e vivências diversificadas, escritas compósitas. Ao ter como copiloto a imaginação demente, a obediente memória desobediente, ou altivamente desatenta, do cantador nordestino pilota e governa, por risco e conta própria, a nova criação.

Se a vivência/escrita do novo cantador se instrui com o aprendido pelo esforço da memorização, logo em seguida as duas amigas se dispersam, já reconfortadas pela recarga aportada por eco que sai em busca da própria fala ou da própria escrita. Reafirmam-se em inteireza. Compôs-se um novo objeto tão ou mais intrigante que o objeto já existente.

* * *

Minha memória é periférica e lacunar. Assim não seria também a sua e a de toda e qualquer pessoa curiosa, sensível e criativa? Nela se produzem minhas palavras e se repetem palavras alheias. Minha linguagem e a do outro. Minha expressão é minha e é alheia. Ambas são linhas de circunferência ultrassensíveis que se superpõem em diferença na tarefa infinita de embrulhar o próprio corpo e os corpos alheios. Na atrevida e imaginosa coluna de crédito, que a curiosidade criativa sobrepõe à coluna de débito do aprendizado, a escrita subjetiva sugere novos perfis, desenvolve outras situações sociais e articula dramas que captam e espalham o saber da experiência humana. Cada um e todos ganham sustança no plano do experimento de vida cotidiana. Ao alçar a voz, a escrita da memória franqueia a cada pessoa, a cada grupo e a uma comunidade o *caminho* (escrito e literário, no presente caso) das palavras portadoras não só das várias sensações e percepções de mundo como também das respectivas práticas de conhecimento.

Boa metáfora para a escrita memorialista está na experiência da criança órfã e sonâmbula em Formiga. Ao se assumir como narrador e protagonista do relato autobiográfico, o menino passa a viver e a conviver com os ascendentes (biológicos e não biológicos) pelo lado Amarante/Santiago/Farnese/Cabral como se estivesse a ler gibis e a assistir a filmes para, na realidade, estar a viver e conviver, em cidade pacata, distante dos acontecimentos históricos e dos atores de carne e osso, com a multidão dos habitantes da Terra.

Com a sensibilidade precoce, devidamente afinada pela imaginação demente, o sonâmbulo convive com os que sofrem os desmandos e perseguições na ditadura Vargas e com as destruições e horrores cometidos pelos inimigos no contexto da Segunda Grande Guerra. Mesmo se vivida intensamente e em segundo grau pela diuturna e febril invenção, a vida sonâmbula é elemento indispensável à arte da composição literária, de que se vale o narrador para escrever as memórias. Delas são também elementos indispensáveis as várias e sucessivas manifestações de enxertia tomadas de empréstimo ao pai viúvo, dublê de dentista e jardineiro. Refiro-me, portanto, não só às enxertias transportadas pelo sêmen e demasiadamente humanas como também às simbólicas e humanamente vegetais.

Em texto tardio sobre a estrutura e o funcionamento do aparelho psíquico, Sigmund Freud demonstra como a metáfora da "lousa mágica" supera e suplanta as tentativas anteriores de explicar e compreender o sistema da percepção humana pela análise biológica e por critérios científicos, ambos de caráter mecânico.

A lousa mágica se compõe de duas folhas superpostas. A de celuloide ocupa a posição superior. A inferior é uma compacta folha de cera de abelha. O estilete — a percepção — fere a folha protetora de celuloide que, por sua vez, deixa que se represente o *golpe* que lhe foi desferido sob a forma de *traço* impresso na folha de cera de abelha.

Se a folha receptiva de celuloide recebe fisicamente o golpe da ponta do estilete, a de cera o acolhe em *representação* e ainda o retém a fim de armazená-lo em ato de *resistência*.

Golpe, traço, resistência. Sistema psíquico.

Caso se levante a folha solta de celuloide, nela se apaga toda marca do golpe original. A impressão no celuloide desaparece. Não de todo. Isso porque, ao voltar a ser virgem, a folha superior de celuloide deixou a marca do golpe retida e armazenada — preservada para todo o sempre — na cera de abelha, de que é feita a segunda folha.

A primeira folha de celuloide protege a segunda, de cera, do golpe direto do estilete sem esquecer de todo sua violência. O percebido e sofrido pela folha de celuloide só se dará a ler noutro lugar, ou seja, na escrita em traços preservada na folha de cera. Ao instante em que o golpe do estilete se dá e acontece, o sofrido e percebido se deixa ler em tempo(s) posterior(es). Paradoxalmente, ele se dá e acontece em espaço e tempo ulteriores ao presente do acontecimento.

Só o traço preservado, impresso na cera da memória, representa o impacto sofrido e sentido pela folha de celuloide do corpo humano.

Ao conservar e preservar a experiência de vida, os traços mnésicos impedem que o impacto do real seja esquecido pelo sujeito, ainda que só signifiquem a posteriori. Se transcrito em linguagem fonética, um único traço mnésico — seguido dos anteriores e dos posteriores, em reorganização anárquica, automática e sistemática da estocagem psíquica na memória — doa uma experiência íntima de vida a outros.

Um traço mnésico é semelhante ao ferimento que a extremidade pontiaguda da espora do cavaleiro imprime no lombo inocente e servil do cavalo para que ele se desperte da letargia e dê o primeiro passo. Em obediência à espora e com disciplina, deu-se início ao trote da caminhada. As esporadas sucessivas estimulam as quatro patas do animal para os passos seguintes e seguintes. O cavalo não sabe por que o cavaleiro o monta e lhe dá ordens, tampouco sabe o lugar de destino que lhe está sendo sujeitado por efeito das esporadas. Sabe a primeira ferida da espora no lombo e as que se lhe sucedem porque sua pele sensível, ao se deixar ferir por elas, as retém como lembrança.

Inscritos no lombo do cavalo, os vários traços feridos pela extremidade pontiaguda da espora impedem que o animal esqueça a caminhada já feita e que tem uma caminhada pela frente. Não há pausa para o descanso. Há uma estrada a ser trilhada segundo a própria disposição e vontade, mas sempre em obediência desobediente às ordens comandadas por uma das extremidades pontiagudas da espora.

Do momento em que a caminhada se alonga em obediência desobediente à primeira picada pontiaguda da espora, ou do momento em que, em virtude dos acidentes e incidentes do percurso, se aviva a resistência às esporadas, o lombo imaculado do cavalo já está tomado por uma série de traços que, mesmo se somados anarquicamente, significam o enigmático rastro das mil e uma peripécias que cercam o submisso e rebelde trote do animal de pele sensível. As paradas bruscas do cavalo diante de impedimentos e estorvos mais enfurecem a espora que se torna raivosa e esfola com gosto o couro do animal. Também as indecisões do cavalo excitam a espora que, por sua vez, não o incita ao repouso, mas ao galope.

Ao se afrouxar o trabalho da espora, o latir de cães desperta o medo no animal.

Ele apressa ainda mais o galope.

No final do percurso, o lombo do cavalo é o pergaminho onde a espora do cavaleiro deixou gravado o caminho da vida, sua escrita. O percurso do animal montado por cavaleiro violento, que o esporeia a cada passo, se escreve como carta enigmática impressa no corpo do animal. Sua e nossa memória. Transcrita em algum dos suportes convencionais oferecidos pela cultura, a carta enigmática será legada ao próprio cavalo e aos pósteros humanos. O percurso do animal homem pela Terra — isto é, as imagens e palavras que compõem a carta enigmática singular —

se entrega à decifração por todo e qualquer curioso, por todo e qualquer leitor.

A condição do viver sonâmbulo — na falta de expressão que não seja metafórica — representa a desagregação dos elementos constitutivos da parede que se levanta entre o sujeito e o outro. Assim sinto minha relação com o próximo. Emparedada. Assim a penso, e assim continuo a manobrar minha vida. No processo de integração da personalidade do menino em outra(s) personalidade(s), o sonambulismo nada tem a ver com a única perda de sentido do real pelo vivente.

O sonambulismo é a sensação do corpo a descobrir que o espaço dito real em que ele se locomove (ele vive, como se diz vulgarmente) é atmosfera de baixa densidade que impede que as várias facetas que o montam como personalidade singular possuam contornos nítidos e precisos. Ainda que estejam contínua e concretamente presentes.

Tomo de empréstimo o vocabulário da arte fotográfica para afirmar que o menino sonâmbulo, se representado, seria num ambiente flou. A indistinção entre as formas nítidas e precisas que convivem no espaço sonâmbulo as libera das linhas de circunferência com que o ser humano cerceia — tendo como instrumento a linguagem — os seres e as coisas concretas na natureza para que cada ser e coisa sejam autenticamente únicos.

No espaço sonâmbulo, flou por natureza e por artifício, todos os seres humanos e todas as coisas são afins.

Ao me instruir para o doutoramento em Literatura Francesa na Sorbonne, leio e releio a obra do romancista André Gide. Percebo tardiamente que os traços mnésicos que recobrem e explicam os poucos anos em que cresci menino órfão em Formiga e os que recobrem e explicam a adolescência em Belo Horizonte são mais bem compreendidos com a ajuda do sentimento profundo de *simpatia*, de *simpatia física*, para usar a expressão tal como apresentada e dramatizada por ele no romance *O imoralista* (1902).

Simpatia configura uma forma bem especial de convivência humana no universo romanesco de André Gide. O ser humano não está sozinho quando sente a dor ou o prazer. Quando ele não sente a companhia do outro no seu próprio corpo, sente-a através do corpo do outro com quem compartilha o mesmo espaço. Ninguém é solitário. A coexistência no espaço nos torna solidários. Você sente dor e prazer próprios em plena adesão e acomodação espacial ao corpo do outro. Pela simpatia, você se sente outro, enquanto o outro, ao ser objeto de sua simpatia, se sente você. Na simpatia física há comunhão de sentimentos, afetos e destinos. Por ela você conquista quem você não é, e é conquistado por quem lhe é próximo.

Aos vinte e quatro anos de idade, em 1893, André Gide passa por mudanças profundas que o levam à remodelagem da vida até então vivida. Vem sendo conformado por educação caseira austera e puritana e, ao ser sacudido por descobrir forte tendência à homossexualidade no comportamento afetivo, se rebela. Viaja em férias à África do Norte e tem sua primeira experiência homoerótica com garotos árabes. Rompe definitivamente com o puritanismo que lhe é inculcado desde o berço. Em outubro de 1895, já de volta à França, casa-se com a prima Madeleine Rondeaux. Misto de ficção e de autobiografia (uma autoficção, para usar o neologismo), *O imoralista* relata como experiência desequilibrada e perigosa a viagem de férias à Tunísia feita pelo jovem casal Michel e Marceline. O marido é historiador e vem de meio religioso típico da pequena burguesia provinciana da França. A esposa, Marceline, se casa com Michel em obediência ao pedido do pai no leito de morte.

É evidente no enlace o desenlace.

De natureza frágil, Michel contrai a tuberculose logo no início da viagem pelo Norte da África. É tomado por violentas expectorações de sangue provenientes dos pulmões enfermos. Em terra estrangeira, Michel, com os dois pés fincados em território ambivalente, fica entre a vida e a morte. Descobre que, apesar dos poucos anos de vida, tem negligenciado o corpo em favor dos estudos. Decide mudar de vida e progressivamente se entrega a processo de negação da vida espiritual em proveito da vida ao ar livre e em contato com a natureza selvagem da Tunísia. Obriga-se a se alimentar bem para curar-se. Ao recobrar a saúde, que sempre desconheceu, descobre o gosto pelo prazer, passando a viver *perigosamente*, para retomar o advérbio com que Ménalque, seu amigo, qualifica o gênero de conduta que o francês mantém junto aos meninos árabes. A sensibilidade à flor da pele do convalescente vira explosiva. E avança a passos largos para a morbidez.

No terceiro capítulo do romance, o casal está de volta à França e vai passar uma temporada em La Morinière, chácara da família na região normanda. A aridez salutar da região desértica encontra contraponto na fertilidade do campo francês. Surge novo contraponto. Sempre a cuidar do jovem marido doente, a saudável Marceline adoece inesperadamente. Sofre embolia pulmonar. Marido convalescente e esposa enferma se dão as mãos na necessidade absoluta de repouso. Distantes até então do sexo e do amor, os dois corpos como que se preparam para um reencontro imprevisível.

O enlace afetivo dos corpos não se passa no plano elevado do espírito. Não se sublima. Tampouco se dá na união de corpos enamorados, como experiência sexual efetiva. O enlace é experiência física solitária, sensível e íntima. Ao eleger como lugar de operação dois corações, esclarece-se o motivo da simpatia: a aproximação é afetiva.

No desenlace, o enlace é puro sentimento de simpatia física.

Leio um trecho da longa frase em que se explicita a força do sentimento que aproxima marido e esposa e os aconchega. Escreve Michel: "passo por uma espécie de *simpatia física* que, desde a embolia sofrida por Marceline, tinha me levado a padecer em mim os terríveis sobressaltos do coração dela; isso me cansava como se eu próprio estivesse doente". A angústia do marido, causada pela tuberculose no Norte da África, renasce no campo normando e se faz acompanhar do sofrimento da esposa. Reganha força no momento em que brota a simpatia física que, ao tocar de perto, ao afetar os dois, lhes oferece o afeto compartilhado. Reganha força no sentimento de dor por que passa Marceline. A dor alheia se soma à própria e lhe invade o corpo e sujeita o coração. Michel retorna ao cansaço extenuante da tuberculose que padeceu na Tunísia.

A simpatia física sentida por Michel lhe entra pelos olhos para ganhar a corrente sanguínea e nela se infiltrar. Desliza pelas veias até o coração e, lá, se expande em direção ao corpo de Marceline, estendendo-se até o coração dela, onde se manifesta hieroglificamente por apalpadelas e apalpões, por bolinagem de coração em coração, que acaba por estreitar as distâncias, enlaçando os dois corpos e transformando o precário relacionamento sentimental em sentimento humanamente surpreendente e pleno.

Como apreender em português o sentido da palavra de que Gide se vale, *attouchement*, para comunicar o que o coração de Michel sente em atos que expressam afeto no coração de sua esposa.

O dicionário informa que *attouchement* significa "carícia sexual sem o consentimento do parceiro". Enquanto ato simbólico pode ser traduzido por "apalpadela", "apalpão" ou "bolinagem". Como bolinagem de coração em outro é que a "simpatia física" ganha sentido e soberania. É influência mútua e ilimitável no relacionamento do sujeito com o próximo.

Poucas páginas adiante, o romance volta a trabalhar o sentimento de simpatia física. O contexto é mais amplo e inesperado. Marceline se recupera bem e transmite tranquilidade. Michel devolve-a à vida social com os familiares e as velhas amigas. À semelhança do que aconteceu nas recém-visitadas terras tunisianas, ele abandona a vida caseira. Sai pelo campo da Normandia e se envolve com vários grupos de trabalhadores da propriedade rural.

A "má curiosidade" rouba-lhe o tempo ou o enriquece. Depende.

A existência de cada um dos campônios lhe parece misteriosa. A todos e a qualquer Michel empresta segredo que ele, a todo custo, deseja desvendar. Algum detalhe da vida de cada camponês se esconde e espicaça a curiosidade. Vagabundeia, faz companhia, espia. Nunca interroga os camponeses. Escuta as piadas e supervisiona menos o trabalho e mais os prazeres. Não lhe é suficiente observá-los na faina diária. Quer vê-los também nos momentos de brincadeira. Sabe que, no convívio, sente enorme prazer, mas ainda não tem acesso ao motivo do desassossego feliz.

Seria a mera percepção da cambada de trabalhadores do campo o que lhe causa contínuo deslumbramento?

Quando está *entre* eles e *com* eles, tem dificuldade em exprimir a espécie de alegria que experimenta; imediatamente se autocorrige: a alegria que sente profundamente *através* deles.

Uma cena inesperada torna Michel consciente da ambiguidade do sentimento que está a experimentar. Seu relacionamento com o outro, no campo, retoma palavra por palavra a descrição do afeto que, em casa, o marido nutre pela esposa. Copio o escrito. Está a viver entre os camponeses "em estado de simpatia, semelhante ao que levou seu coração a se sobressaltar ao ritmo dos sobressaltos do coração de Marceline". Coração sobressaltado do próximo assalta o coração sobressaltado do observador e a ele se junta por apalpadelas. Trata-se, continua o romance, de eco imediato de cada sensação alheia, que não é vaga, mas precisa e tão pontiaguda quanto a espora no lombo do cavalo.

O relato romanesco aproxima-se do final. Expõe a perturbadora cena fatal, responsável pela remodelagem da vida até então vivida por Michel. O narrador/personagem isola um jovem no grupo de trabalhadores e o observa. O jovem camponês é o ceifeiro. Transcrevo: "Sentia em meus braços a curva do corpo do ceifeiro. Estou cansado do cansaço. O gole de sidra que ele bebe sacia minha sede. Sinto o líquido deslizar pela garganta. Um dia, ao amolar a foice, um dos camponeses cortou profundamente o polegar. Senti sua dor, até o osso".

A simpatia física é o modo de conhecer o próximo pelo apuro gradativo da sensibilidade alerta, solitária, curiosa, carente e afetuosa, já que avessa — no relacionamento com o outro — aos grandes investimentos sensuais e aos arroubos sexuais.

Se a família de Erasmo Cabral se constitui de onze filhos e filhas, também a família de Sebastião Santiago se constitui de onze filhos e filhas. Jurandy é o pivô das famílias semelhantes em espaço e tempo diferentes. Em torno do pivô atemporal rodopiam os dois núcleos familiares na busca infinita da simetria perfeita.

O fazendeiro Cabral perde os rentáveis campos de lavoura

do café em consequência do crash da Bolsa de Valores, enquanto o dentista perde para a Prefeitura Municipal o jardim de roseiras enxertadas, que lhe encanta a vida de viúvo.

O acaso levou Jurandy a encontrar um senhor viúvo e seus sete filhos na distante Formiga, para tomá-lo como marido. Como por passe de mágica, ela se transforma em madrasta de sete filhos e futura mãe de quatro. Ela reconstrói a família Farnese Santiago, que não é a sua, para que mais e mais se pareça com a Cabral. Tem de ser formidável o esforço para instruir, por enxertia, os seres humanos que estão sendo desprovidos de felicidade pela perda prematura da mãe.

A casa da rua Barão de Pium-i, em Formiga, onde Jurandy passa a viver em 1943, é miniatura da Fazenda do Paredão, em Santa Rita do Sapucaí, onde nasce e cresce.

Erasmo, seu pai e proprietário da fazenda, não é por herança de sangue o dono dela, mas a detém por desejo e legado do seu legítimo proprietário, o coronel Francisco Palma, seu padrinho e protetor.

Erasmo Cabral e Sebastião Santiago são semelhantes na diferença. Matriculado menino no Seminário de Pouso Alegre, Erasmo teria sido padre, acabou sendo cafeicultor e criador de gado leiteiro. Isso porque o dono da Fazenda do Paredão, ao enviuvar, volta a casar com moça que já não está mais no verdor dos anos, Mariazinha. Por estar para ficar para titia, Mariazinha tinha adotado o sobrinho-neto Erasmo, filho do seu irmão Sebastião Cabral com Matilde. Tia-avó e sobrinho-neto Cabral se transferem para o novo e abastado lar dos Palma na condição de segunda esposa e de filho adotivo, respectivamente. Poucos anos depois, o antigo seminarista Erasmo ganha a atenção e o carinho do pai adotivo e se transforma no herdeiro varão que o fazendeiro sempre quis ter, "para continuar sua faina nas lavouras de café e no pastoreio do gado leiteiro".

O fazendeiro Palma traz das primeiras núpcias uma filha adotiva, Judith Cleto Duarte. Ela vem a ser afilhada e sobrinha da defunta esposa. Ao voltar a casar, ganha um segundo filho adotivo, Erasmo.

Os dois casamentos estéreis abençoam o coronel Palma com um casal de filhos não consanguíneos, o rapaz Erasmo e a moça Judith. Suprem a falta de descendentes diretos.

São herdeiros.

Sebastião tem tudo a ver com o Amarante, que é nosso avô e, no entanto, não é seu pai biológico. Jurandy tem tudo a ver com o Palma, que é avô dos quatro filhos e, no entanto, não é pai biológico do seu pai.

Nenhuma genealogia mineira é simples se se toma como única referência o fluir natural do rio do sangue ou o caminhar linear pelo tempo do capital financeiro e social acumulado pelos antepassados. Os bens e o sangue. Perdem-se em vida avôs e avós, ou são substituídos vicariamente, para que filhos e filhas adotivos se inventem como pais e mães que, por sua vez, inventam netos e netas segundo as circunstâncias sentimentais e as condições financeiras.

A carência afetiva e o excesso, ou a falta, de dinheiro embaralham de tal modo cada um e a todos do núcleo familiar, a fim de que uns e outros se tornem passíveis de transgredir os limites consensuais da identidade sanguínea por atitudes informais e até mesmo formais, como é o caso da disseminação do compadrio religioso sob a tutela do estado nacional. A família mineira não é diferente da forma particular que recebe e guarda em cada núcleo. Não deixa de ter relações íntimas e conclusivas com a *Sagrada Família* que nasce e cresce no conluio do padre com a água benta, alimentando-se na pia batismal das benesses alheias.

Cafeeiros na fazenda e roseiras no jardim da residência se vão. Grãos são colhidos. Os maduros e os verdoengos passam pela secagem. São torrados e vendidos. Nas casas do mundo inteiro, se esfarinham em pó de café.

Pétalas resplandecem pela enxertia. Encantam os passantes cismarentos. Perfumam o ar. Pétalas murcham de um dia para outro e, perdida a força vital, despencam no chão e servem de estrume.

11.
Outra perspectiva: a falência

Esta foi a única vez em que o vi chorar. Ali na cumplicidade daquele escritório onde muitos negócios foram realizados, eu e meu pai chorávamos o fim de um tempo de abundância e prosperidade que acabara. Ele se sentia traído, e eu triste diante de sua melancolia.

Haydée, filha de Erasmo Cabral

Em casa, ouço o nome de Erasmo Cabral dito aos sussurros e, com o olhar levantado e desconfiado, visualizo um ser humano destituído de corpo. Na conversa entre familiares, tanto o tom de voz inesperado como a troca cúmplice de olhares me atiçam a curiosidade, assim como, sentado na poltrona do cinema ou durante a leitura de gibi, as imagens da guerra na Europa e a fala das pessoas em língua estrangeira sobressaltam meu viver sonâmbulo e me acendem a imaginação. Não distingo o que se passa na morada do viver do que se passa na morada do saber. A menção do nome próprio incomum desnorteia os caminhos convencionais do meu viver cotidiano.

As vozes masculinas e femininas, no momento em que elas lançam no ar *Erasmo Cabral*, são apanhadas em flagrante delito. Entrelaçam situações dramáticas e se deixam entrelaçar por elas. A possibilidade de entendimento do que dizem se esgarça. Desconheço tanto o corpo do nome como o todo da trama. O nome próprio, no entanto, se torna mais e mais íntimo na casa da rua Barão de Pium-i. Ganha uma intimidade abusiva que me torna tão ciumento quanto o marido que se julga traído. Domesticadas pelos adultos, as duas palavras me acompanham pelos cômodos. Passam de um a outro e, à maneira de animal de estimação, se locomovem tranquilamente pelos vários cômodos da casa. À semelhança do cachorrinho Totó que, de repente, escapa da leitura em sala de aula, salta de *O livro de Lili* e vira meu companheiro de brincadeiras, embora nunca o tenha visto mais gordo. As narrativas que me transmitem personagens diferentes a viver em mundos diferentes ainda se me oferecem sem solução de continuidade.

Ao ouvir *Erasmo Cabral* eu me deito no assoalho, de olhos abertos, levantados e assustados. Permaneço quieto, atento e amedrontado. Com a boca fechada. Os ouvidos se tornam afoitos e ainda mais abertos e mais ousados. Nada destrincham do que ouvem, embora o corpo esteja a escutar e a memorizar as palavras sussurradas. Nada se refere diretamente a mim. Tenho certeza. Não existo. Acontece que estou no cômodo em que se dá a conversa.

As palavras ditas descem até meus ouvidos. De assalto, tomam meu ensimesmamento fingido. Sou só atenção. Presto atenção nas palavras. Perigosamente, estou sendo distanciado mais do que de costume dos familiares.

Em movimento de autodefesa, me faço desaparecer na conversa que, mesmo sussurrada, domina o cômodo em que estamos.

Passo a viver estendido no assoalho de tábua corrida, como se fosse múmia egípcia num sarcófago.

Já solidificada como nova rejeição materna, a perda da Sofia se avultou e ganhou peso com a presença diurna da madrasta e sua primeira e inevitável gravidez.

Reajo ao invólucro de múmia, mas o acato como indispensável camuflagem para o corpo atento e amedrontado, como que morto. A condição de estar a viver em contexto familiar com nomes próprios nele intrometidos me concede o sarcófago gratuitamente e o reserva como lugar privilegiado de refúgio. As mudanças na família acontecem sem maiores sobressaltos em meu cotidiano. Ainda continuo sonâmbulo.

De repente são mais os ouvidos e menos os olhos e as narinas que me informam que ainda respiro, embora sobreviva emparedado.

Às vezes, a Etelvina não entende por que sou tomado pela falta de ar e pelo sufoco. Passo a tossir como se tivesse engasgado com água ou com a comida a descer apressadamente pela garganta.

Ela me dá sucessivas palmadas nas costas.

Quem sabe se não me engasgo com o nome próprio que se adentra pelos ouvidos e me perturba tanto que invento uma camuflagem?

A Etelvina procura o patrão. Meu pai lhe responde, dizendo que deve ser sequela da antiga coqueluche. "Pior remédio que as longas caminhadas pelo morro são as palmadas nas costas", acrescenta, alertando-a para os costumes populares de tratamento de saúde e os costumeiros exageros.

De vez em quando voltam as crises de tosse.

"Coqueluche não dá duas vezes num menino", diz a sabedoria popular da Etelvina.

Na verdade, é a lembrança das longas caminhadas até o alto do Cruzeiro com a Sofia que se torna mais e mais invasiva em minha garganta. "Respire, profundamente!", ordena a Sofia. Obedeço. Tusso. "Mais!", insiste.

Cessada a tosse, deito meu rosto no seu regaço. O Haroldo nunca mais tossiu. Apenas me olha de lado. Sente inveja da atenção que recebo?

A ignorância domina e me subjuga. Saio em busca de entendimento das palavras "Erasmo" e "Cabral" e me vejo como soldado que, à espreita da morte iminente, engatinha no campo de batalha. Estamos tomados pela ignorância que domina e subjuga mais que o tiro certeiro que certamente virá. Quanto mais cochichado mais o nome próprio desce até o assoalho de tábua corrida e me esmaga. Quanto mais me assanha a imaginação esvaziada de referências vistas com os olhos e palpáveis, mais o nome desembesta pelo chão. O corpo enclausurado, desnorteado em casa, perambula pelas ruas da cidade, desencaminhado. As ruas se estreitam pela aproximação visual das casas e dos muros em paralelas. E oprimem. As paredes contrárias laminam o corpo como a barra de ouro. Adelgaçam-no e o fragilizam no núcleo vital. Tão frágil a caminhar, é o corpo que leva o menino a tropeçar, levar tombo e ferir os joelhos.

Dentro do sarcófago, a vida secreta da nova família fica fora do alcance dos cinco sentidos.

Durante as distrações diurnas e corriqueiras, jogo *Erasmo* e *Cabral* para o alto, de onde o nome me chegou pela voz dos familiares. Divirto-me a cismar como o burro que, ao querer mirar as estrelas no céu, cai no fundo do poço profundo. De lá, o burro pode finalmente contemplá-las em paz.

À noite, apagada a luz do quarto de dormir, o negror do sarcófago vira tampa de panela que preserva o calor interno e apressa o cozimento do alimento diário. A tampa da panela me abafa. Respiro com dificuldade, agarrando-me às duas palavras. Em delírio, caminho à procura do corpo físico próximo e quente, que elas figuram, esconjurando-o à já familiar cidade de Santa Rita do Sapucaí.

Na página do atlas que representa o estado de Minas Gerais, o topônimo se repete por escrito e faz sentido.

Os olhos do sonho não apanharam o corpo que as palavras representam. Tampouco chego a tocá-lo com os dedos da manhã que se abre. Não há mistério, digo para mim. É apenas um nome próprio, semelhante ao de tantas outras pessoas que, tão logo se aproximam de mim, me pegam no colo, me põem de volta no chão e logo me dão adeus. Mas ninguém se faz pessoa igual ao nome próprio que pouco a pouco é calado, embora nunca se vá embora de vez. Retorna a todas as manhãs e tardes seguintes para povoar e esquentar, à noite, meu desamparo.

Quem é esse homem estranho que, sendo reconhecido pelos ouvidos e desconhecido dos olhos, é tão companheiro e tão querido da nova moradora?

A que se dedica o Erasmo Cabral para que eu não o reconheça como amigo e parceiro das figuras humanas que saltam dos gibis e filmes esparramados pela morada do saber?

Terá presença física real? Ou, longe dos olhos de todos que o conhecem, sobrevive desconhecido? Ele não fala? Se não fala, está morto. Ser humano morto e enterrado, só lhe sobrou o nome próprio? Como soará a autêntica e única voz desse nome próprio que passeia pela conversa sussurrada entre o papai e a Jura? Vozes familiares que continuam a transitar pela casa nos cochichos trocados pela madrasta com a Zélia ou com minha irmã Hilda.

Se fala, como será sua fala?

Como, onde e quando ouvirei sua voz e enxergarei e tocarei seu corpo?

Tendo como centro de reunião a vasta mesa da sala de jantar em Santa Rita do Sapucaí, governará a casa como o papai governa a nossa?

Não vale a pena interrogar os adultos, que se familiarizam com o nome Erasmo Cabral e já o dizem em voz nítida e alta. Minha curiosidade, se satisfeita ou não, trará a eles aborrecimento maior. Tanto o chega pra lá, que eu escuto, como os coques, que me tascam na cabeça, afiançam a má recepção deles.

Esse pirralho não sossega o facho.

Por que castigam a até então elogiada curiosidade infantil?

Precisa ver como o Vaninho gosta de ler gibi e ver filmes.

Os adultos guardam o segredo do nome próprio a sete chaves.

Calças curtas não podem e não devem ter acesso à conversa dos mais velhos sobre a vida.

Ainda que provido de olhos abertos e ouvidos bem informados, sou múmia deitada e estendida no chão, embalsamada e solitária. Contento-me em repisar o nome Erasmo Cabral, como o bebê chorão repete a palavra que simboliza o objeto que ele joga longe. Enxerga-o ao longe e não mais o tem, embora deseje voltar a agarrá-lo com as mãos. Tê-lo em mãos.

Ou como o menino que — tal como o que foi observado por Sigmund Freud em *Além do princípio do prazer* — nunca chora ou se desespera quando é abandonado pela mãe. Incansavelmente, repete uma brincadeira em que a mãe está significada e sob seu controle total. Significa-a com o carretel de madeira atado a fio de barbante que tem na mão. Joga o carretel para longe do berço e o traz de volta.

Sem chorar e sem protestar, o menino permite a ausência da mãe. É poderoso.

"Sim, vá embora, não preciso de você. Sou eu quem te manda embora."

"E a traz de volta, quando quero."

Fort-Da.

Fort: mamãe *foi embora*. Desaparecimento sofrido.

Da: mamãe *está aqui*. Reaparição imaginada.[25]

Em convivência estreita e diária com a madrasta, atiro o nome do seu pai e meu avô postiço para longe e, como se ele fosse o carretel de madeira da criança freudiana, o puxo de volta pelo fio do barbante até o sarcófago onde sobrevivo como morto-vivo.

Adormeço.

Da capo.

Recomeço este capítulo por outro viés.

Recomeço-o pelas perguntas alheias.

Ao subscrever as perguntas que não faço, só escuto, ao enunciá-las como minhas, adoto as perguntas maledicentes das pessoas estranhas ao ambiente doméstico, clientes do dentista. Minha curiosidade começa a escarafunchar, dentro de casa, a realidade cotidiana da segunda família.

Para quando está marcado?

Torna-se urgente a cerimônia do segundo casamento do papai. Para quando está marcado o casório? Vai ser na igreja matriz? Ou vai ser no sul de Minas? Não tenho dificuldade em entender o que se passa entre a sala de espera e o consultório, entre os dois juntos e a casa. Acostumei-me a viver em ambiente superpopuloso.

A data do casório é perguntada, dita e redita pelas clientes sentadas nas cadeiras da sala de espera e pelas pessoas adultas que nos visitam. Permitido e estimulado pelas orelhas em pé dos presentes, o cochicho trata de maneira indiscreta e à exaustão o planejamento matrimonial do profissional. As senhoras da sociedade — bem escudadas pelas empregadas domésticas (o dentista ainda é viúvo e os maridos alertam sobre as possíveis ousadias dos braços e mãos se orientados à contraluz pelo olhar enigmático e embaraçoso do profissional) — metem o bedelho onde não são chamadas. A Zélia espicha as fofocas da clínica até os ouvidos das minhas duas irmãs mais velhas e elas inquietam o menino morto-vivo a viver em seu sarcófago.

Na rua, o papai — ficamos sabendo por relatos da Zélia — é obrigado a engolir cobras e lagartos dos amigos. No dicionário ao vivo dos patriarcas, defeito de caráter em noiva é o que menos falta.

Se a senhora solteira e elegante por quem se apaixona meu pai chegar a pôr o pé lá em casa, a guardiã dos dois meninos, a Sofia, não continuará a dividir o quarto com o Haroldo e comigo.

Se ela entrar em casa para ficar, a Sofia deixa o quarto definitivamente.

A Jurandy entra. Entra em casa e passa a morar no quarto do papai. A dormir no colchão Epeda que ele mandou vir de São Paulo.

Não há mais segredo velho a guardar. Surgem novos, que se inventam em torno das reações das enteadas e dos enteados à madrasta.

Percebem-me, estou sempre calado. Pensam que sou alheio e insensível às mudanças. As perguntas que me fazem são ditas em voz alta e monossilábicas. Passarei/passaremos a obedecer à nova dona da casa como obedeci à Sofia. A arapuca do mistério sexual não se arma para a imaginação. Rotina de vida em família será rotina de comportamento em obediência ao pai e à madrasta.

Difícil é entender o nome próprio sem rosto conhecido.

Fácil — tão fácil! — é entender as vidas humanas fardadas e desconhecidas que estão em jogo e correm risco de vida na morada do gibi e do filme.

Cada um dos super-heróis se me apresenta como não é, para que eu, leitor, o reconheça no final como na verdade é. O

Super-Homem é Clark Kent. O Batman é o Bruce Wayne. Viver é ir sendo preenchido pelas emoções alheias. Soldados, marinheiros, aviadores e oficiais do exército norte-americano não são pessoas estranhas ao meu dia a dia. São entendidas por mim enquanto *Erasmo Cabral* continua a assanhar minha curiosidade. Entendo o sofrimento por que eles e elas passam, e mais os entendo tanto mais compreendo a importância da luta contra o inimigo nazista.

A caminhar pelas ruas, cato também as pessoas que são semelhantes aos super-heróis. Existem em carne e osso. Estão vivinhos da silva. No momento em que a pessoa parecida — cara redonda de Super-Homem ou triangular de Príncipe Submarino — entra no círculo dos personagens de gibi, não distingo mais um do outro. Todos se parecem. São na verdade iguais. Vivemos todos como numa vasta comunidade chamada Globo Terrestre. Todo habitante desse mundo a que pertencemos corre risco de vida. Estamos em guerra nas montanhas frias da Europa e nos campos ensolarados da província mineira. Com eles dialogo e entendo o que ignoro. Não adivinho. Sei o que acontece nas batalhas levadas a cabo pelas tropas aliadas que lutam contra Hitler e pelos expedicionários brasileiros que dizimam os italianos e alemães seguidores de Mussolini e de Hitler, e são vitoriosos.

As palavras "Erasmo" e "Cabral" são desconhecidas porque não encontram referência concreta no dia a dia universal do menino sonâmbulo. Driblam todo esforço de entendimento. Tanto pela comparação como pela semelhança.

Serão essas duas palavras que — ao reduzir drasticamente a amplitude do olhar sonâmbulo, que inclui o sul ao norte do mundo e o leste ao seu oeste — irão me abrir olhos e ouvidos, compreensão e imaginação para a recente história do Brasil, negligenciada por eles?

Se associadas a corpo, as duas palavras formam um ser humano masculino cujo rosto só começa a se aclarar no momento em que me atrevo a querer enxergá-lo impresso na tristeza asfixiante que detecto de repente nos olhos da professora que, tendo deixado em Santa Rita do Sapucaí a casa paterna, passa a nos visitar e, logo em seguida, a morar em nossa casa.

Capto fiapos de frases ouvidas e logo os vou memorizando. Na minha imaginação, os fiapos viram fio condutor. Armam por conta própria um quebra-cabeça que evolui como uma trama ardilosa e secreta em que a ignorância — a minha — se emaranha por sua conta e risco com o intuito de se deixar dominar de maneira surpreendente.

Cada susto que levo é a garantia de que o esclarecimento do quebra-cabeça avança e ganha lugar privilegiado no raciocínio infantil.

Sei que Jura, como a chamamos no diário da vida, não é a mãe dos sete filhos e filhas órfãos. Adota-os pelo casamento como adoto os personagens dos gibis e dos filmes ao assumir seus respectivos nomes. Ela nos perfilha assim como eu passo a ser outros que não sou. Sei que, à semelhança do vovô Amarante, o pai dela não é meu avô de verdade. Cabral, nome de família dele — assim como Amarante, o nosso —, não aparecerá escrito no boletim das classes anexas à Escola Normal e menos ainda em algum futuro documento oficial dos dois meninos órfãos.

Segundo a certidão de idade, sou Santiago, por parte de pai, e Farnese, por parte de mãe. Terei sido Amarante noutra encarnação?

Nunca serei Cabral?

Por duas vezes meu corpo se abre ao ímpeto das águas dos dois rios afluentes maternos. Sucessivamente, eles se enxertam à forte correnteza do sangue paterno original, desdobrando a descendência Santiago.

Nem o menino sonâmbulo nem eu somos trapaceiros da nossa própria memória e muito menos da memória alheia. E nós dois não sabotamos — às escondidas, insisto — os traços mnésicos que são preservados originariamente por uma e pela outra. Se algum traço ou dado de vida alheia foi sabotado, o foi por mim, camaleonicamente. Compete ao leitor crítico, e só a ele, levar a narrativa que lê a desvestir as camuflagens.

O esclarecimento visa a alertar o leitor para o que realmente amplia sua crítica e assustará o autor quando o relato das memórias for trabalhado de maneira cronológica. Não se pode afastar a crítica do leitor e tranquilizar o autor sem ir além, num alerta de esclarecimento. Há que enunciar e enfrentar o obstáculo que esta narrativa acronológica pode apresentar ao leitor. Reconheço o obstáculo muito antes de me enredar por novos e diferentes caminhos e bem antes que o leitor me puxe a orelha.

Esclareço. O verbo "inibir" (e seus derivados) — inscrito pelo narrador neste momento — não tem presença vocabular em minha memória infantil.

Portanto, só no dia de hoje e anacronicamente é que esta narrativa tem acesso e acolhe a um substantivo inexistente na memória do menino sonâmbulo. *Inibição*. Dele se vale o narrador para avançar a análise psicológica das relações humanas que vêm sendo traçadas neste relato.

Até agora, coube-me explicar o inexplicável do comportamento pelo limitado repertório linguístico da criança.

Como explicar o inexplicável do comportamento humano do menino, se ele só pode ser mais bem explicado com o auxílio duma palavra simples e corriqueira, "inibição", que *não* é de posse e de direito do menino sonâmbulo?

"Inibição", é a ela que tenho de recorrer para não falsear a verdade. Pertence a mim, anacronicamente.

Ao querer exprimir os sentimentos filiais e fraternos que eu menino observo como diferentes dos meus no comportamento dos vizinhos e colegas de escola, a experiência inédita de me sentir *inibido* se apossa de meu corpo e do seu gestual. Os vizinhos e colegas de escola não são diferentes, são semelhantes entre si. Sou eu o diferente deles. Descubro que, se supero a inibição, ganho coragem e passo a me expressar como semelhante a eles pelo lado *exterior* à minha personalidade.

Compete-me, portanto, descrever o comportamento do corpo inibido *menos* pelos sentimentos e emoções que sinto naturalmente, quando em companhia de outros meninos, e *mais* pelo gestual do corpo que se exprime pelo lado de fora. Sou inibido por uma forma de força — a da diferença em relação ao outro — que não se nomeava enquanto tal.

Preciso liberar corpo e gestos do menino dos seus sentimentos e das palavras que o expressam pelo lado de dentro para chegar a ser o duplo que desejo ser. Caso eu insista em me valer apenas do vocabulário estreito do sonâmbulo, nunca conseguiria expressar corpo e gestos exteriores por palavras capazes de receberem nomeação específica.

É pela *inibição* que o menino não é semelhante ao — e é diferente do — que deseja ser.

Desejo ser igual aos vizinhos e colegas dos quais sou diferente.

Desaposso-me, primeiro, da força paterna que controla autoritariamente corpo e gestual em público. O ato de me desapossar torna-se indispensável para que possa ser o que desejo ser — semelhante ao outro. Devo imitar o corpo dos amiguinhos para assumir o gestual fraterno e desinibido deles.

Sou o que sou ali, no frustrante e frustrado íntimo da inibição. Diferente de todos eles.

Sou o que desejo ser pelo lado de fora, pela imitação. Ser semelhante a todos os meninos.

Divido-me.

Ao somar o fora ao dentro é que viro aquele que eu gostaria de ser.

Invento-me semelhante ao outro e a todos os que lhe são semelhantes, embora seja diferente de mim no corpo imitado e em seu gestual postiço.

Por muitos anos, guardei a inibição como que numa caixa de Pandora.

A inibição — como, aliás, a obediência — é o vírus paterno inoculado no corpo do filho que, por sua vez, se deixa contaminar na hora do jantar, sentado à ampla mesa da sala. Ou melhor, vírus inoculado no corpo do filho que, por sua vez, se obriga a se deixar contaminar a fim de fabricar o comportamento social comprometido com a força paterna.

O vírus infeccioso da inibição passa a agir nas entranhas, como o da bactéria *Bordetella pertussis*, da coqueluche, e leva o menino a tossir quando é surpreendido, em circunstância de caráter social, a cometer falta. Pela eficiência da sua força sobre o lado de fora do objeto atingido, o vírus paterno controla olhos e boca, domina braços e mãos. Desobriga-os do que nas casas vizinhas é dado como o bom e elogiável comportamento da criança em família e na comunidade.

Sou diferente do outro por tropismo.

Diante dos parentes próximos e distantes, meu corpo já age infeccionado pelo vírus da inibição. Perco o ar. Tusso, não paro de tossir, ainda que muitas vezes de modo misterioso. Fico vermelho que nem pimentão. Recuo olhos e boca, braços e mãos se controlam, como se estivesse cansado e desanimado de viver.

Meu rosto ruboriza ainda mais. Traio-me pelo silêncio ou pelas justificativas infinitas. Frustro-me, sem um *ai* de dor ou de remorso.

Ser inibido não é ser precavido. Esconde-se facilmente a precaução com a capa da hipocrisia.

Falta-me a expressão física do afeto que os vizinhos e colegas de escola desperdiçam com os seus familiares e até com desconhecidos, em gestos largos e carinhosos.

Pé-atrás. Pé-atrás, sem esperança de deixar o corpo avançar em direção ao próximo.

Agir a menos, ser a menos, de maneira programada e inconscientemente. Sim, a inibição é inconsciente e age de modo sorrateiro. Ao nascer, enterra o vocábulo que a enunciaria e a explicaria com todas as letras. Não deixa no inibido um lastro que seja para que o inibido se torne consciente e busque o antídoto.

Ditas aos sussurros pelos adultos, as palavras "Erasmo" e "Cabral" são ouvidas pelo meu olhar levantado e aguçado. Eles são razão de segredo familiar e servem para inibir a espontaneidade que o menino sonâmbulo deseja demonstrar quando em conversa com a madrasta. Abrem e seguirão abrindo diferentes e tenebrosas feridas sociais que logo se escondem dos olhos e que, por isso, não se exibem tão à flor da pele.

Para conviver com a ordem de recato, meus olhos só enxergam para dentro. À noite, eles me encorujam no quarto de dormir ou na sala do cinema; eles me encorujam ainda mais que no período vivido sob a guarda da Sofia.

Suplementar ao machucado físico, a ferida moral é a sina de viver em guarda. Patinho feio. Rejeito-me aos olhos do outro, antes de ser rejeitado. Durante um curto período, perco o interesse em caminhar até o alpendre da casa governada pela titia Zezeca, onde recebo o afeto do vovô Amarante e o retribuo. Conversávamos horas a fio. Perco também o interesse em subir os dois lances de escada que me levam ao alpendre do sobrado em frente de casa, onde recebo o afeto do nhô Campeiro e ganho de presente sua fala carinhosa de avô postiço. Escuto as saudades da sua vida jovem, aventurosa e feliz nas cercanias de Pains.

O sentimento de não pertencimento sentimental ao que naturalmente pertenço vence e domina. Isolo-me. Passo a pertencer só a mim e a mais ninguém. Já afrouxados, desatam-se ainda mais os laços familiares. Tanto mais velho, tanto menos experiente na matéria da vida. Tanto mais recluso e ensimesmado. Cresce a intensidade das emoções. Tornam-se mais fortes e mais doloridas. Dominantes, ganham as entranhas do corpo. Derrotam de vez os sentimentos mórbidos causados outrora pela ausência prematura da mãe e pela despedida inesperada da Sofia. Envergonho-me da paisagem interior que se abre e se oferece aos olhos virados para dentro.

Em filmes de faroeste, enxergo a imagem de desertos montanhosos que, ao se desdobrarem em montanhas, se perdem de vista. Salto da poltrona na plateia para nela aconchegar-me na tela. Perco a vastidão dos mares navegados pelos navios de guerra e cavalgo ao lado dos antigos soldados sulistas, que ajudam os colonos a desbravar o Oeste norte-americano em busca de ouro. Assisto ao combate sem trégua contra os indígenas. São despossuídos da terra que é deles.

Não memorizo os nomes de cidades, lugares e personagens. Tampouco memorizo as tramas. Apenas um feeling se enclausura na minha imaginação. Para me fazer melhor compreendido dos que desconhecem a matéria, posso trapacear. Procurar e consultar as histórias do western gringo e recuperar nomes de cidades, lugares e personagens, redesenhar tramas e mencionar os títulos dos filmes. Seria um trabalho fastidioso, inútil e verdadeiramente falso. Para que emprestar cor local a este relato? Ele não necessita para fazer transitar em direção ao outro um feeling, definitivo, sem dúvida, mas que, por definição, é tão transparente quanto o vidro em que se esborracha o rosto de quem caminha desprevenido pela vida.

Apesar de vocábulos e imagens, que demarcam a experiência do western nas telas, permanecerem relativamente apagados, houve uma imersão do corpo do espectador mirim no mundo desértico e povoado por bandos de homens brancos e peles-vermelhas, por cavalos adestrados e por manadas de búfalos furiosos. Apesar dos batalhões a cavalgar em ordem unida, instigados pelo som das cornetas no momento do ataque da cavalaria contra os peles-vermelhas, esses filmes não apresentam uma didática da vitória que beira a eficácia docente dos gibis e dos filmes sobre a guerra. Talvez os faroestes fossem direcionados mais ao público adulto e menos ao infantil. Talvez me engane. Por que não?

Os faroestes deixaram rastros abstratos e precisos, repito. Tão abstratos e precisos que ressurgem na década de 1950 sob a forma da lembrança gravada na memória. Quero ser crítico de cinema e tenho de abordar os recentes filmes de faroeste, de grande sucesso nos cinemas comerciais de Belo Horizonte. Abordo-os como gênero, quase nunca na especificidade que consagra cada um deles na história do cinema, ou seja, não os analiso na condição de filme único, só diferente dos similares em algo, pequeno, e em muito, grandioso. Percebia, então, que todo e qualquer faroeste não escapa às regras precisas e autoritárias do conjunto histórico, que se me figura então como o poder artístico do gênero western.

No inibido, a movimentada e atormentada vida íntima se enfraquece. Ele se dobra ao meio e se espatifa em pedaços. Esfarela-se a curiosidade intelectual, atiçada pelas coisas e pelos fatos ignorados, que a punha rapidamente em movimento de descoberta. Por julgá-los inúteis, distancio-me do que desconheço. Coisas e fatos ignorados não me assanham. Menosprezo o imperativo da busca do entendimento que me encaminhou à morada dos gibis e dos filmes de guerra. O prazer da leitura se transforma na rotina. Dominam o desânimo em querer entender e o cansaço em querer viver.

Sem perturbar o ignorado que me assalta de repente, aprendo a conviver em companhia das coisas e dos fatos que me são desconhecidos.

Vivo inibido. Quero ser semelhante ao que não sou.

Em consequência da inibição, a vida sonâmbula ressurge militarizada, munida de fuzil M1 Garand, semiautomático e armado de baioneta, e de submetralhadora nazista MP-40.

Não há como transportar as palavras "Erasmo" e "Cabral", de significado desconhecido, para as leituras feitas na morada do saber. Não cabem ali. São tão alienígenas quanto os peles-vermelhas.

As duas palavras ficam à porta dos ouvidos, como se à espera da hora em que se entregariam ao conhecimento.

À porta dos ouvidos, são apenas duas palavras soltas. Tão longínquas dos meus olhos quanto o soldado que salta de paraquedas do avião e desaparece do quadrinho para sempre. O paraquedas não se abriu? Abriu-se. Ele morreu. Não sei. No ar, apenas "Erasmo" e "Cabral", sem antecedência e sequência, sem consequência. Traiçoeiras, só se enredam na rede das conversas estranhas dos mais velhos, a que tenho acesso pelo ouvido e nunca pela minha intervenção. Autônomas, não se deixam enovelar no cotidiano doméstico em que são pronunciadas. Beco sem saída. Duas palavras sem físico humano.

A dona Judith chega a Formiga. Vem visitar a filha grávida de mais um neto, o Ricardo.

Lembro o alerta, quando da sua primeira visita em 1943: "Não é nossa avó, cuidado! será avó do Rodrigo, que está para nascer."

Associo uma segunda e desconhecida pessoa — com corpo e fala — ao nome próprio Erasmo Cabral. Associo a esposa ao marido recém-falecido.

Dona Judith é uma senhora viúva. Veste-se toda de negro e, no entanto, chega para a festa de nascimento do terceiro neto. Assim como em 1939 meu pai foi o viúvo da cidade e não era mais, ela será a avó que, pouco antes do nascimento do terceiro neto, se torna viúva.

Perguntada com insistência por mim, diz que seu marido e pai de sua filha, Erasmo Cabral, já tinha falecido. Fora coronel e é conhecido como barão do café na região de São Sebastião da Bela Vista. Fora dono de fazendas no sul de Minas. Nelas, cultivava café e criava gado. Pelo porto de Santos, exportava sacas e mais sacas de grãos do bom café produzido na região. Estava doente, muito doente. E faleceu. Seu corpo foi enterrado no cemitério da cidade de Itajubá, onde tinha nascido.

Falo aos mais velhos da fala de dona Judith e, por detrás dela, à guisa de esclarecimentos, divagam sobre a falência do barão do café,[26] que arruinou a outrora família multimilionária do coronel, dispersando seus membros pelos quatro cantos do estado. Ele não quis ser enterrado ou a família não quis enterrá--lo em Santa Rita do Sapucaí.

Num duplo e simultâneo clique de máquina fotográfica, "Erasmo" e "Cabral" ganham uma só imagem, a de corpo e personalidade inesperados. Os vocábulos passam a atiçar minha curiosidade. Assanham-me, já está morto e enterrado e, no entanto, o vejo finalmente.

Reunidas num só nome próprio, as duas palavras se apoderam do resplendor da imagem do mártir cristão e o assentam na sua cabeça. Passam a túnica santa pela cabeça do fazendeiro bom e generoso, vestindo-lhe o corpo nu. Uma única cabeça se desdobra em duas. Uma em Formiga, a outra lá em Itajubá. Ao se sobreporem uma à outra, a do santo ilumina e acalenta a segunda, a do mártir mineiro, também morto. E infeliz, embora cultuado pela família em luto.

Às vésperas da morte lenta e dolorosa, por diabetes, o barão do café já tinha perdido a velhice mansa e despreocupada do vovô Amarante e do nhô Campeiro. Era um perdedor, perseguido pelos amigos e pelos conterrâneos. Sentados em cadeira de balanço, o vovô Amarante e o nhô Campeiro, ainda fortes e vivos, nada fazem. Sobrevivem às desilusões financeiras que os rodeiam, sem ameaçá-los de vergonha ou de morte. Não são molestados pelos familiares ou pela indignação popular. Sobrenadam aos conterrâneos e aos acontecimentos municipais. Não os ouço discorrer sobre doença, ou estar doente, acamado, a lamentar a morte futura. Dizem-me coisas corriqueiras que acarinham o oco dos sentimentos de órfão.

Em escapadas líricas, retornam aos galopes a cavalo nos anos da juventude. O corpo forte, saudável e intrépido não teme obstáculos, nem cavalo nem boi brabo e muito menos teme subalterno endiabrado. Para isso trazem o revólver à cintura. Metade homens, metade animais, o vovô Amarante e o nhô Campeiro são apaziguadores da besta-fera com quem compartilham as emoções e dos homens com quem têm de conviver diariamente. Não revolucionam o modo provinciano e pacato de ser dos familiares, das pessoas amigas e dos subordinados.

Ao envelhecer, entregam-se aos doces e amorosos braços da melancolia.

Deveria ter sempre pedido a bênção ao vovô e ao nhô Campeiro. Não a pedi. Sem o saber, já era inibido.

Continua difícil a caracterização do semidesconhecido barão do café.

Seu perfil acataria alguns traços da loucura do tio Mário? O coronel é o único responsável por toda a família. Incapaz de contrariar o desejo da esposa. O tio Mário é único. Vive distante de todos e isolado de tudo. Basta-se a si mesmo, como o Príncipe Submarino que só tem a água como companhia e moradia. Para não virar o Príncipe fora d'água e morrer, torna-se temível. Ele se transforma em porco-espinho quando foge do quintal. Como índio, lança suas flechas nos inimigos.

Não, Erasmo Cabral nada tem do tio Mário.

Ao pisar a merda da miséria, ele desdobra a antiga fleuma soberana e a estende sobre a comunidade pobre que, no entanto, se faz de inimiga após a derrocada fatal. Não serão os maus-tratos dos fazendeiros amigos, empobrecidos pela falência, que o empurrarão ao ressentimento e ao contra-ataque. Como boiadeiro na estrada afora, gosta de conduzir a própria vida e a dos seus com imaginação, destemor e autoridade. E também, à distância, com generosidade e sem violência. Com o garbo e a graça de quem, sem pedir licença, apenas inspirado pelo temperamento de empreendedor, sai à frente. Seja para comandar, seja para encaminhar. Assim também dirige o cobiçado automóvel pelas estradas de rodagem que manda construir ao redor do domínio agrícola. O carro sem a boa estrada é mera extravagância, alegria da família, sem dúvida, mas bibelô de luxo. Com a boa estrada, ele é a imagem viva do seu desejo de sucesso e da vontade de todos.

O desejo de mando se casa com o controle da comunidade e com a vontade de poder. Coronel Erasmo Cabral.

Desejo de mando, espírito comunitário e vontade de poder são os grandes derrotados pela falência do coronel. Em São Sebastião da Bela Vista, seu corpo permanece, no entanto, salvo das difamações e, na Fazenda do Paredão, tão íntegro quanto no passado. Não é o coronel que se refugia em Itajubá. A fama transcende o corpo que, abatido pela falência e pela diabetes fulminante, encerra o périplo da vida.

No rendoso cafezal sul-mineiro, o ex-seminarista e coronel faz trabalho comunitário e catequético. Junto aos obedientes colonos, que o veneram, não se descuida dos ensinamentos aprendidos com os padres e inventa os princípios básicos que norteiam o sentido da solidariedade entre os deserdados. Na Fazenda do Paredão, festeja os anos publicamente, em cerimônia que se abre com o vigário a entronizar na morada o Sagrado Coração de Jesus e Maria Santíssima.

Na foto que a Jura me mostra, vejo que padece doença mortal. Está preso à cama e aos lençóis brancos da paz que almeja.

Na minha fantasia, surge vestido em túnica de cores fortes, brilhantes e alegres. Sobrevive por alguns meses e, de repente, reaparece no caixão, envolto por flores e vestido com a roupa negra e fúnebre da morte.

Centro da atuação política do coronel Erasmo Cabral, São Sebastião da Bela Vista tinha sido antiga freguesia e era então arraial da comarca de Santa Rita do Sapucaí. Nos arredores, está assentada a residência familiar do coronel, sede, por sua vez, da fazenda de café que toma o nome de empréstimo da magnífica serra do Paredão. A comarca possui um clima tropical de altitude. Chuvas abundantes no verão. No inverno, frentes frias vindas do polo Sul provocam o fenômeno da geada. Terra e clima ideais para o plantio e cultivo de cafeeiros.

A sede da fazenda se situa numa colina. Tem instalação elétrica própria, que movimenta o moderno maquinário para beneficiamento e classificação de café. Da janela do quarto da filha Jurandy, avista-se o terreno para secagem dos grãos, com a tulha para seu armazenamento e mais a máquina de beneficiar. Carros de boi despejam na grande área de terreno plano o café que vem do cafezal. Em 1924, calculava-se a produção média de café da fazenda em termos de doze mil arrobas, produzidas por cerca de duzentos e cinquenta mil pés de café. Daquela janela também se avista a estrada que leva à vizinha São Sebastião da Bela Vista e a Santa Rita do Sapucaí.

A morada da família é espaçosa, com oito quartos, uma grande sala de jantar e uma de visita, a despensa e o escritório comercial, além de outras dependências. A boa alimentação da família e dos agregados é de responsabilidade de um casal de imigrantes portugueses, encontrado ao acaso pelo patriarca em restaurante carioca. Não muito distante da sede da fazenda, ergue-se uma escola onde um casal de professores dá aula aos filhos e filhas dos colonos. Destacam-se ainda uma bomba de gasolina, que serve à casa e aos que, em viagem, reabastecem o veículo, e uma vila com vinte casinhas brancas, moradia dos recentes imigrantes italianos. Cada família tem sua rocinha, onde se cultiva o necessário para a subsistência diária. Contratado pelo fazendeiro, um imigrante alemão cria bicho-da-seda no alto da serra. Empresa malfadada, pois logo o viveiro pega fogo, com as lagartas, casulos e amoreiras. O alemão desaparece.

A sala de visitas permanece constantemente fechada e só é aberta para os visitantes ilustres que o coronel recebe. Nela, há uma galeria de retratos dos parentes já falecidos e telas de Rodolfo Chambelland (1879-1967), convidado rotineiro da família e já famoso pela tela *Baile à fantasia*, de 1913 (hoje no Museu

Nacional de Belas Artes, no Rio de Janeiro). Na entrada, destaca-se a varanda toda envidraçada, pouco comum em construção no campo da época.

Na década de 1920, o coronel Erasmo Cabral acrescenta aos seus bens parte das fazendas Aliança, Turbo e Sabará. Torna-se o principal dirigente da firma Cabral & Mendes, proprietária das três fazendas.

Erasmo Cabral não é apenas o possuidor de terras e o maior produtor de café da região. Também intermedeia e negocia com firma exportadora a produção de café dos fazendeiros locais. É também de sua propriedade um dos maiores e mais bem montados armazéns de sacas de café da região, localizado nas redondezas da estação Afonso Pena, em Santa Rita do Sapucaí. Tem capacidade para abrigar vinte mil sacas, aproximadamente. De lá elas são encaminhadas para a estação da Estrada de Ferro Sul-Mineira e transportadas para o porto de Santos. Graças a convênio com a firma estadunidense Leon Israel Agrícola,[27] estabelecida no Brasil e especialista no transporte marítimo do café brasileiro para os portos norte-americanos, dedica-se à exportação com a estocagem prévia de sacas em estabelecimento comercial que mantém próximo do porto.

Mil novecentos e vinte e nove será ano fatídico. Os graves problemas financeiros acarretados pela instituição do "crédito agrícola" — invenção republicana, já que o serviço bancário era inexistente no Império — transformam-se em obstáculo intransponível para os produtores de café no final da década de 1920.

A lavoura cafeeira tornou-se possível no Brasil graças a uma confluência de fatores. Disponibilidade de terra de boa qualidade. Bom clima. Disponibilidade de mão de obra barata. Mercado consumidor internacional.

A sabotar os fatores positivos surge um problema que, com o correr da República Velha, causa mais e mais transtornos. Transforma a produção agrícola em negócio arriscado e aventureiro. Os cafezais levam de quatro a cinco anos para frutificar. A demora exige a disponibilidade de capitais para suportar o alto investimento do produtor sem retorno em curto prazo, principalmente nos primeiros anos do plantio.

O crédito em longo prazo não é recomendável, embora seja inevitável. Se e quando disponível, implica elevadíssimas taxas de juros. As principais formas de captação de capital levam a arriscados e temerários documentos públicos de financiamento, oferecidos por um terceiro, naturalmente mais prudente e precavido que o produtor. De preferência sem a assinatura ou o endosso do fazendeiro, *et pour cause*, a hipoteca, o penhor agrícola, o warrant[28] e demais institutos jurídicos tornam-se a moeda de troca mais facilitada pelos investidores e a mais perigosa para o produtor.

Tudo o que facilita o negócio aventureiro facilita a especulação desenfreada e o lucro do capital. O próprio investidor entra nos jogos arriscados do investimento de capital. Repete-se a frase premonitória dos futuros desastres: *Não se produz café para vendê-lo, mas para negociá-lo.* Um passo em falso no armazenamento especulativo das sacas de café e o assinante ou o avalista do título de crédito chegam à degola e ao fundo do poço.

Ao primeiro, a concordata ou a falência. Ao segundo, a desgraça financeira.

Em 1929, a quebra da Bolsa de Valores norte-americana explode e também os sempre adiados e sempre arriscados investimentos decorrentes do recurso ao crédito agrícola na produção cafeeira nacional.

Antes da Grande Depressão, as vitórias financeiras de Erasmo Cabral já tendiam a ser mais deficitárias que lucrativas. Suas várias atividades financeiras se baseavam na extensa e arriscada rede de relações financeiras, dominadas pela especulação. Elas entrelaçam seus negócios de maneira definitiva e autodestrutiva. Na personalidade do empresário, destaca-se a inclinação para o gasto exorbitante tanto consigo como com os familiares. Podendo já desviar os olhos do futuro para melhor gozar o cotidiano, revela-se contraditoriamente o lado perdulário no bem-sucedido homem de negócios. Na esquina da vida madura, ao querer se despedir da ambição exclusivamente financeira, torna-se um hedonista em plantão permanente. Por ter assumido a liderança social a partir do controle da produção cafeeira da região, sente na pele os percalços e perigos da atividade política.

O fazendeiro já era tido por coronel e se tornara figura política representativa da região do estado de Minas, região que tinha emplacado dois presidentes da República no Palácio do Catete. O latifúndio do café se confunde com a reserva do voto popular anônimo e sem endereço fixo, "de cabresto", como é apelidado, que autoriza pelas eleições livres o mando político municipal, regional e nacional.

O inevitável crédito agrícola na produção cafeeira impõe um primeiro e inevitável intermediário na relação entre os produtores e os exportadores. O lugar foi ocupado tradicionalmente por figura financeira solitária, o comissário. A ele se sucedem as casas comissárias.[29]

A principal das casas comissárias de que se beneficia Erasmo Cabral é a Leon Israel Agrícola. Embora o crash da Bolsa de Valores norte-americana se faça sentir de maneira indireta no Brasil, ele ecoa de maneira aguda e avassaladora. Também norte-americano é o principal mercado importador do café brasileiro. Uma extensão ferroviária transporta toda a produção de café da região sul-mineira até os cargueiros ancorados no porto de Santos. Embora passageiro, o declínio fatal na exportação do café torna-se realidade. Serão vítimas tanto o fazendeiro/comerciante e exportador da serra do Paredão, como as casas comissárias e exportadoras de café estabelecidas na praça de Santos, de que é exemplo a firma E. Barros & Cia., com quem Erasmo Cabral mantém negócio.

Não é, pois, por coincidência que o nome dessa casa comissária é o primeiro a ser inscrito na longa lista de credores que a declaração de *falência* de Erasmo Cabral torna públicos. Também no instrumento de *concordata* da E. Barros & Cia., o fazendeiro falido terá o nome próprio nomeado como credor. Decorrência da rede aventureira estabelecida pelo crédito agrícola, o circuito é obrigatoriamente vicioso.

Tampouco é fortuita a coincidência nas datas em que se tornam públicas a falência do fazendeiro e a concordata da casa comissária nomeada.

Primeira quinzena de janeiro de 1930.

Documentos não mentem. Parto para a leitura.

No dia 14 de janeiro de 1930, os quatro responsáveis pelo espólio de Erasmo Cabral — Teófilo Pereira da Silva Júnior, Francisco Moreira, representando o Banco Santa-Ritense, Elpídio Costa, representando o Banco Popular Sul de Minas, e Gabriel Capistrano, conhecido fazendeiro local — fazem publicar em jornal da cidade o edital da "Falência de Erasmo Cabral — Quadro geral dos credores". Seis meses antes da solicitação da falência, no dia 12 de junho de 1929, o signatário Gabriel Capistrano tinha escrito em carta ao genro Mário Goulart Santiago:

"Está combinado que o Horácio irá administrar as duas fa-

SESSÃO LIVRE

FALLENCIA DE ERASMO CABRAL -- Quadro Geral dos Credores

Credores previllegiados com direito de retenção:

E. Barros & Cia.	146,390$500
Eduardo Araujo & Cia.	122,505$600
Mellão Nogueira & Cia	216,420$000
Alves Ribeiro & Cia. Ltd.	94.852$200
Rotundo & Cia.	545.791$900
Aranha; Pupo, Teixeira & Cia.	2:976,398$400

Credore previllegiados por salarios

José Accacio Cabral	6,106$600
Evaristo Duarte (por diversos)	2.546$500
Evaristo Duarte	8.400$000

Credores previllegiados

Luciano Augusto Pereira	3.600$000
Ludgero Pereira Filho	2.228$039

Credores C[l]irographarios

Mellão Nogueira & Cia.	1:516.692$600
Jeronymo Teixeira	123.420$000
Banco de Itajubá	33.820$000
Dr. José de Abreu Azevedo	30,000$000
Camillo José de Lacerda	39.074$800
J. H. Villela & Cia. Ltd.	318.157$300
João Borsato	4.000$000
Evaristo Duarte	15.500$000
Agenor Siécola	23.236$000
Targino Hermogenes Nogueira	80.000$000
João Maria Junhor	7a.000$000
Frederico de Paula Ferreira	174.600$000
Nagibe Elias	10.972$200
Bartholomei Serra & Cia. Ltd.	419.385$200
Martins, Barros & Cia Ltd.	1.578$800
Antonio Palma Rennó	30.000$000
Banco do Brasil	202.000$000
Jacob Zlatopolsky	268$600
Evaristo Marques e Olavo Marques de Azevedo	35.000$000
Manoel Francisco da Costa	87.800$000
O. A. Junqueira de Paiva	10.700$000
Henrique de Franco	2o.000$000
D. Mariana Dias Ribeiro	26.000$000
Irmãos Pauline	463.219$50o
José Luiz Casemiro	3o.000$000
Primo Balestra	3.000$000
José Abrão	15.000$000
Dr. Jorge Meirelles da Rocha	17.935$505
Luis Zodan	6.000$000
Banco Santaritense	451.656$020
Queiroz Ferreira, Azevedo & Cia Litd.	161.574$300
Joaquim Eugenio Ferreira	22.300$000
Thereza Therezan	12.000$000
Banco Popular Sul de Minas	181.738$500
Joaquim Bernardes da Fonseca	9.738$500
Banco de Pouso Alegre Ltd.	13o.000$000
Francisco de Castro-Toledo	52.000$000
Antonio Moreira Carneiro	41.253$000
Banco Hypothecario e Agricola do E. M. Geraes	62.026$100
Dr. Oswaldo. Campos do Amaral	31.478$000
Dr. Silvino de Andrade Pereira	23.202$554
França Pereira & Cia.	5.904$300
Honorio Laurindo Barroso	40.000$000
Joquim Lopes de Siqueira	67.344$000
Toledo & Alckmim	27.000$000
Manoel Péreira Beanardes	6.283$700
D. Maria Cabral Pereira	573.655$439
D. Carmen de Andrade Pereira	22.300$000
José Palma Rennó	103.400$000
João Palma Rennó	55.370$000
Lauro Ribeiro Nogueira	67.840$400
Antonio Eugenio Machado	26.000$000
Antonio Belletate	8.000$000
Cel. Gabriel Capistrano	750.891$000
Francisco Emilio Pereira	3.000$000
Honorio José de Souza	2.895$900

Santa Rita do Sapucahy, 14 de Janeiro de 1930.

(a a) Theophilo Pereira da Silva Junior
Banco Santaritense – Francisco Moreira
Banco Popular Sul de Minas-El pidio Costa, presidente
Gabriel Capistrano

Correio do Sul, *14 de janeiro de 1930.*

zendas [de Erasmo Cabral], sendo provável que já siga amanhã para tomar entrega dos bens. Francisco Moreira, Elpídio e eu, ficaremos trabalhando, como síndicos, aqui na cidade. Sei que iremos ter muito trabalho com a verificação da escrita, títulos e créditos, mas teremos, para isso, o auxílio dos empregados dos dois Bancos."

Por sua vez, o jornal *Correio Paulistano*, órgão oficial do Partido Republicano Paulista, derrotado em 1930 com a vitória de Getúlio Vargas, publica na sua edição do dia 12 de janeiro daquele mesmo ano a informação sobre a concordata assinada pela firma E. Barros & Cia.

> Concordata preventiva de E. Barros e Cia. — Santos — E. Barros e Cia., commissarios e exportadores de café estabelecidos na praça de Santos, á rua do Commercio, 66, requereram antehontem ao m. juiz da 1.ª Vara Commercial, a convocação de seus credores afim de lhes offerecer uma concordata preventiva consistente no pagamento de 30 o|o por saldo de seus debitos, em 4 prestações iguaes e aos prazos de 6, 12, 18 e 24 mezes, contados da data da homologação.

Correio Paulistano,
12 de janeiro de 1930.

Em Santa Rita do Sapucaí, a falência do produtor/comerciante/exportador de café. Em Santos, a concordata assinada pela casa comissária.

A contiguidade encaminha o relato para o futuro. Para a tomada do poder nacional pelo gaúcho Getúlio Vargas, em 1930. Ela também oferece ajuda na compreensão do desequilíbrio financeiro que o crash da Bolsa de Valores norte-americana acarreta na periferia sul-americana. Sabota as boas e tradicionais relações do empreendimento exportador do café nos estados de Minas Gerais e de São Paulo com o governo federal, a extremidade final do negócio. Nos dois estados que saem derrotados da Revolução de 1930, o desequilíbrio financeiro se torna a segunda grande razão para a falência da empresa cafeeira.

À medida que se aproxima o final da década de 1920, os bancos nacionais de pequeno porte, com sede na província, se fortalecem definitivamente e se tornam, no momento em que estoura a crise de 1929, impiedosos e irreconciliáveis com a clientela em atraso.

Essa é a terceira e inevitável instituição financeira que intervém de maneira definitiva na parceria fazendeiro/casa comissária que comanda tradicionalmente os negócios do café nos municípios limítrofes dos dois estados nacionais.

A partir de 1930, os bancos nacionais provincianos, de pequeno porte, se unem aos bancos nacionais de grande porte e aos bancos internacionais. A ampliação de capital, de que se valem os primeiros, acaba por ser paradoxal, já que se tornam algozes dos seus primeiros beneficiários. De um lado, não teria sido possível o instituto bancário na província se já não houvesse ali riqueza financeira acumulada pelos fazendeiros. Por outro lado, a ampliação é necessária pela necessidade constante que têm os fazendeiros de recorrer a empréstimos financeiros para levar a produção da lavoura do café. Com o tempo, os bancos nacionais provincianos se tornam afins à economia agroexportadora, que passam a representar.

Note-se que tanto o Banco Santa-Ritense como o Popular do Sul de Minas estão presentes no edital de falência de Erasmo Cabral e já competem e controlam as casas comissárias e estão em dependência dos bancos nacionais metropolitanos, tanto os de grande porte como os oficiais, como o Banco do Brasil.

Detalhe saliente na evolução do processo de falência é o fato de que Erasmo Cabral, no momento exato em que explode a bancarrota, se dirige primeiramente ao Banco do Brasil. Bate à porta do banco oficial, segundo um testemunho da época, a fim de apresentar "a descrição de todos os seus bens: a Fazenda do Paredão, a Fazenda Aliança, todo o gado, uma fábrica de manteiga, uma máquina de café, implementos agrícolas, um armazém de café, uma residência na praça Santa Rita e uma mansão que, ao final da construção, seria a moradia da família Cabral". Conclui o testemunho que "o objetivo da prestação de contas era o rateio dos bens para serem divididos entre os seus credores".

Erasmo Cabral busca um recurso jurídico legítimo, que tem endereço fixo e desde 1928 é prevalente entre os cafeicultores em dificuldades de crédito. Quer hipotecar todos os seus bens, assinando concordata com o Banco do Brasil. Tarde demais. A solicitação de concordata é negada pelo Banco do Brasil que é, no entanto, o maior financiador nacional do agronegócio. Cabe-lhe a sorte nas mãos dos bancos de pequeno porte provincianos. O edital de falência o diz às claras.

Negada a solicitação de concordata a Erasmo Cabral, não demora a surgir a solicitação de falência no horizonte do ano de 1929. Será de responsabilidade do Banco Santa-Ritense e do Popular Sul de Minas.

A defesa do café pelo banco federal não é mais do interesse do presidente em exercício da nação, Washington Luís. Em mensagem ao Congresso mineiro de 1930, o governador do estado, Antônio Carlos, constata a malevolência da Presidência da nação: "Ministrando falsas informações, a fiscalização bancária conseguiu que se fechasse o Banco do Brasil para operações de redescontos dos principais bancos mineiros e se criassem os maiores embaraços nas transações com esse banco dentro de Minas".

A casa comissária E. Barros & Cia. terá melhor sorte, assina concordata, talvez por estar localizada no estado vizinho, onde permanecerão as boas relações com o banco oficial.

Os dois bancos provincianos começam a ganhar peso e poder a partir do dia 1º de julho de 1914, quando se inaugura o Banco Santa-Ritense, com o capital inicial de duzentos contos de réis. Seu presidente é o coronel Francisco Moreira, irmão do ex-presidente da República Delfim Moreira e futuro signatário da solicitação de falência de Erasmo Cabral. Treze anos mais tarde, em 1927, o coronel Francisco Moreira já atira os tentáculos financeiros para Belo Horizonte, capital do estado. Agrega o capital rural ao capital urbano do colega e amigo Clemente Faria.[30]

O segundo banco a acionar a falência de Erasmo Cabral é o Popular Sul de Minas, fundado em 1923 por José Pinto Vilela, com o capital inicial de quinhentos contos. À diferença do primeiro, o segundo segue o modelo de *banco popular*, que está sendo implantado na Europa e, em particular, em Portugal. Dá mais valor aos depósitos a prazo, por serem mais resistentes aos desastres circunstanciais. De preferência, concede crédito ao pequeno comércio e à pequena indústria. (No caso europeu, o banco popular também concede crédito ao operário.) Pela diversificação na clientela, pôde também apoiar com maior eficácia a agricultura, cujo retorno do crédito só ocorre também em longo prazo. A presidência do Banco Popular Sul de Minas é de responsabilidade do dr. Elpídio Costa, um dos signatários da solicitação de falência do proprietário da Fazenda do Paredão.

De maneira mais ampla, observe-se que a derrocada paralela e simultânea do produtor/comerciante de café em Santa Rita do Sapucaí e da casa comissária em Santos anuncia tanto o fim da política café com leite, cuja prática político-social é o coronelismo dominante na República Velha, como, evidentemente, a iminência da Revolução de 1930, associada às instituições bancárias metropolitanas, de grande porte e de controle nacional, de que já é exemplo o Banco da Lavoura, em Minas Gerais.

De maneira estreita e particular, a falência de Erasmo Cabral, cujo requerimento, frise-se, é de responsabilidade dos bancos Santa-Ritense e Popular Sul de Minas, traduz aliança estapafúrdia no setor jurídico e político local. O advogado nomeado pelos dois bancos é o mesmo que o escolhido pelos principais credores — o dr. Luiz Noronha. Este, por sua vez, será auxiliado pelo jovem Delfinzinho, filho do ex-presidente da República Delfim Moreira e sobrinho do coronel Francisco Moreira.

Tendo recusado convite para participar da Concentração Conservadora, dissidência do Partido Republicano Mineiro, o Delfinzinho já está então totalmente engajado na campanha da Aliança Liberal, pela vitória de Getúlio Vargas. Após as eleições, que deram como vencedora a chapa situacionista, Delfim Júnior funda o Comitê Revolucionário Santa-Ritense, pregando, se fosse necessário, o recurso às armas para se chegar ao poder nacional.

Em questão de horas Erasmo Cabral vê seu pequeno império ser dizimado. Da noite para o dia, a próspera família ficou apenas com a roupa do corpo. No auge do pânico, o empreendedor lista todos os seus bens. Seu objetivo é o de apresentar o valor global do ativo que seria suficiente para saldar as dívidas. Seus bens seriam divididos entre os credores.

"A nossa cidade está numa agitação indescritível", escreve o fazendeiro e credor Gabriel Capistrano, "com a quebra do Erasmo Cabral. Ontem, ele foi intimado pelo requerimento de falência feito pelos dois Bancos — Santa-Ritense e Popular. Dizem que ele, por seu advogado, o Doutor Palmeira, agravou ou vai agravar."

O balanço geral das dívidas, ou seja, a lista completa dos credores com os respectivos valores em débito demora a ser apresentada aos bancos locais, mas corre na cidade que é uma coisa monumental — digna do Erasmo Cabral, comenta ainda Gabriel Capistrano em carta. Domina a dúvida sobre o valor do montante global. Ainda não se pode calcular nada. A imaginação popular ganha dimensão especulativa. Tudo são boatos e conjecturas. As más-línguas afirmam que o prejuízo será colossal. Do coronel e de muitos envolvidos com o seu negócio.

Retomo o depoimento do fazendeiro Gabriel Capistrano: "Deus queira que eu esteja errado em minhas previsões. O Eugenio Cleto (Nico) e a Mariquinhas Cabral ficarão reduzidos a zero, pois ambos são fiadores para mais de mil contos cada. Adalberto Mendes, Affonso Maria Junho, Estulano, Doutor Abreu e mais alguns, também avalizaram títulos, além de suas forças. Esta quebra irá arrastar muita gente, direta e indiretamente, por interesses conjugados. Eu, além dos setecentos e cinquenta mil contos que lá tenho, estou arriscando a mais trinta mil contos com os filhos do Doutor Cleto, mas tenho esperanças de arrecadar sua casa de quinhentos a seiscentos contos".

Erasmo Cabral perde tudo. As três fazendas, a casa na cidade, na praça Santa Rita, e a mansão que está sendo construída. Com a perda das posses, vão-se os amigos, os administradores e os empregados na lavoura e na pecuária. Vão-se as festas juninas, a Lyra do Paredão, os jogos de futebol, os pés de café, os bois, os porcos e a fábrica da manteiga Jurandy. Vai-se o automóvel e vão-se as faustosas viagens ao Rio de Janeiro. Vai-se todo o dinheiro acumulado. Já não consegue sustentar os filhos e as filhas. Muda-se com a família para a vizinha Itajubá. Lá, ele nascera em família remediada e, em Santa Rita do Sapucaí, ele e sua esposa tiveram a sorte de ser herdeiros milionários. É homem de personalidade alegre e marcante. Vive e ama de forma pura e honesta. É homem feliz e solidário. Generoso como poucos. De grande força interior.

Tem muitos amigos e compadres. Teria?

Amigos e compadres entram na Justiça contra o amigo e compadre. Não havendo dinheiro em espécie, ambicionam a compra na bacia das almas de suas várias propriedades.

No dia 14 de janeiro de 1930, a cidade de Santa Rita do Sapucaí é tomada por vinte advogados. Erasmo se reúne pela primeira vez com todos os credores. A solicitação de falência pelos dois bancos encaminha o procedimento jurídico e financeiro. Todas as posses do fazendeiro/comerciante e exportador de café são entregues aos cuidados do banqueiro Francisco Moreira que não por coincidência cumula a função de presidente da Câmara (prefeito) da cidade. No prazo de um ano, deve fazer o que achar melhor com a fazenda e as sacas de café que ainda estão depositadas em Santos nos então chamados — não mais armazéns reguladores — "cemitérios de café".

Ao meu ouvido, palavras e mais palavras de caráter técnico se amontoam ao redor dos inúmeros nomes próprios, de significado também desconhecido. Todas somadas, ainda não organizam em narrativa a busca de entendimento do ignorado que reanima — anos mais tarde — minha curiosidade que vinha sendo inibida desde a fonte em Formiga. As muitas palavras, soltas, estranhas e assustadoras, se espicham em linhas para além do horizonte formiguense. Espicham-se ao infinito da história de Minas Gerais e do Brasil. É de lá que vislumbro a conduta dos familiares da minha madrasta, administradores, e dos colonos, que servem a seu pai, dos fazendeiros produtores de café, que se valem dos seus préstimos para exportar o café aos Estados Unidos, e das casas comissárias, em processo de concordata no porto de Santos.

Outras e muitas palavras se juntam ao nome próprio, Erasmo Cabral, dividindo-o em opostos. Ainda não o explicam como as páginas do gibi ao Super-Homem.

12.
Só o Sombra sabe

Eu me retraí muito...

Jurandy Cabral Santiago, "Chegada da crise"

O vovô Amarante morre em 1945. Depois do enterro do corpo no cemitério em que minha mãe está sepultada, a figura do fazendeiro de Santa Rita do Sapucaí, falecido em 1942, ganha preeminência. Cada corpo morto acaba por ganhar epitáfio. A solidão de Noêmia Farnese não me incomoda. É-lhe benfazeja. Brilha sem nenhum recato. Mas no meu mundo sentimental é o cadáver mais recente que me espicaça.

O vovô Amarante e o Erasmo Cabral não são e são meus avôs. Sendo ambos falsos parentes, não entendo a ponte que o luto em família constrói entre o original e o suplente. Uma vez mais a família Santiago é depenada de um importante ancestral. Somos predestinados à incerteza genética e ao luto. Formamos os Santiago, Farnese e Cabral uma filiação sem referência sanguínea localizada e precisa. Tateamos ancestrais como pessoas jogadas num cômodo escuro. Às cegas, sondamos com as mãos as quatro paredes do cubículo em busca do comutador de luz.

Será que, algum dia, um de nós quis enxergar a família como a vejo agora?

Se a família, se pertencer a uma família, é privilégio, não pode ser instintiva a interrogação sobre os dois avôs postiços que, a cada momento, me distrai e me intriga. Por que os parentes mais velhos — em particular, os masculinos — que não são e são parentes têm como mistério maior o peso genético que (não) têm?

Sem fontes concretas disponíveis e à mão, sempre quis saber mais sobre um e o outro. Indiretamente.

Está muito escuro. Deixe-se guiar pelos sensores.

Sou o Sombra.

O escuro é, por natureza, obscuro, e sou induzido a me mascarar, vestindo casaco e capa pretos. Ponho chapéu de aba larga na cabeça, também preto, e, com a boca coberta por lenço vermelho atado na nuca, exibo orgulhoso o anel com um rubi enorme, o Girassol. Confundo-me com as trevas terrenas que ocupam minha curiosidade e jogam lenha na fogueira do mistério que a assanha.

Quem sabe o mal que se esconde nos corações dos homens?

Solto a risada que se dispersa sem ecos pelos cômodos da casa onde moramos. *Ha! Ha! Ha! Ha!* Parto para a investigação da família, dispondo da escuridão ambiente e da roupagem negra acentuada pela vermelhidão da aba solta do lenço, a esvoaçar. Meu império.

Sou o Sombra.

Só o Sombra sabe.

Encaro os familiares como se nunca os tivesse visto mais gordos ou mais magros. Vivem todos solitários e soltos na vida. Nada os ancora na cidade em que moram, a não ser a casa que lhes serve de refeitório e dormitório. O entra e sai é o modo de funcionamento da casa. É o modo de funcionamento das vidas. É o modo de funcionamento do consultório dentário. O movimento reina. A estabilidade se adia como um despenhadeiro. Irmãos e irmãs são incapazes do abraço fraterno ou das palavras mais afetuosas.

Sou Lamont Cranston, sou o Sombra.

Perscruto as mentes humanas que se acercam de mim. São independentes dos respectivos corpos, flanam pela vida e guardam segredos. Adentro-me por uma das mentes com a intenção de conhecê-la. Tomo a precaução de não bater à porta, à espera de atenção.

Entro de chofre e digo: *Olhe para mim! Eu existo.*

Todos continuam a não me enxergar.

Um raio de luz brilhante corta repentinamente a escuridão. Não tenho para onde fugir. Visível, estou ali fincado em casa como uma sombra. Sou o Sombra. Assim permanecerei.

Sem ter sido encharcado pela corrente do sangue dos dois avôs, como posso propor-me descendente deles? Sem ser Amarante, sem ser Cabral, eu, no entanto, estou fincado nesse raio de luz que lampeja e ilumina a escuridão. Construo meu dia a dia infantil em dependência direta da vida e do legado deles.

Pelo sangue que corre nas minhas veias, sei como descendo do meu pai. Sei como me apoio nos meus irmãos e irmãs. Sei como se me oferecem a Etelvina e a Zélia pelos objetos pontiagudos e variados que vou depositando na morada do saber. Por descender do meu pai e apenas dele, por apoiar-me nos demais irmãos e irmãs, por poder tocá-los, se quiser, com a mão, por conversar com eles, sei que todos — separados, juntos ou aos grupos — não me instigam tanto quanto os dois avôs que se transformam em sombras e me transformam no Sombra.

* * *

Os dois fantasmas se juntam a uma terceira sombra, o fantasma da minha mãe. Só a consigo enxergar em carne e osso se a vejo refletida nos olhos do bebê, fotografado aos quatro meses de idade.

Quero apoiar-me nos dois avôs postiços.

Suas sombras são tão fugidias quanto a bolinha escorregadia de mercúrio com que me divirto na mesinha do consultório dentário. As duas sombras serão sempre semelhantes às figuras fictícias que me entretêm como protagonistas nos filmes e nas histórias em quadrinhos? Desaparecidos da vista, nenhum dos dois tem consistência e peso, embora o que representam tenha valor e significação para mim, ainda que de maneira tateante e arbitrária. Têm o valor e a significação do comutador que tateio e nunca consigo acender a luz. Sou a quase luz; permaneço a sombra. Sou pé ante pé quando avanço em direção aos dois. Passo a passo caminho em terreno sujeito a terremoto. Sou um estabanado que ora derruba o evidente e dócil, que está à frente, ora empaca diante de nebulosa cinza e indecifrável.

O vovô Amarante está morto. A titia Zezeca e eu ficamos inconsoláveis no alpendre da casa ao lado do Ginásio Antônio Vieira. Converso com ela e seu marido, Rafael Soraggi. Do lado de fora do alpendre, no concreto das dependências da casa na rua Barão de Pium-i e das conversas que ouço, as palavras que amontoo giram em torno do nome Erasmo Cabral. Elas me dominam e me conquistam. No entanto, não visualizo o coronel que, outrora milionário, morre de diabetes e é enterrado no Cemitério Paroquial de Itajubá. Não o visualizo como visualizo o vovô Amarante morto e o nhô Campeiro em carne e osso. As muitas palavras estranhas giram e dançam ao redor da figura do fazendeiro de café enterrado em Itajubá. Meu corpo — como se sensibilizado por melodia de cantiga de roda, "O meu boi morreu./ O que será de mim?" — ganha embalo, prazer e rodopio, mas não ganha autoridade sobre o nome próprio que ainda me perturba.

Boi, boi, boi,
boi da cara preta,
pega esta criança
que tem medo de careta.

Solta no ar, a palavra "falência" me atinge e me desequilibra mais que o nome próprio. Levo um tombo. A palavra "falência" não se deixa enquadrar pelos indiscretos objetos pontiagudos da morada do saber, que me levam ao entendimento. Tanto nos gibis como nos filmes, falta à palavra embaraçosa ou vergonhosa o lugar que lhe será exclusivo. E ela não tem força suficiente para criá-lo. A "falência" só se entreabre entre opostos identificados com a palavra "guerra", que ocupa vários dos objetos indiscretos que permanecem pelas dependências do abrigo do saber.

"Guerra" é ditatorial, exclui tudo o que não atiça e estimula meus sensores já treinados pelo costume. "Falência" não é "guerra", embora ocupe um espaço especial entre riqueza e miséria, gozo e sofrimento, vida e morte.

A falência representa o inadmissível nos campos de batalha europeus — a derrota.

Mas, por ser favorecida por intensa e diferente luminosidade, "falência" alimenta mais e mais minha curiosidade sem fim. Abre-se em linhas paralelas que só se encontram no infinito e se torna tão atraente quanto a guerra movida pelos Aliados contra os inimigos do Eixo, com que me familiarizo na morada dos gibis e dos filmes. Tão atraente e interessante quanto as palavras "riqueza" e "miséria", "gozo" e "sofrimento", "vida" e "morte", que me acompanham desde o momento em que, ao prender a respiração e beirar o desmaio, interiorizo as palavras "Erasmo" e "Cabral" pelos ouvidos.

No entanto, a *derrota* em si não é algo a que os olhos do sonâmbulo têm acesso.

"Falência" só ganha imagem e porte se o menino a atrela ao cafeicultor em Santa Rita do Sapucaí e exportador de café no porto de Santos, pai de sua madrasta.

Apenas entrevista no nome Erasmo Cabral, a *falência* espicaça finalmente os sensores da minha sensibilidade. Eles me abrem a porta de acesso a um novo cômodo na morada do saber. Encontra-se ocupado à minha revelia. Encontra-se ocupado por acontecimentos históricos desprovidos das palavras e das imagens que tomam conta dos demais cômodos da morada. Os fatos da vida vivida no novo cômodo da morada do saber se confundem, por sua vez, com o dia a dia caseiro e nele se embaralham, confirmando a inquietação que me invade eu ainda menino ao querer entender — deitado nos jornais que atapetam o assoalho da sala do momento em que o pai escuta o *Repórter Esso* ou o noticiário da BBC — as mudanças radicais que se dão no país e no mundo em que vivo.

A criança em mim está curiosa.

Sabe algo sobre a ditadura Vargas na capital federal e sobre a Segunda Grande Guerra em terras europeias.

Pouco ou nada sabe da lavoura no sul de Minas, da produção do café no Brasil, primeiro lugar na nossa exportação.

Nas entrelinhas das conversas que entreouve, sabe da vida faustosa exibida pelas famílias dos barões do café.

Nada sabe do crash da Bolsa de Valores em Nova York e dos efeitos trágicos sobre os fazendeiros do café. Aos primeiros sinais da crise, detectados a partir de outubro de 1929, dá-se um recuo imediato do crédito e os bancos fecham os saques sobre a praça de Santos. A criança curiosa não sabe, fica sabendo.

À cata de melhor conhecimento, armam-se os sensores da ignorância. Captam estímulos que são migalhas contraditórias e praticamente sem sentido. Na nação subdesenvolvida, Erasmo Cabral oscila entre a opulência financeira proporcionada pela lavoura do café nos anos 1920, associada à criação do gado para a extração do leite e a carne de abate, e a miséria absoluta. No final, esta domina.

Quando a criança curiosa chegará a saber algo de substantivo sobre Erasmo Cabral e seus pares do sul de Minas, fazendeiros enriquecidos rapidamente pelo alto valor do café na balança das exportações brasileiras?

Quando saberá algo de adjetivo sobre os padecimentos por que Erasmo Cabral e a família passam em virtude da grave crise que assola o mundo ocidental e o Brasil a partir de 1929?

Pela interposta pessoa da madrasta, talvez algum dia a criança curiosa consiga saber algo de tudo isso.

A Jurandy se transforma no enigma que é seu pai. Meu avô postiço.

Como se estivesse a remendar a roupa usada a ser preservada para o uso nalgum dia, caminho por fiapos de frases que emendo uns aos outros de modo insuficiente.

Erasmo declara todos os seus bens ao Banco do Brasil: a Fazenda do Paredão, a Fazenda Aliança, todo o gado, uma fábrica de manteiga, uma máquina de café, implementos agrícolas, um armazém de café, uma residência na praça Santa Rita e uma mansão que, no final da construção, seria a moradia final da família. Por ser o comprador da produção de café da região inteira para revendê-la no porto de Santos, sua falência influencia diretamente grande parte dos produtores da região sul-mineira.

Não me contento com os fiapos de frases, mas me resguardo do possível equívoco.

Nunca soube saber de cor.

Até hoje, não sei saber de cor.

Criança, eu não aprendo de cor — não recordo o conteúdo das aulas ensinadas de maneira competente por dona Luluta nas classes anexas.

Pulsante e viva, minha memória só se deixa tocar e ser grafada pela curiosidade que nela se origina.

Sei que ser bom aluno na escola é considerado atividade superior de vida intelectual. Sei também que ser bom aluno nada tem a ver com o jogo subjetivo e produtivo entre ignorância e entendimento, que se dá na segunda morada do saber.

A oscilar entre o ignorado e o entendimento, meu jogo com o filme e o gibi é dado como inferior ao aprendizado escolar porque passa pelas contingências estreitas do corpo. A seu favor: não é atividade mental mecânica de aprendizado em busca de autonomia. O aprendizado escolar é exterior ao corpo e suas contingências e, por isso, objetiva o conhecimento.

Do momento em que me adentro pelo abrigo do saber, ativam-me os sensores. Os olhos e o entendimento se abrem automaticamente. Sem necessidade de comando exterior. Em linha direta e exclusiva, os sensores conectam o estar no mundo do corpo ao labor egocêntrico e feliz do conhecimento.

A obediência às exigências do saber ditado pelos professores na escola é conhecimento bloqueado pelas armas de que se vale minha ignorância para chegar ao saber. Manipulo-o a meu bel-prazer a fim de que possa considerá-lo e oferecê-lo como produto meu. Posso ser bom aluno, e o fui muitas vezes; prefiro, no entanto, palmilhar o ignorado por conta e risco próprio e, por conta e risco próprio, o abandono à boa sorte na lição oferecida pelos indiscretos objetos pontiagudos que porventura meu corpo vieram e venham a encontrar no meio do caminho.

Mal me adentro pela morada do saber, entrevejo a figura de Jurandy na casa da rua Barão de Pium-i pelos sensores em alerta. Tão logo põe os pés em casa, ela já se torna a mais importante das figuras humanas na intermediação da ignorância com o saber.

Desde a primeira visita noturna à família do viúvo e já nos primeiros dias em que passa a morar conosco, enxergo-a menos como madrasta e mais como vizinha desconhecida que bate à porta para oferecer ajuda. Não busca ajuda, ela a traz. Ela nos traz os cigarrinhos de chocolate e é generosamente acolhida por meu pai.

Não precisa forçar a entrada.

Chega de fora. Não é de dentro da casa. Não bisa o que já existe e, por isso, acende meus sensores e, alimentando-os, insinua novas rotas.

Meu pai gosta dela. Somos os dois órfãos afagados por sua bondade.

Quando entra definitivamente em casa, traz bagagem originária de outras e diferentes terras. Carrega duas malas pesadas. Armazenam tanta coisa nunca vista. Traz experiência inesperada. Padeceu fulminante desastre familiar e aprendeu a controlar e dominar todos os desastres.

Refere-se sempre a um desastre ao vivo e em preto e branco, como se sequência de filme em que o navio de guerra é torpedeado em alto-mar.

Desde o desaparecimento prematuro da mãe, camuflamos em cores e com mentiras o nosso desastre. Generalizo por mim. Sempre faltou aos meus sensores informação concreta sobre a morte da dona Noêmia Farnese.

Por intermediar um novo saber, a Jura é na verdade a porta que me dá acesso a um terceiro cômodo, contíguo aos dois principais cômodos da morada do entendimento.

Ela age como espelho em que se reflete meu corpo mal informado, espelho diferente da palavra e da imagem que me atraem na morada do saber e ao mesmo tempo a elas semelhante.

De modo retilíneo, reorganizo as informações que Santa Rita do Sapucaí me oferece. Retiro-as primeiro do ritmo inusitado e da anarquia natural que as somam nos ouvidos infantis recentemente inibidos e reaparelhados para aceitar e acatar a entrada de outros e desconhecidos fatos no universo da ignorância, que volta a ser receptiva ao saber. Se a recepção das informações em simultaneidade aterroriza, a linearidade da exposição tranquiliza.

Se uma espaventa o torvelinho, a outra o acalma pela explicação didática.

A Jura é a filha mais velha do casal Erasmo e Judith e, então, a única filha sensata. Por ter sido homenageada pelo pai com o nome da manteiga que ele fabrica e vende no Rio de Janeiro e por ter sido eleita, às vésperas da falência paterna, no dia 11 de agosto de 1929, Rainha dos Estudantes e coroada em luxuoso baile nas dependências do Colégio Moderno, é quem mais fortemente sente a pancada mortal do desequilíbrio financeiro na família. Por estar a se profissionalizar como professora primária, é também a que sofre os ataques mais pérfidos e cruéis do grupo de moças e rapazes com quem convive.

Filha, ela se arvora de pai da noite para o dia.

Adulta, refloresce para a vida sem as benesses paternas.

A subsistência financeira da família se confunde com a sua. É arrimo. Tem de trabalhar. Trabalha fora de casa.

Sua irmã mais nova, Haydée, anota: "certa vez, um padre amigo do meu pai a nomeou professora, mas as moças daqui foram pedir para o Presidente da Câmara [o prefeito] não deixar. Como ele era nosso vizinho, vimos pela fresta da porta aquilo tudo acontecer e Jurandy chorou muito". Proibida de trabalhar em Santa Rita do Sapucaí, a Jura muda de cidade para arranjar emprego de professora primária. Vai ensinar num grupo escolar na vizinha São Lourenço. O irmão José Cabral recebe dela grana para continuar os estudos em direito. Ele escreverá mais tarde: "sabedora de minha aflição, Jurandy me mandou a achega de 'cem paus', em detrimento do seu debilitado ordenado de professora primária".

Além de dar aulas, ela ensina piano e datilografia em quarto alugado e faz a escrita de firmas comerciais de São Lourenço. Por conta própria, aprende o sentido e o valor da especialização no conhecimento da metodologia em educação com vistas à futura vida profissional do aluno.

Viaja à capital do estado para fazer o curso de aperfeiçoamento. Com apoio dos grandes educadores que surgem no Rio de Janeiro e em São Paulo na década de 1930, o governo mineiro quer preparar as futuras diretoras de grupo escolar. A Jura se diploma na Escola de Aperfeiçoamento, dirigida por Amélia de Castro Monteiro. Ali aprende psicologia educacional. A disciplina é nova e abrangente, compreende psicologia geral e individual, desenvolvimento mental da criança, técnica psicológica e elementos de estatística. Aprende também metodologia geral, metodologia de língua pátria (linguagem, leitura e escrita). Socialização (compreendendo as atividades extracurriculares). Sociologia aplicada à educação. Desenho e modelagem. Educação física e organização de biblioteca.

Regressa a São Lourenço. Mulher não pode ser diretora de grupo escolar, diz a autoridade municipal. Uma vez mais, faz as malas, compra a passagem de trem de ferro e decide ir ensinar na Escola Normal Oficial de Formiga. Ensina às moças da cidade o aprendido na Escola de Aperfeiçoamento e supervisiona o ensino nas classes anexas à escola.

Já dentro de nossa casa, vejo-a como jovem senhora vivida e solitária que, à semelhança duma foto manipulada por mãos estranhas, passa pela superimpressão da família em processo de falência e das autoridades municipais a impedir seu pleno desenvolvimento profissional. Sua foto apresenta e representa muitas pessoas de rosto indefinido.

A Jura não consegue esconder dos olhos da nova família a foto dela em que só eu a revejo.

Pelo processo de superimpressão, sobrevivem na foto — e no seu corpo — todos os seres que lhe são familiares em dor, em pesar e em miséria financeira, e também todos os que caluniam, de frente ou pelas costas, a família Cabral.

Com força idêntica à que me ajudou a me refugiar, para me resguardar de tudo que em Formiga rasteja, morde e envenena, na morada dos gibis e dos filmes, entro às avessas e de chofre nas profundezas do provincianismo mineiro, de calculados voos rasteiros e maldades poderosas.

A Jura adulta, sou eu menino.

Sem permissão de quem quer que seja, ela e eu dirigimos os olhos para muitas e variadas pessoas de Santa Rita do Sapucaí e de Formiga.

Em cidade provinciana e rica do sul de Minas, descubro provincianos que não vejo na cidade provinciana e pobre do oeste de Minas em que vivo. Em cidade provinciana e pobre do oeste de Minas, ela descobre provincianos que não vê na cidade provinciana e rica do sul.

Nada é tão descolorido, nada é tão preto e branco quanto a província. Ninguém caminha tão devagar quanto o provinciano. Nas duas malas que a Jura carrega acumulam-se experiências de Santa Rita do Sapucaí que deixam de se referir à família Cabral para se referir à nossa família.

Se não há transmissão de sangue, há de vivência infeliz.

A Jura deixa o torrão natal sem o ter deixado. A viagem não transforma nem muda sua rotina de cuidados familiares e profissionais. Especialista em contabilidade comercial, soma outros e diferentes tipos de parcela. Alonga o nome Cabral até o número 31 da rua Barão de Pium-i para que ele ganhe a aparência física de cinco enteados, Sebastião, José, Orlando, Silviano e Haroldo, e duas enteadas, Hilda e Nilda. Ao tomar posse da casa ao lado do viúvo, ela mantém os onze irmãos e irmãs de Erasmo e Judith, reduplicando-os com semelhantes que, a partir dos anos 1940, vão se distanciando um a um no mapa das Gerais e do Brasil e se perdendo no grande mapa do mundo. Uma só e imensa família da província mineira na província planetária. Os dados sobre a família Cabral pululam atabalhoadamente nas várias dependências da nossa casa em Formiga, remodelando-as e aos seus ocupantes segundo o princípio cristão do ver para crer.

Disse atrás: "A Jura adulta, sou eu menino".

Somos semelhantes porque compartilhamos profundamente a sensação de inibição no relacionamento familiar. A madrasta Cabral se inibe para se prolongar na família Santiago, assim como o enteado Santiago se inibe para se prolongar na família Cabral.

Somos ela e eu representantes dos dois coletivos em movimento de aproximação e de atrito.

Ela é a filha do patriarca falido financeiramente; eu, o filho da família deserdada pela sorte. Ela e eu somos a imagem dos falidos pelas finanças ou dos deserdados pela morte. Sobrevivemos em falta e em fuga. Ela, a viajar com suas duas pesadas malas. Eu, a navegar aos domingos, vestido com meu uniforme de marinheiro. Destacamo-nos os dois por trazer a sensibilidade de náufragos em pleno mar da vida.

Ela viaja pela Rede Mineira de Viação; eu sobrevivo num bote em alto-mar. Sua sensibilidade é ferro batido na própria e já longa experiência; a minha escapa, e fede menos graças à leitura da experiência alheia nos gibis e nos filmes. Ambas as formas de experiência são osso duro de roer.

Somos dois animais fortes, providos de bons caninos. Somos roedores contumazes que se reencontram na lenta e infindável atividade de inibir os sentimentos de afeto, atividade que demanda atrevimento, persistência e entrega solitária.

Nada na inibição tem a ver com os segredos da timidez humana, embora ela também possa se desempacotar das quatro paredes do corpo. O gesto de afeto é absurdamente concreto e imediato, ou não é. O tímido se frustra porque se esconde. O inibido adia o gesto porque não consegue destravar o ímpeto natural. Inibição tampouco é frustração.

A madrasta não atua como mãe, embora não conteste o papel a ela delegado em casa pelo casamento com o viúvo.

O enteado não atua como filho, embora não negue a obediência à ordem familiar de que participa pelo desejo realizado do pai.

A inibição é da madrasta e do enteado e dita regras semelhantes de relacionamento para ambos. É mútua a inibição e pesada de carregar às costas, porque é reencenada na repetição infinita das mesmas atitudes incompletas. Dia após dia. Noite após noite.

Nenhum dos dois se frustra. À luz da realidade, a inibição apenas não avança o propósito final de todo gesto afetuoso.

Ao se retraírem para o íntimo do próprio corpo, as mãos se lavam e o osso duro continua sendo roído pelos caninos. Algum dia...

13.
Três amigos

Depois, muito depois, avancei uns passos na sombra. Recuei,
desnorteei-me. Andei sempre em zigue-zagues.

Graciliano Ramos, *Infância*

Faço poucos amigos durante o período em que moro na cidade de Formiga.

Talvez dois.

Inauguro-me no interior de família numerosa, de rotina
conturbada. A companhia de estranhos torna-se perfeitamente
dispensável na primeiríssima fase da vida. Vivo no quarto de dormir, supervisionado pela Sofia. Sua função é a de velar o recém-
-nascido e o bebê de ano e meio, aproximando-nos do viúvo, dos
cinco outros irmãos e do restante da família materna e paterna.
Os vizinhos se existem, e existem às pencas, não me atraem
como ímã opcional. Pai é pai. Tão exigente e raivoso quanto o
patriarca bíblico. Tem habilidades de comandante em chefe e

qualidades de provedor e educador. Sendo como é e se revela, não há razão para se fantasiar de mãe ou abraçar ocasionalmente personalidade e temperamento materno. Pai é pai. Não tem habilidades nem qualidades que lhe permitam atuar como elo afetuoso no congraçamento dos descendentes. O primeiro mandamento da lei do Pai estabelece a competição entre filhos e filhas como fator de sucesso no ofício de se educar e de viver. Convivemos soltos em casa e focados em achaques e reprimendas consequentes ao seu julgamento do trabalho escolar de cada um.

Dá-se em casa o avesso da situação que, em passado remoto, aconteceu na família do vovô Amarante. Na casa do avô, sobra a mãe — a esposa roubada dos braços do primeiro marido; em nossa casa, falta a mãe. A tal ponto ela falta em nossa casa que meu pai descuida do amadurecimento do espírito de camaradagem na prole numerosa e se descontrola no comando dos filhos. A primeira família Santiago cresce dividida em dois conjuntos semidependentes. O grupo das crianças e adolescentes, três filhos e duas filhas. O grupo dos últimos gestados, dois meninos.

Não sei se concordo com a tese que diz ser a presença única e física da mãe o suficiente para que se consolide a união afetiva entre os descendentes. Quem sabe a divisão interna na família Santiago não tenha sido natural?

Descartada a presença da mãe, julgo, no entanto, que nossa família foi levada a se repartir em dois grupos por decisão e influência paterna.

A função paterna ganha considerável respaldo no reforço dado pela Zélia, que se desdobra entre o consultório e a casa. Apoia eficientemente o dentista e, em residência alheia, o patrão viúvo. Oriunda de família tradicional, a Zélia serve ainda de conselheira feminina junto às minhas duas irmãs.

Ao delegar à Etelvina a função materna junto ao grupo dos mais adiantados em idade e à Sofia junto aos de tenra idade, a família se quadricula sob a forma de relações humanas privadas do autêntico amor materno. O pai toma assento em cadeira fora do quadriculado da família e a ocupa como a um trono. Assume ditatorial e solitariamente as rédeas do governo da vida doméstica. De lá, conta com a entrega obstinada e sobre-humana da Etelvina e da Sofia ao trabalho doméstico, as conexões semidependentes e quadriculadas são reguladas satisfatoriamente.

A possível união fraterna entre os sete viventes órfãos só pode irromper se cada um a inventar com sinceridade no vazio do amor materno e no exuberante controle paterno. Eis a forma particular e fragmentada da reinvenção da camaradagem entre irmãos na casa da rua Barão de Pium-i. A forma se repetirá em outras tantas ocasiões a que seremos induzidos pelo acaso. Chegará à condição de absoluta a partir do segundo casamento do nosso pai.

Nasço e cresço em universo humano educado, frio e superpovoado, embora reduzido. São tantas as pessoas ao meu redor e tão poucas as horas de solidão real que não há necessidade de lançar os olhos para além dos muros que cercam nossa casa em busca da companhia de meninos e meninas de outras famílias. Ao comparar-me a filhos e filhas pertencentes aos grupos familiares a que, no correr dos anos, me fui integrando parcialmente, dava-me conta da condição esdrúxula de meu cotidiano infantil. A solidão brasileira na dispersão geográfica cosmopolita, que caracterizará o restante da minha vida a partir do ano em que piso a cidade de Paris, me oferece outras e inesquecíveis palavras sobre a meninice em Formiga.

Não é só pelo conjunto doméstico que o número de moradores se torna abusivo. A tropa familiar é extrapolada e em muito. Aos de casa soma-se a numerosíssima fauna de clientes que tomam assento na sala de espera do consultório dentário. Quem vai ao ar perde o lugar. São corpos e bocas desconhecidos e intercambiáveis que, em qualquer momento preciso, correspondem ao número de cadeiras disponíveis no cômodo. Por processo ininterrupto de trocas, estão sempre presentes durante os seis dias de funcionamento da clínica. São todas e todos abelhudos, falantes e espaçosos. Não posso dar um passo sem tropeçar nas pernas de alguém, cair no colo de uma senhora ou ser interpelado à queima-roupa sobre a família. Meus momentos de solidão não são negociáveis; são arrancados por vontade própria da coletividade cambiante.

Isolo-me no quarto para ler o gibi. Desapareço no escuro do cinema para assistir a um filme.

Faço poucos amigos de carne e osso.

Confesso: queixo-me, mas não deveria queixar-me da memória. Até o presente momento, ela tem tido bom, efetivo e altamente confiável desempenho como fonte. Até nos remendos a que me obrigo para tornar fluida a narrativa. Ela e eu nos damos bem. Fornece-me respostas às perguntas que lhe faço, sem esconder ou sonegar informações. São abundantes, diversificados e suficientes os dados fornecidos. Alimentam a curiosidade, a imaginação e a escrita. As informações são férteis e generosas. Apanho-as e as agrupo por tema ou por setor. Compõem-se umas às outras e sem maiores tropeços ordenam a narrativa, que avança, ainda que aqui e ali eu me divirta a desobedecer à cronologia meramente evolutiva.

De vez em quando detecto lacunas no repertório oferecido pela generosa fonte originária. Detenho-me em cada uma delas e me dedico a trabalhar as brechas da informação para melhor recompor a imprecisão ou o pormenor incompleto e equivocado ou, mais grave, o erro. Algo, que se me apresenta como omisso em dado oferecido pela memória, acaba por ser sensível à recomposição da passagem. Na idade madura, proponho-me a não cometer desvios na busca da verdade. Apesar de a subjetividade do escritor ser soberana neste texto, não é aconselhável passar ao leitor percepções incompletas ou simplesmente errôneas e emoções defeituosas ou enganosas.

Chego a capítulo em que me dedico a setor bem especial da infância. Saio em busca dos antigos amigos de mesma idade. Descubro abismado. A fonte originária é pobre em informação.

Será por isso que, até o momento, só tenha convocado poucos amigos de infância para a presença passageira na narrativa?

Certamente.

Se eu me concentrar nessa configuração setorial da memória e buscar as variadas e possíveis informações sobre os amigos de infância, darei com os burros n'água.

Lamento, a omissão não é da memória, é da vida. Será do capítulo. Ele será pobre em figurantes infantis.

Como transpor para o papel um setor minguado da memória?

Primeiro, tenho de recorrer a metáfora diferente da usada para a fonte originária de informação. O poço.

Ele continua profundo e abundante, mas não consigo coletar nele a água que mata a sede da curiosidade sobre os coleguinhas de infância. Aliás, no profundo do fundo poço só distingo duas figuras de criança.

O Leopoldinho, filho do dr. Leopoldo, futuro historiador da cidade.

O Henrique, futuro craque de futebol do Flamengo.

Vejo-os como sendo bem diferentes um do outro.

Cá de cima da amurada do poço da memória, vislumbro a água que segrega só dois amigos de carne e osso.

A narrativa não flui. Diante de mim, um corredor vertical. Comprido, vazio e escuro. Entre a borda do poço e a água represada, ele está esvaziado de significado.

São poucos os meus bons amigos em carne e osso. Repito.

Já sabemos. Meus mais antigos e queridos companheiros são feitos em papel e em celuloide. São adultos, musculosos, atléticos e audazes. Extrapolam as fronteiras setoriais da memória comunitária. São palavras, são imagens, de cores variadas, cultivadas pelos olhos admirativos de menino sonâmbulo e pela sensibilidade carente.

Se tenho consciência de que a memória seria faltosa no tocante à amizade com meninos e meninas em carne e osso, não teria sido melhor saltar o capítulo? Numa casa em que a criança tem a rotina doméstica superpovoada e transita diariamente pela sala de espera do consultório, é inevitavelmente exposta à visitação pública, para que multiplicar ao infinito o que já se lhe dá como rico mostruário dos corpos concretos e humanos?

Não seria melhor saltar o capítulo? Não.

Enfrento-o.

Meus neurônios, ao quererem equacionar a figuração palpável do corpo de crianças no cotidiano com a qualidade impalpável da atuação de protagonistas no gibi e no filme, não teriam explodido e ameaçado a sanidade mental do menino solitário?

Por ter elegido a imaginação como condutora e mestra na experiência diária de vida, a criança que fui não teria ipso facto excluído do mundinho infantil o corpo semelhante, concreto e humano?

Ao configurar o impasse a que chego, as perguntas me levam de volta ao verbo anacrônico desta narrativa — "inibir" —, que tem servido para configurar a atitude enviesada da personalidade social do menino sonâmbulo.

Minha curiosidade sobre o outro, que está ao alcance da mão e não apenas dos olhos, é inibida pela mera aproximação corporal dos meninos e meninas da minha idade. A tal ponto inibe a curiosidade recém-nascida, que é a consequente retração do meu corpo diante do movimento de avizinhamento de corpo alheio que servirá de combustível à curiosidade pelos seres humanos veiculados em papel e em celuloide, com quem convivo dia e noite no quarto de dormir, no cinema e na imaginação.

Só avanço os olhos. Não avanço o corpo. Enferrujam-se ainda mais as mãos e as pernas.

Tanto a figura única do primo expedicionário Donaldo como os variadíssimos personagens de gibis e filmes confirmam a preferência pelos adultos. Na admiração embevecida pelas palavras proferidas no alpendre pelo vovô Amarante e pelo nhô Campeiro se reafirma a preferência favorável aos seres humanos adiantados em idade. Em Pains, nunca consigo desassociar o tio Mário da inexistente irmã Noêmia. Na ausência dela, o tio não teria assumido o poder de pai e, ao mesmo tempo, de mãe? Não é por ele ter chegado a assumir a dupla função que eu posso complementar o tio Mário com as figuras e falas marcantes dos dois velhos senhores de Formiga, a cismar nas respectivas cadeiras de balanço? Se Erasmo Cabral é abstração humana a buscar ninho e aconchego em Formiga e se a vovó Piacedina só se apresenta de modo concreto na pensão em Pains, nunca em Formiga, isso não os impede de serem pessoas preponderantes na armação cotidiana das fobias, dos temores e dos amores infantis.

Teria eu atravessado a infância formiguense sem expor os sentimentos mais íntimos à luz do sol? Pela inibição eu me preparo, me armo e travo a espontaneidade do gestual afetivo?

Continuarei sempre a me preparar e a me armar, e a travá-la?

Recomponho o cenário citadino que circunscreve as informações sobre companheirismo infantil, que me chegam em escassez.

Destaco a praça da cidade em que encontro o Leopoldinho e o Henrique. A Ferreira Pires. Ainda que os sentimentos mais íntimos cheguem a atuar dourados à luz da inibição e encobertos contraditoriamente pela claridade do sol, é naquele lugar preciso que os meninos barulhentos e as meninas risonhas se adentram no meu mundinho imaginário pela porta que nos é aberta à entrada do prédio da Escola Normal. Elas e eles não são necessariamente vizinhos meus, embora algumas e alguns o sejam.

Chego à Escola Normal munido de pasta de couro, vestido de uniforme e a calçar sapatos Tank Colegial. No prédio, estão localizadas as poucas salas de aula destinadas às meninas e aos meninos das classes anexas. Reconhecemo-nos sentados em carteira escolar e na condição de alunos pertencentes à turma regida pela professora Lucinda Santos, dona Luluta.

Lili

— Olhem para mim.
Eu me chamo Lili.
Eu comi muito doce.
Vocês gostam de doce?
Eu gosto tanto de doce!

Não sei se opto por esclarecer ou por complicar as poucas informações que ganhei de presente da memória. Na indecisão, desenho o perfil da professora e apresento o primeiro livro de leitura em comum — *O livro de Lili*.[31] Não tenho recordações nítidas e precisas do conteúdo das quatro disciplinas básicas que a dona Luluta ensina ou da atuação da mestra em sala de aula. Compete à professora adestrar o aluno na língua pátria e na aritmética, complementando-as com noções de história e de geografia.

Converso com a dona Luluta fora da aula.

Conversamos através dos recados que, por escrito, ela envia à minha madrasta. A professora se comunica comigo quando chego em casa, depois da aula. São constantes os recados por escrito e complementares ao boletim mensal que estampa as notas de aproveitamento. Fazem parte das novas atividades cobradas da professora primária pela Secretaria de Educação.

Fico no meu canto durante a aula e deixo a atenção boiar. Lembro-me bem de pouquíssimos acontecimentos escolares. Lembro as historinhas ilustradas sobre a vida doméstica do casal descrito no *Livro de Lili*. Cada relato ocupa página inteira do livro. O aprendizado da leitura se faz acompanhar de molde para o comportamento doméstico pequeno-burguês do casal e seus dois filhos.

Em aula, somos apresentados à família feliz e equilibrada da menina Lili. Por alguns meses convivemos com eles. Aprendemos. A filha e o filho têm brinquedos, muitos animais de estimação e gostam duma cozinheira que faz coisas gostosas. Lili vive na companhia de bonecas e da cachorrinha Susete. Quer aprender a costurar. Sabe fazer doce de abacaxi e tocar piano. Os amiguinhos de Lili são o canarinho Lu, a gatinha Pintada, o gatinho Ron-Ron e a patinha Teteia — aonde vai a Lili, vai atrás a patinha Teteia. (Os substantivos na forma diminutiva dominam as narrativas curtas.) Joãozinho, o irmão, tem um automóvel e está sempre acompanhado do cachorro Totó. Joãozinho tem também seus amiguinhos. O papagaio Dudu, a vaquinha Rosada, o burrinho Mimoso, o galinho Cocoricó e o pintinho Xexéu.

Excetuando a semelhança entre a nossa Etelvina e a empregada que cozinha coisas gostosas em casa de Lili, nada mais tenho a ver com a família ordeira e certinha do livro, desenhada através das atuações paralelas da filha e do filho.

Não me imagino menina Lili, personagem que abre o livro, nem me imagino seu irmão, Joãozinho, que dirige um automóvel de brinquedo, tendo como companheiro o cachorrinho Totó, embora às vezes eles apareçam em meus sonhos. Admiro o Totó, talvez porque meu pai proíba animais de estimação em casa. Tenho-o sem o ter. *Os cachorros não só carregam pulga e carrapato para os quartos de dormir como também pelo contato humano transmitem os micróbios que sabotam a vida sadia.* O papai se explica, dizendo-nos que a proibição é por questão de higiene e de saúde. Nos casos de convivência passageira com animal de rua, manda o filho lavar as mãos com álcool. Usa o mesmo argumento para não deixar a Etelvina servir legumes frescos sem os passar pela água fervendo ou sem os frigir na banha, com alho pilado, sal e cebola picada.

Passei praticamente toda a infância sem comer alface e tomate. Jabuticaba, goiaba e manga não escapam da água ensaboada. Até a fruta apanhada nas árvores do quintal tem de ser lavada e lavada. Excetuam-se a banana-maçã e a laranja-seleta. Protegem-se pela casca.

Minhas duas irmãs nada têm a ver com a Lili. Papai não as libera para o desenvolvimento do amor materno com bonecas. A Hilda se dedica a dedilhar o piano e se encaminha para o magistério, enquanto a Nilda, aluna do Colégio Santa Teresinha, de freiras, cada vez mais emboneca a si mesma e se torna mais e mais egocêntrica e rebelde à madrasta. O papai expulsa do calendário doméstico a festa de aniversário dos filhos. Nunca a comemoramos. Poucos são os brinquedos infantis que recebemos e que poderiam ter nos encantado.

Lembro um velocípede. Ainda em boas condições passei-o para o Haroldo.

Minha atenção boia mais durante as aulas de aritmética.

Minha madrasta, depois de lido o recado escrito a ela pela dona Luluta, me informa que encontro dificuldades em aprender as quatro operações aritméticas. Somar, diminuir, multiplicar e dividir. Somo e subtraio razoavelmente. Atrapalho-me todo na hora da multiplicação e da divisão. A professora pergunta à minha madrasta se um dos irmãos mais velhos não poderia me treinar no uso da tabuada. Depois de ler o bilhete posterior, a Jura complementa a escrita alheia com um puxão de orelha: *Você está ficando pra trás dos colegas, até mesmo na leitura da cartilha adotada. Você tinha começado tão bem as aulas. Foi o primeiro aluno a ler todo* O livro de Lili *sem dificuldade alguma.*

A frequência escolar não diminui o consumo dos gibis e não falto à poltrona marcada no cinema. Aprendo lições mais atualizadas de geografia e história.

Pergunto-me ainda. Por que não desenvolvi o ouvido apurado para a música? Não conseguia desligar a imaginação durante a aula de canto orfeônico?

Não é, pois, gratuita outra pergunta que a dona Luluta faz em bilhete e que a voz da minha madrasta me transmite. Pergunta-nos: *Será que a Hilda, já normalista, não poderia acompanhar o Vaninho ao piano, ajudando-o a memorizar a letra dos hinos e a não desafinar tanto?* Ao lado dos demais colegas, todos nós de pé, emudeço tão logo vamos além dos primeiros versos do Hino Nacional. Em compensação, divirto-me silenciosamente com a paródia divulgada por um dos malandros da turma, que se canta ao som dos acordes iniciais do hino: "Laranja-da-china, laranja-da--china, laranja-da-china,/ limão-doce, abacate e tangerina".

O professor de ginástica me diz preguiçoso e acrescenta que pretende me deixar de lado nas aulas seguintes. *Que eu me cuide.* Não é só à ginástica que não me dedico, também não gosto de jogar bola com os colegas. Aconselha minha madrasta: *Você está muito magro e o exercício físico lhe faria bem.*

Eu visualizava dona Luluta pelo teor dos recados e ainda a visualizo, menos como mera professora primária e muito menos como pedagoga.

Trago dela a imagem afável e delicada a me acompanhar durante os quatro anos do curso primário. Traz o rosto pronto para me lançar um olhar que não se revela como de pena. Seu rosto é um pedido de misericórdia. De *misericórdia* e não de *compaixão cristã*. Em seu olhar misericordioso reluz o interesse pelo aluno carente de afeto, reluz a solidariedade para com o menino que sofre tragédia pessoal. Os olhos atentos se abrem e se sustentam no companheirismo entre os dois. Silencioso. No rosto da professora não transparece a auréola de superioridade espiritual que desce das figuras femininas expostas na matriz de São Vicente Férrer. Afável e delicado, seu rosto manifesta desejos vagos e, ao mesmo tempo, fortes de bem-estar e, por isso, tão eficientes no desenvolvimento da minha memória.

Desde que ponho os pés na sala de aula, o olhar misericordioso e único da professora açambarca e abranda a tragédia íntima do aluno, que ecoa nos olhares focados dos colegas sentados nas filas paralelas de carteiras.

Não há como não enxergar no meu couro cabeludo a tosa recoberta pelas tiras de esparadrapo branco, tingidas de iodo e dispostas em cruz; não há como não se assustar com o escandaloso curativo que reluz como anúncio de desgraça.

O adjetivo "compreensivo",[32] será que ele qualificaria à perfeição o olhar misericordioso da dona Luluta?

Nossa professora primária endossa uma perspectiva de conhecimento do aluno que não passa pela motivação institucional e justifica o interesse particular pela criança castigada pelo acaso da morte em tenra idade. Seu olhar é afeto puro e abraça o silêncio. Afeto e silêncio são enigmáticos e liberadores da dor de viver do menino e, ao mesmo tempo, sustentáculos da alegria de ser. Pelo respaldo do silêncio cúmplice, o afeto purifica a mente perturbada do aluno, possibilitando-lhe assumir a própria e intensa luz, amputada pela fatalidade.

O afeto se explicita menos pela aproximação física da mão feminina, envolvente e carinhosa, e mais pela capacidade de apreender — pelo lance súbito do olhar que se direciona atento ao objeto — o todo da criança que se recolhe, se encolhe e se retrai. Silenciosa e amorosa é a picada que o olhar abre em direção ao outro que se deixa recobrir pela atenção humana, ainda que não seja capaz de me reconhecer na particularidade ou na complexidade de minhas emoções. Ela me quer íntegro. Manifesta-se de modo astuciosamente ordeiro. Adota um método único e original. Sem dialogar comigo, dialoga com minha madrasta que conversa comigo. Desenrola um mandamento. *Ponha ordem na vida*. Recebi-o dela e o internalizei. Não há que ser obediente para ser ordeiro. A lei da ordem é desenvolvida pelo desejo de ajustar os fragmentos consequentes da dor em composição harmoniosa. Até hoje, sigo firme nesse propósito, embora me encabule nos momentos em que me olho no espelho e me enxergo tão cartesiano e absolutista.

Não há, no entanto, profundidade suficiente no carinho que o olhar compreensivo da dona Luluta emana. A motivação para o afeto professoral não camufla o jogo sentimentaloide de adivinha. É fácil para o aluno descodificá-lo como superficial e é ainda mais fácil para ele acatá-lo como solução passageira. Certo também é que o gesto de afeto da dona Luluta não fica à espera da boa repercussão profissional dos seus ensinamentos, que gratificaria a mestra misericordiosa.

Trata-se de manifestação de afeto superficial e desmemoriada. Tão instintiva quanto a reação do dedo indicador da mão direita que, a descascar laranja, se deixa cortar pela lâmina afiada do canivete. Tão inesperada quanto a desatenção do couro cabeludo que, ao trombar com o trinco aberto do portão de ferro que se alonga no espaço de passagem do corpo, se deixa rasgar e sangrar. Há o afeto. O carinho da professora pelo aluno sofredor é tão desmemoriado quanto o abraço amigo entre eternos desafetos no instante inesperado de concórdia. Tão desmemoriado quanto a delicadeza que move para o alto a mão direita com a intenção de acariciar a pele alheia sem interesse maior que o de exprimir silenciosamente: *Estamos juntos. Conte comigo.*

Eureca! — exclamou o matemático grego Arquimedes de Siracusa. E exclamarei eu anos mais tarde ao reconhecer minha professora na caracterização duma professora primária por romancista de minha admiração. Imagine-se a intensidade do misto de surpresa e prazer que me invade ao ler, já estudante universitário, o capítulo intitulado "D. Maria" nas memórias da infância escritas por Graciliano Ramos.

O escritor alagoano imagina e escreve a metáfora precisa que surpreende, acarinha e elucida a mente e o olhar *compreensivos* da dona Luluta. Graciliano lembra a antiga professora e imagina a metáfora que a significa. A metáfora da *perua*. Quando a chuva despenca, tem uma só preocupação. Abre as asas para acolher, abrigar e proteger os peruzinhos.

Como capturar com uma imagem o que torna única a professora das primeiras letras e definitivo o papel do seu labor na formação dos alunos? Graciliano Ramos enuncia a verdade do magistério. Sob a forma de metáfora, ela rola para a folha de papel em branco como o rochedo do alto da montanha para a planície. Estoura a página escrita. Eu tinha procurado em vão a expressão exata. Tento apreender a emoção pelos entornos circulares, sempre variados, fugidios e imprecisos. Quase inapreensíveis pela frase e, por isso, razão para a busca desesperada e fatal da palavra exata, que redunda em nada.

Graciliano é mestre. Acerta em cheio.

A metáfora que descubro em *Infância* logo se torna detalhe *inimitável* da imaginação criativa alheia. Torna-se objeto de roubo. O jovem escritor se apropria dela para descrever a sensação com que o olhar compreensivo de dona Luluta me presenteava. Desaparecem o encanto, a surpresa e o prazer despertados pelo achado.

Sobra o ódio. Na conta de débito.

Por que outro escritor apreende a experiência que julgo exclusivamente minha e que, a princípio, só seria passível de ser transferida ao leitor pela minha própria escrita?

Orgulho ferido — é esse o fundamento do prazer da leitura do grande autor moderno e do ódio literário sentido pelo principiante. Fundamento do prazer da leitura e motivo obscuro que leva o escritor a aceitar e a acolher, nesta página, a metáfora alheia. Espera que, com a ajuda do outro, tenha reduplicado a riqueza semântica do seu escrito.

Por a repetição do roubo ter sido agudizada tantas vezes em minha vida literária, meu ódio é suave ao reler o capítulo do livro *Infância*, para citá-lo. Tão suave que me deixa perceber detalhe que tinha passado despercebido. Graciliano Ramos se confessa também ladrão. Escreve que tinha roubado a imagem feliz de outro autor, e pior, "de um pregador desajeitado".

Estamos quites, somos os três — o pregador, o mestre e o discípulo — *autores* de metáfora canhestra e original, e toco em frente.

Antes, parafraseio o essencial do retrato da professora dona Maria para o leitor.

O menino Graciliano dá os primeiros passos no aprendizado da leitura sob o comando de dona Maria. Ao descrever a experiência em sala de aula, percebe que o comportamento da professora se destaca pela afabilidade de temperamento e pela voz branda a corrigir os erros cometidos pelo menino. Ela não lisonjeia o aluno nem o magoa. Ela, por sua vez, não é triste nem alegre. Dos olhos doces e da boca entreaberta se derrama um sorriso que rejuvenesce permanentemente sua cara redonda. Com paciência, a professora vira a folha do livro e aponta a linha seguinte para o aluno. O menino lê a frase seguinte e se diz seduzido menos pelas palavras do que pelo vestido claro e limpo que a professora veste e pelo cheiro agradável que exala.

Contrasta seu cheiro com o das pessoas comuns. Exalam odores fortes e excitantes, de fumo, suor, banha de porco, mofo, sangue. E bafos nauseabundos.

O acontecimento escolar aparece ao aluno numa claridade tênue, que altera e purifica as desgraças.

Graciliano rouba a metáfora da perua de certo pregador desajeitado. Vale-se de aspas para assinalar o furto e dar o direito de propriedade ao orador religioso.

"Nossa Senhora é como uma perua que abre as asas quando chove, acolhe os peruzinhos."

Graciliano Ramos rouba e trapaceia. Troca Nossa Senhora por dona Maria. A troca torna-se capital na compreensão da imagem inventada pelo pregador desajeitado. Na verdade, ele a ressignifica. Faz-se seu o roubo. Em aparte, Graciliano diz ao leitor: *Esqueça a imagem sacra, que conhecemos de litografias.*

Dona Maria nada tem a ver com o vestido azul-celeste e o véu branco de virgem. Não é o êxtase nem a auréola que tornam iluminada a figura de Nossa Senhora no altar. A perua que acolhe os peruzinhos traz vestido de chita claro e limpo. Sua figura não brilha à luz de vela. Seu corpo não cheira a incenso.

Enxergue dona Maria na simplicidade de camponesa nordestina, de bicho doméstico a encantar os olhos de criança interiorana.

Roubo as palavras finais de Graciliano. A professora é "essa grande ave maternal" e nós, seus alunos, "uma ninhada heterogênea". Sob suas asas, "perdíamos na tepidez e no aconchego, os diferentes instintos de bichos nascidos de ovos diferentes".

Dona Maria/dona Luluta é o teto concreto e simbólico da escola pública brasileira que, em caso de inesperados terremotos sentimentais ou comunitários, acolhe, abriga e protege a ninhada heterogênea de bichinhos que, todas as manhãs, bate à porta da sala de aula com fome das primeiras letras. Acolhe, abriga, protege e aninha. Solidariza-se com o menino que se desassocia da comunidade pelo prazer de afirmar a individualidade pela única obediência aos instintos transportados pelo rio do sangue familiar. Protegido sob as suas asas de perua maternal, ele, eu e todos nós somos os bichinhos inapelavelmente irmãos e irmãs.

A inibição a orientar o sentimento de amizade que sinto pelos meninos e meninas da minha idade tem de ser complementada pela imagem da perua, oferecida à dona Maria por Graciliano Ramos.

Por um lado, a retórica sensível e eficiente do romancista nordestino invalida o absoluto da premissa da minha solidão, que se substantiva no companheirismo que busco nos protagonistas das histórias em quadrinhos e dos filmes, e, por outro lado, reitera a pertinência da observação sobre o bem-estar que experimento se e quando sob a guarda de adultos ou de pessoas em idade avançada. Se eu tiver sido solitário em casa estreita e povoada por multidão, não o serei enquanto aluno das classes anexas à Escola Normal. Em dia de tormenta sentimental, o olhar compreensivo da dona Luluta abre as asas para me perfilhar. Compartilho com os demais a sensação de pertencimento à turma. Sinto-me reconfortado e tranquilizado e isso me basta no ambiente escolar, para onde transfiro com parcimônia — e sem atrevimento — o gestual do meu corpo machucado. Tepidez e aconchego, recebidos em sala de aula, associam os instintos de bichinhos nascidos de ovos diferentes e nos soldam um ao outro em modo que eu não teria conseguido expressar, não fosse a tardia descoberta da metáfora em memórias de Graciliano Ramos.

O Leopoldinho e o Henrique.

Aceita a metáfora de Graciliano Ramos para a professora primária, ela se torna anacronicamente corresponsável por eu ter me aproximado dos colegas acima nomeados. Transformei-os em dois amigos reais. Não os enxergo apenas como parte da ninhada. Esqueço como são e agem em sala de aula. Entrego-os ao leitor sem os dados corriqueiros dos respectivos comportamentos diários em sala de aula.

Esse esquecimento voluntário não deixa de ser a maior das dificuldades em que tropeço para tratar da gênese de nossa amizade tripartida.

Entre meus olhos e os olhos deles, de alunos, baixa um cortinado transparente. O Leopoldinho e o Henrique são — nós três somos feitos da mesma matéria que molda e cria os heróis dos gibis e dos filmes.

Explico-me. Os momentos de felicidade que me tomam ao enveredar os olhos pelas páginas dos gibis e pela tela do cinema — eu os transfiro aos dois colegas de turma que assomam ao meu mundo de fantasia e a eles os dou de presente. Somos felizes os três. Os dois estão aqui, na escola, e estão representados. Assinale-se, no entanto, uma diferença. Os super-heróis estão na idade madura, são seres humanos realizados. Já os dois amigos são crianças e apenas prometem o melhor de cada um. Eles se potencializam com vistas ao futuro, que se me representa e se descortina apenas nas tramas ficcionais que me fascinam e modificam meu modo de enxergar nossa cidade e seus habitantes.

São amigos porque eu os torno — ou eles se tornam — indispensáveis na imaginação de leitor de gibi e espectador de filmes.

Fora da sala de aula, surpreendo os dois colegas e os admiro pelo alicerce de esperança que, eu imagino, só eles, entre todos, têm o direito de pisar.

Despersonalizado e acolhido pela minha imaginação, o colega se adentra pelo mundo em que sonambulamente habito. De imediato, ganha nova personalidade, nova roupagem e novo estatuto. É amigo. Não adquire qualidade de sonâmbulo. Essa condição é exclusivamente minha e intransferível, e será sinal, ainda que não tão evidente, da liderança que busco entre os três.

Não é minha memória única a garantia de sobrevida das três vidas pela escrita?

A pergunta implica que sou o oposto de dona Luluta. Não neutralizo nem sacrifico o potencial de um e do outro colega nas respectivas afirmações de singularidade. As qualidades que cada um, à sua maneira, ambiciona e toma de empréstimo são as de super-herói que escapa à minha capacitação.

Relembro a imagem da *perua maternal*. Enriquece-me incorporar a precisão e o encanto de mestre à minha insuficiência literária. Do momento em que adjetivo como excepcionais os comportamentos do Leopoldinho e do Henrique, estou encorajando-os a assumi-los e a sobrepô-los à vidinha que levam em Formiga. Por outro lado, à medida que os vejo viver a vida à maneira dos super-heróis, minha admiração por eles fermenta e cresce como o bolo de fubá que Etelvina enforna. Não obedeço mais aos limites da forma em que me fabricam. Desobedeço a eles. Dou alforria a um e a nós todos nessas palavras. Alteio-me, ao mesmo tempo, como líder.

Um alerta dado por desconhecido é que me dirá que o Leopoldinho e o Henrique se tornaram e são meus amigos. A pessoa desconhecida passa por mim na rua e, de repente, me diz que formamos uma trinca. Formamos.

Sob a aparência de dois colegas de turma, uma dupla de heróis despenca das páginas do gibi ou se desgruda da tela do cinema e cai nas ruas de Formiga e saímos os três a vagar pelos sonhos de grandeza da infância. Somos trinca, embora caminhemos dois a dois. Dois a dois: minha imaginação é naturalmente seletiva. O sábio Leopoldinho e o atleta Henrique não se encaixam na mesma trama. Não gosto de confundir heróis e suas façanhas. Isolo a cada um.

Sobra algo no Leopoldinho que falta ao Henrique. Sobra algo no Henrique que falta ao Leopoldinho. Sobra algo no Leopoldinho e no Henrique que me falta.

Ao tocar a vida diária pra frente, a cumplicidade se torna mais e mais ficcional. A meu gosto é maneira, imagino como cada um dos dois se imagina e é, e como, se associados em trinca, vivem e querem viver. Abandonam a condição comum de mortal aos colegas de turma. Ensaiam os primeiros passos em direção a objetivos que se lhes afiguram como liberadores da índole provinciana.

Na rua, nossa saudação é nossa senha de entrada em território desconhecido. *Shazam!* Ao pronunciar o nome do mago que remonta à Antiguidade, soletramos, pelas respectivas iniciais, os nomes dos deuses que nele estão codificados. Salomão, sabedoria; Hércules, força; Atlas, resistência; Zeus, poder do relâmpago; Aquiles, coragem; e Mercúrio, velocidade.

O Leopoldinho tem pendor para a abstração e a toma como local de refúgio do corpo e meta final da inteligência. Não perde tempo em observar os objetos e as pessoas que rodeiam e se impõem ao olhar. Não lembro tê-lo visto deter a atenção em detalhe do que quer que seja, e comentá-lo. Ao optar pela apreensão do todo, ele perde a graça dos olhos dilatados pela atenção obsessiva à bola de futebol, que me encantam no Henrique. A compreensão da minúcia que constrói o futuro não é o forte do Leopoldinho.

Cometo anacronismo etário: meu amigo é semelhante ao cientista que busca as leis gerais que regulam o mundo em que vivemos para lhe justapor, impondo-lhe as diabruras cerebrais, sua vontade. Anda nas nuvens e só desce à terra para nossa conversa. Calculo que tenha entrado em muita casa que não é a sua. Todas as casas da cidade são uma só: o laboratório do dr. Silvana. Lá dentro, entre mil e um aparelhos imaginados por ele, põe em prática as maravilhosas maquinações que lhe ocorrem diariamente. A cidade do interior se encontra esfumaçada por verdades absolutas. Sua mente abre e desenvolve perspectivas. Confunde-se com a imaginação de inventor. Não reproduz nada do que já existe e está à mão. Dá forma e função a ideias que ainda não circulam e que só podem virar realidade em sua mente, ou em fala com o amigo.

Decidi que o Leopoldinho seria meu amigo no final da manhã em que caminhávamos da Escola Normal de volta à parte antiga da cidade. Paramos os dois no meio da ponte que atravessa o rio Formiga.

Damos as costas para o calçamento, onde transitam variados veículos e animais, e nos debruçamos na amurada. Ficamos equidistantes de dois postes de luz.

O Leopoldinho levanta perigosamente o corpo. Os pés perdem contato com o cimento da calçada e a cabeça ultrapassa o cimo da amurada. Dobra o pescoço para baixo. Enxerga a correnteza da água que, ao me agachar precavido, vejo por entre as balaustradas. Enfio os olhos entre as colunas paralelas e os volto para cima. Esqueço o rio lá embaixo e vejo seu rosto lá em cima. Ele está a cismar. Com o corpo quase a despencar da amurada, me diz algo sobre a água barrenta que corre a nossos pés.

Não se refere às imundícies da cidade, que ela carrega no lombo.

Refere-se ao movimento retilíneo que toma nos braços a massa compacta de água e a leva de roldão mundo afora, como se fosse uma só gota.

Fala da sensação da água ao se aproximar da ponte que só ela vê ao longe. Fala de como o rio avança e transpõe a ponte. Atravessa-a feliz por tê-la alcançado e a deixa pra trás, em saudades.

A massa d'água corre rápida e antecipa seu futuro no passado. Sob a ponte, goza a sombra do presente enquanto se distancia para o futuro. Acrescenta que o tempo passa veloz e nos escapa a cada segundo. A água corre. Já foi e já não é. Desaparecerá no dia em que desaguar no rio São Francisco.

Enquanto eu retiro o rosto de entre as balaustradas e me levanto, o Leopoldinho desdobra o corpo suspenso na amurada e o abaixa até o chão.

Estamos os dois de pé, lado a lado, recostados na amurada da ponte.

De repente, solta uma expressão que me surpreende. "Puxar ideia!"

Levanta a mão direita, faz com que os cinco dedos se transformem em sete ou oito e se aproximem uns dos outros em imitação de cabecinha de ave e seu bico. Leva a cabecinha de ave e seu bico até a testa, e, como se os mil dedos fossem bico de ave e pinça, bicam algo que está guardado lá dentro da cachola. Põe-se a repetir a expressão. A cada vez que diz "puxar ideia", redobra o braço direito, empresta aos dedos a forma de pinça e bica a ideia lá dentro da testa. De novo desdobra o braço e abre a mão e a estende, totalmente aberta, à paisagem ao infinito da eternidade que se nos depara da amurada da ponte sobre o rio Formiga.

Sou por demais submisso às sensações do corpo sob o peso concreto e o efeito dos cinco sentidos. A expressão "puxar ideia" não me intriga. Intriga-me a personalidade precoce de cientista louco. Para mim, o rio Formiga é a massa d'água que, ao percorrer seu caminho, vai carregando a tralha humana, vegetal e animal que nele ganha condução de graça; é também o canal onde os grossos canos de esgoto da cidade depositam a cada minuto do dia e da noite tudo o que é a sujeira consequente do trabalho humano em casa, na rua, nas lojas e nas fábricas. A tal ponto a água foi apodrecendo, que os moradores mais pobres não pescam mais peixes das suas margens.

Digo ao amigo que não é o tempo que a água carrega. É a imundície do mundo.

Olha-me assustado como se tivesse me transformado em animal selvagem que salta do quadrinho e, com as garras de rapina, o abocanha de surpresa.

De chofre, me pergunta por que fico lendo gibi e assistindo a filmes.

"Para não enxergar", respondo-lhe.

"Para ver", ele me corrige.

"Para ver o que não quero enxergar", repito minha frase, aceitando a correção.

"Puxe ideia!", me aconselha novamente. "Comece a enxergar o que vê."

"Não consigo enxergar e ao mesmo tempo ver. Quero enxergar porque não posso ver. Quero ver porque não posso enxergar."

"Nunca enxergo", retruca o Leopoldinho. "Meu prazer na vida tampouco é ver."

"É ver o que ainda não existe", ele arremata.

"Não sou assim", lhe digo. "Gostaria de ser assim."

Não teria sido difícil inventar palavras a mais para o Leopoldinho. No entanto, ao trair a memória pelo acréscimo desmedido, não estaria também traindo o rumo da amizade e da conversa que, tão logo mudo para Belo Horizonte, sofrem solução de continuidade? Perdi-o no espaço. Não se perderam os confrontos entre os dois meninos porque os preservo em diálogo constante. Com pequenas diferenças e nuanças, nossas palavras de então vão se repetir no local e na hora que convencionamos serem os de "puxar ideia!". Certo é que, de pé no meio da ponte, recostados na amurada, perdemos a sintonia com os ensinamentos disciplinares das classes anexas. Ali, não se retomam as palavras sábias da dona Luluta nem se aperfeiçoam as informações que ela nos inculca com delicadeza e sabedoria. Sobrepaira o desejo de nos desincompatibilizar do aprendido, inventando possibilidades de fala e de ação que transgridem os muros da escola.

Tanto em fala como em escrita não há silêncio. Silêncio é tempo. Há espaço.

Este que abro agora, para separar o Leopoldinho do Henrique.

Pela tarde, no campo de futebol do Formiga Esporte Clube, o Henrique é corpo que se exprime em gestos. Quanto mais equilibrado e elaborado se torna o balanço do corpo, mais se expandem os músculos da perna em disposição para o exercício de força. Henrique quer ter controle sobre uma gama infinita de habilidades físicas que, se dominadas por treinos diários, lhe possibilitariam se afirmar e sobreviver como jogador de futebol.

Despedimo-nos à porta da Escola Normal e, depois do almoço, nos reencontramos no campo de terra batida. A sede do Formiga Esporte Clube fica pouco abaixo da Metalúrgica do Pascoalino Natale e não muito distante das areias brancas que, tranquilamente assentadas, assistem à passagem ininterrupta do rio Formiga. Vez ou outra, a pá de caminhoneiro as obriga a perder o assento nas margens do rio. São transportadas para alguma residência em fase de construção. Toda a área ribeirinha do campo de futebol — que pode ser visto bem à direita dos fundos do quintal lá de casa — é de terreno plano.

É dos fundos do quintal que enxergo ao longe o colega de escola.

De alto a baixo inundado de suor, vestido de calção branco,

descalço, exercita-se com a bola de futebol, sem camisa. Visto de lá, é gracioso e quase cômico. Assemelha-se a palhaço de circo no picadeiro ou a polichinelo em conto infantil. Se sua figura for isolada do contexto, nada do gestual faz sentido. Pernas e braços se enrolam ao corpo mulato para fazer o colega de escola ou a plateia rir. O Henrique deixa os pés se movimentarem na condução da bola de borracha. Enroscam-se uma vez mais ao corpo e o levam ao chão. A pele já calejada dos joelhos não se fere. Levanta-se e, cambaleando, busca, com a ajuda das asas dos braços, o equilíbrio indispensável para manter a bola nos pés e não voltar a cair. Avança a perna direita com segurança, depois a esquerda. Ganha firmeza e atitude. Ao se aprumar de vez, o corpo ganha galeio. Ginga pros lados, mas não perde a direção. Mais e mais se apruma, mais e mais tem consciência do que é — um corpo de menino solitário que, pelo excesso de passos ensaiados, sai da rotina do comportamento infantil. Começa a correr pelo campo, avança em direção ao gol e, para se desvencilhar do que lhe aparece imaginariamente pela frente, estende mais os braços e começa a dar braçadas no ar, liberando finalmente o corpo para a investida. Pernas e braços, associados, são os motores do corpo inundado de suor. Tronco, pescoço e cabeça se movimentam como acessórios obedientes aos desígnios das pernas e dos braços. Parece um avião de pequeno porte que, contra a força do vento, ganha o impulso dado pela rotação das hélices e avança rápido pela pista e se lança em voo.

Com o correr dos meses, o corpo de pele mulata, descalço e magro, adquire ar senhorial.

Conversamos pouco. O Henrique se satisfaz com a condição de torcida que assumo. Sou o admirador que o observa, sou a testemunha que toma assento na arquibancada de poucos degraus que ladeia o campo de futebol. A arquibancada se faz acompanhar duma casinha que, nos dias de jogo do Formiga contra o Vila, é o vestiário dos jogadores.

As pernas agilíssimas do atleta ganham músculos e, por sua vez, passam a ativar a região lombar e o abdome. O corpo de rapaz se define. Os ombros se abrem e se tornam mais largos. Os calcanhares ganham asas como as do Príncipe Submarino e os braços, nova musculatura que ajuda o corpo a se portar como o de soldadinho de chumbo. Pernas e braços passam a obedecer ao comando do rosto suado e chupado, de maçãs salientes, dotado de visão de raio X.

Os dribles certeiros inventam adversários. Pernas e braços não se tornam apenas mais musculosos, tornam-se sobre-humanos. São ágeis, disciplinados e habilidosos no toque da bola, que passa a ser a única companheira durante as tardes em que, sozinho, fica treinando sem técnico. Os pés descalços, calejados pela pisada pesada em pedrinhas soltas e em terra vermelha, carregam a bola por longas arrancadas e só param quando têm a certeza de que chega o momento do chute em gol.

Solitário no imenso e vazio campo de futebol, o jogador, com o suor a escorrer por todos os poros, se torna fominha de gol. Ao driblar a um e a todos os adversários imaginários, se autodefine como atacante agressivo, de estilo pessoal e inimitável, pouco afeito a ficar à espera, já tendo atingido a linha de fundo, da bola a lhe ser passada por companheiro. Nas arrancadas, sai pouco pelas laterais. Avança pelo centro e em linha reta. Cava o gol. Sua marca registrada de jogador é impressa no dia a dia solitário, silencioso e infinito em que, autodidata, aprende sem a garantia de saber ensinar a outro o que sabe.

Não posso imaginar quem teria sido seu primeiro companheiro e adversário em carne e osso.

Poderia ter sido eu.

Bem que penso em deixar a arquibancada e entrar no campo. Tento. Descalço os sapatos e tiro as meias. A sola dos pés é delicada e se fere logo nos primeiros passos dados no cimento áspero da arquibancada. Se fosse chutar a bola, ainda que de pequeno porte e de borracha, quebraria o dedão do pé.

O Henrique reconhece que não levo jeito para a pelada e, com perfeccionismo, exibe a superioridade de atleta. Nossa conversa se trava pelos olhos. A família do Henrique não pertence à pequena burguesia da cidade. Silencioso, eu o admiro a controlar e a levar a bola de borracha pelos pés como ao Príncipe Submarino a bater as pernas e a dar braçadas pelas profundezas do oceano.

Somos dois solitários em efervescência contínua.

Seu corpo físico ferve e sua, a fim de extrapolar, pelo treino cotidiano, os limites concedidos ao simples prazer de caminhar e de correr. Para ele, o gestual do corpo, se aliado à velocidade no deslocamento pelo espaço, tem fim em si, que é resumidamente a monitoração perfeita e eficiente da bola nos pés pelos pés. Minha imaginação ferve e respinga palavras e imagens. Quero extrapolar os limites impostos ao comportamento diário pela educação paterna. No meu caso, os meneios da mente se desassociam do caminhar balanceado do corpo. Se atacado pelos objetos que o rodeiam, meu corpo é instruído a escapar deles, alçar voo a fim de aperfeiçoar nas alturas a experiência adquirida no conhecimento do mundo pela observação sensual.

São poucos os amigos, mas muitos os conhecidos. Nada encontrando no outro que de mim se aproxima, nada nele me entusiasma. Sou seletivo demais.

Nada aprendo com as amizades impostas pelas relações sociais definidas pelo papai, pelos irmãos mais velhos ou pela madrasta. Pelas circunstâncias da vida, sou forçado a me tornar amigo dos filhos do João Branco, o dono do armazém Modelo que adquiriu a nossa casa na rua Barão de Pium-i. Eles são três, em escadinha. João, Luiz e Fernando. Saio de casa na rua Silviano Brandão, caminho até a praça, dobro à direita, subo a escadinha que leva ao alpendre da antiga casa e entro sem bater à porta. Passo muitas horas das tardes em companhia deles. Andamos juntos, ou em pequeno grupo.

Pouco ou nada me lembro das conversas e das brincadeiras.

Só a espora abstrata da Amizade marca o lombo do cavalo a trotar pela cidade. Só ela deixa as marcas que são preservadas.

Já com moradia na rua Mato Grosso, em Belo Horizonte, sou um dia alertado pelo papai. O João filho tem sério problema urinário e terá de viajar sozinho à capital para se submeter a delicada cirurgia, ainda de caráter experimental. O médico escolhido não poderia ser melhor, o dr. Silva de Assis. O hospital escolhido é o antigo São Vicente de Paulo (então, associado à Santa Casa de Misericórdia e hoje parte do conjunto de hospitais da UFMG), no bairro de Santa Efigênia. O Joãozinho deverá ficar internado por ao menos duas semanas.

Durante os dias de trabalho, depois das aulas e do almoço, e, desde cedo na manhã, aos sábados e domingos, sairei de casa e tomarei o bonde de Lourdes na rua Santa Catarina com Aimorés. Descerei na praça Sete, onde tomarei o bonde de Santa Efigênia. Passarei todas as tardes da semana no quarto do hospital, fazendo companhia ao Joãozinho. Terá de permanecer em repouso total. Sou de natural obediente e responsável. Carregarei alguma revista ou livro comigo.

Impressiona-me a sonda urinária que passa por debaixo do

lençol branco e jorra o mijo num recipiente de vidro, dependurado em barra lateral da cama.

A internação no hospital se repetirá em dois anos. Pequenos reparos se tornam necessários em decorrência de problemas derivados da primeira cirurgia. O jovem paciente será submetido à segunda cirurgia, agora sob a responsabilidade do dr. Aparício, filho do dr. Silva de Assis. Somadas as duas temporadas, convivemos num quarto do Hospital São Vicente de Paulo por mais de mês, no início dos anos 1950.

Não me lembro duma só palavra da nossa conversa diária.

Lembro, no entanto, das sucessivas conversas diárias que mantenho com o dr. Silva de Assis sobre sua especialização em urologia na Alemanha. Às vezes, para meu desespero, são interrompidas ou terminadas por algum chamado de urgência. Conversamos de maneira intermitente. Ele, acompanhado da enfermeira, se detém no exame cuidadoso do corpo operado do rapaz e ordena a troca do curativo. Lembro bem menos das conversas com o dr. Aparício, médico com compleição de atleta e de temperamento diferente do pai. Este, um interiorano rústico que se trai ao adornar o pescoço com gravatinha-borboleta. Aparício é pouco expansivo, pessoa monossilábica e de prosa mão de vaca. Seu pai, não.

Poderia ter adivinhado que, quando fundamento do saber e do poder político, a desassociação do bem e do mal me seria apresentada em viva voz pelo dr. Silva de Assis e teria efeito prospectivo em minha formação universitária em Paris? Sua experiência no passado germânico, nos anos 1930, se refletia em minha experiência no futuro francês, nos anos 1960. Para os dois brasileiros em formação universitária, a Alemanha de Hitler, responsável pelo Holocausto, se casava com a França do general De Gaulle, a bombardear a Argélia.

Ao ver que leio artigo de revista em que se narram acontecimentos ligados à Segunda Guerra Mundial, o dr. Silva de Assis me conta que ele, quando da ascensão ao poder de Adolf Hitler, viaja à Alemanha para se especializar em urologia num hospital católico de grande prestígio internacional. Entre as brechas das palavras do médico, o leitor de gibis se dá conta de que elas estão a aprovar as artimanhas diabólicas do dr. Silvana, o cientista do mal, inimigo ferrenho do Capitão Marvel.

Em 1961, chego a Paris pela primeira vez. Mais intensos se tornam os ataques das tropas francesas contra os colonos argelinos. Lembro-me constantemente das narrativas do dr. Silva de Assis sobre Berlim, que eu escutava no hospital de Santa Efigênia. Viajo com bolsa de estudos concedida pelo governo francês, para fazer o doutorado em Literatura Francesa, na Sorbonne.[33] Se hoje padeço da experiência suplementar das atrocidades cometidas durante a Guerra da Argélia, que revisito posteriormente no filme de Gillo Pontecorvo, A Batalha de Argel (1966), acrescento que aproveitei dos padecimentos para descobrir e assumir as contradições do viver na periferia do Ocidente e estudar na metrópole europeia, que me jogavam de supetão para a pesquisa no menosprezado período colonial da cultura brasileira.

O dr. Silva de Assis continua sua fala. Descreve-me a experiência de estudos avançados e de vida na alegre e feliz cidade de Berlim durante o regime nazista. Não acredito que esteja a dizer a verdade sobre a vida de estudante na Alemanha tomada pelo nazifascismo. Em interjeições e tatibitate, tomo o ponto de vista dos gibis lidos e dos filmes vistos e lhe exponho minha incredulidade.

Não chegamos a um acordo.

No início dos anos 1950, o dr. Silva de Assis ainda pensa que o país de Hitler, mesmo depois da derrocada que significaram a carnificina da guerra, o governo autoritário e ditatorial e a perseguição aos judeus, é o mais extraordinário do mundo.

O urologista de renome nacional não camufla a eterna admiração pelo povo alemão e por suas instituições médicas. Sei algo sobre sua biografia. Antes de regressar ao Brasil, casa-se com moça alemã. Em meados dos anos 1930, quando troca Berlim por Belo Horizonte, tem prazer em ensinar o idioma europeu no curso pré--médico da faculdade pertencente à Universidade Federal, curso logo depois extinto. Acrescenta que o bom nome da universidade germânica está tão difundido entre os mineiros que era uma pena que seu filho, nascido em Belo Horizonte, não fosse à Alemanha dar continuidade à sua experiência. Terminada a Segunda Grande Guerra, a Alemanha vive o seu ano zero, para lembrar o título do filme de Roberto Rossellini. O pai decide mandar o jovem Aparício estudar nos Estados Unidos, onde se forma.

Ainda alimentado pelos gibis que leio e pelos filmes a que assisto em Formiga, fico como que nu diante de dois médicos notáveis. Fascinam-me por terem posto os pés, pisado em terra estrangeira. Aprimoraram seu conhecimento científico em famoso hospital berlinense. São capazes de observações e de ter opiniões que advêm da vivência diária em outros países.

Mais converso com o velho médico urologista mais se embaralham as percepções do menino sonâmbulo. Elas permanecem recalcadas na capital mineira, onde aos trancos e barrancos passo a viver as benesses da modernização urbana proposta pelo governador Juscelino Kubitschek. Com desconfiança e suspeitas, adentro-me pela experiência de vida do dr. Silva de Assis como por trama mais fantasiosa que as de história em quadrinhos e de filme sobre a guerra. Só não me surpreendo quando diz que nasce em pequena cidade de nome Turvo, em Minas Gerais. Arremata, retirando os olhos do corpo operado e os dirigindo para mim:

"Tão pequena quanto a sua Formiga."

Ele acrescenta que deixa a cidade de Turvo para fazer o ginásio em São João del Rei e cursar a Faculdade de Farmácia em

Juiz de Fora. Por anos, clinica e opera interior afora, até se transferir para a capital do estado, onde cursa medicina na Universidade de Minas Gerais. Torna-se monitor na cadeira de Anatomia e, em seguida, assistente voluntário na cadeira de Clínica Cirúrgica. Durante as revoluções de 1930 e de 1932, não consegue se liberar da experiência no front de batalha. Torna-se médico do Corpo de Saúde da Força Pública de Minas Gerais.

Já sou seu admirador.

"Sinto-me preparado", me diz ele, "para me especializar em urologia na Europa."

Elege Berlim e, em virtude do interesse pessoal, o famoso Hospital Santa Edwiges. É recente a criação da clínica urológica na instituição de nítida inspiração católica, mas a fama do hospital já corre o mundo. Chega até a província mineira.

Pena que eu não tenha chegado a lhe confiar, enquanto cuida do corpo operado do Joãozinho, as grandes transformações que sua narrativa de vida opera nos meus futuros estudos em literatura francesa.

O autor agradece ao colega e amigo Maurício Hoelz pela inestimável ajuda na pesquisa.

Notas

1. Referência do ensaio do autor intitulado *Carlos Drummond de Andrade*, publicado em 1975 pela Editora Vozes. (N. E.)

2. Outro primo nosso, filho bastardo do tio Mário, irmão da mamãe, consta também da lista de expedicionários formiguenses. Sua figura e seu nome não circulavam então dentro de casa.

3. Verso tomado ao poema "Hotel Toffolo", de Carlos Drummond de Andrade: "[...] Não, hoteleiro, nosso repasto é interior/ e só pretendemos a mesa./ Comeríamos a mesa, se no-lo ordenassem as Escrituras./ Tudo se come, tudo se comunica,/ tudo, no coração, é ceia".

4. Leopoldo Corrêa, pai do Leopoldinho, meu colega na Escola Normal e amigo, informa que José Gonçalves, nascido em 14 de setembro de 1869, também mandou construir o Matadouro público e calçar várias ruas da cidade, entre outras a rua Teixeira Soares, "cuja obra foi feita às suas próprias custas". O historiador da cidade acrescenta que José Gonçalves "jamais procurou receber os proventos a que tinha direito como Presidente da Câmara [prefeito]". E finaliza: "militou na política de sua terra até às vésperas de seu falecimento a 28 de julho de 1945".

5. *Action in the North Atlantic*, Warner Bros, 1943.

6. José G. Albernaz, MD, *A Brazilian Youth: As Far As I Can Remember...*, Edição do Autor, impressa nos Estados Unidos da América, 2013, pp. 72-3.

José também não guarda o sobrenome Amarante. Adota Albernaz, tomado da família da mãe que o adota.

7. Cf.: "No passar dos anos, soube que o sr. Amarante [titio Neném] e dona Helena eram os proprietários da casa. Na realidade, nada sei sobre a compra da casa, mas suspeito que foi presente do pai do sr. Amarante. [...] Localizada dentro da avenida do Contorno e não distante do centro da cidade, estava plantada em lugar ideal. Escola primária a quarteirão e meio [...]; o melhor colégio privado a um quarteirão [...], e a quarteirão e meio a Escola de Medicina, de longe a melhor faculdade da Universidade Federal [...]".

8. Nos documentos referentes ao marido italiano se lê: Maria Thomasia Barbosa, nos referentes ao companheiro formiguense: Maria Thomasia Moreira.

9. Meu irmão, José Santiago Amparado, nascido em 1933, reafirma e homenageia tardiamente o nome completo do avô. Só ele traz Amparado no nome.

10. Segundo o historiador José Francisco de Paula Sobrinho, o nome Vespúcio foi criado pelo pai do recém-nascido, quando do registro civil. "Não há qualquer referência familiar ou emocional que o justifique", escreve ele. Teria sido tão gratuita a escolha? Não estaria ele satisfazendo uma vontade infantil de marinheiro, não estaria adivinhando a viagem futura do neto Donaldo? Como casam bem Donaldo e Vespúcio.

11. Quando falecia um membro da família Farnese, telefonavam a meu pai para pedir a permissão de enterrá-lo no túmulo da mamãe. Sempre a concedeu. O viúvo volta a casar-se em janeiro de 1942. Foi sepultado em 1968 em Belo Horizonte, no túmulo que será também da segunda esposa e dos filhos já falecidos.

12. Verso extraído do poema de abertura do livro *Losango cáqui*, de Mário de Andrade, a ser definitivamente enxertado mais adiante.

13. Retirei o verso de poema do livro *Losango cáqui ou Afetos militares de mistura com os porquês de eu saber alemão*.

14. A foto recobre a capa da primeira edição do romance *O falso mentiroso* (2004), de minha autoria, publicado pela Editora Rocco.

15. *A câmara clara: Nota sobre a fotografia*, publicado no Brasil pela Editora Nova Fronteira. Tradução de Júlio Castañon Guimarães.

16. O narrador proustiano o qualifica de "o são Sebastião do esnobismo".

17. Relembro. Também vêm do sul de Minas minha avó paterna, dona Maricota, companheira do vovô Amarante, e meu pai. Mas nem uma só vez filhos e filhas do primeiro casamento foram encaminhados por ele para a visita à família ou à região. A partir da nossa transferência para Belo Horizonte é que receberemos a visita de parentes do papai vindos do sul de Minas.

18. A firma é uma das principais casas comissárias. São elas as responsá-

veis pela compra, transporte e comercialização dos pequenos e grandes produtores regionais.

19. Jurandy Cabral Santiago escreve em *Um pedaço de vida*, suas memórias da vida na fazenda: "O baile foi de arromba. Havia quentão, broa, arroz--doce e muita comida caipira. De madrugada, foi servida uma grande ceia com leitão, pernil, farofa e muitas guloseimas. Dançamos a tradicional quadrilha e a festa foi até o raiar do dia. Tiramos fotografia, todos sentados na escada de entrada da sede da fazenda. Os convidados voltaram em carros e caminhões, oferecidos por meu pai. Essa festa me marcou e deixou boas recordações em minha alma".

20. O conflito que abre a novela *Uma vida em segredo* é o da decisão sobre o destino da prima Biela, no momento em que perde o pai e se encontra só no mundo. Moça criada sem mãe e na roça, solteirona e arisca, será ela acolhida pelos primos na cidade? Tornar-se-á a indispensável companheira da prima casada e também solitária? Ou será enviada pelo primo, designado seu tutor e testamenteiro, ao convento das freiras para lá passar o resto dos dias? Se acolhida em casa pelos primos, qual a função que terá e o papel que desempenhará junto à família?

21. No livro *Boitempo*, leia-se o longo poema "As moças da Escola de Aperfeiçoamento", de Carlos Drummond de Andrade. Cito alguns versos: "São cinquenta, são duzentas,/ são trezentas/ as professorinhas que invadem/ a desprevenida Belô? [...] Que vêm fazer essas jovens?/ Vêm descobrir, saber coisas/ de Decroly, Claparède,/ novidades pedagógicas,/ segredos de arte e de técnica/ revelado por Hélène/ Antipoff, Madame Artus,/ Mademoiselle Milde, mais quem?".

22. José Cabral é chefe de gabinete do secretário da Agricultura, Américo Giannetti (1947-50), e, por dois mandatos consecutivos, é eleito deputado estadual pela UDN (1950-60). Ao abandonar a política, será presidente do Clube Atlético Mineiro, desenvolvendo a atividade esportiva que foi do agrado do pai fazendeiro. Jurista com erudição humanista, ele explica com frase de Leonardo da Vinci sua decisão de jogar no ringue, antes da última rodada, a toalha da política: "Quem não pode o que quer, o que pode queira".

23. No ano anterior ao falecimento, meu pai, à semelhança do vovô Amarante, faz refletida divisão de bens. Em 1967 me comunica por carta a decisão. Estou em Paris, onde finalizo e defendo a tese de doutorado. Digo-lhe que abro mão da minha parte na herança. Discorda da minha decisão — me responde pelos correios, mas a acata. Já falecido, os irmãos me entregam a abotoadura em ouro de vinte e quatro quilates, mencionada. Com a broca do

463

motor dentário, tinha escrito nas duas pequenas chapas douradas as letras S e S. Temos as mesmas iniciais.

24. É evidente que, no caso do compositor erudito, ao ouvido se associam os olhos na leitura de partitura. No entanto, lembro-me do primo Tasso, surdo, a tocar piano e a me dizer que tinha tirado a melodia de ouvido. Existiria uma ultrassensibilidade que recobre o oco do ouvido surdo?

25. O psicanalista Jacques Lacan adverte que a relação do "eu" com o outro é, em primeiro lugar, uma relação de "objetivação". A criança se insere como *objeto* numa "ordem simbólica" (ou seja, na ordem da Linguagem e do Inconsciente). Ganha, pois e primeiramente, um lugar apenas nos desejos e fantasias da primeira pessoa de referência, sua mãe. A criança só pode advir como sujeito quando descobre que a realidade é organizada através de uma ordem simbólica. Essa descoberta vem junto com a descoberta da "organização fonética da realidade", como se observa de maneira exemplar no "Jogo do *Fort-Da*".

26. Em meados dos anos 1960, ensino literatura brasileira na Universidade de Rutgers (Nova Jersey, Estados Unidos da América), e me interesso em particular pela peça *A moratória*, de Jorge Andrade. Ela dramatiza a falência de um rico fazendeiro de café paulista, durante a crise de 1929. Leio e releio a peça com as turmas de graduação. Em seguida, escrevo um longo ensaio, "*A moratória* em processo", que é publicado na revista *PMLA* (número de maio de 1968).

27. Assinada por Artur Bernardes, a lei 16 780/1925 concede autorização à Sociedade Anônima Leon Israel Company para se fixar no Brasil. A Leon Israel iniciara nos Estados Unidos suas atividades, no começo do século XX. Inicialmente, é uma empresa familiar, com escritórios em Nova York, presidido pelos srs. Leon Israel e Leon Israel Jr., e em New Orleans, presidido por J. Aron (cunhado). Anos mais tarde, já no Brasil, a Leon Israel Agrícola desenvolverá a produção cafeeira nascente no estado do Paraná.

28. Emitido por estabelecimento encarregado da guarda e conservação de mercadoria, o warrant é título que atesta a seu portador a propriedade do objeto em custódia. É passível de ser vendido ou negociado.

29. O comissário passa a ser responsável por casa comissária do momento em que agrega à condição de simples intermediário entre o fazendeiro e o exportador a função bancária de financiador na compra de novas terras e na ampliação da produção de café. Tanto o comissário como a casa comissária eram, pois, dependentes das instituições bancárias, já que, para movimentação do seu capital, descontavam nos bancos as letras dos fazendeiros.

30. Ao se tornar a parceria oficial, funda-se o Banco da Lavoura de Minas Gerais, com sede em Belo Horizonte, capital do estado. Por bairrismo, o

coronel Moreira decide que as agências em torno de Santa Rita do Sapucaí continuem a se chamar — por um período de dez anos, até 1937 — Banco Santa-Ritense. Seu homem de confiança na capital mineira é o jovem bancário Magalhães Pinto, oriundo da cidade de Santo Antônio do Monte, com rápida passagem pela cidade de Formiga. Tendo como sócio o antigo chefe, o coronel Moreira, Magalhães Pinto fundará em 1944 o Banco Nacional de Minas Gerais, cuja primeira agência será aberta em Santa Rita do Sapucaí. Posteriormente, Magalhães Pinto será governador do estado de Minas Gerais (1961-66).

31. *O livro de Lili* é idealizado por Anita Fonseca e editado pela Editora e Livraria Francisco Alves. Nos anos 1930, na época da Reforma Francisco Campos, essa editora atua na produção de cartilhas nacionais no Rio de Janeiro, São Paulo e Belo Horizonte. Por cerca de três décadas (de 1940 a 1960), essa cartilha representa método hegemônico em Minas Gerais.

32. Não tenho receio em estar cometendo anglicismo. Uso o adjetivo também no sentido de "abrangente" e "amplo".

33. Destaco o poema "Brainwashing" em meu livro *Crescendo durante a guerra numa província ultramarina* (1978). O poema tem sua gênese nas conversas com o urologista mineiro, nos anos 1950. Reproduzo-o: "Em 1961, pelas ruas de Munique,/ procuro os tripulantes de destróieres e aviões,/ de sinistras risadas e monóculos ameaçadores.// Munique está resguardada./ Todos tinham morrido nas páginas do *Gibi*". Poderia ter imaginado que o mestrando Francisco Caetano Lopes, futuro professor da Universidade Stanford, nos Estados Unidos, confessaria sua preferência por esse livro meu? Escreve sua dissertação de mestrado sobre ele e a submete à aprovação pela Universidade Federal Fluminense. A vida que recebi a transmiti a outro.

Crédito das imagens

p. 5: Bridgeman Images/ Fotoarena

pp. 60-5 e 111-4: Sam Hart

pp. 244, 249, 255, 257 e 261: Acervo pessoal do autor

p. 404: Acervo Centro de Memória — Inatel

p. 405: Acervo Fundação Biblioteca Nacional — Brasil

ESTA OBRA FOI COMPOSTA PELA SPRESS EM ELECTRA E IMPRESSA EM OFSETE
PELA GRÁFICA BARTIRA SOBRE PAPEL PÓLEN SOFT DA SUZANO S.A.
PARA A EDITORA SCHWARCZ EM JANEIRO DE 2021

A marca FSC® é a garantia de que a madeira utilizada na fabricação do papel deste livro provém de florestas que foram gerenciadas de maneira ambientalmente correta, socialmente justa e economicamente viável, além de outras fontes de origem controlada.